韓国大統領実録

朴永圭
金重明 訳

キネマ旬報社

韓国大統領実録

朴永圭

金重明 訳

まえがき——大統領、彼らの韓国への愛について冷静に評価するために

こんな話がある。

二卵生双生児として生まれた子供がいた。ふたりは胎内にいるときから、まったく異なる性向の養い親から胎教を受けた。そして生まれると同時にそれぞれ異なる養い親の養子となった。

ふたりは一歳の誕生日を迎える前に、前後左右もろくに分別できないころから、互いに噛み付き、引っかきあい、血を流すことを繰り返した。

その後もふたりは、顔を合わせれば怒りの目で相手をにらみ、威嚇しあった。

ふたりは、ふたりあわせてひとつだと言いながらひとつになることを拒み、別々のふたりだと主張しながらもふたりであることを認めなかった。

この物語は、その双子のかたわれの成長についての記録だ。

国家の成長の速さは、個人の成長の速さよりも遅い。国家というひとつの肉体に三つの世代が共存しているからだ。人間の肉体はひとつの肉体として成長しうるが、国家の肉体は他のふたつの世代と同時に成長しなければならないために、国家の成長の速さは個人の成長よりも少なくても三倍遅くならざるをえない。ひとりの個人が成長するのにかかる時間を十八年とすると、国家が成年になるのに少なくとも五十四年かかることになる。

このような計算法によると、一九四五年の解放から一九四八年の政府樹立までの米軍政の三年を胎児期、李承晩《イ・スンマン》と張勉《チャン・ミョン》時代の十三年を幼年期、朴正熙《パク・チョンヒ》の時代十八年を少年期、全斗煥《チョン・ドゥファン》から盧泰愚《ノ・テウ》をへて金泳三《キム・ヨンサム》と金大中《キム・デジュン》の時代にいたる二十二年を青少年期、そして政府樹立から五十四年となる二〇〇三年から成年期に入ったと考えることができる。そうであれば、韓国という国家は二〇一四年一月現在、二十二歳の青年だというわけだ。

二十二歳の青年韓国は、ちょっと見には奇怪であり、もう一度見直せば数奇であり、もっとよく見れば奇妙だ。極端に分裂し数十年間絶え間なく争い続けた姿を見れば奇怪であり、その争いの根源に目を向ければ数奇であり、それなりに立派な青年に育った点を見れば奇妙である。

事情はどうあれ、韓国が現在青年であるというのは否定できない事実だ。成長の過程が数奇であり、外貌が多少奇怪であったとしても、奇妙な現実を創出するエネルギーに満ちあふれている存在だという意味だ。もしかしたら、あれほど極端に分裂して争ってきた奇怪さも、数奇な運命をそれなりの現実として受け入れてしまう奇妙さも、韓国がいまだ血気盛んな青年であることを示しているのかもしれない。

韓国が数奇な運命を克服して、壮健な青年に育つ過程を物語っていこうとすれば、欠かすことのできない人物たちがいる。彼らは性向も性格も異なるが、ひとつの共通点を持っている。「大統領」という名を使用したという点だ。

彼らは韓国が青年として成長する過程で、他の誰よりも大きな影響をおよぼぼした。韓国は乳児の時代から、彼らだけを見て育ち、彼らによって教育され、彼らによって喜び、悲しみ、彼らによって希望と挫折を味わった。彼らは飢えをやわらげ、甘い砂糖菓子をくれることもあったが、時に厳しく鞭打つことも、塗炭の苦しみに突き落とすこともあった。そして彼らは、そのすべての行動が、韓国を愛するためだと語った。

もちろん幼いころの韓国はその言葉を疑うことなく信じきっていた。しかしいつからか、韓国を愛しているというその言葉が、自分を愛せという命令であるかのように聞こえてきた。

青少年時代に入った韓国は、大統領の愛に対して、冷徹な評価をしなければならないと決意した。しかし何を評価の基準にすべきかがわからなかった。そうして青少年期が過ぎ、青年になったとき、韓国ははじめて評価の基準を見つけ出した。

その評価の基準は、意外にも簡単なところで見つけることができた。それはあまりにも慣れ親しんでいたために逆に一度もきちんと探すことのなかった、憲法というラベルのついた古い倉庫の中にあった。

大韓民国は民主共和国である。
大韓民国の主権は国民にあり、すべての権力は国民に由来する。

これからお話しするのは、この文章を基準として、十人の大統領の、韓国に対する愛を、冷静に評価する物語である。

二〇〇六年に執筆を開始したが、その後さまざまな事情のため本意ではなかったが数年間筆を休ませることになった。そして昨年、原稿を引っ張り出して再び作業を進め、今日やっと最終章を書き終えることができた。

これまで誰かに借金をしているかのように心の重荷として残っていた仕事をなんとか終えることができて、それなりに心の重荷を軽くすることができた。

現代史を「大統領実録」という名で語ろうとしたのは、誰が何と言おうと彼ら大統領を抜きにして現代史を語ることはできないと判断したからだ。しかし朝鮮王朝実録が王の話だけを掲載しているわけではないのと同じように、この本もまた大統領の物語だけに終始しているわけではない。大統領を、ひとつの時代を象徴する存在として描き、その時期の政治、外交、国防、経済、社会、文化、人物の面々を詳細に記述していくという方式をとった。記述するに当たって参考にした文献の著者、制作者の労苦に、心から感謝する。

力のあたう限り熱誠を傾けたが、菲才《ひさい》の故、冗漫な部分のある本となった。それでも拙著が、わが国の歴史を語る酒の席の肴とでもなってくれれば、と願っている。

二〇一四年一月

一山《イルサン》の寓居にて　朴永圭《パク・ヨンギュ》

装幀　住吉昭人

韓国大統領実録　もくじ

朝鮮半島全図

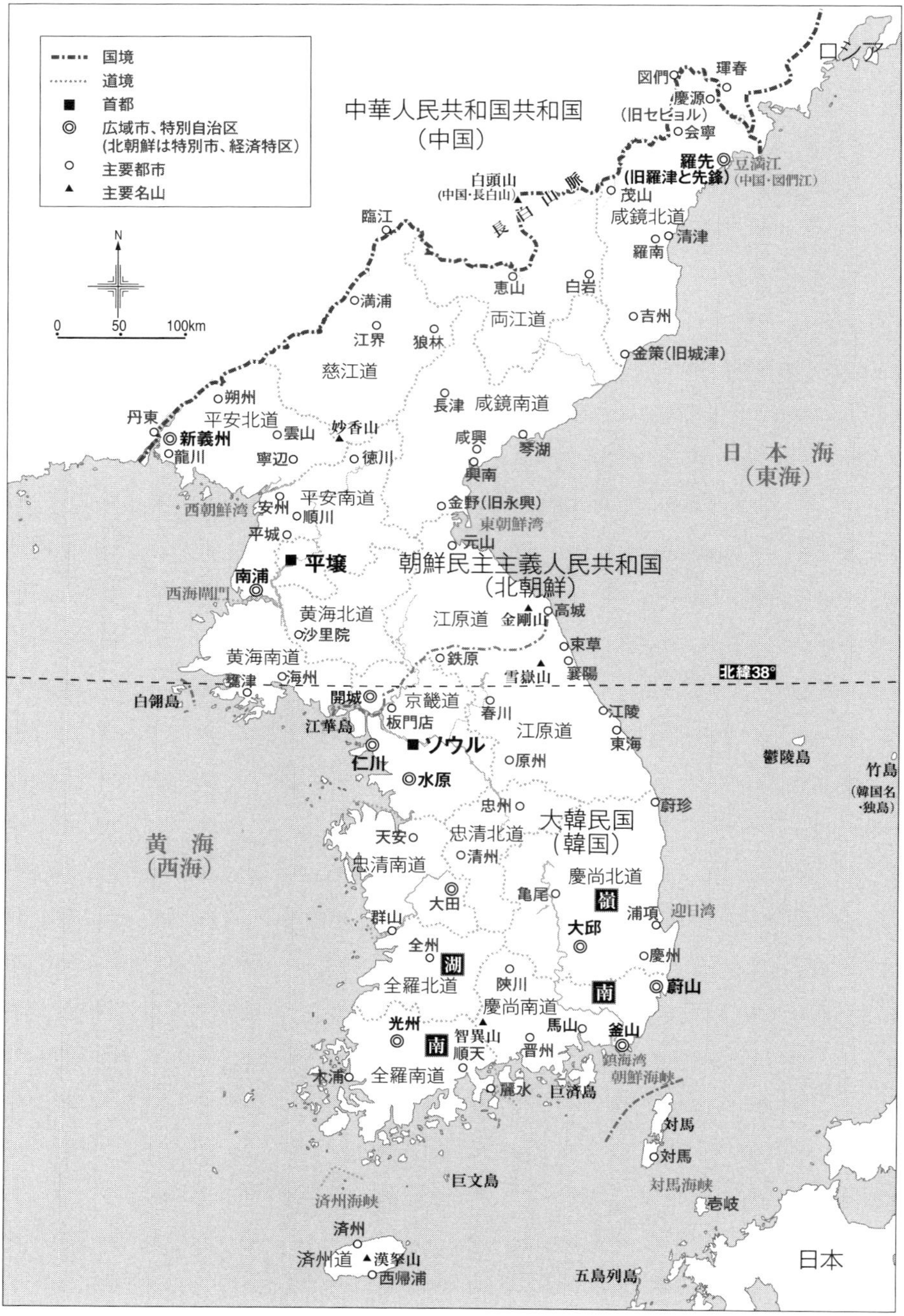

国境
道境
首都
広域市、特別自治区
(北朝鮮は特別市、経済特区)
主要都市
主要名山
N
0
50
100km
中華人民共和国共和国
(中国)
ロシア
図們
琿春
慶源
(旧セビョル)
会寧
羅先
(旧羅津と先鋒)
豆満江
(中国・図們江)
白頭山
(中国・長白山)
長白山脈
茂山
咸鏡北道
臨江
清津
羅南
恵山
白岩
満浦
両江道
吉州
江界
狼林
慈江道
金策(旧城津)
朔州
長津
咸鏡南道
丹東
平安北道
妙香山
咸興
新義州
雲山
琴湖
龍川
寧辺
徳川
日本海
(東海)
興南
平安南道
西朝鮮湾
安州
順川
金野(旧永興)
東朝鮮湾
平城
元山
平壌
朝鮮民主主義人民共和国
(北朝鮮)
南浦
西海閘門
高城
黄海北道
江原道
金剛山
沙里院
束草
黄海南道
鉄原
雪嶽山
襄陽
北緯38°
甕津
海州
白翎島
開城
京畿道
春川
江陵
板門店
江華島
江原道
ソウル
東海
鬱陵島
仁川
原州
水原
竹島
(韓国名・独島)
忠州
蔚珍
大韓民国
(韓国)
黄海
(西海)
天安
忠清北道
清州
忠清南道
慶尚北道
大田
亀尾
嶺
浦項
迎日湾
群山
大邱
全州
湖
慶州
陜川
全羅北道
南
蔚山
慶尚南道
光州
智異山
馬山
釜山
南
順天
晋州
鎮海湾
木浦
全羅南道
朝鮮海峡
麗水
巨済島
対馬
対馬
巨文島
対馬海峡
済州海峡
壱岐
済州
済州道
漢拏山
西帰浦
日本
五島列島

本書は『한권으로 읽는 대한민국 대통령실록』（박영규著　二〇一四年一月、웅진지식하우스発行）を翻訳したものである。ただし、各章末の「〇〇時代の国務総理たち」など、日本の読者に馴染みがないと思われるいくつかの節は割愛した。また、節見出しを加えた。

【凡例】


〇ページ上段の注は訳者によるものである。

〇歴代大統領の没年齢は、基本的に満年齢で記している。

〇韓国の重要な人名・地名・役職名・用語などは、表記が特定できない場合を除き漢字で表記すると共に、韓国語読みのルビを付している。

〇韓国では旧字体の漢字が使用されているが、本書では常用漢字について同表で示された字体で記している。

〇ルビ、特に二重母音については、日本ですでに通用している振り方に合わせている。

〇訳文の記述をより具体的なものにするため、年号、人名、地名などを加えた場合がある。

〇本文中に登場する書籍、映画、テレビ番組などの題名は、邦題がすでに存在するものを除き、韓国語の原題をそのまま訳し、カッコ内に（原題）と付している。

〇本文中の地図作成に当たっては、『韓国歴史地図』（韓国教員大学歴史教育科編、吉田光男監修、平凡社発行）を参考にした。

第一章　李承晩大統領実録

李承晩（イ・スンマン）

生年一八七五―没年一九六五

出 身 地　黄海道《ファンヘド》平山《ピョンサン》（現在の北朝鮮の開城《ケソン》市近郊）

在任期間　一九四八年八月―一九六〇年四月（十一年八ヶ月）

「新しい国家を建設する上で、新しい政府は絶対に必要であるが、そこには新しい精神がなければならない。もしそれに気付くことなく、分裂を主張し、他の傀儡《かいらい》となることを甘受するようなことがあれば、民心がそれを放置することはないはずだ」

――第一代大統領就任式辞より（一九四八年）

1　植民地時代の麒麟児、李承晩の挑戦と成長

培材学堂で世に出る

李承晩《イ・スンマン》は一八七五年三月二十六日、黄海道平山《ファンヘドピョンサン》において、李敬善《イ・ギョンソン》の三男二女の末子として生まれた。本貫《ほんがん》は全州《チョンジュ》李で、太宗《テジョン》★1の長子である譲寧大君《ヤンニョンデグン》の十六代孫である。初名は承龍《スンニョン》で、号は雩南《ウナム》だ。

李承晩は李敬善が四十歳のときに授かった息子だった。ふたりの姉とふたりの兄がいたが、兄たちは天然痘にかかって夭折した。李敬善は五代続いたひとり息子の家系だったので、兄たちを失った李承晩は六代続くひとり息子として生まれたのである。

李承晩はおもにソウルで成長した。彼が三歳のとき、父・李敬善が家族をつれてソウルの南大門外にある塩洞《ヨムドン》（現在の鍾路《チョンノ》区寛鉄洞《クァンチョルドン》）に引越しをしたが、しばらくして駱洞《ナクトン》（現在の会賢洞《フェヒョンドン》付近）に移り、その後南山《ナムサン》の西、桃洞《トドン》（現在の南大門《ナンデムン》警察署の裏）に定着した。桃洞で彼らが暮らしていたのは、日照りのときに祈雨祭をした丘である雩水峴《ウスヒョン》の南であった。李承晩の号・雩南《ウナム》は、雩水峴の南という意味である。

李承晩の父・李敬善は王室の子孫であったためかなりの財産を持っていた。しかし酒と友を愛し、職に就くことはなく、風水と譜学★2に熱中していた。もちろんそれで金を稼ぐことなどできない。そのうち家は傾いていったのだが、李承晩の幼いころはそれなりの財産が残っていたと思われる。六歳のときに千字文を覚えたことを李敬善が喜び、村人を集めて大きな宴を開いたと伝えられているからだ。しかし家計はかなり苦しい状態で、母親が針仕事で稼いでなんとか支えていた。

★1：太宗——朝鮮王朝の初代国王である李成桂（イ・ソンゲ）の五男で第三代国王である李芳遠（イ・バンウォン）。

★2：譜学——家系を調べる学問。

幼少期の李承晩は主として漢学を学び、世の中の動きに注目するようなことはなかった。しかし学問に対する熱意はかなりのもので、頭脳も明晰であり、学業成績は優秀だった。一八九四年、二十歳という遅い年齢で培材《ペジェ》学堂に入学し、彼の人生は一変する。

培材学堂は培材高校の前身であり、一八八五年八月にアメリカのメソジストの宣教師ヘンリー・アペンゼラーが設立した。初年度の学生はわずかふたりであったが、翌年には十六人になり、そのことを知った高宗《コジョン》★3が培材学堂という校名を直接つけたと伝えられている。

培材学堂には、十七歳以上の男性であり、ハングルを理解して『童蒙先習《どうもうせんしゅう》』★4を読むことができれば誰でも入学できた。したがって李承晩にとって培材学堂に入学するのはさして難しいことではなかった。

培材学堂の年限は普通科四年、本科五年であった。教科は英語、漢文、万国地誌（世界地理と世界史）、士民必知（基本常識）、衛生、唱歌（音楽）、図画（美術）体操などであった。李承晩は英語に夢中になった。李承晩にとって、英語は新しい世界へ跳躍するための踏み台のように思われたからだ。はじめ李承晩は培材学堂に通っていることを母には内緒にしていた。彼の母・金氏は、両班《ヤンバン》の出身であり、漢文はもちろん、漢詩にも通じた女性だった。書堂《ソダン》★5を開きその訓長《フンジャン》★6をしていた父・金チャンウンの影響で漢詩文を学んでいたのである。しかし彼の母もまた、当時の多くの女性と同じように、西洋人と西洋文化についてはまったくの門外漢であった。そのため、母に内緒で学校に通っていたのである。

李承晩は医師であり化学の教師でもあったW・A・ノーブルを師として、アルファベットから英語を学んでいった。そしてしばらくすると、拙い英語で女性医療宣教師であるジョージアナ・ホワイティングに韓国語を教えて、学費を稼ぐようになった。入学の翌年である一八九五年八月には、培材学堂の英語教師になった。英語を学びはじめてわずか六ヶ月で、学生から教師になったのである。

★3：高宗——朝鮮王朝二十六代王。在位一八六三～一九〇七。

★4：『童蒙先習』——朴世茂（パク・セム／一四八七～一五六四）著の初学者向けの教科書。

★5：書堂——当時の私塾。

★6：訓長——書堂の教師。

しかし彼の英語教師生活はわずか二ヶ月しか続かなかった。その年の十月、日本が大陸浪人を動員して明成皇后《ミョンソン》を弑殺《しさつ》するという乙未《ウルミ》事変が発生し、続いて国母を殺された恨みを雪《そそ》ぎ、国王を救出して、親日政権を打倒しようという春生門《チュンセンムン》事件★7が起こるのだが、李承晩もこれに関係していたため、逃亡生活を余儀なくされたのである。

それから数ヶ月後の一八九六年二月十一日、親露勢力とロシア公使が共謀して高宗を秘密裏にロシア公館に移す、俄館播遷《アグァンパチョン》が起こる。これにより親日政権が倒れ、親露政権が樹立され、李承晩も逃亡生活を免れることになった。

独立運動の中心人物として浮上

その後李承晩《イ・スンマン》は本格的に独立運動に参加し、自主独立のために活動しはじめる。開化党の一員であった徐載弼《ソ・ジェピル》がアメリカから戻り、一八九五年五月に協成会を組織すると、李承晩もこれに加わり、さらに七月に結成された独立協会でも活動した。

協成会はもともと培材《ペジェ》学堂の学生の組織だった。培材学堂の校長であるアペンゼラーの要請によって徐載弼が毎週一回世界地理、歴史、政治学などの特別講義を行なっていたのだが、この講義に刺激を受けた十三人の学生が中心となって組織したのが協成会であった。

徐載弼は毎週木曜日に講義をし、講義が終わると討論会となった。協成会は次第に学生の自治組織から、社会運動団体へと成長していった。しだいに一般人の参加者も増え、一八九八年には会員数が三百人になった。

協成会は当時もっとも先進的な社会運動団体であり、政治団体であった。一八九八年二月の時点で協成会を率いていたのは梁弘黙《ヤン・ホンムク》で、李承晩は書記であった。梁弘黙は協成会を中心として愛国啓蒙

★7：春生門事件――乙未事変の後、高宗は親日勢力によって事実上軟禁状態にあった。その高宗を救出し親日派である金弘集（キム・ホンジプ）内閣を打倒するために尹雄烈（ユン・ウンニョル）らが兵八百を率いて王宮に向かったが、春生門で阻止された。春生門は王宮の東北にある。

運動を主導し、純ハングル新聞でもある協成会機関紙『毎日新聞』を刊行した。『毎日新聞』は『協成会会報』が発展したもので、民族を覚醒させ、啓蒙し、自主独立の精神を社会全体に拡大することを目的としており、実際に独立精神の拡散に大きな影響をおよぼした。

梁弘黙に続いて李益采《イ・イクチェ》、柳永錫《ユ・ヨンソク》らが協成会の会長となり、その次に会長になったのが李承晩だった。協成会の討論会のテーマは、自主独立、自由民権、自彊《じきょう》改革の三点に要約される。協成会の討論の内容は他の団体、地方にも大きな影響をおよぼし、当時の社会に、大衆の前で討論するという文化を育成する上で大きく寄与した。

協成会は徐載弼が創立した独立協会とも緊密な連携を保って活動していた。独立協会は協成会に遅れること二ヶ月、一八九六年七月二日に発足した。独立協会の主な事業は、『独立新聞』の発行、独立門の建設、独立公園の造成、独立館（独立協会の建物）の建立などであった。

徐載弼が提案した四つの事業は民衆から大きな支持を得たばかりでなく、官僚はもちろん、王室までもが独立協会の活動を支援した。このことは独立協会幹部の面々を見ても明らかだ。顧問・徐載弼、会長・安駉寿《アン・ギョンス》、委員長・李完用《イ・ワニョン》、そして委員は金嘉鎮《キム・カジン》、金宗漢《キム・ジョンハン》、李商在《イ・サンジェ》ら八人であった。そしてそれ以外にも、宋憲斌《ソン・ホンビン》、南宮檍《ナムグン・オク》など十余人の有名人氏が幹事として参加し、一八九六年末には会員数が二千人を超えていた。

『独立新聞』の発行と独立館、独立門の建設はすみやかに進められた。事大主義の象徴であった慕華館《モファグァン》★8を改修してその名称を独立館と改め、一八九七年一一月には独立門が竣工した。また『独立新聞』は独立協会が組織される三ヶ月前から発行されており、四大事業のうち三つは無事成就したのである。

独立協会はこれ以外にも、高宗《コジョン》に対してロシア公館から王宮に戻ることを建議し、一八九七年に高宗が慶運宮《キョンウングン》（現在の徳寿宮《トクスグン》）に戻ると、皇帝に即位して大韓帝国を宣布し独立国家であることを万

★8：慕華館——明の使節を迎えるための施設。

国に知らしめるべきだと主張した。高宗はこれを受け、円丘壇《ウォングダン》において皇帝の即位式を行ない、国号を大韓とし、年号を光武とした。ここに大韓帝国時代がはじまるのである。

このように独立協会の事業はさまざまな面で成功を収めたが、独立公園の造成には失敗した。公園の造成には多くの資金と時間が必要となるが、独立協会の分裂とその性格の変化により、資金の調達が難しくなったためである。

独立協会の性格の変化は協会の分裂をもたらした。初期の独立協会は高級官僚のサロンのような性格が強かったのだが、時がたつにつれて救国運動団体へと変化していき、それにつれて官僚出身者が脱退していったのである。

このことがはっきりとあらわれたのは、一八九八年二月二一日の救国運動宣言であった。この後独立協会は政治団体とみなされ、政府は徐載弼を国外追放するなど、独立協会を弾圧しはじめるのである。

独立協会の性格が民衆運動を中心とした政治勢力へと変貌していった時期に、李承晩は『毎日新聞』と『独立新聞』の主筆であった。つまり協成会と独立協会の代弁人として筆をふるっていたのである。一八九八年当時二十三歳の熱血青年であった彼が、独立協会の口であったという事実は、彼がどのような男であったかをよく示している。

李承晩は社説で、腐敗し無能な政府を批判し、民主的な諮問機関である中枢院の設立を主張し、万民共同会[★9]の中心となって、独立思想を鼓吹し、民衆啓蒙運動の先頭に立った。

このように独立協会が立憲君主制を基盤とした民主政府の樹立を主張しはじめると、高宗は独立協会に背を向けるようになった。高宗の目には、王朝体制を脅かすもっとも危険な謀反の団体と映ったのである。

一八九八年三月九日に独立協会が主催した万民共同会が、政府の親露政策に反対し親露勢力を猛烈に批判した。するとこれを受けてその年の六月三十日、皇室の高官と親露勢力が主導して皇国協会が

★9：万民共同会——当時漢城で開かれた大衆的な討論会。

組織された。皇太子（のちの純宗《スンジョン》）はこの皇国協会の経費として千ウォンを下賜した。

そして九月十日、金鴻陸《キム・ホンリュク》毒茶事件が発生するのである。金鴻陸は賤民の出身で、ウラジオストックを往来したことがあるためロシア語が堪能だったので、特別に通訳官に採用された男だった。朝鮮人のただひとりの通訳官であった彼は、高宗の寵愛を受けて権勢をふるい、学部協弁《ハクブヒョプパン》という官職に就くまでになっていた。ところが一八九八年八月、ロシアとの通商で莫大な金品を着服したことが明らかになり、黒山島《フクサンド》に配流されることになった。

金鴻陸は黒山島に流される直前、高宗の殺害を計画し、高宗が好んで飲んでいたコーヒーにアヘンを混入した。幸い高宗は異様なにおいを感じて口をつけなかったが、そのコーヒーを飲んだ皇太子が嘔吐し、倒れてしまった。

この事件によって金鴻陸、孔洪植《コン・ホンシク》、金鍾和《キム・ジョンファ》らが処刑された。独立協会はこの事件を契機として、これまでの内閣を解散し、新たな改革内閣を打ち立てることを要求し、万民共同会を開催して六ヶ条からなる時局改革案、献議六条を突きつけて高宗を追い詰めた。これに対して皇室と親露勢力は、皇国協会を動員して独立協会を攻撃した。この後、皇国協会と独立協会の対立は数度にわたる暴力沙汰にまで発展する。高宗はこのふたつの団体の代表を呼び出して仲裁をこころみたが、独立協会は改革を主張してさらに万民共同会を開いた。

高宗は軍隊を動員してこの万民共同会を強制解散させた。そして独立協会も解散させてしまったのである。この過程で独立協会の幹部十七人が逮捕された。李承晩は独立協会の会員と共に粘り強く幹部の釈放を訴え、ついに全員の釈放を勝ち取った。

李承晩は改革派のなかでも急進派に属していた。このため皇国協会は李承晩を、皇国を破壊する不穏分子として追及し、その後李承晩は朴泳孝《パク・ヨンヒョ》★10らによる高宗廃位陰謀事件に加担したという嫌疑で逮捕、投獄されるのである。

★10：朴泳孝――一八六一～一九三九。若くして朴珪寿（パク・ケス）に師事し、金玉均（キム・オッキュン）らと共に開化派を組織する。一八八四年、甲申《カプシン》政変に失敗して日本に亡命、一八九四年の甲午（カボ）改革で帰国するが、九五年に謀反の疑いをかけられて再び日本に亡命する。李承晩が逮捕されたのはこの事件のときである。朝鮮併合後は侯爵となり、日本統治下の朝鮮の要職を歴任する。二〇〇九年に発表された「親日反民族行為七百四人名簿」に収録されている。

第二の故郷、アメリカに旅立つ

李承晩《イ・スンマン》は一八九九年一月から五年七ヶ月を獄中で過ごした。そしてこのとき、死の恐怖に耐えながら、キリスト教徒になった。そうして一九〇四年八月、閔泳煥《ミン・ヨンファン》の支援を受けて特赦によって釈放され、この年の冬、高宗《コジョン》の密使となり、アメリカという新天地に向かった。

当時のアメリカの大統領はセオドア・ルーズベルトだった。李承晩の任務は、ルーズベルトに会い、日本の朝鮮侵略を阻止するための助力を要請することだった。しかしアメリカはすでに、陸軍長官ウィリアム・タフトを通じて日本の総理・桂太郎と密約を結んでいた。日本がアメリカの植民地であるフィリピンを攻撃しない代わりに、アメリカは日本が韓国を植民地化することを黙認する、という密約であった。そのため李承晩の任務が成功するはずもなかった。

李承晩はなんとかルーズベルトに会うことはできたが、何の成果も得られなかった。そしてその後もアメリカにとどまり、ジョージ・ワシントン大学に入学して学士号を獲得し、続いてハーバード大学で修士号を獲得、プリンストン大学では国際関係についての論文で博士号を獲得した。

このころ、大韓帝国は日本に併合され、そのニュースを耳にした李承晩は帰国船に乗った。しかしすぐに韓国へは向かわず、最初の目的地はヨーロッパだった。アメリカに続いてヨーロッパの先進文物に接したいと考えたようだ。そしてシベリア横断鉄道に乗り、満州をへて韓国に戻ってきた。李承晩は帰国後ＹＭＣＡ総務として働いた。キリスト教を基盤として人材を育て、独立運動を展開するつもりだった。

当時日本は韓国のキリスト教団体を危険視していた。一九一〇年を前後して、平安道《ピョンアンド》、黄海道《ファンヘド》などの西北地域で、新民会とキリスト教徒を中心とする独立運動が広がっていた。そして安明根《アン・ミョングン》事件が起こると、これを口実に警察は独立運動団体に対して大々的な捜査を開始した。

安明根は安重根《アン・ジュングン》のいとこで、北間島《プッカンド》で独立運動をするために軍資金を集めていて、一九一〇年十二月に日本の警察に逮捕された。そして日本の警察は安明根と新民会を無理やり結びつけ、事件を捏造、拡大していったのである。

新民会は一九〇七年に結成された全国的な秘密結社である。安昌浩《アン・チャンホ》、梁起鐸《ヤン・ギタク》、全徳基《チョン・ドッキ》、李東輝《イ・ドンフィ》、李東寧《イ・ドンニョン》、李甲《イ・ガプ》、柳東説《ユ・ドンヨル》の七人が創建委員となり、盧伯麟《ノ・ペンニン》をはじめ、李昇薫《イ・スンフン》、安泰国《アン・テグク》、崔光玉《チェ・グァンオク》、李始栄《イ・シヨン》、李会栄《イ・フェヨン》、李商在《イ・サンジェ》、尹致昊《ユン・チホ》、李剛《イ・ガン》、曺成煥《チョ・ソンファン》、金九《キム・グ》、申采浩《シン・チェホ》、林蚩正《イム・チジョン》、李鍾浩《イ・ジョンホ》、朱鎮洙《チュ・ジンス》などが中心となって活動した。これらの人物はまさに独立運動の中心であり、東学党の出身である金九を除いて、そのほとんどは独立協会のメンバーでもあった。

一九一〇年の時点で新民会の会員数は八百人を超えた。新民会は会員でさえその全体像を知らず、自分と連絡をとるふたり程度を知っていただけという点と点を結ぶ組織として活動したため、日本の警察は新民会の存在は察知していたが、その全貌をつかむことはできないでいた。

安明根事件が起こると、日本の警察は安明根を新民会黄海道支部の幹部の指示を受けて活動する人物に仕立て上げ、本格的な弾圧をはじめた。安明根は新民会の会員ではなかったのだが、日本の警察はそれを無視し、黄海道一帯の知識人、財産家六百余人を検挙した。このとき金九、金鴻亮《キム・ホンリャン》、崔明植《チェ・ミョンシク》、都寅権《ト・イングォン》などの独立志士が逮捕され、その後、梁起鐸、安泰国、李東輝、李昇薫ら中央の幹部も摘発された。

さらに日本は百五人事件をでっち上げ、李承晩は逃亡生活を余儀なくされた。安明根事件を契機として新民会に大々的な弾圧を加えたが、大きな成果をあげることができなかったので、この機会に独立運動の芽を摘もうとしたのである。

百五人事件の概略を述べよう。一九一〇年十二月、鴨緑江《アムノッカン》鉄橋の竣工祝賀式が開かれ、ここに朝鮮総督の寺内正毅が出席した。日本の警察はこの竣工祝賀式で寺内を暗殺しようという陰謀があったと主張した。一九〇九年に安重根が伊藤博文を射殺した事件の影響だ。もちろん具体的な物証はなかった。しかし日本の警察は一九一一年九月に尹致昊、李昇薫、梁起鐸、柳東説をはじめ、全国で六百人を超える知識人を逮捕、投獄し、悪辣な拷問を加えた。この拷問により、金根瀅《キム・グンヒョン》をはじめふたりが殺され、また障碍者となった者もひとりやふたりではなかった。

警察が起訴したのは百二十二人だった。京城地方法院はこのうち十七人を除く百五人に有罪判決を下し、懲役五年から十年の刑を宣告した。これが世に言う百五人事件である。

有罪判決を受けた百五人が全員高等法院に控訴し、高等法院は証拠不十分を理由として大邱《テグ》覆審法院で再び裁判をするよう命じた。その結果九十九人が無罪釈放となり、尹致昊をはじめ梁起鐸、安泰国、李昇薫、林蚩正、玉観彬《オク・クァンビン》ら六人に懲役四年から十年の刑が下された。

李承晩はこの事件による検挙旋風を避けて逃亡していたが、一九一二年、アメリカ人宣教師の斡旋により、世界メソジスト教会大会に韓国代表として参加するため、アメリカに渡り、検挙を免れた。

義兄弟である朴容万と決別する

李承晩《イ・スンマン》がハワイに到着したとき、彼を出迎えたのは朴容万《パク・ヨンマン》だった。朴容万と李承晩は義兄弟の契りを結んでいた。

ふたりが最初に出会ったのは監獄の中だった。朴容萬は江原道鉄原《カンウォンドチョルウォン》の富裕な家の出身で、朴泳孝《パク・ヨンヒョ》らの開化派人士と交流し、活貧党《ファルビンダン》★11で活動していた人物だ。彼は十四歳の若さで日本に留学し、日本の中学校を卒業して慶應義塾大学へ進み、政治学を専攻した。その後活貧党の活動をして逮捕され、釈放後は独立協会、万民共同会などで啓蒙運動を展開した。そして一九〇四年七月、日本の「荒蕪地

★11：活貧党——一八九九年から一九〇四年にかけて朝鮮半島南部で活躍した義賊。東学農民軍の流れを汲み、富豪を襲撃して強奪した財産を貧民に配る「活貧」活動を展開した。「活貧党」の名は許筠（ホ・ギュン、一五六九〜一六一八）の小説『洪吉童（ホンギルトン）伝』のなかの義賊集団に由来する。一九〇五年以後は抗日義兵闘争に合流した。

開拓権」要求に反対する闘争に参加し、投獄された。
朴容万が入れられた監獄に李承晩がいたのである。李承晩は投獄六年目で、牢名主となっていた。ふたりはすぐに意気投合し、義兄弟の契りを交わし、共に独立闘争に身をささげることを誓い合った。このときもうひとり、鄭淳万《チョン・スンマン》という男も義兄弟に加わった。鄭淳万は李承晩と共に独立協会の創立に参加し、万民共同会都総務部長として活動し、李承晩、安昌浩《アン・チャンホ》らと共に投獄されていた。

この三人のうち、長兄は一八七三年生まれの鄭淳万で、次兄は一八七五年生まれの李承晩、一八八一年生まれの朴容万は最年少だった。三人は義兄弟の契りを結んだ後、「三マン」と呼ばれた。名前の最後の一字が「マン」だったからだ。

彼らは一九〇四年に釈放された。その後李承晩は密使となってアメリカに派遣され、鄭淳万はアメリカへ行ったが満州に亡命して李東寧《イ・ドンニョン》、李相卨《イ・サンソル》らと共に瑞甸書塾《ソジョンソスク》★12を設立した。朴容万は教師として働いていたが、一九〇五年二月にアメリカに亡命した。このとき李承晩の依頼により、李承晩が十五歳のときに結婚した朴承善《パク・スンソン》との間にできた息子・鳳秀《ボンス》（幼名・泰山《テサン》）をつれていった（李承晩は鳳秀をアメリカで勉学させるつもりだったが、一年後の一九〇六年二月に鳳秀はジフテリアにかかり死亡してしまう。この事件が、一九一二年に朴承善と離婚する決定的な原因となった）

朴容万のアメリカ行きには鄭良弼《チョン・ヤンピル》、柳一韓《ユ・イルハン》、鄭翰景《チョン・ハンギョン》など十人が同行したが、彼らは後日朴容万が創設した軍事学校の中心幹部となった。

朴容万は一九〇七年に叔父である朴羲秉《パク・ヒビョン》と共にコロラド州デンバーで、韓人留学生のための旅館と職業斡旋所を運営した。そして翌年大韓愛国同志代表者会議を開き、韓人軍事学校設立案を提出、通過させた。さらにネブラスカ州政府の認可を受け、正式に韓人少年兵学校を設立した。その後『新韓民報』主筆として活動し、一九一二年十二月には武装闘争によって独立を勝ち取るという信念を実現するためハワイに向かった。ハワイを拠点として独立軍を養成する計画であった。

★12：瑞甸書塾――一九〇六年に満州に設立された韓国の新学問の民族教育機関。

このように朴容万は武装闘争に邁進するのだが、李承晩はその意見に同調しなかった。武装闘争は資金を浪費するばかりで現実的ではない、というのが李承晩の意見だった。外交を通じて独立を勝ち取るのが近道であり、特に最強の大国であるアメリカを動かすのがもっとも現実的だ、と力説したのである。

しかし朴容万はその意思を曲げることはなかった。彼はハワイ政府から特別警察権の承認を受け、韓人を結集し、一九一四年、アメリカの軍隊をまねて大朝鮮国民軍を創設した。

このとき李承晩は教育と出版事業を担当しており、朴容万との対立が表面化することはなかった。しかし根本的に路線が異なるふたりの葛藤は深化していった。ふたりの対立は韓人社会の葛藤となり、ついには暴力沙汰にまで発展することになった。そのためハワイ政府から与えられていた特別警察権を失い、軍事学校も門を閉じることになった。

この事件ののち、朴容万は李承晩に裏切られたと感じ、李承晩の行動に同意することはなくなった。独立闘争においても、徹底して李承晩を排撃した。義兄弟の契りを結んで十年にして、ふたりは敵同士になったのである。しかし独立という目的は同じであったので、ふたりは同じ船に乗らなければならなかった。ふたりは同じ船に乗ったまま、互いに相手を蹴落とそうとしたのである。

とりわけ李承晩は朴容万の軍隊養成計画に執拗に反対した。ついには朴容万が軍隊を養成してアメリカに停泊する予定の日本の戦艦を爆破しようとしていると告発して、朴容万を法廷に立たせるといった行動にまで出るのである。李承晩が朴容万の軍隊養成計画に徹底して反対し続けたのは、資金問題のためであった。李承晩は韓人の資金を、外交による独立運動に集中させなければならないと考え、朴容万の軍隊養成運動が資金を無駄遣いしていると判断していたのだ。

李承晩に対する朴容万の敵愾心はさらに激しいものとなり、臨時政府内の闘争に引き継がれることになった。

三・一運動と七つの臨時政府

国権喪失以後、独立運動に身をささげた多くの人士は、ハワイ、沿海州、上海など主として海外で活動を続けた。彼らが故国を離れ他国をさまよっていたのは、それだけ国内の状況が厳しかったからだ。

百五人事件以後、独立運動を主導してきた中心人士はすべて日本の警察の要監視人物となった。また日本は当時の保安法を利用して独立運動の勢力を徹底的に捜査した。このため国内での活動は大きな制限を受けざるをえなかった。

しかしアメリカ、中国、ロシアなどで独立闘争を展開する過程で、互いに意見交換をすることもできず、このままでは効果的な活動は不可能であった。このような現実を打開し、組織的かつ効率的な独立運動を展開するため、一九一七年に「大同団結宣言」が発せられた。この宣言の発起人は、上海で活動していた申圭植《シン・ギュシク》であり、朴殷植《パク・ウンシク》、申采浩《シン・チェホ》、尹世復《ユン・セボク》、趙素昂《チョ・ソアン》、申錫雨《シン・ソグ》、韓鎮教《ハン・ジンギョ》、朴容万《パク・ヨンマン》らがこれに参加した。

この宣言文は、純宗《スンジョン》の主権放棄を、国民に対して主権を委譲したものと解釈し、国内ではすでに主権が奪われた状況であったので、国外で主権を行使し、臨時政府を樹立する、という内容であった。つまり、臨時政府樹立の意思をはじめて明らかにした宣言であった。

大同団結宣言を主導していたのは、上海で活動していた新韓革命団の組織員であった。彼らを率いていた李相卨《イ・サンソル》がこの年の三月に死亡したため、活動の転換が必要とされてもいた。

国際環境も大きな転換期を迎えていた。一九一四年に第一次世界大戦が勃発し、強大国が戦火に見舞われ、ロシアでは二月革命が起こり新たな時代が予告され、植民地であったフィンランドとポーランドが独立を宣言し臨時政府を樹立していた。新韓革命団はこのような情勢に鼓舞され、純宗を擁立して亡命政府を樹立することを計画したのだが、この計画を主導していた李相卨が故人となってしまったのである。そのため何か新しい事業が必要とされた。それが大同団結宣言となったのだ。

大同団結宣言は海外の同胞に広く知られるようになったが、すぐに臨時政府が樹立されることはなかった。しかしこれが、一九一九年に樹立された臨時政府の母胎となったのである。

臨時政府樹立の決定的な契機となったのは、三・一運動であった。

一九一八年一月に第一次世界大戦の勝戦国であるアメリカのウッドロー・ウィルソン大統領が、戦後処理の原則十四ヶ条を発表したのだが、そのなかに「民族自決主義の原則」が盛り込まれていた。敗戦国であるドイツ、オーストリア、トルコの植民地に対し、みずから民族の前途を決めさせる、という内容であった。つまり敗戦国の植民地にのみ適用される原則であったのだが、これが拡散し、全世界の植民地で希望のメッセージとなったのである。

ウィルソンの民族自決主義を、もっとも早く韓国の独立に利用しようとしたのは、李承晩《イ・スンマン》が率いる在米僑胞社会であった。李承晩はこれを韓国独立の基礎とするため、すぐに在米韓人代表者会議を招集した。共同代表に李承晩、閔賛鎬《ミン・チャンホ》、鄭翰景《チョン・ハンギョン》らが選出された。その後代表者会議を通して、パリ講和会議に韓国代表を派遣し、独立を訴えるという計画が立てられた。

この計画は、アメリカ政府がパリ行きの旅券を発給しなかったために失敗に終わったが、まったく意味がなかったわけではなかった。意外にも東京で発行されていた『ジャパン・アドバタイザー』紙と『朝日新聞』に彼らの計画が報道され、日本に留学していた韓国人学生を刺激したのである。

一方中国で活動していた新韓青年団は、金奎植《キム・ギュシク》をパリ講和会議へ、張徳秀《チャン・ドクス》を日本へ、呂運亨《ヨ・ウニョン》をシベリアへ、金撤《キム・チョル》、鮮于爀《ソヌ・ヒョク》を韓国へ派遣した。海外で活動している独立の闘士と、国内の社会指導層との接触を図り、大規模な民族独立運動を展開しようという計画であった。

このように海外と国内で同時多発的に独立への熱望が燃え上がった。その導火線に最初に火をつけたのは東京の留学生だった。

一九一九年一月六日、朝鮮留学生学友会の独立請願実行委員十一人が、朝鮮青年独立団を組織し、独立宣言書と決議文を作成した。これに参加した中心人物は、白寛洙《ペク・グァンス》、金度演《キム・ドヨン》、李光洙《イ・グァンス》、宋継白《ソン・ケベク》、崔謹愚《チェ・グヌ》らであった。宋継白と崔謹愚は国内に潜入して崔麟《チェ・リン》、宋鎮禹《ソン・ジヌ》、崔南善《チェ・ナムソン》らに会い、国内でも独立運動を展開するよう要請すると共に、必要な運動資金を得て日本に戻ってきた。

そして二月八日十時、朝鮮青年独立団が作成した独立宣言書が各言論機関と政治団体に配布され、午後二時、キリスト教青年会館で十一人の代表を筆頭に万歳運動が展開された。世に言う二・八独立宣言である。

国内でも全国的な独立運動が模索されていた。国内の独立運動を主導していたのは天道教だった。天道教の重鎮であった権東鎮《クォン・ドンジン》、呉世昌《オ・セチャン》、崔麟らは、留学生の代表である宋継白と会ったのち、大規模な独立運動を起こす計画を立て、教主である孫秉熙《ソン・ビョンヒ》の許可を得た。その後天道教側は、キリスト教徒、仏教、儒教の代表者と協力し、宗教指導者を中心として独立運動を展開しようとした。

民族代表を構成するため、天道教は孫秉熙を前面に立て、儒教側は宋鎮禹、崔南善が交渉に当たって朴泳孝《パク・ヨンヒョ》と韓圭卨《ハン・ギュソル》を説得したが、ふたりは賛成しなかった。キリスト教側では平安北道定州《ピョンアンブクドチョンジュ》に居住していた李昇薫《イ・スンフン》をソウルに呼んで交渉し、仏教側は崔麟が説得に当たった。

そうしたなか、高宗《コジョン》が突然死去した。高宗が日本の陰謀によって毒殺されたという噂が広がり、独立運動の計画は大きな追い風を受けることになった。孫秉熙をはじめとする天道教の人士十五人、李昇薫をはじめとするキリスト教人士十六人、仏教の韓龍雲《ハン・ヨンウン》、白龍城《ペク・ヨンソン》ら合わせて三十三人の民族指導者が集まった。

独立宣言書は崔南善が執筆し、天道教が経営していた普成社《ポソンサ》で二万一千枚が印刷された。決起は高宗の葬儀の日である三月三日に内定したが、その日に決起するのは皇帝に対する不敬であるという意見があり、三月二日は日曜日だったので、結局三月一日となった。

三月一日、民族代表三十三人のうち、地方に居住していたため集まることのできなかった四人を除く二十九人が、ソウル仁寺洞泰和館《インサドンテファグァン》に結集し、独立宣言式を挙行した。このとき崔麟は、泰和館の主人である安淳煥《アン・スンファン》に、朝鮮総督府に電話をかけ朝鮮の民族代表が独立宣言式を挙行しているという事実を伝えるよう依頼した。逃亡することなく堂々と独立を宣言するのだから、捕まえるなら捕まえろ、という意思表示であった。

独立宣言文の朗読に続いて、韓龍雲が独立を達成すべきと主張する演説を行ない、韓龍雲の先唱で「大韓独立万歳」を叫んだ。そしてその直後、彼らは全員日本の警察に逮捕された。

同じころパゴダ公園には数千の学生が集まっていた。午後二時、ひとりの学生が壇上にあがり、独立宣言文を朗読した。続いて学生たちが帽子を天高く放り投げ、「大韓独立万歳」を叫びはじめた。万歳の波は瞬く間に全国に広がった。

その後万歳運動は北は咸鏡道《ハムギョンド》から南は済州島《チェジュド》まで全国に広がり、一ヶ月以上継続した。デモは全国で千二百回以上行なわれ、百万人以上の民衆が参加した。デモは平和的に行なわれたが、日本の警察は武力をもってデモ隊を鎮圧した。各地で大量虐殺も行なわれた。さらには軍隊までもが動員された。

平和的なデモ隊を日本が武力で鎮圧すると、世界の言論は沸き立った。イギリスとフランスの新聞は韓国の独立運動に対して同情に満ちた視線で報道した。アメリカの議会でも韓国問題が幾度も取り上げられた。しかしアメリカ政府は日本との関係を重視し、まったく耳を傾けようとはしなかった。

海外で活動していた独立闘士は、三・一運動に鼓舞され、臨時政府の樹立に拍車をかけた。それだけ三・一運動は独立に対する民族的な熱望を皮膚に感じさせる事件であった。

臨時政府の樹立は、上海、沿海州、アメリカなど海外はもちろん、国内でもこころみられ、一瞬のうちに七つの臨時政府が作られた。そのうち朝鮮民国臨時政府、高麗共和国、間島臨時政府、新韓民国政府は、ビラを通じてその存在が伝えられただけで、その実態は知られていない。実態がある程度わかっているのは、上海臨時政府、漢城臨時政府、露領臨時政府の三つである。

大韓民国臨時政府の誕生と初代大統領・李承晩

大韓民国臨時政府の誕生は、漢城臨時政府、上海臨時政府、露領臨時政府の統合にはじまる。三・一運動の直後同時多発的に臨時政府が樹立され、これをひとつに統合しようという動きがはじまった。その結果誕生したのが大韓民国臨時政府である。

しかし大韓民国臨時政府が成立するまでには、それなりの陣痛があった。三つの臨時政府の構成を見ていけば、その陣痛がどのようなものか自然にわかるはずだ。

ロシア領内で樹立された露領臨時政府を率いていたのは李東輝《イ・ドンフィ》だった。露領政府の正式名称は「大韓国民議会」であった。一九〇九年に大韓帝国の軍隊が解散させられたのち、沿海州に亡命した義兵組織がその基盤であった。彼らは一九一〇年に十三道義軍を組織し、柳麟錫《ユ・インソク》を都総裁に推戴した。十三道義軍都総裁の名義で、高宗《コジョン》に対し、沿海州に亡命して亡命政府を樹立するよう上疏したのである。

その後、実質的にこの組織を率いていたのは、李相卨《イ・サンソル》と李東輝だった。彼らは軍隊の養成に努力し、一九一四年にはシベリアだけで二万の兵を訓練するだけの力量を持っていた。彼らは日本とロシアの戦争を望み、戦争が勃発すればロシアと連合して日本を攻撃することを計画していた。そのため大韓光復軍政府を組織し、李相卨を正統領に推戴したのである。ところが第一次世界大戦が勃発し、この計画は水泡に帰した。ロシアと日本が連合軍に加担したため、軍事活動をすることができなくなったのである。そうしたなか、李相卨は上海に向かい、残った組織は李東輝が率いることとなった。

第一次世界大戦のさなか、ロシアの状況が急変する。一九一七年十一月にボリシェビキ革命が起こり、ソビエト連邦が形成され、ロシアは急速に共産化していくのである。この状況を受けて李東輝は、ソ連の力を利用するため、韓人社会党を組織した。そして散らばっていた義兵を結集し、シベリアで日本軍と戦闘を交えた。

一九一八年に第一次世界大戦が終結し、翌年三・一運動が起こると、李東輝は大韓国民会議を作り、臨時政府を自称した。このとき大韓国民会議が発表した行政府の人事は、大統領・孫秉熙《ソン・ビョンヒ》、副大統領・朴泳孝《パク・ヨンヒョ》、国民総理・李承晩《イ・スンマン》、度支総長★13・尹顕振《ユン・ヒョンジン》、軍務総長・李東輝、内務総長・安昌浩《アン・チャンホ》、産業総長・南亨祐《ナム・ヒョンウ》、参謀総長・柳東説《ユ・ドンヨル》、講和大使・金奎植《キム・ギュシク》であった。露領政府がこれらの内容を発表したのは三月一七日で、三つの臨時政府のうちもっとも早い動きだった。

一方、上海臨時政府を主導したのは李東寧《イ・ドンニョン》だった。李東寧は上海地域の勢力を糾合し、四月十一日、臨時議政院を組織し、四月十三日に内閣を発表した。発表されたのは、議政院議長・李東寧、国務総理・李承晩、内務総長・安昌浩、外務総長・金奎植、法務総長・李始栄《イ・シヨン》、財務総長・崔在亨《チェ・ジェヒョン》、国務総長・李東輝、交通総長・文昌範《ムン・チャンボム》であった。

もっとも遅く発足したのは漢城政府だった。三・一運動がたけなわであった三月はじめ、李教憲《イ・ギョホン》、尹履炳《ユン・イビョン》らが集まって臨時政府の樹立を決議し、数回の会合をへて、四月二十三日、逢春館《ポンチュングァン》で臨時政府宣布文が発表された。このとき発表された内閣人事は、執政官総裁・李承晩、国務総理・李東輝、外務部総長・朴容万《パク・ヨンマン》、内務部総長・李東寧、軍務部総長・盧伯麟《ノ・ペンニン》、財務部総長・李始栄、法務総長・申圭植《シン・ギュシク》、学務部総長・金奎植、交通部総長・文昌範、労働局総弁・安昌浩、参謀部総長・柳東説であった。

三つの臨時政府の内閣人事を見れば、李承晩、李東寧、李東輝がその中心にあることはすぐに見て

★13：度支総長——財政を統括。

取れる。年齢は李東寧が一番上で、李東輝、李承晩の順だった。しかし名声や影響力の面では、李承晩がずば抜けていた。

もっとも柔軟で合理的な姿勢を見せたのは上海臨時政府だった。上海臨時政府はまず露領臨時政府に統合を提起し、全体的な内閣構成は漢城政府のものを尊重するという態度を示した。その代わり臨時政府を上海に置くという成果を得た。

しかし露領政府は強硬に反発した。漢城政府が有名人士を中心に構成されているという点に不満が集中した。実際露領政府の人士には、李東輝を除けば国内で広く知られている人物はいなかった。その代わり武力闘争を行なう実力を有していた。

露領政府の代表である李東輝は漢城政府の総理に内定したことに満足し、臨時政府の統合に賛成した。そのため臨時政府は合意によって統合される見通しとなった。しかし露領政府の人士の大部分は李東輝の行動に反発し、露領政府の中心幹部で李東輝と共に内閣の一員となっていた文昌範と崔在亨は参加を拒否した。[★14]

このように露領政府の不満を抱えたまま、大韓民国臨時政府は組織されたのである。最初臨時政府は議院内閣制を採択した。しかし李承晩が大統領制を強く主張したため、この年の九月に改憲を断行し、大統領中心制に転換した。閣僚は、執政官総裁・李承晩を大統領に変え、交通局総長に文昌範に代わって南亨祐を任命した以外は、漢城政府と同一であった。

李承晩が大統領中心制にこだわったのは、アメリカをモデルとしていたからだった。彼が活動していたのはアメリカであったため、大統領中心制に慣れており、政治活動を行なう上でもそれが便利であった。最初から彼は、執政官総裁ではなく大統領であると自己紹介していた。そうしたほうがアメリカ社会で自分の存在を知らしめるのに有利であると判断したようだった。

このようにして李承晩は大韓民国臨時政府の初代大統領となった。後日この経歴が大韓民国初代大

★14：当時は当事者の許可を得ないまま内閣の名簿を作成したことが多かったため、重複などが見られた。文昌範が漢城政府、崔在亨が上海政府の名簿にあるのはこのため。

統領となる重要な背景となるのである。

臨時政府から弾劾される

大韓民国臨時政府における李承晩《イ・スンマン》の前途は平坦とは言えなかった。臨時政府が彼を首班としたのは、彼が財政と外交分野に優れていると期待したからであった。しかし李承晩はその名声に比して、実際の能力はそれほど際立ってもいなかった。さらに臨時政府の要員の大半は中国で活動しており、アメリカを主舞台としていた李承晩は臨時政府のなかでも浮いた存在であった。

臨時政府が出帆した当初から、李承晩の立場には限界があった。上海臨時政府は実質的に李東寧《イ・ドンニョン》の勢力がその主軸となっていたため、李東輝《イ・ドンフィ》と李承晩の勢力は異邦人のように感じられていた。その上、一時は義兄弟の契りを交わした仲であったが、今は敵対している朴容万《パク・ヨンマン》は、李承晩体制のもとでは何もできないと言って臨時政府から飛び出してしまった。朴容万はアメリカを基盤とした勢力の中心人物のひとりであり、李承晩にとっては大きなマイナスだった。

そうしたなか、李承晩はアメリカに滞在し続けた。上海は、一日も早く上海に来て職務を遂行するよう要求したが、李承晩は簡単にアメリカを離れることはできなかった。

大統領制への改憲がなされる前に李承晩は大統領という職名を勝手に使用していたのだが、臨時政府内部からはそれを問題視する動きも生まれてきた。李承晩を大統領病患者と罵倒する者まであらわれた。

この問題について李承晩に対する批判が強まると、アメリカの同胞社会で李承晩のライバルとみなされていた安昌浩《アン・チャンホ》が仲裁に立った。安昌浩は李承晩に「大統領」という称号を使わないようにと要請した。しかし李承晩は、執政官総裁という名称を正確に英語に翻訳することは難しく、すでにあらゆる国家に送付した文書に大統領という職名を記しているため、憲法を改正して大統領中心制にすべきだ、と主張した。結局この主張が貫徹され、一九一九年九月に改憲が行なわれ、李承晩が初代臨時大統領となるのである。

しかし大統領中心制は露領政府を代表している李東輝には不満の多いものだった。彼は議院内閣制の実質的な首班である総理に任ぜられて満足していた。ところが大統領中心制に転換すると同時に、総理の比重はきわめて軽いものとなってしまったのである。李東輝は臨時政府に参加したことを後悔しはじめた。

大統領の名称以外にもうひとつ、李承晩と臨時政府の関係を悪化させる事件が起こった。「独立公債」発行の問題である。李承晩は執政官総裁に推戴されると同時に、独立資金を確保するために独立公債を発行する計画を立て、臨時政府に通告した。そしてその年の七月に独立公債発行法律案が通過し、十一月に公布された。ところが李承晩はその交付を待たず九月に公債を発行したので、臨時政府はこれに強く反発した。在米韓人団体である大韓人国民会議からも李承晩を非難する声が上がった。その後臨時政府議政院は大統領の就任を促す決議案を通過させ、李承晩に圧力を加えた。李承晩は、どのような手段を用いても上海に行かなければならない立場に追い詰められた。

李承晩はまずハワイに行き、そこにしばらく滞在してから、一九二〇年十一月に上海行きの船に乗った。当時彼には日本によって三十万ドルの懸賞金がかけられていて、自由に行動することは不可能だった。そのためハワイで死んだ中国人の遺骸を運ぶオランダの船に隠れて密航したのである。そして二十六日間の航海の末上海に上陸し、臨時政府の庁舎に向かった。

臨時政府の閣僚は李承晩に大きな期待をかけていた。李承晩が資金の調達と外交において優れた能力を有していると信じていたからだ。李承晩がジョージ・ワシントン大学に在学していた当時彼の師であったウィルソンを通じてアメリカを動かすことができるとみな信じていた。李承晩もまたウィルソンに大きな期待をかけており、自分はウィルソンの親友だというようなホラを吹いていた。しかし実際には、李承晩はウィルソンに会うことすら難しい関係であり、資金を調達する力も大したことはなかった。さらに臨時政府の方向を示す力もなかった。そのため臨時政府の閣僚は李承晩に大きく失望する結果となった。

こうしたなか、総理である李東輝は、大統領が上海にいない場合、すべての行政決定権を総理が代わって行使できるようにしてほしい、と要求した。これは臨時政府を離れる口実を作るための行動だった。李承晩は当然この要求を拒否した。結局李東輝は総理の職を辞し、臨時政府を去った。[★15] 李承晩は李東輝を免職とし、代わって李東寧を総理代理に任命した。

混乱はそれにとどまらなかった。議政院の本会議が開かれ、李承晩の外交を主とした独立運動に対する批判の声が高まったのである。

当時臨時政府内の闘争路線は大きくふたつに分かれていた。ひとつは軍事力を育て武力闘争を行なうという立場であり、もうひとつは外交を中心に独立運動を行なうべきだ、という主張だった。

このふたつの路線は共に臨時政府が推し進めなければならない宿題であった。李承晩は大統領として当然このふたつの路線を受け入れるべきであった。しかし李承晩は武装闘争に懐疑的であった。おびただしい費用と危険を負うことになる武装闘争は現実的ではないと考えたのである。彼は国際関係学の学者らしく、外交を優先すべきであるとの立場を固守し、武装闘争に対しては徹底して懐疑的だった。武装闘争によって日本の軍隊を打ち破るのは不可能だと判断していたのである。さらに武装闘争に費用を集中させた場合、きちんとした外交活動ができなくなると憂慮していた。

しかし李承晩は露骨にその見解を表明することはなかった。上海政府内に彼の路線を支持する者もなく、外交路線を強く主張するだけの根拠もなかった。実際李承晩はこれまで外交の分野でもこれといった成果を上げることができずにいた。

★15：李東輝が臨時政府を離れたのは、大統領中心制のためではなく、共産革命を主唱していた李東輝が、反共主義者である李承晩と対立したからだ。このころ李東輝はコミンテルンと臨時政府をつなぐ役割を果たしており、臨時政府を離れてからは高麗共産党の創設にたずさわっている。また一九二〇年に上海で開かれたコミンテルンのアジア会議に出席するため上海を訪れた大杉栄と応対したのはこの李東輝である。そもそも若い李増林（イ・ジュンリム）を日本に送り、大杉らと連絡をとらせたのは李東輝だった。一九二一年十一月二十八日にモスクワでレーニンと会談したとき、レーニンが「この男はマルクスの理論についてはまったく知らないが、革命家としては立派だ」と評したと伝えられている。一九三五年、ウラジオストックで死去。六十二歳だった。

武装闘争派は、武装闘争をしなければ国際的な注目を集めることもできない、と考えていた。武装闘争よりも波及効果の大きい外交活動はない、との立場だった。当時は金佐鎮《キム・ジャジン》、洪範図《ホン・ボムド》などの武装闘争が大きな戦果をあげていた。彼らは李承晩の外交主義路線を敗北主義であると非難していた。

このころ北京に、李承晩が率いる臨時政府に反対する勢力が結集していた。朴容万、申采浩《シン・チュホ》★16らを中心とする武装闘争派が軍事統一会を招集し、李承晩を批判しはじめたのである。そしてついに彼らは臨時政府議政院を解散し、新たな政府を樹立するための国民代表会を開こうと提案した。この提案は大きな波紋を引き起こした。国民代表会の招集に賛成した学務部総長の金奎植《キム・ギュシク》と交通部総長の南亨祐《ナム・ヒョンウ》が辞表を提出し、安昌浩も労働局総弁の職を蹴ったのである。

独立運動は上海臨時政府を発展的に解体して新たな政府を作ろうという勢力と、上海臨時政府を維持しようという勢力とに二分されることとなった。上海政府の中心に位置していた李東寧、申圭植《シン・ギュシク》、盧伯麟《ノ・ペンニン》、李始栄《イ・ションン》らを除く閣僚は臨時政府を離れていった。

このようななか、李承晩はその政治的な限界を露呈することとなった。李承晩は臨時政府を結束させるのに失敗し、両手をもがれた結果となった。彼はアメリカに戻ることを考えはじめた。ちょうど一九二二年の十一月に、アメリカに各国の代表が集まり軍縮会議を開くというニュースが届いた。李承晩は軍縮会議に出席するという名目でアメリカに向かった。

李承晩は軍縮会議に、韓国の立場を代弁する意見書を幾度も提出しようとしたが、何の成果も得られなかった。臨時政府議政院は李承晩に対して、上海に戻るよう促した。しかし李承晩は上海に戻ることはなく、議政院は李承晩に対する不信任案を通過させた。

その後、議政院は大統領事故案（大統領が個人の事情により業務を続けることができないという内容）を通過させ、李東寧を大統領職務代理に任命するよう李承晩に要求した。しかし李承晩は断固としてこれを拒絶した。これに対して議政院は一九二五年三月、大統領弾劾案を通過させ、朴殷植《パク・ウンシク》★17を

★16：申采浩——一八八〇～一九三六。幼いころから神童と言われていた申采浩は、十九歳のとき朝鮮王朝の最高学府である成均館（ソンギュングァン）に入学し、一九〇五年には成均館博士に任命されるが、翌日辞職して愛国啓蒙運動に身を投じた。朝鮮の併合と同時に中国に亡命し、赤貧洗うが如き生活のなかで独立運動に参加しながら、満州各地に残る朝鮮古代史の遺跡を探訪し、朝鮮史の研究を続ける。『朝鮮上古史』『乙支文徳伝』『李舜臣伝』などの業績によって、民族史学の父と言われている。さらにこのころからアナキズムの文献を渉猟するようになり、一九二三年には金元鳳（キム・ウォンボム）の依頼を受けて、義烈団の宣言である『朝鮮革命宣言』を執筆するが、そのなかで李承晩の外交路線を徹底的に批判した。幸徳秋水を高く評価し、その絶筆である「基督抹殺論」を漢訳している。一九二八年、台湾で日本の警察に逮捕され、一九三六年、旅順刑務所で獄死した。

★17：朴殷植——一八五九～一九二五。若くして独立協会に参加し、『皇城新聞』

第二代臨時大統領に推戴した。これにより、毀誉褒貶《きよほうへん》がさまざまであった臨時政府の李承晩政権は幕を下ろした。

李承晩の暗黒期と『日本内幕記』による起死回生

弾劾によって大統領職を離れて以後、李承晩《イ・スンマン》の立場は著しく悪化した。行動半径は狭まり、政治的な活動はほとんど不可能になった。せいぜい宣伝活動に従事するか、彼が創立した大韓人同士会で活動する程度であった。

このころ上海臨時政府を率いていたのは金九《キム・グ》であった。金九は李承晩が弾劾されたあと国務総理代理となり、その後一九二六年に国務領となった。そして一九二八年には李東寧《イ・ドンニョン》の指導のもと、李始栄《イ・シヨン》、安昌浩《アン・チャンホ》と共に韓国独立党（韓独党）を創立し、一九三一年には主席となった。★18

金九は東学党の出身らしく、生まれつき戦闘的で、カリスマのある人物だった。彼は李承晩とは違い、テロを重要な抵抗手段と考えていた。李奉昌《イ・ボンチャン》★19の義挙と尹奉吉《ユン・ボンギル》★20の義挙の背後には金九がいた。特に尹奉吉の義挙は大きな成功を収めたとみなされ、中国の蒋介石《しょうかいせき》と手を結ぶ契機となった。当時中国は上海事変と満州事変をへて日本と全面的に対峙している状況だった。金九はこの力関係を利用して、中国の援助を得るという快挙を成し遂げたのである。

しかし臨時政府はそれ以上上海にとどまることはできなかった。尹奉吉の義挙の直後、金九には六十万ウォンの懸賞金がかけられた。金九は臨時政府の仲間をともない南京へ逃れた。李承晩はこのような金九の路線を批判的な目で見ていた。テロは結局朝鮮の民衆を苦しめることになるだけだ、というのが李承晩の論理だった。

一九三二年十一月、金九から李承晩に、喜ばしい任命状が届いた。李承晩を韓国独立嘆願大使に任

『大韓毎日新報』の主筆となる。朝鮮併合後は中国領の間島に移住し、朝鮮古代史の研究に力を注いだが、一九一九年の三・一運動に呼応して上海臨時政府に参加し、第二代大統領となった。著書に『大東古代史論』『東明聖王実記』『泉蓋蘇文伝』『韓国痛史』『韓国独立運動の血史』（日本語訳、平凡社東洋文庫、姜徳相訳）がある。特に『韓国独立運動の血史』は名著として現在も読み継がれている。

★18：大韓民国臨時政府の首班は大統領↓国務領↓主席とその名称が変化した。

★19：李奉昌の義挙——一九三二年一月六日、桜田門外で天皇の馬車に爆弾を投げつけ暗殺を企図。投擲は目標を誤り、近衛兵一名を負傷させただけだった。

★20：尹奉吉の義挙——一九三二年四月二十九日、上海の日本人街での祝賀式典に爆弾を投擲し、上海派遣軍司令官・白川義則大将らを殺害した。この報せを受けた蒋介石は、「中国の百万の大軍ができなかったことを朝鮮の一青年がやり遂げた」と評した。

命するという内容だった。そのおかげで李承晩は七年にわたる蟄居を終え、活動を再開することができた。

李承晩は国際連盟本部があったスイスのジュネーブに行き、韓国を中立国として認めるよう嘆願を繰り返したが、何の成果も得られなかった。しかし個人的な成果はあった。晩年の伴侶となるオーストリア女性、フランチェスカ・ドナーと出会ったのである。

ふたりは二年近い交際の末、一九三四年十月に結婚した。李承晩は還暦の直前であり、フランチェスカは三十四歳だった。李承晩とフランチェスカの結婚に対して、在米同胞の目は冷たかった。ジュネーブに行きながら何の成果も得られずに帰ってきたことに対しても非難一色であった。まさに李承晩の一生一代の危機であった。

李承晩もかつての熱情を失いつつあった。外交主義路線についての自信も失せ、また僑胞たちも彼の言葉に耳を傾けようとはしなかった。すべての職責から身を引くことを決心した。

それから六年余蟄居し、ほとんど絶望的な心情で本の執筆をはじめた。題名は『日本内幕記』(原題)だった。その骨子は、日本がアメリカを攻撃するはずだから、アメリカは戦争に備えるべきだ、というものだった。しかしアメリカの国民はその警告を鼻であしらった。この本が出版された一九四一年のはじめの時点でも、日本がアメリカを侵略するなどということは想像すらできない事態だった。

ところがその年の十二月、日本がハワイの真珠湾を襲撃すると、アメリカ人たちは李承晩を予言者であると賞賛しはじめ、『日本内幕記』は飛ぶように売れはじめた。おかげで李承晩はアメリカで有名人となった。日本の真珠湾攻撃が李承晩の起死回生を導いたとは皮肉な結果であった。

太平洋戦争の期間中、李承晩は栄耀栄華を味わった。『日本内幕記』がベストセラーになったおかげで、当時の金額で二万ドル相当の豪邸に住むようになり、朝鮮人社会での発言権も増し、臨時政府の要員や朝鮮人も彼を見直すようになったのである。

2　解放と共にはじまった米軍政と分断

泥棒のようにやってきた解放と、建準のすばやい行動

一九四五年八月十日、アメリカの短波放送が、日本が無条件降伏を宣言すると放送した。李承晩《イ・スンマン》はこの放送を聴き、衝撃のあまりソファにぼんやりと座り込んだ。あれほど長い間待ち望んでいたニュースであったが、それが現実となったということがとても信じられず、何もできなかったのだ。

数十年にわたって独立のために戦い、いつかは必ず独立の日が来るという信念ひとつで耐えてきた老獪な独立運動家・李承晩でさえ、解放という現実を簡単に受け入れることができなかったほどなのだから、それよりもはるかに情報から遠ざけられていた朝鮮人の驚きと混乱はさらに深刻なものだった。それまで朝鮮人にとって、解放とは遠い未来の夢か、幻想か、あるいは望みのない希望に過ぎなかったのだ。

咸錫憲《ハム・ソクホン》★21は聖書の一節を引用して、解放が泥棒のようにやってきたと語った。朴憲永《パク・ホニョン》★22は突然棚から牡丹餅が落ちてきたみたいだった、と表現した。当時朝鮮の民衆に伝えられていた情報は、あらゆる前線で日本が勝利を重ねているという嘘の塊ばかりであり、日本の敗北など想像もできないシナリオだったのだ。

朝鮮半島で日本の敗北のニュースを一番最初に知ったのは、当然のことながら朝鮮総督府であった。八月十日に総督府は日本の敗北を公式に確認し、本国の指示にしたがって、朝鮮に居住する日本

★21：咸錫憲――一九〇一～一九八九。宗教思想家であり、独立運動家、市民運動家としても名高い。特に李承晩、朴正煕、全斗煥と続く独裁政権に対して徹底的に抵抗した。一九六七年に発表した『意味から見た韓国史』は古典的名著と言われている。

★22：朴憲永――一九〇〇～一九五五。第一次朝鮮共産党の創立メンバーとなった独立運動家。幾度も投獄されたが、自分の糞を食べるまでして精神錯乱を装い、出所した。一九四五年当時は、光州で煉瓦職人として働きながら、京城コム・グループの中心メンバーとして地下活動を続けていた。解放後は最後まで節を曲げなかった独立運動家として尊敬を集め、左派の領袖として活躍した。

人が無事帰国できるよう動きはじめた。当時朝鮮には約八十万人の日本人がいた。もちろん、軍人、警察、民間人を含んだ数字だ。朝鮮総督の阿部信行は、日本人が怒り狂った朝鮮人に踏みにじられ、殺されるかもしれないという不安にさいなまれた。そのため朝鮮人が日本の敗北のニュースを知る前に安全措置をとらねばならないと考えた。朝鮮人の代表者を呼び出し、日本人の無事帰国を約束させようとしたのである。

朝鮮総督府が最初に接触したのは宋鎮禹《ソン・ジヌ》だった。日本に留学し、『東亜日報』の主筆と社長を歴任した宋鎮禹は、国内でもっともよく知られた人物のひとりだった。朝鮮総督府は宋鎮禹に、行政委員会を構成し、総督府の業務を引き継ぐよう提議した。しかし宋鎮禹は朝鮮総督府の要請を断固拒否した。

宋鎮禹は、連合軍がすぐに朝鮮半島に進駐するはずであり、重慶の臨時政府が帰国して政権を担うであろうと判断し、別の代表機関を設置する必要などないと判断したのだ。また朝鮮総督府の術策によって困難な立場に追い込まれるかもしれないという不安もあった。

朝鮮総督府は次に『東亜日報』編集局長であった金俊淵《キム・ジュニョン》と接触した。金俊淵は孫基禎《ソン・キジョン》の★23日章旗抹消事件に関係して辞任した後、京畿道全谷《キョンギドチョンゴク》で農場を管理していた。彼は宋鎮禹に連なる人物であり、宋鎮禹が拒絶したことを引き受けるはずもなかった。

こうして朝鮮総督府はやむをえず呂運亨《ヨ・ウニョン》のところに駆けつけた。呂運亨は朝鮮総督府が敵視していた人物だった。呂運亨も『朝鮮中央日報』の社長をつとめるなど言論人の出身であったが、その性向は宋鎮禹とはまったく異なっていた。宋鎮禹が地主、両班、資本家などの韓国の上層部を代弁する人物であるのに対し、呂運亨は高麗共産党に加入した社会主義者であった。したがって自分たちの安全な帰国を保証してもらうのなら、朝鮮総督府としては呂運亨よりも宋鎮禹のほうが適任だと考えたはずだった。それにもかかわらず呂運亨に頼ったというのは、それだけ朝鮮総督府が追い詰められてい

★23：日章旗抹消事件――一九三六年のベルリンオリンピックのマラソン競技で孫基禎が金メダルを獲得したが、これを報じた東亜日報と朝鮮中央日報が、孫基禎の写真から日章旗を抹消した事件。

たことを示している。

朝鮮総督府が警務局長を送って呂運亨と接触したのは八月十四日であった。日本政府は八月十五日に昭和天皇・裕仁の口を通じて公式に降伏を宣言すると決定していた。朝鮮総督府には時間がなかった。もし呂運亨が承諾しないうちに裕仁の宣言が行なわれれば、朝鮮の民衆がどのような行動をとるか予測することもできなかった。

幸い呂運亨は朝鮮総督府の提案を受け入れ、翌十五日早朝に政務総監・遠藤柳作に会って行政権の移譲を受けると伝えた。その後呂運亨は宋鎮禹を訪ね、行政委員会に参加するよう要請したが、宋鎮禹は拒絶した。宋鎮禹は、重慶の臨時政府にすべてを任せるべきだと主張し、軽挙妄動すれば取り返しのつかない事態に発展するやもしれぬ、と警告した。

宋鎮禹が臨時政府に執着したのは、臨時政府を過大評価し、その代表性を認めたからだ。しかし呂運亨は、臨時政府は海外に設立されたさまざまな独立運動団体のひとつに過ぎない、と一蹴し、三千万の民衆が主軸となった政府を作らなければならない、と主張した。

宋鎮禹の拒絶により、朝鮮総督府から行政権を移譲されるのは呂運亨ひとりとなった。当時呂運亨は左派を代表する人物であり、宋鎮禹は右派の主張を代弁する位置にいた。こうして左派が日本の敗北後の行政権を引き継ぐこととなった。

呂運亨はすぐに自身が率いていた朝鮮建国同盟の人士を結集し、朝鮮建国準備委員会（建準）を組織した。幹部は委員長・呂運亨、副委員長・安在鴻《アン・ジェホン》、総務部長・崔謹愚《チェ・グヌ》、財務部長・李奎甲《イ・ギュガプ》、組織部長・鄭栢《チョン・ベク》、宣伝部長・趙東祜《チョ・ドンホ》、武警部長・権泰錫《クォン・テソク》らであった。安在鴻以外は全員左派であった。

一方朝鮮総督府は八月十五日と十六日の両日にかけて、政治犯と経済犯を釈放していった。呂運亨をはじめとする建準の幹部もそれを手伝った。名実共にはじめて建準が行政権を行使した事例であった。

建準は大衆に向けて、朝鮮建国準備委員会が結成されたことを知らせると同時に、秩序を守って日本人の帰還に協力してくれるよう依頼する広報活動を開始した。呂運亨は十六日に徽文《フィムン》中学校で演説を行ない、安在鴻は京城中央放送局を通して演説をした。建準は放送局と警察署を接収し、警察と軍隊を編成するための人員を募集するという公告を発表した。

このように建準がすばやく活動を開始することができたのは、一九四四年に結成された朝鮮建国同盟のおかげだった。呂運亨は日本の敗北を予想し、建国準備委員会としての性格を持つ秘密結社を結成して全国的な組織網を作っていたのだ。

ところが朝鮮総督府が突然行政権を移譲するという約束を覆したのである。三十八度線を基準として南北に分断し、南側はアメリカが、北側はソ連が占領するという事実を確認したためだ。したがって行政権は当然南側はアメリカに、北側はソ連に移譲しなければならないということになる。朝鮮総督府としては、建準に行政権を移譲するより、アメリカ軍とソ連軍に渡すほうが、日本人が安全に撤収する上で有利であると判断したのだ。

朝鮮総督府はすぐに軍隊を動員して、建準が接収した警察署と放送局を再接収した。しかし建準の組織網は全国に拡大していった。建国治安隊が組織され、警察に代わって治安を維持し、各機関と組織が親日勢力を追及しはじめた。しかし日本人の安全は徹底的に保証し、朝鮮総督府と摩擦を起こすようなことはなかった。そのため朝鮮人に殺された日本人はほとんどいなかった。建準の一糸も乱れぬ秩序の確立は国際社会からも好評をもって迎えられた。しかし南と北に、アメリカ軍とソ連軍が進駐し、朝鮮半島において希望だとか意思という言葉が意味を失っていくのである。

分断の信号弾となった三十八度線分割占領

建準の活躍によって、朝鮮人は国際社会が驚くほどの速さで国家の形態を整えていったが、実際に朝鮮半島を接収したアメリカとソ連はそのようなことに関心を示さなかった。彼らはただ、朝鮮半島を妨害されることなく分割占領することだけに力を注いでいた。

朝鮮半島をアメリカとソ連が分割占領するということは、朝鮮が分断されることを意味している。本来ならばドイツに対してそうしたように、分割しなければならないのは朝鮮ではなく敗戦国である日本であるべきであった。ところがあろうことかアメリカとソ連は朝鮮半島を分割してしまったのである。

朝鮮半島の分断は、アメリカの行き当たりばったりの対応が招いた失策の結果だった。第二次世界大戦当時の朝鮮の独立に関する会議の記録を追っていけばこのことは明らかになる。

当時のアメリカの大統領はフランクリン・ルーズベルトだった。ルーズベルトは、日本が敗北すれば、当分の間朝鮮を信託統治下に置き、その後独立させる計画だった。ソ連を中心として膨張を続ける社会主義勢力を牽制するためである。朝鮮がすぐに独立すれば、社会主義国家となる可能性が高いと判断したのだ。

この構想は、一九四三年十一月二十二日から二十六日にかけて開かれたカイロ会談で具体化した。ルーズベルト、イギリスのウィンストン・チャーチル、中国の蒋介石《しょうかいせき》はこの会談で、朝鮮を解放し、適当な時期に独立させる、と決議した。

しかしルーズベルトが言った「適当な時期」とは、解放のなんと四十年後だったのである。つまり朝鮮の解放とは、アメリカの占領と支配を意味していたのだ。

ルーズベルトはその年の十一月二十八日にテヘランでチャーチル、スターリンと会い、朝鮮人が独立するには四十年ほどの修業期間が必要だ、と語り、スターリンもこれに同意した。もしかしたらこの席でスターリンとルーズベルトは朝鮮半島を分割統治することに暗黙の同意をしたのかもしれない。もちろん分割統治についての公式の論議があったわけではない。この時点でも朝鮮に対する信託統治が明文化されることはなかった。

ルーズベルトは信託統治についての自分の考えを貫徹するために、一九四五年二月八日、当時ソ連領であった黒海沿岸のヤルタ（クリミア半島の保養地）のリヴァディア宮殿で、再びチャーチル、スターリンと会談をした。この会談の主な目的はソ連を連合軍に参戦させることであり、アメリカとイギリスの提議をスターリンは受け入れた。

ヤルタでルーズベルトはスターリンに朝鮮を信託統治するという提案をした。このときルーズベルトは信託統治の期間を二十～三十年と提案し、スターリンは信託統治の期間をできるだけ短くしたほうがいい、とこたえた。信託統治についてのふたりの思惑は正反対だった。スターリンは、朝鮮がすぐに独立したならば社会主義を選択する可能性が高いと判断して信託統治の期間は短いほうがよいと提案し、ルーズベルトもまた同じ理由で信託統治の期間を長く取る必要があると訴えた。しかしルーズベルトが朝鮮について語るのはこれが最後となった。彼はその年の四月十二日に生涯を終えるのである。

アメリカの大統領は副大統領であったトルーマンが引き継いだ。トルーマンはその年の七月二十二日、ベルリン郊外のポツダムでチャーチル、スターリンと会談した。ここで三人は日本に対する無条件降伏の要求と、ソ連の参戦問題を討議した。その過程で朝鮮を適当な時期に独立させるという内容も再確認された。

ヤルタ会談でスターリンは百八十日以内に参戦すると約束し、その代わりに東アジアでいくつかの

ヤルタ会談に臨むアメリカ、イギリス、ソ連の首脳。左よりチャーチル（英）、ルーズベルト（米）、スターリン（ソ）。〔RIA Novosti ／時事通信フォト〕

利益を保証されていた。ポツダム会談の時点はまだ約束の日限になっていなかったので、ソ連は参戦していない。スターリンはヤルタ会談から正確に百八十日が経過した八月八日正午を期して、日本に宣戦布告をした。

このとき日本は敗北直前の状況にあった。八月六日に広島、九日に長崎に原子爆弾が投下された。つまりソ連は、すでに準備されていたご馳走を食べるだけだったのである。

ソ連軍は八月九日、百五十万の兵力で日本軍を攻撃した。日本軍の前線は一瞬にして崩壊し、翌十日にはアメリカから、日本の降伏が決定したという通告を受けた。八月十五日に日本が公式に降伏を宣言するまで、ソ連軍は日本軍と戦った。ソ連軍が戦ったのはわずか六日であった。国際社会では、ソ連軍は終わった戦争に参戦した、という見方が支配的だった。それでもソ連軍の死者は千五百人、負傷者は三千二百人で、短期間の戦闘にしては少なくない被害であった。

ソ連軍が破竹の勢いで朝鮮半島に進軍していた八月十四日、ソ連はアメリカから、朝鮮半島分割占領案の通告を受けた。三十八度線で分割するという案だ。アメリカはソ連が拒否するのではないかと戦々恐々としていたが、ソ連は意外にもあっさりと受諾した。アメリカは三十八度線の南に首都があることに満足し、ソ連は自分たちのほうがより広い地域を占領するという事実に満足したのだ。

アメリカがどうやって三十八度線を選択したのか、正確なことはわかっていない。ポツダム会談で決められた、という説もあり、これを担当したふたりの大佐がわずか三十分で決めた、という話もある。確かなことは、ヤルタ会談の時点でルーズベルトとスターリンは分割占領についての構想を明らかにしており、これが分断につながったという事実だ。

アメリカは朝鮮半島をソ連と分割占領した時点でも、朝鮮が分断されるとは考えてもいなかった、と伝えられている。つまり意図的に分断したのではなく、状況が分断を生み出したというわけだ。この時点でアメリカは朝鮮についてはまったく無知な状態であり、朝鮮のことなど眼中になかった。アメリカの関心は日本に集中していたのである。

アメリカは朝鮮の分断など気にもしていなかった。ただソ連が満州と朝鮮半島を占領し、極東の覇権を掌握するのではないか、と恐れていた。アメリカが朝鮮を分割し、南半部に進駐した目的はソ連を牽制するためであり、それ以外の意味はなかった。

アメリカが朝鮮半島を分断して北側をソ連に与えたのは、日本の分割を防ぐためだった。アメリカは内心、ソ連が日本をドイツのように分割統治しようと言い出すのではないかと恐れていた。そのため朝鮮半島を分割してソ連の口をふさごうとしたのだ。この過程でアメリカが朝鮮の地政学的な重要性や政治的、軍事的意味などを考慮した形跡はない。その意味で朝鮮半島は、アメリカが日本を占領するためにソ連に差し出したギャランティだったのである。

三十八度線以南の占領を宣布したマッカーサー布告令

一九四五年九月四日、仁川《インチョン》沖にアメリカの第七艦隊が姿をあらわした。ジョン・R・ホッジ中将が率いるアメリカ軍第二十四軍団だ。その三日後である九月七日、アメリカ陸軍総司令官ダグラス・マッカーサーの布告令が発表された。

朝鮮人民に告ぐ

太平洋方面アメリカ陸軍部隊総司令官としてわたしは以下のように布告する。

日本国政府の連合国に対する無条件降伏は、右諸国軍隊間で久しく続けられていた武力闘争を終わらせた。

日本の天皇の命令により、それを代表して日本国政府と日本の大本営が調印した降伏文書の内容によって、わたしの指揮下にある勝利に輝く軍隊は、近日中に北緯三十八度以南の朝鮮領土を占領する。

朝鮮人民の長期にわたった奴隷状態と、適当な時期に朝鮮を解放独立させるという連合国の決意を肝に銘じつつ、朝鮮人民は占領の目的が降伏文書を履行し自分たちの人間的、宗教的権利を保護するためであることをあらためて心に刻まなければならない。

朝鮮と朝鮮の住民に対し、軍事的管理をするため、以下の占領条件を発表する。

第一条．北緯三十八度以南の朝鮮の領土と朝鮮の人民に対する統治の全権限は当分の間わたしの権限のもとに施行する。

第二条．政府の全公共および名誉職員と使用人および公共福祉と公共衛生を含む全公共事業機関の有給および無給の職員および使用人と重要な事業に従事するその他のすべての人員は、新たな命令があるまでその正当な機能と義務を遂行し、すべての記録と財産を保存、保護しなければならない。

第三条、すべての人民は即座にわたしのすべての命令とわたしの権限のもとに発せられる命令に服従しなければならない。占領部隊に対するあらゆる反抗行為あるいは公共の安寧を紊乱《びんらん》するあらゆる行為に対しては厳重なる処罰をする。

第四条：諸君の財産の所有権を尊重する。諸君はわたしが命令するまで、諸君の正当なる職業に従事すべし。

第五条：軍事的管理を行なっている間、すべての目的のために、英語が公式言語となる。英語原文と朝鮮語あるいは日本語原文の間に解釈あるいは定義に関して曖昧な事項や相違する点があった場合、いかなる場合でも英語原文を適用する。

第六条：新たな布告、布告規定公告、指令および法令は、わたしあるいはわたしの権限のもとに発せられ、諸君に対して要求する点を指定するものである。

布告令にあるとおり、アメリカは三十八度線以南を占領し統治する目的で進駐してきた。この原則にしたがってアメリカは九月九日、ソウルに進駐し、三十八度線以南の地域に対するアメリカ軍の政治的支配を宣布した。具体的には司令官マッカーサーに代わりアメリカ陸軍二十四軍団司令官ホッジ中将が主導した。

これより三十八度線以南は、二年十一ヶ月におよぶアメリカ軍政時代が続くのである。長いとも、短いとも思える三年近いアメリカ軍政時代は、屈折と傷跡だらけで治癒の難しい難病を病んだまま生まれ出た韓国現代史の子宮の役割を果たした。マッカーサーの布告令は、その子宮の養分を強制的に注ぎ込む臍の緒であった。

朝鮮人民共和国と韓民党の誕生

アメリカ軍がソウルに進駐したとき、ソウルは全国各地から集まった政客たちで騒然としていた。政客たちは、大きく社会主義性向の左翼と、民族主義性向の右翼に区分された。

最初に組織化に成功したのは左翼だった。左翼は日本帝国主義による植民地時代から全国的な組織網を有していたため、すみやかに党を結成することができた。左翼（社会主義者）が結集した勢力が「朝鮮人民共和国（人共）」である。朝鮮人民共和国を率いていたのは朴憲永《パク・ホニョン》だ。朝鮮共産党のもっとも偉大な指導者と呼ばれた朴憲永を中心として、南朝鮮の左翼がひとつに結集したのである。

朝鮮人民共和国には建準を率いていた呂運亨《ヨ・ウニョン》も含まれていた。呂運亨が朴憲永と手を握ると、安在鴻《アン・ジェホン》のような臨時政府側の人士は建準を離れた。その後建準は解体され、朴憲永を中心とする朝鮮人民共和国が残った。建準が解体し朝鮮人民共和国が組織されると、呂運亨に対する批判の声が上がってきた。建準を離れた人士はもちろんのこと、実の弟である呂運弘《ヨ・ウンホン》や左翼内部からも呂運亨を批判する声が上がったのである。それはともかく、朴憲永が主導する朝鮮人民共和国が左翼を代表する全国的な組織として急浮上してきたのだ。

右翼も左翼の台頭に危機感を感じ、党を組織しはじめた。もっとも早く姿をあらわしたのは、元世勲《ウォン・セフン》が解放の三日後に結成した高麗民主党である。元世勲は臨時政府が樹立された当時、露領韓国代表に任命された金奎植《キム・ギュシク》、朴容万《パク・ヨンマン》らと共に独立運動を展開してきた人物だ。民族主義性向の強かった彼は高麗民主党を創立したのち宋鎮禹《ソン・ジヌ》と共に国民大会準備委員会を発足させ、しばらくして高麗民主党を解体し、金炳魯《キム・ビョンノ》、白寛洙《ペク・グァンス》と共に朝鮮民族党を創立した。

朝鮮民族党に続いてあらわれた右翼政党が、韓国国民党だ。金九《キム・グ》が臨時政府を率いるために一九三五年に創立した政党の名も韓国国民党であったが、これは金元鳳《キム・ウォンボン》の朝鮮民族革命党に対抗するための党であった。そして今回もまた、社会主義勢力である朝鮮人民共和国に対抗するため、同じ名の政党が組織されたのである。

韓国国民党を創立したのは、白南薫《ベク・ナムフン》、許政《ホ・ジョン》、金度演《キム・ドヨン》、尹潽善《ユン・ボソン》、尹致暎《ユン・チヨン》、張徳秀《チャン・ドクス》ら海外留学経験者たちだった。

ふたつの民族政党が分立することになったので、すぐに両党を統合しようという動きがあらわれた。一九四五年九月十六日、ソウルの天道教記念館に千六百余人の発起人が集まり、韓国民主党（韓民党）が創党されたのである。

韓民党に参加した政党は、高麗民主党、朝鮮民族党、韓国国民党、国民大会準備会、重慶臨時政府、連合軍歓迎準備委員会などであったが、その中心を成すのは韓国国民党と朝鮮民族党だった。

参加した政党名を見てもわかるとおり、韓民党の中心は、臨時政府出身の民族勢力と親米勢力であった。親米勢力には植民地時代に親日的な行動をとった人物も含まれていて、また少数ではあるが社会主義者も含まれていた。このように複雑な性向を帯びた人士の集合体であったため、左翼に比べ深刻な派閥争いが起こることが予想されていた。

解放から一ヶ月もたたないうちに、ソウルの政界地図は、左翼と右翼が拮抗するようになったのである。

韓民党は創党発起文ですでに「人共打倒」のスローガンを掲げた。彼らの唯一の目的は朝鮮人民共和国の排除だった。韓民党がそれほど朝鮮人民共和国を敵視したのは、朝鮮人民共和国が共産主義者によって構成されていたからだった。共産主義の敵は地主、資本家、そして親日、親米勢力であった。韓民党に参加した人士の相当数は、共産主義の敵とみなされる者たちであった。もちろん朝鮮人民共和国には、純粋な民族主義者や、進歩的な知識人もいたが、少数に過ぎなかった。そのため韓民党の人士は、朝鮮人民共和国を排除しなければ自分たちが排除されると判断したのである。

朝鮮人民共和国を排除するという目標を達成するために、韓民党はいちはやくアメリカ軍政と手を握った。当時韓民党は名士中心の虚弱な政党に過ぎず、支持基盤は弱かった。それに対して朝鮮人民共和国は全国的な組織網を有しており、その上庶民層の絶大な支持を得ていた。したがって韓民党が生き残るには、アメリカ軍政に接近することが必要であった。

アメリカ軍政もまた韓民党の接近を歓迎した。アメリカはソ連の勢力が朝鮮半島を掌握することを恐れていたため、朝鮮人民共和国を敵視していたのだ。朝鮮人民共和国は韓民党とアメリカの共通の敵であった。

当時三十八度線の南に、ホッジが率いるアメリカ軍第二十四軍団にまさる勢力は存在しなかった。アメリカ軍はソ連の力を背景とした共産主義勢力を極度に警戒していた。そのため朝鮮人民共和国の主たる敵は韓民党ではなくアメリカ軍とならざるをえなかった。韓民党の中枢はこのような現実を正確に把握し、米軍に急接近したのである。

アメリカ軍政と韓民党の蜜月関係

韓民党がアメリカ軍に接近することができた最大の武器は英語だった。当時朝鮮半島には、英語を流暢に話すことのできる者は多くはなかった。韓民党にはアメリカ留学組が多数参加しており、そのため韓民党はアメリカ軍と親密な関係を維持することができたのである。共産主義を徹底的に排除すべしと命令されていたアメリカ軍にも、朝鮮人民共和国と対立する韓民党を利用して政界を掌握しようという計算があった。これは朝鮮人民共和国を排除しようという韓民党の意図とも一致していた。

韓民党はアメリカ軍政に、朝鮮人民共和国を不法団体とするよう提起した。これを受けアメリカ軍は朝鮮人民共和国を不法団体と規定し、同時に政党申告制を実施した。政党申告制は、全国的な組織を誇る朝鮮人民共和国を瓦解させようという術策であった。政党申告制を実施すれば全国でおびただしい政党が登録されるはずであり、朝鮮人民共和国もまたそれらの政党のひとつに過ぎない、とみなそうとしたのである。予想どおり全国で二百を超える政党が乱立した。アメリカ軍が、朝鮮人は政治病患者だと揶揄するほどだった。

アメリカ軍が露骨に左翼に対して拒否反応を示すと、左翼はさらに強く結集し、アメリカ軍に対抗した。

アメリカ軍は韓民党の人士を要職に就け、政府の形態を整えはじめた。このときアメリカ軍によって要職に据えられた人士の大半は、左翼勢力除去の先鋒に立った。警務局長・趙炳玉《チョ・ビョンオク》、首都警察庁長・張沢相《チャン・テクサン》、検察総長・李仁《イ・イン》、大法院長・金用茂《キム・ヨンム》などがその代表的な人物だ。その他に農林部長・尹潽善《ユン・ボソン》、文教部長・兪億兼《ユ・オクキョム》、軍政庁人事処長・鄭一亨《チョン・イルヒョン》などもみな右翼勢力だった。

アメリカ軍政庁が右翼を優遇したというのも問題であったが、それ以上に問題だったのは、治安維持を第一に考えたことだった。警察組織を安定化させ、朝鮮半島を一日も早くアメリカ軍政の統制下に置き、左翼を除去しようとしたのである。そのためアメリカ軍政はもっとも手軽で、無責任な方法をとった。日本の警察の復活である。

日本の植民地時代に朝鮮人の警察官は八千人ほどだった。彼らは解放直後ほとんど身を隠してしまった。ところがアメリカ軍政は日本植民地時代の朝鮮人警察官を五千人以上採用したのである。とりわけ警察の幹部の大半は日本の警察出身者で占められた。

これに対して韓民党は目をつぶり、同調した。韓民党は左翼を除去することに夢中になり、親日警察はもちろん、親日行為をしてきた政治家に対してもそれを非難しようとはしなかった。これは韓民党の生まれ持った限界と言えるかもしれない。韓民党の中枢は留学経験のある知識人だった。当時の知識人の大半は地主や資本家、あるいは親日人士や親日言論人であった。韓民党内部で親日派を排撃しようとすれば、自分の父、兄弟、友人、同志、さらには自分自身さえ非難しなければならなくなるはずであった。

韓民党にとって親日勢力は、多少の後ろめたさを感じながらも、困ったときには助けになる同志であり、利用価値の高い存在であった。それに対し左翼は、常に自分たちの命や財産を脅かす敵であった。韓民党が親日勢力と手を結んで左翼を除去するのに血眼になったのは、必然ともいえる現象であった。

左翼勢力の除去を最優先の課題としているアメリカ軍政と韓民党の利害は一致した。アメリカ軍政と韓民党の蜜月関係が続いたのはあまりにも当然の結果であった。

李承晩と金九の帰国

解放期のソウルの政界は左翼と右翼にはっきりと二分されていたが、左翼にとっても右翼にとっても無視しえないもうひとつの勢力があった。李承晩《イ・スンマン》と金九《キム・グ》に代表される海外の勢力だ。朝鮮人民共和国も韓民党も李承晩と金九を領袖とみなしていたという事実からも、その事情をうかがうことができる。

これら海外の勢力は、解放となってもすぐに祖国へ戻ることはできなかった。海外の勢力は大きく中国とアメリカに分かれていたが、中国の勢力を代表するのが金九であり、アメリカの勢力を代表していたのが李承晩だ。ふたりのうち、先に祖国の土を踏んだのは李承晩だった。

李承晩は解放の二ヶ月後である十月十六日に金浦《キムポ》空港に降り立った。李承晩は日本が降伏したというニュースを聞くと同時に帰国しようとしたが、アメリカ政府がすぐには許可しなかったのだ。李承晩は当時朝鮮人にもっとも人気のあった指導者だった。そのためアメリカ政府は、李承晩に政局の主導権を握られるかもしれない、と恐れたのだ。アメリカ政府が李承晩を警戒したのは、彼の民族主義的な性向と、独立への意思ゆえだった。アメリカ政府は熟考の末、李承晩の帰国を許可した。李承晩が基本的に親米主義者であると判断したからだ。また朝鮮半島を安定させるためには、李承晩のような大物政治家が必要であった。

李承晩の帰国に対して、アメリカ軍政を率いていたホッジは非常に肯定的な姿勢を見せた。それだけ当時のソウルはリーダーシップのある政治家を必要としていたのだ。李承晩は大々的な歓迎を受け、ソウルに入った。それと同時に、左翼も右翼も彼を擁立しようと争いはじめた。朝鮮人民共和国は李承晩が帰国する前に彼を主席に推戴し、韓民党は敦岩荘《トンアムジャン》を李承晩の宿所として提供し、韓民党総裁となるよう要請した。左翼も右翼も李承晩を自派に引き込もうと必死であった。

李承晩には金も集まってきた。ソウルの金持ちはみな、どうやって李承晩に寄付しようかと血眼になっている、という噂が立ったほどだ。とりわけ政治的な野心があったり、親日行為をしてきた人士は、巨額の札束を持って李承晩を訪問した。李承晩もまたそれらの金を鷹揚に受け取った。これから莫大な政治資金を必要とするということを熟知していた彼は、金の性格やどこからの金であるかというようなことを気にしたりはしなかった。

左翼からも右翼からも歓迎された李承晩は、すぐに左右をまとめた組織を作った。独立促成中央協議会（独立促成会）である。もちろん会長は李承晩だ。

李承晩の登場によりソウルの政界は和解の雰囲気に包まれたようになった。しかしそれは表面に過ぎなかった。和解を仮装したのは李承晩を自派に取り込むための一時の方便に過ぎず、水面下で左派と右派の緊張は維持されていた。

李承晩は共産党から歓迎されると、非常に好意的な態度を見せたりもしたが、彼は根本的に反共主義者だった。したがって彼が韓民党と手を握るのも必然であった。

こうしたなか、独立促成会は二回にわたって集会を開き、「四大連合国に送る宣言書」の採択を目指した。宣言書の骨子は三点であった。第一に分断反対、第二に信託統治反対、第三に連合国が朝鮮に対して占領国として振る舞うことに反対、というものだった。もちろん草案は李承晩が書いた。ところが共産党を代表する朴憲永《パク・ホニョン》は、第四点として、親日派の除去に基盤を置く民族統一原則を入れなければならないと主張した。李承晩はこれを拒否した。李承晩は、分裂よりもひとつにまとまることを優先すべきだと強調し、朴憲永は原則を無視してひとつにまとまることに意味はない、と反対した。

これによって李承晩と左翼は完全に背を向け合うことになった。李承晩は朴憲永をはじめとする共産党を分裂主義者だと強く非難し、共産党は李承晩を、親日勢力を擁護する反民族主義者だと規定した。

このように李承晩と左翼勢力が対立を深めているなか、重慶にいた金九が臨時政府の要人と共に帰国の途に就いた。一九四五年十一月二十三日、金九は金奎植《キム・ギュシク》、李始栄《イ・ション》ら十四人の臨時政府要人と共に、アメリカ軍の輸送機から降り立った。しかしそれは臨時政府の要人としての資格ではなく、個人としての帰国だった。アメリカは臨時政府を、大韓民国を代表する政府として認めなかったのだ。

それでもアメリカ軍政は金九一行を歓待した。記者会見はもちろん、臨時政府の本部まで用意したのである。アメリカ政府は臨時政府を公式の機関として認めなかったが、アメリカ軍政は半分ほどは臨時政府を認める態度を示したのである。

アメリカ軍政が李承晩と金九に好意的だったのは、強力な結集力を見せる朴憲永の朝鮮人民共和国勢力に対抗しうる政治家はこのふたりしかいないと判断したからだ。アメリカ軍政は力で左翼を制圧しようとしたが、それはすぐに限界にぶち当たった。同じ連合国の一員であり、三十八度線の北を掌握していたソ連の目を気にしなければならなかったし、みずから独立できるように力を養成するという連合国の精神にも違背するからだ。そこでアメリカ軍政は、自分たちの代わりに共産党と戦う政治勢力を切実に欲していた。その勢力を率いる政治家として、李承晩と金九に注目したのである。

アメリカ軍政が好意的な態度を見せるなか、金九一行は熱烈な歓迎を受けた。十二月一日にはソウル運動場で歓迎会が開かれた。金九はこのような雰囲気に非常に感激していた。十二月三日までには上海に残っていた金元鳳《キム・ウォンボン》、申翼熙《シン・イッキ》、趙素昂《チョ・ソアン》など二十二人の臨時政府要人が帰国した。

当時臨時政府を率いていたのは右派を代表する金九であったが、臨時政府のなかには金元鳳を筆頭に多くの左派が存在していた。しかし最初に到着した臨時政府の要人がすべて右派だったために、遅れて戻ってきた左派の立場は限定されたものとなった。もしかしたら金九がまず最初に右派を飛行機に乗せたのも、左派の活動範囲を狭めようという戦略であったのかもしれない。それだけ金九は共産党を警戒していた。金九の臨時政府と朴憲永の朝鮮人民共和国が連合する可能性は最初からなかった。

それでも朝鮮人民共和国は金九と臨時政府の要人に、朝鮮人民共和国の中央委員に就任するよう要請した。臨時政府の要人を引き入れることができれば、大きな政治的名分を手に入れることができるからだ。しかし金九は一言のもとにそれを拒否した。

金九は解放前から左派と熾烈な権力闘争を展開していた。彼は朝鮮革命党の党員に狙撃され命を失いかけたこともあり、左翼を好意的に見ることなどできなかった。

しかし臨時政府は右翼の結集体である韓民党に対してもそれほど好意的な態度をとりはしなかった。韓民党内部に親日派が多くいたからだ。しかし彼らの資金には注目していた。政治を行なうためには資金が必要であり、金づるを握っていたのは韓民党系列であった。このため臨時政府と韓民党は中途半端な関係を維持し続けた。

このようなか、臨時政府は内紛を起こしてしまう。臨時政府内部には持病とでも言うべきものがあった。派閥闘争である。金九が率いる韓国独立党と、金元鳳が率いる民族革命党の間で、熾烈な左右の権力闘争が再燃したのである。

こうして金九と李承晩は、左派勢力と戦いながら、右派の代表者としての地位を築いていった。左派を除去するためには手を握る必要があったからだ。しかし独立運動の過程でもそうであったように、このふたりは政治観も世界観もまったく異なっていた。

金九が民族主義の枠のなかで独立国家の建設を夢見る理想主義者であるとするなら、李承晩は世界の権力地図という枠のなかでアメリカのような資本主義国家を建設しようとした徹底した現実主義者であった。また金九は独立という目的達成のためならば武力の使用やテロもあえて辞さないという典型的な闘士型の人物であったのに対し、李承晩は力を持っていないという現実を見つめ、対話と妥協という外交的な手段を超える行動はむしろ独立を阻害するだけだと考える典型的な政治家型の人物だった。さらにふたりは共に独立国家の首班となることを夢見ていた。いわばひとつの谷に二頭の虎がいるようなものだった。ふたりのうちどちらかが消え去るまで戦い続けなければならない運命であった。

反託運動の先頭に立つ金九と李承晩

解放以後、左翼と右翼がもっとも激しく対立した事件は、信託統治問題であった。これは李承晩《イ・スンマン》と金九《キム・グ》にとっても運命的な事件であり、朝鮮史を根底から揺り動かす大地震であり、朝鮮の国民の運命を完全にひっくり返した巨大な災厄であった。

初めて国民に信託統治についてのニュースを伝えた言論機関は『東亜日報』だった。一九四五年

★24：京橋荘——一九四九年に暗殺されるまで金九が居住していた屋敷。

十二月二十七日、『東亜日報』は、アメリカの外信を引用して、朝鮮がアメリカ、イギリス、中国、ソ連の四ヶ国による信託統治を受けることになったと報じた。ソ連は信託統治を主張し、アメリカは朝鮮の即時独立を主張した、と報じたのである。しかし事実は反対であった。ソ連は朝鮮の即時独立を主張し、アメリカが信託統治を望んでいたのだ。

当時の民衆は、信託統治を植民地統治と同じようなものであると考えていた。したがって信託統治を主張する国は、朝鮮を飲み込もうとする敵とみなされたのである。つまり『東亜日報』はこの誤報によって、ソ連を朝鮮人の共通の敵としてしまったのだ。

『東亜日報』に続いて『朝鮮日報』も信託統治に激烈に反対する社説を掲載した。「死をもって信託統治に反対しよう」という題名の号外を発行したほどだ。

十二月二十八日、信託統治問題に関するモスクワ三相会議の内容が公開された。その骨子は、朝鮮に民主臨時政府を樹立し、それを助けるためにアメリカとソ連が共同委員会を構成し、アメリカ、イギリス、ソ連、中国の四ヶ国が五年間信託統治をする、というものだった。

南朝鮮社会では左翼も右翼も全国的な信託統治反対運動を展開した。反託運動の先頭に立ったのは金九だった。彼は二十八日夜、臨時政府の要人を集めて緊急国務会議を開き、反託を決議した。また信託統治反対を文書化し、アメリカ、イギリス、ソ連、中国の四ヶ国に送付した。続いて金九は全国的なストライキを主導した。アメリカ軍政で働いている朝鮮人にもストライキに参加するよう呼びかけ、それに成功した。二十九日の夜には京橋荘《キョンギョジャン》★24で信託統治についての討論会を開いた。左翼、右翼を網羅した各界代表二百余人が参加し、その大多数が反託を主張した。臨時政府がアメリカ軍政を接収すべきだ、という強硬意見までも飛び出したほどだ。

このとき韓民党首席総務の宋鎮禹《ソン・ジヌ》は、臨時政府側の感情的な主張に反駁し、信託統治の現実性を訴えた。彼は統一政府を樹立するためには、五年間の信託統治がもっとも現実的な案かもしれないと主張した。まさに命がけの発言だった。

その数時間後の午前六時十五分、宋鎮禹は六発の銃弾を受けて死亡した。暗殺犯は韓賢宇《ハン・ヒョヌ》ら六人であった。彼らは、宋鎮禹が信託統治に賛成したことに憤慨して殺した、と自白した。アメリカ軍政は彼らの背後関係を明らかにしようと努力したが、失敗した。それでもアメリカ軍政は臨時政府に疑いの目を向け続けた。このためアメリカ軍政と金九の関係は険悪なものとなった。

金九は反託の主張を曲げることはなかった。彼はもう一歩進め、布告文を発表して、すべての国民に対して臨時政府の指揮のもとに反託運動に参加することを訴え、アメリカ軍政庁傘下にあるすべての朝鮮人職員に対しても臨時政府の指揮を受けるよう要求した。これは臨時政府がアメリカ軍政に代わるという一種のクーデターであった。金九は反託運動を主権回復運動に転換させようとしたのだ。実際、この布告文が発表されると、ソウルの七つの警察署長が京橋荘を訪れ忠誠を誓うというような事件も起こった

十二月三十一日午後一時、ソウル運動場に三十万人が集まり、空前ともいうべき反託大会が開かれた。これを主導したのは信託統治反対国民総動員委員会であった。もちろんその中心にいたのは金九と臨時政府の勢力であった。

この現実を見て、アメリカ軍政は臨時政府の要人をすべて逮捕して中国に追放しようと計画した。しかしそれを実行に移すことはできなかった。その代わりホッジ中将は、臨時政府の要人を半島ホテルに呼び出し、協議を呼びかけた。

ホッジは金九に対して、殺す、と脅迫した。それに対し金九は、それなら自殺する、と抵抗した。協議の後、臨時政府側はラジオを通して、自分たちは信託統治に反対しているのであり、アメリカ軍政に反対しているのではない、と発表した。また国民に対して、ストライキを中断して職場に戻るよう呼びかけた。こうして金九はアメリカ軍政との対立においては一歩後退したが、反託運動の熱気が

冷めることはなかった。

反託運動を煽ったもうひとりの指導者が李承晩だった。李承晩は毎週放送を通して信託統治に反対する演説を行なった。さらに六週間にわたって全国を巡回し、反託の講演会を開いて回った。この過程で李承晩は、彼が主導している独立促成会の組織を強化し、会員を増やしていった。その結果、李承晩は百万人を超える強力な全国的組織網を確保するのである。

左右の激しい対立とアメリカの裏切り行為

反託の熱気は一九四六年に入るとさらに激しいものとなった。信託統治問題は新たな形態の対立を生み出した。左翼が信託統治に賛成するという見解を表明しはじめたのだ。一九四六年一月二日、北朝鮮の政党と社会団体が信託統治を受け入れるという内容の共同声明を発表した。一月三日、朴憲永《パク・ホニョン》が率いる朝鮮共産党が、民族統一自主独立促成ソウル市民大会を開いた。この大会はもともと信託統治反対のためのものであったが、当日になって、信託統治賛成運動の出発点に変更されたのである。

南朝鮮の左翼を代表する朴憲永も最初は積極的ではなかったものの反託を主張していた。彼はより詳しい情報を得るため平壌《ピョンヤン》に向かった。そこで彼はソ連の立場と、金日成《キム・イルソン》の釈明を聞いた。信託統治が、朝鮮半島の安定的な統一政府樹立のためのもっとも現実的な路線であるという彼らの主張に、朴憲永は同意した。

当時ソウルでは、反託は愛国であり、賛託は売国だ、というのが常識であった。そのような状況のなかで、左翼の先鋒である朴憲永が賛託を主張したのである。左翼はソ連の植民地化政策に賛成する売国奴であると罵倒された。

さらにサンフランシスコ放送の朴憲永関連の報道を『東亜日報』が拡大解釈して報道したために、朴憲永は反託陣営の共通の敵となった。サンフランシスコの放送局によれば、朴憲永は『ニューヨークタイムズ』特派員のリチャード・ジョンストンに、自分はソ連による信託統治に賛成し、朝鮮がソビエト連邦のひとつとなることを希望している、と語ったという。ところが『東亜日報』はこの記事を歪曲し、朝鮮がソ連の属国となることを望んでいると朴憲永が語った、と報道したため、朴憲永は窮地に追い込まれるのである。

『東亜日報』の記事が報じられると同時に、右翼側は朴憲永を打倒するための国民大会を開き、彼に三十万円の懸賞金をかけることまでした。これに対して朴憲永は、さまざまな経路を通じて、自分は朝鮮の即時独立を主張してきたと抗弁したが、手遅れだった。朴憲永はジョンストンとのインタビューを承諾した瞬間、アメリカ側の仕掛けた罠にはまってしまったのだ。

歪曲報道によって朴憲永を窮地に追い込んだ右翼は、かさにかかって攻勢をかけた。一月七日には反託全国学生連盟（反託学連）を結成し、ソウル運動場で反託示威大会を開いた。この大会には一万人以上の学生が動員された。このとき李承晩《イ・スンマン》は秘書室長の尹致暎《ユン・チヨン》を派遣して反託運動を支持した。これに対し左翼側は、一月九日、在京学生行動統一促成会（学統）を結成して賛託示威運動に取り組みはじめた。

この後学生たちは左翼と右翼に分かれ、街頭で流血の衝突を引き起こす。一月十八日に起こった衝突では四十人以上の学生が負傷し、警察が出動して双方の学生を逮捕した。この日金九《キム・グ》は反託を主導している反託学連の幹部と面談し、激励の言葉を送っている。

左右の学生の衝突に対し、警察は左翼の学生側の責任だけを追及した。警察が左翼学生の本部を包囲し、警察が発砲する事件が発生する。その結果、学生同盟員三人が死亡し、三人が負傷した。警察もふたりの負傷者を出した。

このようにソウルの雰囲気が急迫するなか、ソ連はアメリカに対し、故意に事実を歪曲して南朝鮮の人々がソ連を敵視するように誘導している、と抗議した。これに対しアメリカ政府はホッジ中将に人を派遣して、信託統治は最初からアメリカが計画していたことだったと知らせる、という芝居を演じた。ソ連はまたタス通信を通じて、朝鮮の信託統治はもともとアメリカが提案したものであり、ソ連は朝鮮のすみやかな独立を主張したという事実を報道した。そして、アメリカは信託統治の期間を十年にしようと主張し、ソ連がそれを五年に短縮させたのだと付け加えた。

しかしタス通信の報道はアメリカ軍政の妨害によって南朝鮮の新聞に掲載されることはなかった。アメリカは裏表のある行動をとったのである。アメリカ政府はソ連の歪曲報道訂正要求を受け入れるというジェスチャーをしたが、アメリカ軍政はむしろ歪曲報道が事実であるかのような態度を一貫して取った。アメリカがこのような裏表のある行動をとったのは、朝鮮半島全体がソ連の影響下に入ることを恐れたからだ。

当時朝鮮半島では左翼の勢いが右翼を圧倒していた。左翼は解放前から全国的な組織網を持っていて、農民と労働者の相当数が左翼を支持していた。それに対し右翼は、地主や資本家出身の留学組知識人を中心とした脆弱な団体があるのみで、全国的な組織網など望むべくもなかった。右翼はとりわけ農民や労働者の支持を得られていなかった。朝鮮半島ですぐに独立政府が樹立されるとすれば、左翼が主導権を握るのは目に見えていた。

朝鮮半島に左翼政府が樹立されれば、ソ連の影響下に置かれることは火を見るより明らかだ。左翼を率いていた北朝鮮の金日成や、南朝鮮の朴憲永がソ連にしたがっていたからだ。アメリカもこのことを熟知していた。そのため信託統治を通じて南側だけでもアメリカの影響下に置こうとしたのである。アメリカが信託統治についての真実を歪曲し、南朝鮮内部で左翼と右翼の衝突を誘導した目的はそこにあった。アメリカは左翼と右翼が衝突するように導き、その衝突によって流血の事態が発生すればその責任を左翼に問い、左翼を弾圧することによって、親米政府を打ち立てようとしたのである。

アメリカのシナリオによって左翼と右翼の激烈な対立が続くと、親日勢力は右翼の側につき、反託と反共を叫びはじめた。左翼と右翼の激烈な対立は、親日勢力に隠れ家と新たな生存基盤を与えたのである。さらに反ソ、反共を主張していた李承晩が、政治的目的の実現のために親日勢力に免罪符を与えたため、親日勢力の清算は非常に難しいこととなってしまった。

単独政府樹立に突っ走る南と北

信託統治をめぐって左翼と右翼が対立したのは南朝鮮だけではなかった。北側でも金日成《キム・イルソン》と曺晩植《チョ・マンシク》が賛託と反託をめぐって対立していた。当時曺晩植は朝鮮民主党の党首として北朝鮮の民族陣営を率いており、金日成はソ連の力を背景として朝鮮共産党北朝鮮分局を率いていた。解放初期、当然のことながら北朝鮮では曺晩植の勢力が優勢だった。金日成が海外にいたのに対し、曺晩植は長期にわたって国内で抗日闘争を展開していたので、知名度においても人気においても曺晩植のほうがはるかに上だった。そのため金日成は曺晩植を民族の指導者として認め、和解するという姿勢で臨まざるをえなかった。

しかしソ連軍が露骨に金日成を後援するにおよび、金日成の影響力は日に日に増大していった。そうしたなか、新義州《シニジュ》事件★25のような反ソ・反共運動が勃発したこともあり、左翼と右翼の亀裂は大きいものとなったが、金日成と曺晩植の協力体制は維持された。しかし信託統治問題に関しては、曺晩植は一切妥協しなかった。ソ連はさまざまな懐柔策を用いて曺晩植を説得したが、曺晩植は民族の良心が許さないと言って、最後まで拒否した。

この後曺晩植★26は軟禁され、一切の政治活動が禁止された。これによって北朝鮮での左右の協力体制

★25：新義州事件——一九四五年十一月二十三日、新義州の学生が共産党打倒を叫んでデモをしたが、共産党の保安隊とソ連軍はこれを武力で弾圧し、多数の死傷者を出した。

★26：曺晩植——その後、一九五〇年一〇月、北朝鮮軍が平壌を撤退する直前、曺晩植は銃殺に処された。

は終了し、同時に反託運動も途絶えた。一部の右翼勢力がソ連と金日成の独断による政策に反発したりもしたが、大きな影響力をおよぼすことはできなかった。

一九四六年三月一日、金日成を狙った手榴弾テロ未遂事件が発生した。金日成はこの事件を、李承晩《イ・スンマン》と金九《キム・グ》の指示によるものであるとみなし、ふたりを激しく非難した。金九と李承晩を李完用《イ・ワニョン》★27のような売国奴であると罵りさえしたのである。金日成の非難はまったく根拠のないものではなかった。テロを遂行した団体は、廉東振《ヨム・ドンジン》（本名・廉応沢《ヨム・ウンテク》）が率いていた白衣社《ペギサ》であった。白衣社は臨時政府と密接な関係を維持していた。またテロ団は臨時政府の内務部長・申翼熙《シン・イッキ》名義の信任状を所持していた。

この事件を契機として金日成は北側の右翼だけでなく南側の右翼とも決別し、単独政府を樹立する基盤を固めはじめた。

金日成の単独政府樹立のための第一歩は、土地改革であった。一九四六年三月五日に北朝鮮臨時人民委員会の名で土地改革令を発布したのである。これによって約四万五千人の地主が土地を没収された。これらの土地は全体の人口の半分に当たる農民に無償で分配された。これによって六千余人に過ぎなかった朝鮮共産党北朝鮮分局の党員数は二十倍を超える十三万五千人に急増した。これ以後北朝鮮では金日成は絶対的な影響力を持つのである。

同じころアメリカも単独政府樹立のための手を打っていた。アメリカはすでにモスクワ会談の前から、南朝鮮の単独政府樹立の準備をはじめていたのである。北側がソ連によって完全に掌握された状態で統一政府を構成した場合、十中八九共産政権となってしまうと判断したからだ。そのため南側だけでも親米性向の資本主義政権を樹立しなければならないと考えたわけである。

その最初の一手は、軍の創設であった。一九四五年十月にアメリカ軍政は警察を補完するという名目で軍隊の創設を決定し、続いて十一月十三日には軍事局と国防部を設置、十二月五日には将校を養

★27：李完用——一九〇五年の第二次日韓協約に調印した五人の大臣——乙巳（ウルサ）五賊と呼ばれている——のひとり。

成するための軍事英語学校を設立した。そして一九四六年一月十五日、国防警備隊を創立した。

アメリカ軍政がこれほど軍隊の創設を急いだのは、左翼を代表する朝鮮共産党が一九四五年十二月に朝鮮国軍準備隊を組織したからである。アメリカ軍政はこの組織を瓦解させなければ内戦が勃発する可能性が高いと考えた。そのためまず朝鮮国軍準備隊を不法団体とし、一九四六年一月にアメリカの憲兵隊を動員して朝鮮国軍準備隊の訓練学校を襲撃し、解散させたのである。

こののちアメリカ軍政は国防警備隊を中心として軍の創設に拍車をかける。しかしソ連もこれを黙って見ていたわけではない。ソ連は、アメリカ軍政が軍事局、国防部、国防警備隊などを創設したのは、統一政府を樹立しようというソ連とアメリカの協議の趣旨に反する、と強く抗議した。さらに国防部などの名称を使用した意図が疑わしい、と糾弾したのである。つまり南側は単独政府を樹立するつもりではないのか、と糺《ただ》したのだ。このためアメリカ軍政は国防部を警務部に、軍事局を警備局に、国防警備隊を朝鮮警備隊に名称を変更した。また朝鮮警備隊の員数を半分に減らし、その役割も警備、治安などの警察業務に限定した。しかし名称がどのようになったとしても、朝鮮警備隊の組織は軍隊そのものであった。

またアメリカ軍政は南側地域から左翼を除去するために全力を尽くした。北側はすでにソ連が掌握し、左翼が中心となって動いている以上、南側では右翼中心の政府を樹立しなければならない、と考えたからだ。南と北にそれぞれ右翼と左翼の政府が立つ以外に方法はない、という現実に根ざした政策であった。

左翼除去のため、アメリカ軍政庁は仁川《インチョン》新聞急襲、朝鮮精版社《チョソンチョンパンサ》事件、新聞発行許可制などと次々と手を打っていった。仁川新聞急襲事件は、一九四六年五月七日、アメリカ軍政防諜隊が左翼性向の強い仁川新聞を急襲して六十余名を逮捕、編集局長ら幹部五人に対して実刑を宣告した事件だ。朝鮮精版社事件は、一九四六年五月、朝鮮共産党の機関紙『解放日報』を印刷していた朝鮮精版社が偽札を発行して共産党の資金源としていた、という嫌疑で十六人の共産党員を逮捕した事件である。このとき逮捕された十六人は、最低で懲役十年、最高で無期懲役を宣告された。[★28] この事件以後朝鮮共産党の活動は不法と規定されるのである。この事件の審理が進められているなかで公布された新聞その他定期刊行物に対する発行許可制は、左翼系の刊行物の発行を徹底的に遮断した。一方右翼系の刊行物はさらに勢いを増すことになった。

そしてアメリカ軍政はソ連総領事館を、朝鮮共産党の背後拠点であると規定し、閉鎖してしまうのである。一九四六年七月二日、ソ連総領事館の職員は全員ソウルを離れ平壌《ピョンヤン》に向かった。しかしアメリカ軍政は左翼系の人士をすべて除去したわけではなかった。左翼系の人士のなかでも穏健派や中道路線をとる者に対しては逆に取り込もうとした。朴憲永《パク・ホニョン》らの共産党革新勢力を孤立させるための戦術であった。

こうしたなか、李承晩は一九四六年六月三日、井邑《チョンウプ》での演説で、南側だけの単独政府樹立を訴えた。統一政府の樹立が難しくなったので、南側だけでも臨時政府のような組織を持つべきだ、と主張したのである。

するとさまざまな団体が李承晩を非難する声明を発表したが、韓民党は李承晩を支持した。これ以後李承晩は単独政府樹立のため熱弁をふるうようになる。金九までが李承晩の主張に同調した。

李承晩は単独政府樹立のための組織として民族統一総本部を設立し、みずから総裁に就任した。金九は副総裁に任命された。右翼と臨時政府を代表するふたりの指導者が公然と単独政府樹立に乗り出したのである。この過程で李承晩は右翼陣営のトップに立った。

李承晩と金九という臨時政府出身の二巨頭が手を握ると、右翼青年団体は一斉に彼らを支持した。当時の右翼青年団体のなかでもっとも大きなものは、李承晩が率いる大韓民主青年同盟で、その会員数は三百万人ほどであった。それ以外に韓民党系列の大韓青年団、韓独党系列の光復青年会、北から

★28：植民地時代に非転向を貫いた李観述（イ・クァンスル）は、解放後朴憲永の右腕として活躍していたが、この精版社事件で逮捕され、無期懲役刑を受け、朝鮮戦争勃発後、銃殺に処された。事件の証拠は自白だけだが、李観述らは裁判で、自白は拷問による虚偽だと陳述している。事件そのものが捏造である疑いが濃いが、以後共産党が非合法化されたため、いまだに真相は明らかになっていない。

南に逃亡してきた勢力が組織した西北青年会などがあり、これらの団体に所属している会員を合わせると二十万人ほどになった。これら三百二十万人の会員を擁する青年団体は李承晩の力の源となった。警察までが李承晩と金九を支持した。当時李承晩と金九に対抗しうる政治勢力は存在しなかった。

一方北側では、金日成がスターリンによって最高指導者に選ばれた。スターリンは朴憲永と金日成をモスクワに呼び出して面談した上で、金日成を選択したのである。これ以後ソ連は内部的に金日成を中心とする単独政府の樹立を既定事実化していく。

左右合作による過渡立法議院の構成

李承晩《イ・スンマン》の単独政府樹立論が力を得るなか、もっとも強くそれに反発したのが呂運亨《ヨ・ウニョン》であった。呂運亨は中道左派勢力の中心であり、アメリカ軍政の援助を受けて、中道右派の金奎植《キム・ギュシク》と共に左右合作を準備していった。呂運亨は単独政府樹立に反対し、統一政府の樹立は左右合作によって成立するという声明書を発表した。続いて呂運亨は許憲《ホ・ホン》、金奎植、元世勲《ウォン・セフン》ら左右合作の代表者と討議を繰り返した。そして左翼からは呂運亨、許憲、金元鳳《キム・ウォンボン》、李康国《イ・ガングク》、鄭魯湜《チョン・ノシク》らが、右翼からは金奎植、元世勲、崔東旿《チェ・ドンオ》、安在鴻《アン・ジェホン》、金朋濬《キム・ブンジュン》らが代表となり、左右合作会議が開かれた。

しかし左右合作は最初から不可能なことだった。右派を代表する李承晩と金九《キム・グ》、左派を代表する朴憲永《パク・ホニョン》が抜けた左右合作など話にならなかった。さらに金奎植はアメリカ軍政によって無理矢理左右合作の席に座らされただけであった。それもこれまでは李承晩に依頼されていたのである。ところが李承晩自身は単独政府樹立を主張していたのだ。アメリカ軍政は李承晩のこのような行動を強く非難し、制止しようとしたが、李承晩は屈しなかった。ホッジ中将が進めている左右合作はソ連に対して大義名分を得るためのジェスチャーに過ぎず、アメリカ政府の意図は単独政府樹立にあると判断していたのである。

左翼も、アメリカ軍政が進める左右合作は、中道勢力を利用して左翼を分裂させ、右翼政府を樹立しようとする術策に過ぎない、と非難した。朴憲永は呂運亨をはじめとする左右合作派を呼び出して、アメリカ軍政の策略にはまるな、と説得したが、多数決によって逆に朴憲永が追い出された。すると朴憲永は、右翼側が到底受け入れることのできない五条件を持ち出して左右合作を妨害した。右翼側もまた八条件を提示して対抗した。これによって左右合作は完全に崩壊したと思われた。

この後左翼は呂運亨を排除したまま朴憲永の主導によって左翼勢力を結集し、南朝鮮労働党（南労党）を創設した。南労党の創設は、朴憲永系列の強硬左派が、民族主義性向の強い呂運亨系列の中道左派を取り入れようとする布石であった。

南労党の創設以後、朴憲永は攻撃的かつ戦闘的な路線に転換した。アメリカ軍政としては到底座視することのできない路線であった。このため南労党とアメリカ軍政は正面から衝突することになり、アメリカ軍政は朴憲永の逮捕令を発した。しかし朴憲永はすでに北へ逃れたあとだった。

その後アメリカ軍政は再び左右合作を進めた。このとき左翼系列からは合作に反対していた朴憲永らが抜け落ち、その代わりを呂運亨一派が埋めた。こうして一九四六年十月七日、なんとか左右合作七原則が作成された。

七原則は次のようなものであった。

①左右合作によって民主主義臨時政府を樹立すること。
②米ソ共同委員会の再開を要請する共同声明を発表すること。
③土地改革を実施し、主要産業を国有化し、地方自治制を確立すること。

④親日派、民族反逆者処理条例を制定すること。
⑤南北の政治運動家を釈放し、左右のテロ行為を中止すること。
⑥立法機構の機能と構成方法を合作機構で決定すること。
⑦言論、集会、結社、出版、宗教、交通、投票の自由を保障すること。

しかし左右両派が全員七原則を受け入れたわけではなかった。特に第三の土地改革について、韓民党が強力に反対した。土地改革によって土地を無償分配すると決定されたのだが、地主の立場を代弁する韓民党が賛成するはずもなかった。左翼側からも、信託統治問題や親日派の処罰の問題などについて不満を抱く者が多かった。

ついには、呂運亨が七原則に署名するのを妨害するために共産党が呂運亨を拉致するという事件まで発生した。しかし呂運亨の代わりに張建相《チャン・コンサン》が署名することによって、なんとか左右合作七原則は成立することとなった。

この後左右双方の反発にもかかわらずアメリカ軍政は合作を公式に承認し、南朝鮮過渡立法議院の設置を骨子とする軍政法令第十一号を公布した。この法令によって、官選、民選による九十人の立法議院のうち、民選の四十五人を選ぶ選挙が実施された。

この選挙は左右合作の署名が行なわれたわずか半月後に実施された。このとき左翼勢力は九月の鉄道労働者ゼネスト、十月の大邱《テグ》抗争★29によって、多くが山に隠れたり、監獄に捕らえられていた。そのため左翼勢力は選挙への参加そのものを拒否した。しかしアメリカ軍政は選挙を強行し、その結果、過渡立法議院は右翼が掌握することとなった。合作を主導していた金奎植でさえ一部地域での再選挙を主張したほどで、再選挙の結果右翼の代表である金性洙《キム・ソンス》、張徳秀《チャン・ドクス》が落選した。

左右合作という看板を掲げていたが、過渡立法議院は右派一色であった。アメリカ軍政は批判をか

★29：大邱抗争――各地でアメリカ軍政に反対するデモが起こるなか、十月一日、大邱で警察がデモ隊に発砲し、死者が出た。これをきっかけとして抗争は全国に広がり、二百万人以上の民衆が参加する事態となった。これに対してアメリカ軍政は警察、警備隊（軍）、右翼団体を動員して苛烈な弾圧を加え、公式発表でも百三十六人の死者を出した。

わすために、四十五人の官選議員には中道派を選び、金奎植を後押しする姿勢を見せた。しかしアメリカ軍政による左右合作は、合作という形式をとっただけで、その実、左翼の力を削ぐための術策に過ぎなかった。アメリカ軍政は表面では中道派を中心とする左右合作を推進するような姿勢を見せていたが、その意図はアメリカ政府の意を受けて右派政権を樹立するというものであった。左右合作を主導した中道派は利用されただけで、その立場を失っていく。これは、朝鮮半島においては極右と極左の対立しかありえないことを予告した事態だった。

単独政府樹立を主張する李承晩

左右合作による過渡立法議院は出帆したが、世の中は左右合作とはまったく逆の方向に進んでいた。アメリカとソ連の関係は悪化する一途だった。資本主義と共産主義の葛藤は深化していった。一九四七年三月十二日、アメリカのトルーマン大統領は議会で、ソ連との協力関係は終わったと宣言し、ソ連の膨張政策を容認しないというトルーマンドクトリンを発表した。冷戦時代のはじまりを告げる信号弾であった。

ソ連とアメリカの対立は、朝鮮半島の分断を意味していた。朝鮮半島がアメリカとソ連の意図のままに動くしかない以上、分断を防ごうとする民族主義者の努力も水泡に帰す以外になかった。

ソウルの政治指導者のなかで、このような現実にもっとも機敏に対応したのが、李承晩《イ・スンマン》だった。李承晩は解放前からソ連の膨張政策を憂慮し、朝鮮半島の共産化を防ぐために、アメリカはソ連と手を握ってはならない、と主張していた。そのため李承晩は絶えずアメリカ政府に、反ソ反共を訴え続けた。アメリカ政府は最初、李承晩の主張に耳を傾けようとはしなかった。しかし状況は李承晩が予想したとおりに進行した。ソ連は世界の共産化政策に拍車をかけ、朝鮮半島にもその影響はおよんでいた。結果から見れば、アメリカ政府よりも李承晩の判断のほうが正しかったのである。

李承晩は故国に戻ってから、朝鮮半島をアメリカ軍とソ連軍が半分ずつ占領するという現実を冷静に見た。そして南側だけでも資本主義に基盤を置く単独政府を樹立しなければならないと判断した。アメリカ軍政が幾度も左右合作と統一政府の樹立を強調したにもかかわらず、分断は厳然たる現実である、と李承晩は断定した。李承晩の目的は南側だけの単独政府樹立であった。

一九四六年十一月五日に行なわれたアメリカの中間選挙で、反ソ感情の強い共和党が勝利した。これを目にした李承晩はすぐにアメリカに向かった。アメリカ政府に自分の信念である反ソ、反共主義を訴え、同時にこれによって南朝鮮内での立場を強化しようという計算であった。しかしアメリカ政府は李承晩に会おうともしなかった。アメリカ政府には李承晩に会わなければならない理由はなかった。李承晩に会うということは、李承晩を南朝鮮の代表であると認めるということを意味していたからだ。

そのようなときにトルーマンドクトリンが発表された。李承晩は諸手をあげて賛成した。金九《キム・グ》をはじめとする南側の右翼勢力もまたトルーマンに賛辞を送った。

李承晩は、アメリカが六十日以内に南朝鮮の単独政府樹立を認めるはずだ、と主張した。アメリカ政府はこれに対し、李承晩を狂信的な人物である、と非難したが、本当のところは李承晩があまりにも露骨にアメリカ政府の意図を表現したことに当惑していたのだ。このの ち朝鮮半島で展開していく状況は李承晩の予測と完全に一致していたのである。

李承晩はアメリカで大言壮語を繰り返し、四月はじめに帰国の途に着いた。途中で東京に立ち寄りマッカーサーと面談し、中国へ回り道をして蒋介石《しょうかいせき》とも会談した。李承晩はすでに南朝鮮の代表であるかのように振る舞っていた。そのおかげで南朝鮮における李承晩の位置もさらに確固としたものとなった。南朝鮮で彼に対抗しうる人物はいなかった。李承晩はアメリカ訪問で大きな収穫を得たのである。

しかしアメリカ政府にとって李承晩は相変わらず火中の栗であった。李承晩は常にアメリカ政府の意図を一歩先に暴露していたからだ。そのような李承晩をアメリカ政府としても好意的に対するわけにはいかなかった。この時点ではアメリカ、ソ連両国は共同委員会を通して朝鮮半島に統一政府を樹立しようという意思を示していたからである。むろんこれは外交的なショーに過ぎなかった。アメリカもソ連もすでに朝鮮半島の分断は既定の事実であると考えていた。

アメリカはトルーマンドクトリンに後続する措置を国務長官であるジョージ・マーシャルの口を借りて明らかにした。マーシャルプランと呼ばれている経済政策である。マーシャルはソ連の共産主義化政策を、経済援助によって防ぐという計画を発表した。逆に見れば共産主義国家に対する経済封鎖政策である。

時を同じくしてソウルでは、過渡立法議院と法院を結合して南朝鮮過渡政府が設立された。もちろん主導したのはアメリカ軍政である。

そのようななか、アメリカとソ連は共同委員会を開催し、統一政府樹立のため一歩を進めるふりをした。そのために信託統治に賛成する南北のすべての団体は米ソ共同委員会（米ソ共委）の協議に参加すべし、という公告が発表された。左翼と中道派はこれを歓迎したが、右翼は反発した。それでもほとんどの右翼は協議に参加すると表明した。しかし右翼の代表者とも言いうる李承晩と金九は反託デモを主導して協議自体を拒否した。

ふたりは米ソ共委の協議登録の締切日である六月二十三日に大々的な反託デモをけしかけた。世に言う六・二三デモである。反託デモの先頭に立ったのは反託学連であった。当時反託学連の指導者は李哲承《イ・チョルスン》であった。李承晩は李哲承を抱きしめ、涙さえ浮かべ、建国の功臣であると持ち上げた。

しかし反託デモの熱気はすぐに冷めていった。その後も二度にわたりデモは行なわれたが、それほど盛り上がることはなかった。それでも効果がなかったわけではない。七月十日に開かれた第二回米ソ共委が決裂すると、双方共に決裂の主たる原因は反託デモであると言い出したからである。アメリカとソ連は互いに本心を隠しながら共同委員会を開いたわけだが、彼らの目的は分断の責任を相手になすりつける口実を見つけることにあった。したがって米ソ共委の決裂は予定の行動であり、決裂の名分を探していた彼らにとって反託デモは絶好の口実になったのだ。

李承晩は米ソ共委の決裂を予測していたほとんど唯一の人物であった。李承晩は、すでにアメリカとソ連が水と油のような関係にあると判断していた。米ソ共委が決裂した後、李承晩は韓国民族代表者会議を開催し、自信に満ちた顔で単独政府樹立を力説した。

そのころアメリカは李承晩に代わる南側の指導者を模索していた。李承晩は世界の情勢に明るく、アメリカの意図を見抜く人物であり、アメリカにとって負担だったのだ。そのため李承晩の師匠格である徐載弼《ソ・ジェピル》をアメリカから朝鮮へ送り込んだ。

しかし徐載弼の投入は無意味だった。徐載弼は李承晩よりも現実感覚がなく、状況に対処する能力にも劣っていた。何よりも八十四歳の高齢であり、癌患者でもあった。それでもアメリカ政府が徐載弼を送り込んだのは、それだけ李承晩が負担だったからだ。

李承晩の単独政府樹立に向けた歩みはさらに加速していく。

呂運亨と張徳秀の暗殺

一九四七年七月十九日、呂運亨《ヨ・ウニョン》が暗殺された。呂運亨は死の二ヶ月前、勤労人民党を結成し、政治的な再起を期していた。その彼が狙撃を受け死んだのである。彼は解放後十一回もテロに遭い、十一回目のテロで命を落とした。

呂運亨を暗殺したのは白衣社《ペギサ》に所属していた十八歳の少年・韓智根《ハン・ジグン》であった。白衣社は廉応沢《ヨム・ウンテク》が創設した右翼テロ組織で、当時は申翼熙《シン・イッキ》が指揮していた。

呂運亨の死は左右合作の終わりを意味していた。呂運亨は左右合作の左派の代表であったからだ。

こののち、左翼と右翼の間ではテロが相次ぐ。この年の十二月二日には張徳秀《チャン・ドクス》が暗殺された。張徳秀は金性洙《キム・ソンス》、宋鎮禹《ソン・ジヌ》、金炳魯《キム・ビョンノ》などと共に韓独党を創党し、外交部長、政治部長を歴任した人物だ。彼は信託統治問題については、米ソ共委に参加すべきであると主張し、単独政府を樹立しようと発言していた。これは当時臨時政府勢力を率いていた金九《キム・グ》の韓独党の路線に反するものだった。

このため金九にしたがっていた大韓学生総連盟は張徳秀の暗殺を計画した。張徳秀暗殺の容疑者として逮捕された朴光玉《パク・グァンオク》と裵熙範《ベ・ヒボム》は大韓学生総連盟の幹部であった。追及の矢はこの団体の総裁であった金九に向かわざるをえなかった。

窮地に追い込まれた金九は李承晩《イ・スンマン》に助けを求めるが、李承晩もまた金九が張徳秀暗殺の背後にいると信じていた。結局金九は検察に連行されるという侮辱を受け、このことによって李承晩と完全に敵対するようになった。

統一政府を夢見る金九と金奎植

一九四九年二月、アメリカは李承晩《イ・スンマン》の予測どおり南側だけの総選挙と単独政府樹立についての布告を発表した。これによって李承晩の政治的な立場はますます強固なものとなり、これをみずから祝うかのように韓民党と共に政府樹立決定案を歓迎する国民大会を開いた。

しかし李承晩と決別した金九《キム・グ》は南側だけの単独選挙と政府樹立に強く反発した。金九と共に単独政府樹立に反対した人物は、金奎植《キム・ギュシク》、洪命熹《ホン・ミョンヒ》、金昌淑《キム・チャンスク》らだ。

このとき北朝鮮の主導勢力であった金日成《キム・イルソン》と金科奉《キム・ドゥボン》も、平壌《ピョンヤン》放送を通じて、南側の単独選挙と単独政府樹立に反対する声明を発表し、自分たちの意見に賛成するすべての社会団体、政党に代表者連席会議に参加するよう呼びかけた。この提案は金九、金奎植との意見調整をへて発表されたものだった。したがって金九と金奎植は北側の提案を受け平壌に行き南北会談に応じると公言した。

これに対し李承晩は、金九と金奎植がソ連の共産化計画に利用されていると批判した。アメリカ軍政当局も、南北会談は五・一〇選挙を妨害するための煙幕戦術だ、と非難した。

一方鄭芝溶《チョン・ジョン》、金起林《キム・キリム》、廉想渉《ヨム・サンソプ》らの文人は百八人の文化人士の名義で金九の南北会談を支持した。その後金九と金奎植は北に渡り金日成、金科奉と面談した。いわゆる「四金会談」である。

金日成、金科奉と会った後、ふたりは南側だけの単独政府樹立だけでなく、北側の単独政府樹立にも反対するという立場を表明した。つまり統一政府以外はどのような政府を樹立してもならないという主張だ。

金日成と金科奉は金九、金奎植の主張を受け入れ、四ヶ条の共同声明書草案を採択した。

①外国軍の撤収。
②反統一的な無秩序な状況を許さないこと。
③民主主義臨時政府の樹立。
④南だけの単独選挙と政府樹立反対。

がその内容であった。

五月五日、金九と金奎植は南に戻り、平壌会議に参加した結果について声明を発表した。しかしそれで終わりだった。五・一〇選挙と南だけの単独政府樹立は、ふたりの力だけではどうすることもできない状況だった。

済州四・三事件と五・一〇選挙

アメリカが南だけの単独選挙を決行すると決定すると、全国各地で激烈な反対運動が起こった。とりわけ済州島《チェジュド》では、三・一節記念行事の会場で激しいデモが行なわれ、これを阻止しようとする過程で警察が発砲し、死者が出た[★30]。しかしアメリカ軍政は警察の発砲は正当防衛であったと発表し、何の措置もとらなかった。これに憤慨した済州島民はストライキを断行して強く抗議したが、アメリカ軍政は警察を増員し、西北青年団を済州島に送り込むことによって対抗した。警察と西北青年団の団員は済州島民を無差別に連行して留置場に監禁し、激しい拷問を加えた。そして拷問によって三人の青年が殺された。

これに対し南労党済州島支部は、武装闘争を決定し、四月三日、三百五十余人の武装隊が、済州島内の十二の警察支署を攻撃した。当時済州島には二十四の警察支署があったが、その半数が攻撃されたのである。いわゆる四・三事件の序幕であった。

このとき済州島には朝鮮警備隊所属の第九連隊が駐屯していた。第九連隊は警察の支援要請にもかかわらず、一連の事態は警察と済州島民の対立であるとみなし、関与しようとはしなかった。しかし事態が深刻化すると、アメリカ軍政は連隊長の金益烈《キム・インニョル》に、武装隊と交渉をするよう指示した。この指示にしたがって金益烈は武装隊の総責任者である金達三《キム・ダルサム》と協議し、七十二時間以内に戦闘を中断すること、段階的に武装解除を実施すること、首謀者の安全を保証すること、の三点の合意に達した。

しかし警察と西北青年団はこの合意を受け入れず、逆に山から降りてきた武装隊に攻撃を加えた。このため状況はいっそう悪化する結果となった。アメリカ軍政は第九連隊長・金益烈と[★31]、警務部長・

★30：済州島で三・一節発砲事件が起こったのは、単独選挙の前年である一九四七年だった。この日済州市には三万の民衆が結集し、激しいデモを行ない、警官隊と対峙したが、そのときは何も起こらなかった。午後二時五十分ごろ、デモ隊は解散し、済州市の中心、観徳亭(クァンドクチョン)前には見物の群集が百人ほど残っているだけだった。このとき、観徳亭前の詰所に戻ろうとした一騎の騎馬警官が不注意から子供を跳ねてしまった。その騎馬警官が怪我をした子供を無視して詰所に戻ろうとしたので、見ていた群集が大声を上げながらその騎馬警官を追った。その瞬間、詰所にいた警官隊が群集に向けて発砲したのである。この銃撃によって、八人が死亡し、六人が重傷を負った。殺された者のなかには、乳飲み子を抱いた二十一歳の女性や、十五歳の高校生も含まれていた。まったく必要のない場面でどうして警官隊が発砲したのか、その真相は明らかになっていない。発砲したのは陸地から到着したばかりの応援警察隊であり、前年の大邱民衆抗争では最前線で弾圧に当たっていた部隊だった。そのため、群集の動きに神経趙炳玉《チョ・ビョンオク》を呼び出し、真相を把握しようとした。その席で金益烈は警察の失策により暴動が拡大したという証拠を提示した。窮地に追い込まれた趙炳玉は、金益烈を共産主義者の息子であるという事実無根の反撃に出た。そしてアメリカ軍政は済州島第九連隊長を朴珍景《パク・チンギョン》に交代させ、済州島民に対する大々的な攻撃を開始した。

朴珍景が済州島民を無差別に殺害しはじめると、彼の部下が朴珍景を殺すという事件が発生した。朴珍景を殺した軍人たちは、そのままにしておけば済州島民がみな殺しにされるのではないかと憂慮した、と主張した。

しかし朴珍景を殺しても事態は好転しなかった。朝鮮警備隊による弾圧が強化され、それまで争いに関与しようとしなかった者までも声を上げはじめた。そしてこれ以後、軍人と警察は本格的に民間人を虐殺しはじめるのである。済州島の海岸線から五キロメートル以上離れた山間地域にいる人間は有無を言わさず射殺された。その結果、三十余万人の島民のうち三万人以上が殺された。女性と子供だけでも一万人以上が殺されたのである。★32

こうして済州島で虐殺が進行するなか、全国では五・一〇総選挙が行なわれた。南側だけの単独政府樹立を予告するものであり、李承晩《イ・スンマン》の勝利を意味するものであった。

ふたつの政府に分断された南と北

五・一〇総選挙によって、憲法を制定する制憲国会が開かれ、議長に李承晩《イ・スンマン》、副議長に申翼熙《シン・イッキ》が選出された。

制憲国会で憲法草案を作成したのは兪鎮午《ユ・ジノ》だった。憲法草案では議院内閣制を骨子とする政府樹立案を採択した。しかし李承晩は大統領制を主張した。彼は上海臨時政府時代から大統領制にこだわっ

過敏になっていたのではないか、と言われている。

★31：金益烈はその後、朴珍景殺害の黒幕としてアメリカＣＩＣの取調を受けるが無罪放免となる。朝鮮戦争が勃発すると第十三連隊長として北進作戦に参加し、一九六九年に陸軍中将として予備役編入するまで軍に服務する。予備役編入後、『四・三の真実』と題する回顧録を執筆し、家族に「この原稿が加筆されることなくそのまま世に出せるようになったとき、これを歴史の前に明らかにせよ」との遺言を残した。一九八八年、永眠。

★32：一九九九年十二月二十六日、国会で「済州四・三事件真相究明および犠牲者の名誉回復のための特別法」が制定され、その後政府の支援によって真相究明作業が進められた。そして二〇〇三年十月三十一日、盧武鉉（ノ・ムヒョン）大統領が大韓民国を代表して「国家権力による大規模な犠牲」であったことを認め、済州島民に対して公式に謝罪した。また二〇一四年一月十四日、「四月三日」を四・三の犠牲者追悼の日と正式に定めた。しかし李明博（イ・ミョンバク）、

ていた。彼が大統領制を主張したのは、実質的な力を保持するためだ。議院内閣制のもとで李承晩が大統領になれば、他の者が総理となる。そうなれば李承晩は名誉のみを得ることになる。臨時政府のときにそうであったように、彼は力のない大統領を望みはしなかった。そのため大統領制でなければ自分は大統領に就任しない、と言いながら制憲運動を展開したのである。そしてついに制憲国会は大統領制を採択した。

制憲国会は一九四八年七月十二日に憲法を制定し、七月十七日に公布した。七月二十日に間接選挙による大統領選挙が行なわれ、李承晩は圧倒的な支持を得て大統領に当選した。副大統領には李始栄《イ・シヨン》が当選した。もともと副大統領に金九《キム・グ》を望む声が多かったのだが、金九が出馬を拒否したため、李始栄が当選することとなったのである。

すぐに李承晩は内閣を構成した。初代内閣は、国務総理兼国防長官・李範奭《イ・ボムソク》、内務部長官・尹致暎《ユン・チヨン》、外務部長官・張沢相《チャン・テクサン》、財務部長官・金度演《キム・ドヨン》、法務部長官・李仁《イ・イン》、文教部長官・安浩相《アン・ホサン》、農林部長官・曺奉岩《チョ・ボンアム》、商工部長官・任永信《イム・ヨンシン》、社会部長官・銭鎮漢《チョン・ジンハン》、保険部長官・具永淑《ク・ヨンスク》、逓信部長官・尹錫亀《ユン・ソック》、交通部長官・閔熙植《ミン・ヒシク》、無任所長官・李允栄《イ・ユニョン》、池青天《チ・チョンチョン》、総務処長・金炳淵《キム・ビョンヨン》、公報処長・金東成《キム・ドンソン》、法制処長・兪鎮午、企画処長・李順鐸《イ・スンタク》であった。

初代内閣の人選に対して、もっとも大きな不満を抱いたのは金性洙《キム・ソンス》が率いる韓民党であった。彼らは李承晩が大統領に当選するのを積極的に支援したのだが、内閣からはほとんど排除された。韓民党から長官に選ばれたのは財務部長官の金度演だけであった。

八月十五日、中央庁広場で大韓民国政府樹立記念式が挙行された。しかしアメリカ軍政から権力を移譲されたわけではなかった。権力の移譲は九月十一日に締結された「米韓間財政および財産に関する最初の協定」によって実行された。

北では八月二十五日に総選挙が実施され、九月九日、金日成《キム・イルソン》を首相とする朝鮮民主主義人民共和

朴槿恵（パク・クネ）政権下で、再び四・三が共産暴動であるというような言説が復活するようになっている。二〇一五年の四・三追悼式典に、朴槿恵は出席を拒否した。

★33：北のナンバーツーであった朴憲永は、一九五三年、アメリカのスパイという汚名を着せられ、処刑されてしまう。朴憲永だけでなく、ここに名があがっている人物のほとんどは、金日成によって粛清される。朴憲永の最初の妻、朱世竹（チュ・セジュク）も高名な女性運動家、言論人であった。朴憲永が日本の警察に拘留され、朱世竹もまたスターリン治下のソ連で日本のスパイであるという汚名を着せられて流罪となったので、ふたりは生き別れとなってしまう。朴憲永と朱世竹の間に生まれた朴ビアンナはバレリーナとなり、ソ連国立民族舞踊学科教授に在職した。二〇〇四年にロシア人の夫と共に韓国を訪れ、朴憲永の故郷の土をロシアに持ち帰り、モスクワにある朱世竹の墓に撒いた。二〇〇七年、朱世竹に大韓民国の建国勲章愛族章が授与されたときは、亡き母に代わって勲章を受け取った。

1948年8月15日、韓国政府樹立記念国民祝賀式には大勢の群衆が詰めかけた。
〔聯合ニュース〕

国が宣布された。

金日成の政府は、副首相・朴憲永《パク・ホニョン》、★33洪命熹《ホン・ミョンヒ》、金策《キム・チェク》、国家計画委員長・鄭準沢《チョン・ジョンテク》、民族保衛相・崔庸健《チェ・ヨンゴン》、国家検閲相（国防相）・金元鳳《キム・ウォンボン》、内務相・朴一禹《パク・イル》、外務相・朴憲永（兼任）、産業相・金策（兼任）、農業相・朴文奎《パク・ムンギュ》、商業相・張時雨《チャン・シウ》、交通相・朱寧夏《チュ・ヨンハ》、財政相・崔昌益《チェ・チャンイク》、教育相・白南雲《ペク・ナムン》、逓信相・キム・ジョンジュ、司法相・李承燁《イ・スンヨプ》、文化宣伝相・許貞淑《ホ・ジョンスク》、労働相・許成沢《ホ・ソンテク》、保健相・李炳南《イ・ビョンナム》、都市経営相・李鏞《イ・ヨン》、無任所相・李克魯《イ・グンノ》、最高裁判所長・金益善《キム・イクソン》、最高検察所長・チャン・ヘウであった。

このうち金日成が率いる北労党は六人を占めもっとも多く、次は朴憲永の率いる南労党所属の四人であった。そしてその他人民共和党の金元鳳、民主党の崔庸健、新韓民族党の李鏞などがひとりずつであった。

このようにして朝鮮半島にふたつの政府が成立した。しかしこの年の十二月十二日、国連で韓国の独立承認案が可決され、大韓民国政府が朝鮮半島の唯一の政府であると認められたのである。

3 初代大統領李承晩の波乱に満ちた政治と、混沌のるつぼと化した韓国社会

親日勢力を右腕として左翼除去の旗を掲げる

李承晩《イ・スンマン》は望みどおり大韓民国の初代大統領になったが、彼の前には多くの難関が待ち構えていた。まず左派と右派の対立のなかで思想闘争を展開しなければならず、さらに政府の組織を安定させ社会の秩序を維持しなければならなかった。また日本の植民地時代の残滓を清算し、深刻な経済状態を立て直して貧困から脱出し、民主主義を定着させるという義務もあった。しかし彼が第一に手をつけたのは、思想闘争に勝利して権力を安定させることだった。

彼は徹底した反共主義者であり、資本主義の信奉者であり、強力な帝王のような大統領制を追求した。左翼を壊滅させなければ政治権力を安定させることはできず、権力を安定させなければ秩序を保つことはできないと確信していた。そしてそれを実現するためには民主主義の原則など無視してもよいという態度を示し、親日派の清算はその政策を進める上で妨害になるだけだと信じていた。さらに自分でなければ韓国社会を発展させることはできないという独善的な性向を露骨に示していた。

一九四八年十月に起こった麗順《ヨスン》事件★34は、このような考えを持つ李承晩にとって、権力を確立する絶好の機会とみなされた。李承晩は一九四八年七月二十日に大統領に当選し、八月十五日に政府の樹立を公式に宣布したが、その時点でも済州島《チェジュド》では警察、軍と島民の激しい衝突は続いていた。李承晩はアメリカと手を結び、この状況を突破するために済州島焦土化作戦を進めようとした。しかしこれに

★34：第十四連隊の済州島派遣がきっかけとなって反乱が起こった。反乱の主な舞台が麗水（ヨス）と順天（スンチョン）であったので、その頭文字を取って麗順事件と呼ばれている（P93参照）。

反発した麗水《ヨス》の第十四連隊の軍人が反乱を起こし、全羅南道《チョルラナムド》一帯を制圧してしまったのだ。李承晩はアメリカ軍と共に十日余で反乱を制圧し、これを好機とみなして軍内部の左翼に対する大々的な粛清を敢行し、私兵のように分散していた武装勢力を軍部に集結させ、軍権を掌握したのである。

この後李承晩は山にこもって遊撃戦を展開する反乱軍の残党を掃討し、反共思想を前面に押し立てて左翼に対する弾圧政策を露骨に進めていく。そのためにその年の十二月一日に国家保安法[★35]を公布し、国民保導連盟[★36]を創設して、左翼を完全に壊滅させた。あまりにも苛烈な弾圧に国民の不満と反発は爆発寸前となったが、左翼を徹底的に弾圧したことによって李承晩はアメリカの歓心を買うことに成功し、李承晩を中心とする親衛勢力を拡大して権力を強化することに成功した。

一方政界では親日派を清算しなければならないという声が高まっていた。政府が樹立されてから一月も過ぎていない九月七日に、制憲国会の圧倒的な支持のもと、反民族行為処罰法が通過し、続いて反民族行為特別調査委員会（反民特委）（P96参照）が組織され、親日行為者を摘発しはじめた。

しかし李承晩は、親日行為者の摘発は、彼自身に対する政治的な挑戦であり、政府の組織を瓦解させようとする行為であると考えていた。当時李承晩の周囲にいた勢力のうち相当数が親日の経歴を持つ者であり、李承晩を支持している韓民党の中核にも親日人士が多数含まれていた。とりわけ李承晩の手足となって動いている警察組織は、親日勢力の温床といっても過言ではなかった。

李承晩はこれらの勢力を守るために、報復よりは和解が重要であり、過去よりは未来が重要だと力説した。自己の権力を維持するために民族の大義を捨て去ったのである。その後李承晩は警察を動員して反民特委のメンバーを逮捕し、国会フラクション[★37]事件をでっち上げて親日勢力清算を叫んでいた改革派の国会議員を監獄に送り込んだ。結局反民特委は解体し、親日派の清算は水泡に帰した。

このころ李承晩の最大の政敵であった金九《キム・グ》が暗殺される。金九は一九四九年一月からアメリカ軍の撤収と南北協議を訴えていた。国会に外国軍撤退決議案を提出し、六月にはアメリカが軍隊の撤収を

★35：国家保安法――日本の治安維持法をまねて作られた思想弾圧法。現在韓国の進歩陣営をはじめ、アムネスティインターナショナル、アメリカの国務省など国際社会が基本権の侵害を理由として法律の改正あるいは廃止を勧告しているが、李明博、朴槿恵政権に入って逆に国家保安法による立件が増加している（P95参照）。

★36：国民保導連盟――一度捕まって転向した者を管理するために作られた組織。転向者はこの連盟に入ることを強制された。朝鮮戦争が始まると連盟員に対する虐殺がはじまり、二十万人が殺されたという説もある（P95参照）。

★37：フラクション活動――政党が労働組合や大衆団体の内部に党員を送り込み、宣伝・勧誘・動員などを行なうこと。（P97参照）。

宣言するにいたっていた。

金九暗殺はアメリカ軍の撤収が進められていた一九四九年六月二十六日に起こった。李承晩は金九の死に対して哀悼の意を表することはなかった。逆にこの機会に金九の勢力を追い詰め、韓独党を完全に解体したのである。

南と北の激烈な対峙と戦争

金九《キム・グ》は政治的には南北統一政府を樹立しようとした中道派であった。中道派の指導者が消えることによって、南と北の対立は極限に向かって激化していった。

この年の九月から李承晩《イ・スンマン》は北進統一論を主唱するようになり、三日以内に平壌《ピョンヤン》を占領できるというような大言壮語を繰り返した。

このころ智異山《チリサン》一帯では「昼は大韓民国、夜は人民共和国」といわれるほど、左翼遊撃隊が活発に活動していた。李承晩はこれを掃討するために大々的な討伐作戦を展開した。また国民保導連盟を利用して、都市における左翼の活動を封殺した。

一方三十八度線付近では武力衝突が頻発した。その回数が千回に迫るほどで、これが結局、朝鮮戦争につながるのである。朝鮮戦争は一九五〇年六月に勃発し、一九五三年七月まで三年余続いた。

戦争の嵐のなか、李承晩は国会による間接選挙によって大統領を選ぶ制度を、国民の直接選挙によって選ぶ制度に改めるため、改憲をこころみた。国会が改憲を否決すると、国務総理を張勉《チャン・ミョン》から張沢相《チャン・テクサン》に替え、政治ゴロツキを動員して国会を解散させようとした。続いて国会議員を脅迫して改憲を強行するのを目にして、副大統領の金性洙《キム・ソンス》が李承晩を非難して辞表を叩きつける事態にいたった。しかし李承晩はなんとか抜粋改憲[★38]に成功し、一九五二年に第二代大統領に当選した。

一方アメリカは国連、中国、ソ連などと休戦について論議していた。一九五一年六月にソ連が停戦会談を提起して休戦の論議がはじまったのだが、これに対して李承晩は中国軍の撤収、北朝鮮軍の武装解除、国連監視下の総選挙の実施を訴えた。もちろん李承晩の訴えは無視された。

これに対し韓国国会は統一なき休戦に反対すると決議し、北進統一運動特別委員会を構成したりもした。また李承晩は韓国代表が休戦会談に参加することを拒否し、休戦会談で捕虜交換に関する合意が成立すると、これに反発して反共捕虜[★39]二万七三一二人を釈放することさえ辞さなかった。一九五三年七月二七日、板門店で、韓国が参加しないなか、国連軍代表と中国、北朝鮮代表によって休戦協定が結ばれた。

親米、反共、反日の外交と国防

李承晩《イ・スンマン》時代の外交と国防は、親米、反共、反北に要約できるだろう。李承晩はアメリカの保護を受けることを望み、それを実現するために一九五二年十二月、アメリカのドワイト・D・アイゼンハワー大統領と米韓防衛条約を締結した。李承晩は政府樹立の直後にアメリカと対立したこともあったが、世界大戦であったと言っても過言ではない過酷な戦争を経験してからは、アメリカの傘の下に入るのがもっとも安全な国防政策であると判断したのである。

日本に対しては一貫して強硬策をとった。当時アメリカは日本と韓国が国交を回復するよう注文し、李承晩はこれを受け入れて日本と国交正常化のための協議を行なった。このとき韓国は朝鮮戦争が日本の植民地統治の遺産であるという論理を展開し、過去の植民地統治と、朝鮮戦争による被害などに対して日本が賠償しなければならないと主張した。提示した賠償額は二十億ドルであった。しかし日本は、韓国に賠償しなければならない理由はないと主張し、逆に日本人の所有であった財産を返

★38：大統領制を中心とする政府案と議院内閣制を中心とする国会案を適当に抜粋して李承晩に有利なようにつなぎ合わせた改憲案だったので、抜粋改憲と呼ばれている（Ｐ１０６参照）。

★39：捕虜のうち、北朝鮮への帰還を望む者を共産捕虜、望まない者を反共捕虜と呼んでいた。長く続いた休戦協定もようやく妥結の目処がついた一九五三年六月十八日、李承晩は独断で反共捕虜を釈放してしまう。これは公然たる休戦協定違反であった。これに対し中国人民軍は、李承晩を膺懲するため金城（クムソン）地域を防衛していた韓国軍に攻撃を仕掛けた。李承晩のきまぐれによるこの戦闘によって、双方で四万人近い戦死者を出すのである。

竹島を取り込んだ平和線（李承晩ライン）

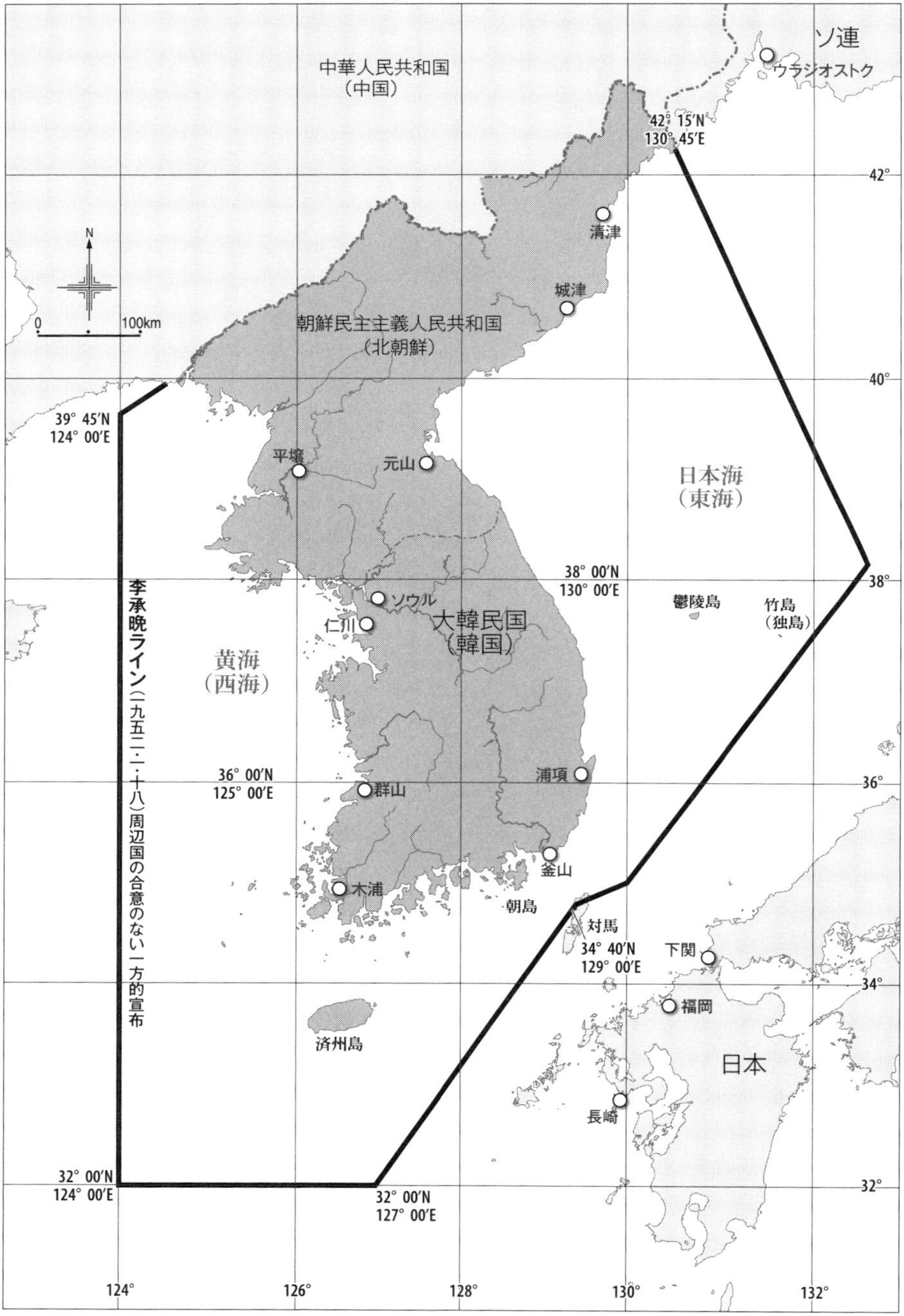

還するように要求した。これに激怒した李承晩は、一九五二年一月、平和線《ピョンファソン》（李承晩ライン）を設定し、平和線の内部に日本や中国の船舶が入ってきたらすべて拿捕《だほ》せよと指示した。李承晩のこの決断に国民は歓呼した。これは第二代大統領選挙で李承晩が票を得る好材料となった。

李承晩は北朝鮮に対しては徹底的に敵対し、反共と北進統一の路線を固守した。李承晩にとって金日成《キム・イルソン》と北朝鮮は民族を裏切り、兄弟に銃を向けた仇であり、北朝鮮を庇護している中国とソ連は侵略者であり野蛮人であった。またこれらの敵対国のイデオロギーである共産主義と共産主義者は撲滅すべき細菌に過ぎなかった。

アメリカの援助にのみ頼りきる経済の限界

このような国防と外交政策の枠のなかで、李承晩《イ・スンマン》はそれなりに経済的な土台を築くために努力していった。李承晩の経済政策のなかで注目に値するのは、一九四九年に実施した農地改革と、アメリカの援助を基盤として作成された経済復興計画案である。

解放の時点で国民の八〇パーセントが農業に従事しており、農民の大多数は小作農であった。少数の地主が農地の大半を所有しており、ほとんどの農民は彼らの使用人と変わらない状況であった。

李承晩はこれを解決するために、左翼出身の曺奉岩《チョ・ボンアム》を農林部長官に任命し、農地改革を主導させた。地主出身の国会議員の反対は激しかったが、李承晩は果敢に農地改革を進めていった。すべての小作農が自分の土地を持つようになったわけではないが、農地改革は李承晩政権末期である一九六〇年の時点で全体の九〇パーセントの農民が自作農に転換する契機となったのである。

一方、産業部門でも李承晩時代は変化を加速していった。農村の基盤崩壊により農業人口は徐々に減少し、産業の発達により人口が都市に集まりはじめた。アメリカの農産物が押し寄せてきたため農村が疲弊し、工場が増加して都市労働者が増えたのである。朝鮮戦争ののち、アメリカから援助物資が入ってきたが、その大半は小麦、綿花、砂糖などであった。これによって小麦と綿花は韓国の農家から姿を消し、米と麦もかなりの打撃を受けた。生活が成り立たなくなった農民は生きるために家族をつれて都市に向かった。

当時都市には、アメリカの援助に期待して成長した製糖と製粉業が多く、鉄鋼、機械、電気、セメント、化学などの産業も少しずつ発展しはじめていた。これらの産業発展の基礎はアメリカの経済援助と安い労働力であった。

一九五二年五月にマイヤー協定（米韓経済調整協定）によって米韓合同経済委員会が設置され、アメリカから援助物資が届けられた。援助物資の販売代金は韓国銀行に預けられ、米韓合同経済委員会の統制のもとに政府の財政として活用された。この資金を見返り資金というが、見返り資金の三五パーセントは国防費に充当され、四四パーセントは経済復興費に、一七パーセントは財政融資資金に使われた。

これを基盤として李承晩政権は経済復興計画を立て、産業施設を支援した。そのため一九五四年以後工業分野では年平均一二・五パーセントの高成長率を達成し、ＧＮＰも一年に五パーセント成長した。しかし一九五七年を頂点として援助物資が減りはじめ、経済成長率も鈍化した。一九五七年には七・七パーセントだった成長率は、一九五八年五・二パーセント、一九五九年には三・九パーセント、そして一九六〇年には一・九パーセントに落ちた。アメリカの援助にのみ依存していた成長の限界であった。

数字上経済は成長したが、国民の生活はそれほど改善されなかった。都市労働者の生活は極度の貧困そのものであった。農村で生活の術を失った多くの農民が故郷を捨て都市に押し寄せたのだが、職場を求めるのは天の星を求めるように難しかった。一日働いても一日分の食費にもならないというような職場がほとんどだったが、そんな職場さえ得られない失業者が街にあふれていた。失業率は二〇パーセントに肉薄し、失業者と潜在失業者の総数は二百万人を超えた。

それでも企業は少しずつ成長していった。街にあふれている低廉な労働力と政府の支援のおかげで、三星《サムスン》★40の李秉喆《イ・ビョンチョル》、ラッキー★41の具仁会《ク・インフェ》、現代《ヒョンデ》の鄭周永《チョン・ジュヨン》などを筆頭に、いくつかの企業を率いる大資本家が形成されはじめた。いわゆる韓国型大資本である財閥の胎動である。李承晩はこれらの資本家を支援することによって雇用を創出し、産業構造を変えていこうとしたのである。

ヤンキー文化の氾濫のなかで育つ自生の力

アメリカ中心の経済構造は、何の濾過《ろか》装置もなくアメリカ文化を輸入する契機となった。大衆文化の華と言いうる流行歌はポップソング一色となり、一部の歌手はジャズに夢中になった。歌の題名には「ギターブギ」、「わたしのタンゴ」、「マンボ打令《タリョン》」★42、「シューシャインボーイ」、「アリゾナカウボーイ」などの外来語があふれ、レコード会社も「ユニバーサル」、「キングスター」、「ドミノ」、「オアシス」などの看板を掲げた。少し実力のある歌手はアメリカ第八軍のキャンプ村で歌った。

新たな大衆文化を牽引する映画も、アメリカの影響は絶大だった。韓国に輸入される映画の八〇パーセントがアメリカ映画だった。国内の放送メディアが発達していなかった当時、ハリウッド映画の影響は圧倒的で、韓国の映画界を刺激し、映画産業が拡大する契機となった。銀幕のスターが生まれてきたのである。

ファッションでも、軍用ファッションや、アメリカ軍キャンプで身を売っていた女たちの洋公主《ヤンコンジュ》ファッションが流行したりした。

アメリカ文化の輸入は子供たちの好みも変えていった。ヨッ（伝統的な飴）や餅、干し芋などを食

★40：三星——現在のサムスングループ。

★41：ラッキー——現在のLGグループ。

★42：打令——伝統的な音楽の曲調のひとつで、日本の民謡の「〜節」のような意味。

べていた子供たちは、アメリカ軍がくれるチョコレート、ビスケット、ガム、キャンディに夢中になった。洋菓店と洋食店は高級文化の象徴となり、コーヒーが日常生活のなかに侵入してきて、雨後の筍のように喫茶店が開店していった。

アメリカ文化の影響は宗教界にも例外なくおよんだ。解放の時点ではわずか五十万人に過ぎなかったキリスト教徒は幾何級数的に増加し、反対に二百八十万人の教勢を誇っていた天道教の信徒はみるみる減っていった。伝統宗教とみなされていた仏教に対して李承晩《イ・スンマン》が倭色僧★43を追放せよという命令（浄化諭示《チョンファユジ》）を発表すると、僧侶たちが派閥抗争をはじめ暴力団を動員して寺を奪い合うというような事態にまで発展した。朝鮮時代を支えていた儒教は古びた理念に転落し、宗教的な力を失い社会的な威信も低下した。結婚の風習や祭祀にのみ儒教の影響が強く残っただけだった。

このため学生たちは立身出世のためにアメリカ留学を目指すようになり、アメリカは夢の国だと認識されるようになった。アメリカの博士号は専攻にかかわりなく万人の尊敬を集めた。李承晩に対しても大統領と称するより「李博士」と呼ぶほうがより尊敬していると思われるほどだった。解放前の知識人の大半は日本留学組であったが、解放後はアメリカ留学組が最高の待遇を受け、英語は出世のためのもっとも有効な道具だった。

このような状況のなかでも、教育と文学、言論は発展を続け、高い失業率にもかかわらず教育熱は日に日に高まり、同時に学校の規模も大きくなり、その数も次第に増えていった。

文学界には、反共思想と戦争文化を克服するこころみの結果として、戦後文学人協会が創設された。弾圧と統制のなかでも批判を止めることなく努力し続けたおかげで、言論の影響力は大きく強化されていった。『思想界』をはじめとする硬派の雑誌が登場し、李承晩政府を正面から批判した。『京郷新聞』は強制廃刊となるまで李承晩政府に抗った。そして『東亜日報』は金朱烈《キム・チュヨル》（Ｐ１２０参照）の凄惨な死体の写真を掲載して市民蜂起を促したのである。

★43：倭色僧——妻帯するなど日本の影響で堕落した僧のあり方。

李承晩政権打倒を叫ぶデモ隊が中央庁舎（旧朝鮮総督府）前で官憲と対峙している。
［聯合ニュース］

終身大統領を夢見て歴史の罪人となる

休戦協定の協議が進められるなか、李承晩《イ・スンマン》は自由党を創立し、党首となった。彼は自由党を基盤として、終身大統領を夢見るようになるのである。一九五四年、四捨五入による不法な改憲を強行し（P110参照）、これに反発した野党と自由党を脱退した人士によって民主党が創設された。

李承晩は不法に改正した憲法に基づき、一九五六年、八十歳を超えた年齢で第三代大統領選挙に出馬した。この選挙に出馬した民主党の申翼熙《シン・イッキ》候補が選挙戦の最中に急死するという幸運に恵まれて李承晩は当選したが、副大統領には民主党の張勉《チャン・ミョン》候補が自由党の李起鵬《イ・ギブン》を破って当選したため、内閣は不安定なものとなった。

当時の憲法は、大統領に事故があった場合は自動的に副大統領が大統領を引き継ぐ、と規定されていたので、李承晩としては不安を抱かざるをえなかった。さらに大統領選挙の過程で申翼熙が急死したため急遽野党単独候補となった曺奉岩《チョン・ボンアム》が思いの他、善戦したのである。これに不安を感じた李承晩は、進歩党事件（P115参照）をでっち上げて曺奉岩を死刑にしてしまった。まさに司法殺人であった。

こうして在任期間を過ごした李承晩は、老いてますます盛んであることを誇示し、八十代の半ばを過ぎた年齢で第四代大統領選挙に出馬した。今回も民主党の趙炳玉《チョ・ビョンオク》候補が選挙戦の最中に急死したため、李承晩が当選した。そして自由党は前回のように副大統領を野党に奪われないよう、ありとあらゆる不正、悪行、捏造を繰り返し、李起鵬を当選させた。

しかし不正選挙に激怒した市民が蜂起した。それでも李承晩は大統領職にしがみつこうとあらゆる努力をしたが、市民の示威とアメリカの圧力に押され、下野せざるをえなくなった。これによって十二年にわたった大統領としての生活に終止符が打たれた。

人生の前半は独立闘士として過ごし、一時は建国の父とも言われていた李承晩は、老いた欲望と独善の罠にはまり、独裁者という汚名をかぶって歴史の舞台から引きずり下ろされたのである。

李承晩は下野したのちハワイに亡命し、そこで五年余の余生を送り、一九六五年七月十九日、九十歳でこの世を去った。

李承晩の夫人はオーストリアのウィーン出身のフランチェスカ・ドナーで、子供はいなかった。フランチェスカは一九〇〇年にオーストリアの実業家ルドルフ・ドナーの三女として生まれ、一九三三年に父と共にヨーロッパを旅行している途中で李承晩と出会い、翌年十月にニューヨークで結婚式をあげた。解放後李承晩と共に韓国に来てファーストレディとなり、一九六〇年の李承晩の下野ののちは夫と共にハワイへ行った。李承晩の死後、一九七〇年五月に韓国へ戻り、ソウル鍾路《チョンノ》区の梨花荘《イファジャン》で、養子の李仁秀《イ・インス》の家族と一緒に暮らし、一九九二年三月十九日に死亡した。

混乱と変革の坩堝、李承晩時代

李承晩《イ・スンマン》時代は対立と葛藤、陰謀と権謀術数、反則と不法が幅をきかせたカオスの歳月だった。そのため民衆の生活は疲弊し、貧富の格差は極端なものとなり、国家の経済は貧困にあえいだ。しかし混乱のなかでも大韓民国は国家の基盤をすばやく固め、西欧の服を着た現代化の隊列に合流するため全力を尽くした。

思想的な混乱と無秩序、戦争と独裁、ヤンキー文化と過酷な飢えの連続ではあったが、貧民は飢えに耐えながら貧困から抜け出るために子供たちを教育し、政界と言論は弾圧と統制のなかでも民主主義を叫び、市民革命を成功させ、企業は生きるために必死の努力を続ける民の生命力を基盤に成長していった。李承晩時代は、王朝時代と植民地時代の枠を抜け出し、傷跡と思想的対立を抱えたまま、現代社会へと進み出るために身震いした、混乱と変革の坩堝《るつぼ》であった。

4　李承晩時代の重要事件

麗順事件と万能の弾圧法、国家保安法の制定

大韓民国政府が樹立されてからも、済州島《チェジュド》での住民虐殺は続いていた。済州島民の抵抗も止むことはなかった。アメリカ軍と李承晩《イ・スンマン》政府は軍隊と警察を動員して済州島の焦土化作戦に突入した。一九四八年十月十五日、麗水《ヨス》新月里《シヌオルリ》に駐屯していた朝鮮警備隊十四連隊にも、済州島へ一個大隊を出動させろという命令が下った。これに対し南労党所属の金智会《キム・ジフェ》中尉、池昌洙《チ・チャンス》上士（曹長に相当）らは出動命令を拒否し、軍人を扇動して反乱を起こした。金智会らは、同族を殺しに済州島に出動することに反対するという名分を掲げ、数千人の軍人が彼に同調し、軍事反乱となったのである。

反乱軍はわずか四時間で麗水を掌握し、続いて順天《スンチョン》まで手中に収めた。反乱軍は破竹の勢いで進撃し、十月二十日には数万人の麗水市民が参加するなかで人民大会を開いて人民義勇軍と人民委員会を組織、周辺の筏橋《ポルギョ》、宝城《ポソン》、高興《コフン》、光陽《クァンヤン》、求礼《クレ》などを次々と接収していった。反乱軍は李承晩政権の打倒、民族反逆者の処罰、土地の無償没収と無償分配などを内容とするビラを撒き、同調者を拡大していった。

しかし反乱軍の進撃はそこまでだった。アメリカ軍と政府軍は反乱軍を鎮圧するために光州《クァンジュ》に作戦本部を設置し、大々的な攻撃を仕掛けた。反乱軍は激しく抵抗したが、アメリカ軍の艦砲射撃と押し寄せる戦車に対抗しうるはずもなかった。十月二十三日には順天が政府軍の手に落ち、二日後には麗水以外の地域はすべて陥落した。そして二十六日、麗水鎮圧作戦がはじまる。アメリカ軍と政府軍は麗水を攻略するため、十機の航空機、陸軍五個連隊、さらに海軍の艦艇七隻を動員した。

政府軍が麗水に接近したとき、すでに反乱軍は麗水を離れていた。順天が陥落した時点で、反乱軍は麗水を撤退し、智異山《チリサン》と白雲山《ペグンサン》に身を隠していたのである。その後反乱軍はパルチザンとなり、長期的な遊撃戦を展開する。

こうして麗順事件は十余日で小康状態となったが、その後遺症は深刻であった。死亡者は二千六百余人に達し、焼失した家屋は三千四百棟、罹災民は二万人を超えた。また一万七千余人の市民が反乱軍に加担した嫌疑で裁判にかけられ、そのうち八百六十六人に死刑が宣告された。

李承晩政権は麗順事件を金九《キム・グ》と関連付けようとした。国務総理兼国防部長官の李範奭《イ・ボムソク》は、金九は政権欲に目がくらんだ没落した極右政客であると言って金九を追及した。しかし金九との関連性を立証することはできなかった。金九《キム・グ》もまた反乱の首謀者を非難し、おのれの潔白を主張した。

李承晩が李範奭を前面に押し立てて金九を追及したのは、それなりの思惑があってのことだった。李承晩はこの事件を梃子《てこ》にして軍隊内の粛清を強行し、さらに共産主義者を含む政敵を除去しようと計画していたのである。まず軍隊内部の南労党勢力をすべてあぶり出せ、と指示し、軍隊での反共教育を強化した。その結果摘発された軍人は四千七百四十九人に達し、その約半数が銃殺刑に処された。銃殺された軍人のなかには光復軍出身者が多数含まれていた。

そして李承晩は共産主義を不法とする国家保安法を作成し、国会に上程した。国家保安法はその内容が曖昧で包括的であるため、政敵を除去する手段としても簡単に利用できる法律だった。野党議員の強い反発にもかかわらず、李承晩と韓民党の連合勢力は国家保安法を通過させ、一九四八年十二月一日に公布した。

李承晩が意図したとおり、国家保安法は絶大なる力を発揮した。公布から一年で逮捕された者は十一万人に達したのである。一方警察官は二万人が増強され、軍は四倍の規模に強化された。言論に対する検閲も強化され、政府を批判する新聞は廃刊に追い込まれ、おびただしい記者が逮捕され、放送局は国営化された。これによって李承晩の権力は絶大なものとなった。

国家保安法を前面に押し立てた李承晩は、国民保導連盟なる団体を作った。国民保導連盟の目的は、改善の余地のある左翼に転向の機会を与えるというものであった。過去左翼に加担したことのある者は強制的にこの団体に加入させられた。その過程で、左翼でも右翼でもない中道派の人士も根こそぎ加入を強制された。加入を拒否すれば暴力が加えられ、それでも拒否すれば国家保安法によって処罰すると脅迫された。

一九五〇年初頭の時点で国民保導連盟の会員数は五十万人に迫るほどだった。そのなかには何が左翼で何が右翼かもわからないような、文字も読めない人々が多数含まれていた。また加入すれば食料や現金が与えられるという言葉に、飢えた都市貧民が何も知らぬまま加入するという例も多かった。政府が大韓青年団にノルマを課したので、大韓青年団が血眼になって会員を集めた結果であった。

このようにして加入した国民保導連盟の会員は、朝鮮戦争が勃発すると、アカだと非難され、その多くは無残にも虐殺されたのである。

反民特委と親日勢力の反発

大統領に当選した李承晩《イ・スンマン》は政府を樹立しはしたのだが、大韓民国は依然として無政府状態と言ってもよいありさまだった。政府の正当性は明確ではなく、行政組織もぐらついていた。国家の機構の根本となるべき国防組織も確立されておらず、治安の中心となるべき警察組織も脆弱であった。李承晩は何よりも国家の組織を確立することを急ぐ必要があった。そのために彼は過去の過ちを問題とするような状況ではないと判断したのである。

　大韓民国政府樹立後もっとも先鋭な問題として登場したのが、歴史の清算、つまり親日行為をした者の問題であった。李承晩は、日本の支配下にあった時代は親日行為をしなければ生きることができない時代であったと考え、親日行為に対しては寛容な態度を堅持した。彼を支持する勢力の相当数が、親日の経歴を持つ者だったからだ。李承晩の権力を支える勢力の主軸は親日分子であった。彼を支持し、彼を大統領にした韓民党と、彼の権力の杖として働く警察のかなりの部分が親日分子だったのである。したがって親日勢力に対してその責任を追及することは、李承晩の権力を弱化させることになるのだ。

　親日分子の責任を追及すべきであるという声は解放の直後から上がったが、アメリカ軍政はこれを完全に無視した。その結果解放後の三年間に親日勢力は社会のいたるところで大きな権力を形成していった。しかしアメリカ軍政が終了し、制憲国会が成立するやいなや、親日派を処断する問題が本格的に論議されるようになり、その結果一九四八年九月七日、反民族行為処罰法が制定されるにいたった。

この法案は在籍議員百四十一人のうち百三人が賛成するという圧倒的な支持で国会を通過し、続いて反民族行為特別調査委員会（反民特委）が組織された。そして一九四九年一月八日、反民特委が本格的に稼働しはじめるのである。

反民特委の活動が本格化すると、李承晩は危機を感じはじめた。反民特委の調査対象者の相当数が、李承晩のために働いた者であり、このまま放置すればおのれの立場が危うくなると憂慮したのである。とりわけ親日警察として悪名をとどろかした盧徳述《ノ・ドクスル》をはじめとする警察の幹部が逮捕されると、露骨に反民特委の活動を妨害しはじめた。李承晩は国務会議で、盧徳述を逮捕した反民特委の調査官とそれを指揮した者を逮捕せよと命じるほど、盧徳述に格別な感情を抱いていることを隠そうとはしなかった。盧徳述は親日悪質警察の代名詞であると言っても過言ではない男であったが、李承晩にとっては忠実な権力の犬であった。李承晩は親日勢力の責任を追及すればおのれの権力が弱化すると判断し、盧徳述の逮捕をその信号弾とみなしたのである。

親日勢力の反民特委に対する反発も激烈であった。白民泰《ペク・ミンテ》という人物をそそのかし、反民特委の幹部全員を殺害しようとさえしたのである。しかしこの計画は、白民泰が自首して陰謀が暴露され、失敗に終わった。

その後反民特委が市警察局査察課長の崔雲霞《チェ・ウンハ》を逮捕すると、金泰善《キム・テソン》市警局長は尹箕炳《ユン・ギビョン》中部警察署長に、反民特委の事務所を襲撃するように命じ、反民特委の人員三十五人を逮捕させた。同時に各地域の警察にも反民特委の各地方事務所を襲撃させたのである。

一方政界では国会フラクション事件が起こった。金若水《キム・ヤクス》、盧鎰煥《ノ・イルファン》をはじめとする国会議員十四人が、南労党と連携してフラクション活動をしたという嫌疑で検挙された事件である。当時盧鎰煥ら国会議員四十六人が、外国軍撤収緊急動議案を提出したのだが、これが南労党の指示によるものだとされたのである。彼らの嫌疑を証明する証拠は何ひとつ提示されなかったにもかかわらず、逮捕された議員には懲役三年から十年の実刑が宣告された。

そして韓民党が主軸となって反民族行為処罰法の公訴時効を一九四九年八月三十一日とする改正案が国会で通過し、一九四九年七月七日には反民特委のメンバー全員が辞任することによって、反民特委の活動は中断され、八月二十二日には国会で反民特委廃止案が通過し、反民特委は完全に消え去ったのである。

金九暗殺と韓独党の没落

国会フラクション事件によって政界が激動していたちょうどそのとき、もうひとつの大事件が起こる。一九四九年六月二十六日、李承晩《イ・スンマン》にとっては最大の政治的ライバルであり、国民にとっては独立運動の象徴であった白凡《ペクボン》・金九《キム・グ》が、陸軍少尉・安斗熙《アン・ドゥヒ》が放った銃弾によって、七十四歳で死亡したのである。宋鎮禹《ソン・ジヌ》、呂運亨《ヨ・ウニョン》、張徳秀《チャン・ドクス》に続いて金九までが政治的暗殺の犠牲者となったのだ。

金九は一八七六年黄海道海州《ファンヘドヘジュ》で生まれた。幼名は昌巌《チャンオム》、本名は昌洙《チャンス》であったがのちに九と改名した。書堂《ソダン》で漢文とハングルを学び、一時科挙を受験しようとしたが、書堂の訓長《フンジャン》として生活していた。一八九三年に東学に加入し、翌年東学革命が起こると海州城《ヘジュソン》攻撃の先鋒将となった。一八九五年に満州にわたり金利彦《キム・イオン》の義兵部隊に参加して日本軍と戦うが敗れる。その年乙未事変《ウルミ》★44が起こると帰国し、途中の安岳《アナク》で日本軍中尉・土田譲亮を、乙未事変の共犯者であると判断して殺害し、逮捕され、死刑の宣告を受けるが、幸い高宗《コジョン》の特赦によって死刑執行の直前執行が停止された。翌年脱獄して逃亡生活を送り、その間に出家して僧侶となったこともあった。

一九〇〇年に江華島《カンファド》に行き開化派の人士と交流し、キリスト教に改宗、その後黄海道長淵《チャンヨン》に鳳陽《ポンヤン》学校を設立して教育者となった。

★44：乙未事変――日本公使・三浦梧楼らの計画により、日本軍守備隊や大陸浪人が王宮に乱入して王妃を斬殺した事件。

★45：ポーツマス条約の調印から二ヶ月後、伊藤博文は漢城の王宮に乗り込み、大韓帝国皇帝である高宗に一九〇五年に乙巳《ウルサ》条約★45（第二次日韓協約）が締結されると、乙巳条約反対運動に参加する。その後教育運動と独立運動に並行して従事し、一九〇九年には安重根《アン・ジュングン》の伊藤博文狙撃事件に関係して海州の監獄に投獄されるが、釈放される。一九一一年には安明根《アン・ミョングン》事件で三年間投獄され、出所後教育者として活動したが、三・一運動ののち中国に亡命し上海臨時政府に参加した。

臨時政府の初代警務局長となった金九は、その後内務総長、国務総理代理をへて、一九二六年に国務領、さらに主席となり、臨時政府の中心人物として浮上する。その後李奉昌《イ・ボンチャン》と尹奉吉《ユン・ボンギル》の義挙を背後で指揮し、これによって日本軍に付け狙われるようになり、臨時政府の本部をあちこちに移していかなければならなくなった。

一九四一年に太平洋戦争が勃発すると、日本に対する宣戦布告文を発表し、光復軍を連合軍の一員として投入することを決定した。

一九四五年に解放を迎えるとすぐに帰国しようとしたが、アメリカの反対で引き延ばされ、臨時政府の国務委員と帰国したのは十一月に入ってからだった。帰国後李承晩と共に反託運動を主導したが、一九四八年、南朝鮮単独で総選挙が行なわれることに反対し、南北統一政府を主唱した。その主張を貫徹するため金奎植《キム・ギュシク》と共に平壌へ行き、金日成《キム・イルソン》、金枓奉《キム・ドゥボン》と四者会談を持ち、アメリカ軍とソ連軍が同時に朝鮮半島から撤収すべきだと主張した。

しかし南側では単独で五・一〇総選挙が強行され、その年の八月十五日大韓民国政府が成立する。続いて北朝鮮も九月九日に政府の樹立を宣言し、これによって朝鮮半島にはふたつの政府が並び立つこととなった。それでも金九は自主的統一政府を樹立しなければならないという意思を曲げることはなく、そのために李承晩と衝突し、結局安斗煕に暗殺されてしまうのである。

金九が銃弾を受けたのは、彼の居処であった京橋荘《キョンギョジャン》の二階の居間だった。そのころ金九を暗殺しようとする陰謀があるという噂がささやかれていたが、金九はほとんど気にもしなかった。安斗煕が

条約締結を強要するが、高宗は頑としてこれを跳ねつけた。すると伊藤は諸大臣を王宮に招集し、憲兵隊と軍隊によって威圧した。およそ国際条約を締結する場面とは思えない異様な雰囲気であった。宰相である韓圭禹（ハン・ギュソル）は最後まで署名を拒否したが、李完用をはじめとする五人の大臣によって条約は調印された。この五人は乙巳五賊と呼ばれ、歴史に汚名を残すことになる。

『皇城新聞』の張志淵（チャン・ジョン）は「是日也放声大哭」を発表した。

「（前略）わが大皇帝陛下の強硬なる聖意は拒絶にあられたのであるから、条約が成立していないことは伊藤侯も知っておろう。しかし、嗚呼、かの豚や犬にも劣る、いわゆるわが政府の大臣なる者が、おのれの地位と利を守るため、脅迫に屈し、ぶるぶる震えながら、売国の賊となるを甘んじるとは。嗚呼、四千年の国土と五百年の宗社を他人にささげ、二千万の人民を他人の奴隷にしてしまうとは。（中略）

嗚呼、痛恨の極み、嗚呼、憤ろしい。わが二千万同胞よ、生か、死か、檀君（タンクン）、其子よ、同胞よ」

訪ねてきたときも、暗殺を警戒することはなかった。日本人でさえ自分を殺すことはできなかったのだから、同胞が自分を殺せるはずはない、と考えていたからである。

安斗熙は逮捕されても堂々としており、罪を犯したというような意識はまるでないようであった。自分は金九が率いる韓独党の党員であり、反共団体である西北青年団の団員でもある、と言い、金九を射殺したのは愛国のためだ、と主張した。金九は麗順《ヨスン》事件を背後で操縦して政府を転覆しようとしていて、また金九の韓独党はソ連の主張にしたがってアメリカ軍の撤収を主張していて、これら一連の反国家的な行動を阻止するために愛国心の発露として単独で犯行におよんだ、と語ったのである。

その後、信じられないことだが、韓独党の幹部七人に対して殺人教唆罪による拘束令状が発行された。令状を発行したのは検察総長の金翼鎮《キム・イクチン》であった。金翼鎮は李承晩の命令を受け、ソウル市検察長をへずに直接執行した。李承晩は金九の死を韓独党内部の権力闘争に仕立て上げたのである。

金九が殺害されて以後、韓独党は李承晩政権によって徹底的に弾圧された。金九に関連する書籍を読んだだけで反国家的な行為とみなされるほどだった。韓独党に関連のある企業は銀行から融資を受けることもできなくなった。結局、韓独党は政界から永遠に消し去られた。

一方軍事裁判に回付された安斗熙は死刑を免じられ無期懲役の宣告を受け、その後懲役十五年に減刑された。一九五〇年に朝鮮戦争が勃発すると、残刑執行停止処分により釈放され陸軍少尉に復職し、わずか六ヶ月で少佐に進級するが、野党の抗議によって予備役編入となった。その後は軍納入業者として財産を築く。彼が金九を殺害した罪で監獄に入っていたのはわずか一年余であり、釈放されてからは出世街道を邁進した。

そのため安斗熙はアメリカの指示によって金九を殺害したのではないか、という説がささやかれ、李承晩の指示である、という分析もあった。しかし安斗熙は最後まで真実を明らかにすることなく、一九九六年に死亡した。

朝鮮半島を血に染めた朝鮮戦争

一九五〇年六月二十五日午前四時四十分、北朝鮮の先制攻撃によって朝鮮半島は戦火に包まれた。戦争はこの日に勃発したが、すでにかなり以前から戦争の徴候はあらわれていた。麗順《ヨスン》事件以後韓国のいたるところで左翼に対する大々的な攻撃が行なわれ、智異山《チリサン》周辺の山岳地帯ではパルチザンの遊撃隊と討伐隊との戦闘が続いていた。さらに一九四九年以後三十八度線付近では韓国軍と北朝鮮軍が何回となく武力衝突を繰り返していた。一九四九年八月に起こった武力衝突では、南北合わせて三百人を超える死者と四百人を超える負傷者が出た。公式に戦争であると宣言されていないだけで、すでに朝鮮半島は戦争状態にあった。当時北側は、南側が千回以上境界線を不法侵犯したと主張し、南側は北の軍勢が九百回も越境したと反駁した。

李承晩《イ・スンマン》は、南側の軍隊が三十八度線を越えることをまったく問題視していなかった。むしろ北進統一を唱えることによって紛争を煽っていた。さらに李承晩は、三日以内に北朝鮮を占領できる、といった好戦的な発言をためらうこともなかった。パルチザンに対しては大々的な討伐戦を展開し、数千人のパルチザン部隊を壊滅させていた。

このころ北朝鮮の金日成《キム・イルソン》は緻密な南進準備を進めていた。金日成は中国の内戦に軍隊を派遣して毛沢東の共産政権を支援していたが、一九四八年から毛沢東の部隊が各地で勝利を重ねると、支援軍を帰国させた。そして一九四九年十月、中国に毛沢東の共産政権が成立すると、中国人民解放軍に属していた数万人の朝鮮人部隊を帰国させ、戦争の準備に入った。一方ソ連を前面に立ててアメリカ軍の撤収を実現し、南北総選挙を実施しようという平和ジェスチャーによる煙幕戦術も駆使した。

当時北朝鮮軍の兵力は約十四万であり、そのうち四万は中国での実戦を経験した老練な兵士であった。さらに恐るべき威力を発揮するソ連製の戦車部隊もあった。それに対して韓国の兵力は六万五千で、それ以外に警察官が八万人いた。戦車部隊はなく、戦車に対抗しうる武器も持っていなかった。

　このような状況下で北朝鮮は侵攻を開始したのである。韓国軍はほとんど抵抗することもできず、押される一方であった。戦争が勃発してわずか三日で首都ソウルを放棄し、時間を稼ぐために漢江《ハンガン》の橋を爆破して数千人の犠牲者を出すほどであった。★46
　北朝鮮軍は破竹の勢いで進撃し、韓国軍は戦争勃発からわずか二ヶ月で洛東江《ナクトンガン》の南に押しやられた。七月に入り国連軍が釜山《プサン》に上陸してやっと、洛東江を最後の防御線として反撃の機会をうかがうことができるようになった。

　しかし北朝鮮の進撃はそこまでだった。九月十五日、アメリカ軍が仁川《インチョン》に上陸し、北朝鮮軍は後退しはじめた。九月二十八日にはソウルを奪還し、十月十九日には平壌《ピョンヤン》が陥落、十月二十六日には韓国軍が鴨緑江《アムノッカン》にまで達した。

　その瞬間、中国軍の介入がはじまった。数十万の中国軍が人海戦術を用いて押し寄せてくると、アメリカ軍と韓国軍は再びソウルを放棄して南に後退せざるをえなくなった。南北の軍が一進一退を繰り返し、戦争は膠着状態に陥った。韓国軍がなんとかソウルを奪還して以後は、三十八度線を中心として延々と戦闘が続いた。その背後では休戦会談が行なわれた。

　休戦会談は二年以上続いた。その間、国民にとって戦争が日常となり、南も北も朝鮮半島は全土が焦土と化した。

　一九五三年七月二十七日に、混迷を極めた休戦会談に終止符が打たれたとき、戦争による物的、人的な損失は統計を出すことすら困難なほどとてつもないものとなっていた。南北の総人口三千万のうち、二百五十万人が死亡または失踪し、二百八十万人が負傷した。実に戦争による死傷者は全人口の二〇パーセントにおよんだのである。

★46：三日で平壌を奪取すると豪語していた李承晩は、北朝鮮軍が攻めてきたという一報が入るや否や、ソウルを逃げ出した。そしてそれにもかかわらず、ソウル市民に対しては、北朝鮮軍はすぐに撃退するから安心しろ、というラジオ放送をしていたのである。この放送を聞いて安心した多くのソウル市民は、北朝鮮軍が弥阿里（ミアリ）峠に姿をあらわすまでソウルに居残っていた。さらに北朝鮮軍を見て避難しはじめたソウル市民の目の前で、漢江の鉄橋を爆破したため、多くのソウル市民は逃げることもできず、北朝鮮軍の占領下で強制動員に苦しむことになる。そしてさらに、国連軍の反攻によってソウルに戻った李承晩は、おびただしいソウル市民を、占領下で北に協力した、という罪名を着せて、銃殺してしまうのである。

一進一退の攻防が繰り広げられた朝鮮戦争

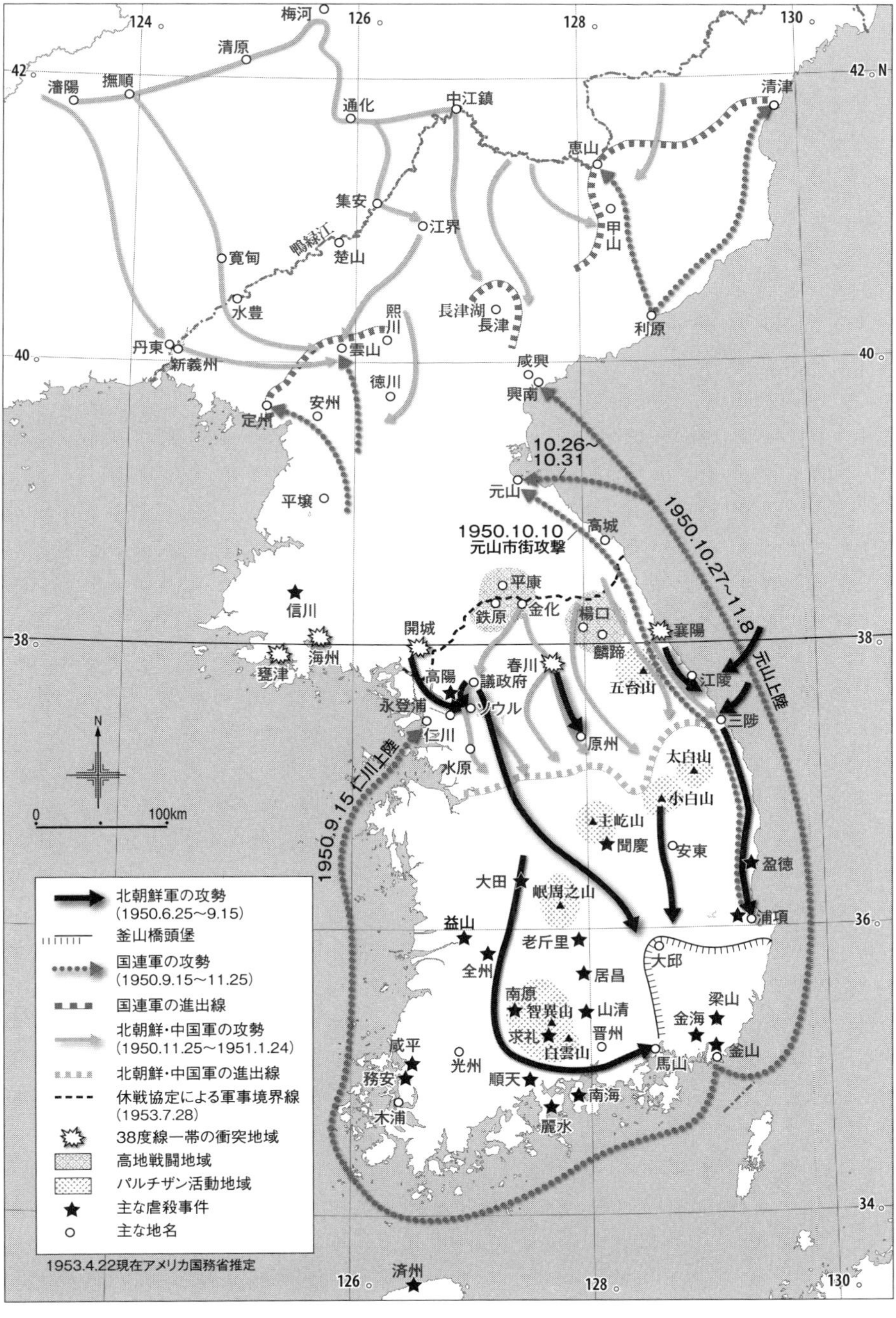

外国軍の犠牲も大きかった。国連軍の死者、失踪者は四万三千余人、負傷者は十一万五千余人であった。中国軍の死者、失踪者は二十万六千余人、負傷者は七十二万人に迫っていた。物的な被害も大きかった。北朝鮮の産業生産施設の八〇パーセントが破壊され、韓国も国家基盤施設の六〇パーセントが消え去った。

一国の内戦でこれほど多くの被害が出た例はない。参戦した国家が二十ヶ国におよび、物資の調達など間接的な参戦国を含めれば、これは単純な内戦ではなく、世界戦争であったと言っても過言ではない。

朝鮮戦争は単純な統計にはあらわれることのない痛みと葛藤を加速させた。戦争に際して兄弟が南北に分かれて戦うこともあり、ひとつの村が左と右に分かれて殺し合い、思想が何であるか知りもしない人々が理由もわからず殺されていった。このためある日突然、昨日の隣人が不倶戴天の仇となり、血族が南北に分かれてその消息すらわからないという例が頻出した。

釜山政治波動と李承晩の再選

戦争が続くなか、政界は権力闘争に血眼になっていた。北朝鮮軍の急襲によって首都を失った結果、政治家たちは臨時首都・釜山《プサン》を舞台に、次期政権を手に入れるために対決した。この過程で李承晩《イ・スンマン》は手元にあるすべての力と術策を総動員した。

当時大統領は国会における間接選挙で選ぶことになっていた。しかし間接選挙によって次に李承晩が選ばれる可能性はほとんどなかった。最初の大統領選挙で李承晩は国会で最大の勢力を誇る韓民党の支持により大統領に当選したのだが、政府樹立以後韓民党と決別していたからである。初代内閣の構成に当たって李承晩は自分を支持した韓民党をほとんど無視した。財務部長官に金度演《キム・ドヨン》を任命しただけだったのである。このため韓民党は李承晩を裏切り者として非難しはじめた。
その後韓民党は申翼熙《シン・イッキ》の勢力と、池青天《チ・チョンチョン》の大同青年団を引き入れて統合し、一九四九年二月に民主国民党（民国党）を結党した。申翼熙と池青天の一派はすべて臨時政府の系列だったので、韓民党は彼らを引き入れることによって親日派の集団であるという非難から免れようとしたのである。

李承晩もこれを黙って見ていたわけではない。李承晩はみずから率いる大韓独立促成国民会（促成会）をはじめとした支持勢力と無所属議員を結集して大韓国民党（国民党）を創立した。その結果、与党である国民党は七十一議席、野党である民国党は七十議席と、その勢力は拮抗した。

国民党と民国党は与党と野党として対立したが、反民特委に反対する活動には協力し合った。李承晩はその政権を維持するためには親日派が多く含まれる警察組織を維持しなければならず、民国党にもまた親日派出身が多くいたため、反民特委に対しては共同して反対していく必要があったのである。李承晩は民国党の支持を得るために民国党の人物を大挙起用した内閣改造を断行し、民国党もまたこれにこたえて李承晩の反民特委解体に同調した。

しかし国民党と民国党の蜜月関係もそこまでだった。反民特委が解体され、李承晩の最大の政敵であった金九《キム・グ》までが暗殺されると、李承晩は民国党の長官を解任しはじめたのである。これに対し民国党は議院内閣制への改憲を骨子とする憲法改正をこころみた。一九五〇年三月十四日に改憲案が評決に付されたが、否決された。改憲反対が三十三票、賛成が七十九票だった。残りの六十七票のうち六十六票は棄権、一票は無効だった。国会は李承晩の手から抜け出すことができなかったのである。★47

続いて一九五〇年五月三十日に、第二代国会議員を選ぶ総選挙が実施された。この選挙で与党である国民党と第一野党である民国党は双方共に惨敗を喫した。二百十議席のうち、国民党も民国党も二十四議席を獲得したに過ぎなかったのである。もっとも多かったのは無所属で、全体の六〇パーセントを超える百二十六議席であった。そしてこの無所属議員は全員李承晩に反対する勢力だった。李

★47：改憲には議員の三分の二の賛成が必要。このとき改憲賛成票が反対票を上回ったが、改憲案は成立しなかった。

承晩を支持する勢力は、国民党の二十四議席と、与党圏に属する促成会のような団体をすべて合わせても五十五議席に過ぎなかった。改憲阻止線を確保できなかったのである。

李承晩にとっては最大の政治的危機であった。ちょうどそのとき戦争が勃発したのである。戦争前には李承晩は北朝鮮に勝てると大騒ぎしていたが、実際に戦争がはじまると一目散に南へと逃げ出した。しかし朝鮮戦争は李承晩に政治的挽回の機会を与えたのである。戦時では国会よりも軍隊や警察の力のほうが強くなる。李承晩はその力を最大限利用して権力を維持した。

戦争を好機とみなした李承晩は政権延命のための勝負手を打った。一九五一年十一月末、李承晩は大統領直選制を骨子とする改憲案を国会に提出した。そしてそれを成立させるために、三日後、釜山と大邱《テグ》を除く全土に非常戒厳令を宣布した。もちろん国会は李承晩の改憲案を否決した。賛成十九票、反対百四十三票、棄権一票であった。そして一九五二年四月十七日、百二十三人の議員が議院内閣制改憲案を提出した。支持する国会議員の数が絶対的に不足していた李承晩には、議院内閣制改憲案を阻止する合法的な手段はなかった。彼が使用したのは武力だった。

李承晩は一九五二年五月二十五日、釜山にも非常戒厳令を宣布し、翌日憲兵隊を動員して国会へ向かう議員のバスを急襲させ、バスに乗っていた国会議員十人を、国際共産党に関連したという嫌疑をでっち上げて投獄したのである。改憲のための評決を阻止するためだった。これに対して副大統領であった民国党の金性洙《キム・ソンス》は辞表を投げつけて抗議した。国会もまた拘束された議員の釈放決議案を採択して李承晩に迫った。

しかし李承晩は動じなかった。彼は大統領直選制と国会両院制の二点に関する条文だけを抜粋した抜粋改憲案を通過させなければ国会を解散すると脅迫した。そして警察を動員して引きずるようにして野党議員を無理矢理国会に集め、七月四日の夜間に国会を開会し、抜粋改憲案を通過させたのである。秘密投票ではなく起立投票だった。出席議員百六十六人のうち、賛成が百六十三票、棄権が三票、反対は〇票だった。

李承晩の政権維持のための一連の不法行動は釜山政治波動と呼ばれている。釜山政治波動には軍隊と警察、そして暴力団が動員された。政治的暴力団は白骨団、ジバチ会、民衆自決団などという恐ろしげな名称を使っていた。これらの暴力団は、国会の解散を要求したり、国会議員をひとりひとり呼び出しての脅迫などを繰り返した。さらに国会を包囲してデモをするなど、恐怖の雰囲気を作り出した。

李承晩は一九五二年八月五日に実施された第二代大統領選挙で当選した。李承晩に対抗して出馬した大統領候補は、李始栄《イ・シヨン》、曺奉岩《チョ・ボンアム》、申興雨《シン・フンウ》の三人だった。開票の結果、李承晩は七四・三パーセントという圧倒的な得票で当選した。これ以後、選挙ははじめたものが勝つ、という通説が生まれた。

自由党の誕生

李承晩《イ・スンマン》が主語であれば述語のようにしたがう単語が自由党だ。このため自由党は李承晩政権の初期からあったかのように感じられる。しかし李承晩が初代大統領になったとき、自由党という政党は存在していなかった。

はじめ李承晩は自分が直接党を作る場合、勢力を拡大する上で障害になると判断した。党が生まれれば政党間の争いに巻き込まれるおそれがあり、それによって自分の価値が落ちてしまう可能性があると考えたのだ。そこで彼は特定の党の党首になるのではなく、自分にしたがういくつかの団体を率いるというやり方で勢力を管理した。しかし政府樹立後、政党政治が続き、政党の影響力は強くなっていった。李承晩もまた自分の政党が必要であると感じはじめた。そして生まれたのが自由党であった。

自由党という名前そのものにすでに反共というニュアンスが感じられる。それもそのはず、自由党は朝鮮戦争のさなかに誕生したのである。

当時李承晩にしたがう勢力はいくつかの政党と社会団体に分かれていた。そのため一糸乱れずに行動する綱領などはなく、李承晩は政治的な不安を感じていた。第二代大統領選挙の投票日が近づくにつれ李承晩の不安は大きくなっていった。自由党はその不安感を解消し、長期執権を狙う布石として作られたのである。

李承晩がひとつの隊伍を組んで自分にしたがう勢力を作ると公式に宣言したのは一九五一年八月十五日だった。光復節の祝辞で彼は、全国的な政党が必要だと力説した。続いて八月二十五日、新党組織についての談話を発表する。このとき李承晩は、第二代大統領になるためには憲法を改定する必要があると考えていた。制憲憲法では大統領は国会議員の間接選挙で選ぶことになっているが、当時の国会の勢力分布を見れば李承晩が大統領に選ばれる可能性は皆無だった。李承晩は国民による直選制のみが政権延長を図る唯一の道であると確信した。国会では認められなくても、国民の間では李承晩は相変わらずもっとも有名な政治家だった。十一月末、李承晩は大統領直選制のための改憲案を国会に提出した。

しかし李承晩にしたがう共和民政会すら改憲に反対し、李承晩の改憲案は否決された。それでも李承晩は改憲を放棄せず、自分に従う勢力を結集しようと努力を続けた。

その後李承晩にしたがう政党の名が自由党と決められた。はじめは労働党という名が候補としてあがったが、共産党のにおいがするという理由で、反共のニュアンスが強い自由党になったのである。

自由党結党の先頭に立ったのは李範奭《イ・ボムソク》だった。李範奭は光復軍の大将の出身で、初代国務総理と国防部長官を兼任した人物であり、何よりも強固な全国組織を持つ朝鮮民族青年団の指導者であった。李承晩はその李範奭を利用しようと考え、結党の先頭に立たせたのである。

李承晩の自由党結党に同調したのは、九十五人の国会議員を擁する共和民政会、李範奭の朝鮮民族青年団、大韓青年団、国民会、大韓独立促成全国労働総同盟、農民組合連盟、大韓婦人会などの団体であった。その後、創立発起人会議が開かれ、院内からは共和民政会の議員九十五人が参加し、院外からは参与団体から院内議員と同数の九十五人が選ばれた。そして院内と院外の合同準備委員会が組織された。

しかし自由党という党名と、大統領直選制についての意見の違いにより、合同準備委員会は空中分解してしまう。共和民政会のほとんどの議員が改憲に反対していたためだ。こうして自由党が院内と院外にふたつ生まれるという事態にいたった。いわゆる院内自由党と院外自由党である。

院外自由党は李範奭が主導して一九五一年十二月十七日、釜山の東亜《トンア》劇場で発起人大会を開き、院内自由党は十二月二十三日に李甲成《イ・ガプソン》と金東成《キム・ドンソン》を副議長に選出したのち、国会議事堂で結党大会を開いた。

こうして自由党は、同じ指導者のもとに同じ名前を持つふたつの政党という、笑うに笑えない誕生となった。李承晩は院内自由党に対する不満を隠そうともしなかった。院内自由党は改憲に反対し、院外自由党は賛成していたからである。李承晩は院内自由党の結党式に出席すらしなかった。

その後李承晩は抜粋改憲を強行し、第二代大統領となる。そして自由党は一九五三年三月に統合される。統合された自由党の党首は当然李承晩であり、副党首は李範奭であった。院外と院内自由党の争いは院外自由党の勝利に終わったのである。

しかし大統領となり自由党の統合を果たした李承晩は、李範奭を自由党から追放してしまう。自由党の中心をなしていた勢力は李範奭が率いる朝鮮民族青年団の系列だった。李範奭の朝鮮民族青年団系列の人士が自由党の要職を占めるようになると、李承晩はこれに脅威を感じ、李範奭を自由党の副党首から解任し、朝鮮民族青年団系列の人士を粛清していった。これにより李承晩は自由党を完全に掌握するようになったのである。

四捨五入による三選改憲

李承晩《イ・スンマン》を第二代大統領に当選させた抜粋改憲の内容は、大統領と副大統領の任期を四年とし、再選によって一期のみ再任が可能であるとなっていた。つまり三選を禁じていたのだが、李承晩はこの三選禁止条項を削除して、終身大統領になろうとした。

一九五四年五月二十日に実施された民議院選挙[★48]で、李承晩は改憲を念頭に置いて露骨に行動した。民議院の立候補者を公選するに当たって、三選改憲に賛成するという署名を要求したほどだ。

李承晩はこの選挙に死活をかけた。三選のためには改憲が必要であり、改憲のためには議席数を確保しなければならなかった。そのため警察を動かして各地域の住民を動員し、野党に投票すれば共産党だと脅迫して自由党に投票するよう強制した。ひどいときには警察官が警棒を振り回すことさえあった。

さらに、他の候補の立候補登録を警察が露骨に妨害した。たとえば曺奉岩《チョ・ボンアム》は十日間の候補登録期間の間、幾度も登録の書類を奪われて、登録することすらできなかった。仁川《インチョン》、釜山《プサン》、ソウルで候補登録に失敗したのである。なんとか候補登録ができた野党候補も、選挙運動はできなかった。警察が野党候補の選挙運動員にさまざまな罪名を着せて留置場にぶち込んだり、脅迫をしたからだ。このためこの五・二〇選挙は警察の棍棒選挙と呼ばれている。

李承晩と自由党はありとあらゆる悪行をほしいままにして選挙を進めたため、過半数をはるかに超える議席を獲得した。自由党は全国二百三の選挙区で百十四の議席を獲得したのである。自由党に次ぐ議席数は無所属の六十七議席で、続いて民国党十五議席、大韓国民党三議席、国民会三議席、制憲

★48：抜粋改憲により国会は民議院（下院）と参議院（上院）との二院制となった。しかし実際は参議院選挙は行なわれず、議会は民議院のみの一院制であった。

国会議員同志会一議席であった。

しかし自由党の百十四議席だけでは改憲は不可能だった。群小政党のなかから李承晩にしたがう議員を引き入れても、改憲に必要な百三十六議席には達しない。結局無所属議員を引き入れるのがもっとも現実的であると判断した自由党は、無所属議員の買収をはじめた。

買収は脅迫をともなうものだった。こまごまとした問題を取り上げて選挙法違反で告発するというのは基本だった。このようにあらゆる手段を動員して引き入れることに成功した無所属議員は二十三人だった。これによって改憲に必要な百三十六議席を確保したのである。

自由党は一九五四年九月七日、大統領の再任制限の撤廃を骨子とする改憲案を提出した。その他、大統領に事故があった場合に自動的に副大統領が大統領になるという制度の撤廃や、国務総理の廃止などの内容が含まれていた。

李承晩は改憲案を公開すると同時に、改憲に反対する者は国家に対する反逆者とみなすという声明を発表した。しかし改憲案に対する世論は冷たかった。改憲案の各条項についての世論調査の結果は、国民の七〇パーセント以上が改憲に反対している、と出た。このため改憲案を国会に上程するのも簡単ではなかった。

しかし李承晩は世論などというものを気にもかけなかった。五・二〇選挙ですでに確認されているように、世論などというものは力をもって押さえつければどうにでもなるものだと考えていたのである。結局李承晩のごり押しによって、改憲案は十一月二十日に本会議に上程され、十一月二十七日土曜日に秘密投票によって採決が行なわれた。しかし結果は自由党の思惑とは異なっていた。在籍議員は二百三人だったが、ひとりが欠席したので投票したのは二百二人だった。結果は、賛成百三十五、反対六十、棄権七であった。改憲に必要な百三十六票に一票足りなかったのである。司会である国会副議長の崔淳周《チェ・スンジュ》は、改憲案は否決された、と公式に宣言した。

改憲案は否決されたかに思われた。しかし二日後の二十九日、崔淳周副議長は二十七日の否決宣言は計算間違いによるものであったと否決を取り消し、改憲案は可決されたと宣言した。計算し直してみると、在籍議員二百三人の議決定足数である三分の二は百三十五人であり、百三十六人ではないと主張したのである。二百三の三分の二は一三五・三三三……であり、この場合四捨五入によって小数点以下を切り捨てなければならない、というのだ。この議論を裏付けたのは、ソウル大の崔允植《チェ・ユンシク》と李源喆《イ・ウォンチョル》教授であった。このふたりは、自由党が引っ張り出した、韓国最高の数学の権威者であった。

こうして改憲案は否決から可決へとひっくり返された。野党議員はこれに反発して全員本会議場から退場した。すると自由党はこれを奇貨として自由党議員だけで可決同意案を上程し通過させてしまった。そしてその日のうちに改定憲法は政府に移送され、政府は同日改定憲法を公布した。世に言う四捨五入改憲である。

改憲の議決定足数を四捨五入するという発想そのものがコメディであった。しかし李承晩はこのコメディを足場に、八十を超える高齢にもかかわらず一九五六年に実施された大統領選挙に出馬し、老醜をさらすのである。

民主党の発足と第三代大統領選挙

四捨五入改憲に対しては、民国党、無所属の議員だけでなく、自由党の議員さえ激しい批判を投げつけた。そして民国党議員と無所属の議員六十人が結集して護憲同志会を組織し、自由党の議員三十三人は脱党、あるいは除名というかたちで党を離れた。これらの流れは自然に、全野党陣営の結集による新党創立の動きにつながった。新党促進委員会が組織され、新党の基本理念が作成された。

新党の基本理念は①反共、反独裁、②代議政治および責任政治の確立、③社会正義による国民経済体制の確立、④平和的国際秩序の樹立、の四点にまとめられた。

しかし、同時に定められた組織要綱六項目のなかに、左翼転向者と腐敗行為が明らかであるため糾弾された者は新党の発起に参加することはできない、と明記され、新党の保守性が明らかになった。この規定のため、革新的な勢力は新党に加入できなかった。結局、新党が自由民主派（保守派）と民主大同派（革新派）に分裂する結果となった。

この葛藤のために新党の結成まで長い時間がかかることになる。結局保守派と革新派の統合は成功せず、保守派単独で一九五五年九月十八日、九ヶ月にわたった準備作業を終え、民主党という看板を掲げることになった。構成員は民国党系、無所属系、自由党脱党組で、議員三十三人を擁していた。代表最高委員は申翼熙《シン・イッキ》、最高委員は趙炳玉《チョ・ビョンオク》、張勉《チャン・ミョン》、郭尚勲《クァク・サンフン》、白南薫《ペク・ナムフン》、中央常務委員会議長は成元慶《ソン・ウォンギョン》であった。

民主党の政綱は、独裁の排除と民主主義の発展、公正な自由選挙による議院内閣制の具現、健全な国民経済の発展と勤労大衆の福祉向上、民族文化の育成と文化交流を通した世界文化への貢献、民主友邦との提携による国土統一と国際主義の確立、などであった。その中心的な内容は議院内閣制の実現であり、李承晩《イ・スンマン》に対する公然たる挑戦状であった。

新たに創立された民主党は、五月十五日に実施される第三代大統領選挙に、大統領候補・申翼熙、副大統領候補・張勉を立てた。

民主党大統領候補に選ばれた申翼熙は、一八九四年に京畿道広州《キョンギドクァンジュ》で生まれた。漢城《ハンソン》外国語学校英語科に通い、日本の早稲田大学政経学部を卒業し、その後ソウルの中学校の教師をしており、三・一運動のときは海外連絡業務を担当した。臨時政府樹立に際しては内務次長に任命され、法務総長、外務総長、文教部長などを歴任する。

解放後は金九《キム・グ》とは別の路線を歩み、政治工作隊を組織して、李承晩を支持する促成会の副委員長となった。一九四七年には南朝鮮過渡立法議院の議長となり、一九四八年に制憲国会議員に当選、副議長となる。政府樹立後は李承晩と決別して韓民党の金性洙《キム・ソンス》と手を握り民主国民党（民国党）を結成、党委員長となった。一九五五年には民主党創立を主導して代表最高委員となり、一九五六年、大統領候補となったのである。このとき自由党の大統領候補は李承晩、副大統領候補は李起鵬《イ・ギブン》に確定していた。

保守派が民主党を創立するのを目にして、革新派も新党創立に拍車をかけた。革新派は徐相日《ソ・サンイル》、曺奉岩《チョ・ボンアム》が二大勢力をなし、その他鄭華岩《チョン・ファアム》、趙憲植《チョ・ホンシク》、金昌淑《キム・チャンスク》、金弘植《キム・ホンシク》、張建相《チャン・コンサン》、李東華《イ・ドンファ》などがそれぞれ一派を率いていた。これらの革新勢力は大同団結によって進歩政党を結成すべく結集し、一九五五年に光陵《クァンヌン》で最初の会合を持った。続いて十二月二十二日に進歩党推進委員会を結成し、十二人の結党推進委員会指導部を選出した。もちろんその中心は曺奉岩と徐相日であった。

革新勢力は結党の準備過程で第三代大統領選挙を迎えることとなり、評決によって大統領候補に曺奉岩、副大統領候補に徐相日を選出した。しかし徐相日は曺奉岩を大統領病患者と非難して、自身は副大統領候補を受けなかった。結局革新勢力の副大統領候補には、釜山《プサン》の医師出身の朴己出《パク・キチュル》が選ばれた。

民主党と革新勢力は、李承晩政権を打倒するという共通の目標を実現するために、候補の一本化をこころみた。この過程で曺奉岩は、必要とあれば自分が辞退するのも可能だ、と語り、革新候補が辞退する条件として民主党側に、収奪のない経済政策の確立と平和統一という曺奉岩の政策を受け入れるよう申し入れた。

水面下の協議が進められ、一九五六年五月六日に最終的に合意することが決まったのだが、その前日、大統領候補であった申翼熙が遊説のため湖南《ホナム》線の列車で地方に向かう車中で急逝するという事件が発生した。その結果、曺奉岩が野党陣営の単一大統領候補となる流れとなり、副大統領候補は民主党の張勉に決まった。張勉のために朴己出は候補を辞退した。

しかし民主党は曺奉岩を大統領候補として認めなかった。むしろ李承晩の側に立ったのである。民主党は『東亜日報』を前面に立て、曺奉岩の平和統一論は現実を無視した敗北主義であると非難した。当時李承晩の政策は武力による北進統一であり、これが国是のようになっていたのだ。そのため大統領選挙では民主党と自由党が連合するような格好になった。

それでも曺奉岩は民主党との連合を模索した。するとそれに対して民主党は、曺奉岩を容共分子と非難しはじめ、申翼熙を支持する者は曺奉岩に投票してはならないと力説したのである。民主党の中心である趙炳玉と金俊淵《キム・ジュニョン》が、曺奉岩に投票するぐらいなら李承晩に投票しろ、と発言するほどであった。そしてついに、民主党は大統領選挙を放棄し、副大統領選挙にだけ力を注ぐ、と宣言するにいたった。党として李承晩を支持すると宣言したわけである。

しかし曺奉岩を支持する国民の熱気は冷めることはなかった。大統領に当選することはできなかったが、二百十六万三千票を獲得し、得票率二三・八パーセントという驚くべき結果を残したのである。勝利した李承晩は五百四万六千票で、得票率は五二パーセントであった。申翼熙に対する追慕票も百八十五万票に達した。副大統領には張勉が自由党候補の李起鵬を破って当選した。

副大統領に張勉が当選したのは、自由党としては非常に不安な材料だった。李承晩はすでに八十歳を超える高齢であり、李承晩に何かあった場合、民主党に政権が移ってしまう可能性が高いからだ。さらに、まだ正式に政党を作ることもできず、ひとりの国会議員もいない革新勢力の曺奉岩が、多くの国民の支持を得たという事実も、自由党を不安にさせる要因であった。

進歩党事件と司法殺人

自由党が憂慮したとおり、曺奉岩《チョ・ボンアム》は大統領選挙が終わるとすぐに党結成に取り掛かり、その年の十一月十日、進歩党結成大会を開催した。大会場は人で埋め尽くされた。その人気は絶大であった。党結成大会で委員長に曺奉岩、副委員長に朴己出《パク・キチュル》、幹事長に尹吉重《ユン・キルジュン》が選出された。

進歩党の三大政綱は①責任ある革新政治、②収奪のない計画経済、③民主的平和統一、だった。また平和統一論を具体化するために統一研究委員会を置き、金基喆《キム・ギチョル》を委員長に選出した。

進歩党の当面の目標は、一九五八年五月に実施される予定の国会議員総選挙で、院内交渉団体を構成しうる二十議席以上を確保することだった。当時の世論の趨勢を見れば、これは十分に実現可能な目標であった。

しかし李承晩《イ・スンマン》は進歩党をそのままにしておきはしなかった。李承晩は一九五八年一月十三日、警察に進歩党幹部を全員逮捕するよう命じた。罪名は間諜罪と国家保安法違反だった。

李承晩は曺奉岩の履歴を利用して、彼を思想犯に仕立て上げたのである。曺奉岩は江華島《カンファド》の出身で、三・一運動に参加して一年間獄中生活を送った。出獄後、日本の中央大学で政治学を学んだが、その過程で社会主義思想に魅了される。その後朝鮮共産党に加入し、モスクワの東方勤労者共産大学で二年間学んだのち、コミンテルン極東部朝鮮代表となり、日本に捕まり新義州《シニジュ》の刑務所に七年間拘束された。

解放後は朝鮮共産党の幹部として活動したが、南労党党首である朴憲永《パク・ホニョン》の路線に疑問を感じて脱党した。その後は社会主義と資本主義の中道路線を堅持し、制憲議会の議員となり、李承晩によって初代農林部長官に任命されて農地改革を主導した。さらに第二代民議院議員に当選して国会副議長に任命され、一九五二年と一九五六年には大統領選挙に出馬した。

李承晩は曺奉岩の履歴のうち、左翼に加担していた部分を問題視し、それを進歩党の政綱に関連付けたのである。第三代大統領選挙以後、曺奉岩と進歩党を支持する国民が激増するのを目にして、李承晩は曺奉岩を自分の地位を脅かす存在であると考え、スパイに仕立て上げたのだ。

曺奉岩はすばやく身を隠したが、進歩党の幹部は全員逮捕されてしまった。それを目にした曺奉岩はみずから出頭し、法廷に立った。

検察による起訴状でまず問題とされたのは、彼の平和統一論であった。平和統一論は北朝鮮による韓国の赤化統一のための方便であり、これは大韓民国の存立を否定する行為であると決め付けたのである。さらに、収奪のない計画経済という進歩党の政綱が、北朝鮮の労働党の政策に通じる、という点も問題視された。

当時曺奉岩は経済政策に対して、社会主義と資本主義を融合した中道政策を追求していた。資本主義も社会主義も限界があるので、資本主義においては社会主義の構造を借用し社会主義においては資本主義の政策を借用する。こうすることによってより良い経済構造を作り出すことができる、と主張したのである。当時としては非常に革新的であり、未来志向的な視点であった。しかし検察は、曺奉岩の卓見を、北朝鮮の政策を支持する思想であり、結果的に大韓民国憲法に違反すると主張した。

さらに検察は、北朝鮮から派遣され、検挙されたスパイ・朴正鎬《パク・チョンホ》と曺奉岩が接触したという容疑で、間諜罪を追加した。朴正鎬の南派の目的も、進歩党を支援するためのものだった、というのである。つまり進歩党の創建そのものが内乱行為だった、というわけだ。そして進歩党が北朝鮮の祖国統一救国委員会の金若水《キム・ヤクス》に密使を送り平和統一の推進について協議した、という容疑で国家保安法違反の罪も追加した。

その上、梁明山《ヤン・ミョンサン》（本名・梁利渉《ヤン・リソプ》）事件をでっち上げて曺奉岩に関連付けたのである。検察は、梁明山が対北諜報機関ＨＩＤの要員であり、南北の交易に従事しながら北朝鮮を往来していた人物だが、北に包摂されて二重スパイとして活動しており、曺奉岩は梁明山を通して北朝鮮から秘密工作資金を受け取っていた、と主張した。梁明山は日本の植民地時代から、金東浩《キム・ドンホ》という名前で曺奉岩と交流のあった人物であり、曺奉岩に独立運動の資金を提供していたという。[★49]特務隊はこの梁明山を利用

★49：特務隊――陸軍特務隊。梁明山や曺奉岩は民間人であるにもかかわらず、陸軍特務隊が捜査を担当した。のちにこの点が違法とされ再審開始の理由のひとつとなった。

して曺奉岩をスパイに仕立て上げたのだ。

一審で梁明山は、自分が二重スパイであることを認めたが、曺奉岩は検察の主張を全面的に否認した。しかし検察は梁明山の自白を根拠として曺奉岩に国家保安法を適用し、死刑を求刑した。裁判所は、梁明山と曺奉岩に国家保安法を適用して、懲役五年を宣告した。裁判所は平和統一論を憲法違反であると見ることはできないと判示し、この部分については無罪であると判断した。

これに対し検察は強く反発した。さらに李承晩を支持する勢力は、一審の裁判官を容共判事であると糾弾して抗議デモを繰り広げ、一審を担当した判事が身を隠すという事態にまで発展した。

二審で梁明山は陳述を翻し、間諜であると自白したのは、曺奉岩を除去しようとする国家の方針にしたがわなければ命はないという特務隊の脅迫と懐柔のせいであると述べた。自白したスパイ行為はすべて特務隊がでっち上げたものであると主張したのである。しかし二審の裁判所は梁明山の主張をすべて無視し、原審を破棄して梁明山と曺奉岩に死刑を宣告した。

進歩党事件の最終判決は一九五九年二月二十七日、大法院（最高裁）で開かれた。大法院は二審判決のとおりに梁明山と曺奉岩に死刑を宣告した。ただし二審で進歩党幹部に下した有罪判決はすべて一審判決と同様に無罪に戻した。

大法院は進歩党の平和統一論や計画経済政策などは違憲ではないと判示したが、曺奉岩には間諜罪を適用した。また進歩党は曺奉岩が北朝鮮と内通して組織したものであるから不法団体であると規定した。進歩党は北朝鮮の使嗾《しそう》によって作られた不法団体であり、曺奉岩は間諜行為を行なったので当然死刑が宣告されるべきだ、というわけである。これは進歩党を解体し曺奉岩を除去しようとする李承晩の意図そのものであった。李承晩は司法部を利用しておのれの目的を貫徹したのである。いわゆる司法殺人であった。

曺奉岩は最終陳述で、この事件は政治的陰謀によるものであると主張し、再審を請求した。しかし

その年の七月三十日、再審請求は棄却され、翌三十一日、曺奉岩は刑場の露と消えた。★50

三・一五不正選挙と四・一九市民革命

一九六〇年三月十五日、第四代大統領選挙が実施された。自由党の候補はもちろん李承晩《イ・スンマン》だった。李承晩は八十代の半ばを超えた超高齢の老人であったが、すでに大統領に当選したも同然だった。民主党の候補である趙炳玉《チョ・ビョンオク》が、投票の一月前、持病で倒れ、アメリカのウォルターリード陸軍病院で手術を受けたが、六十七歳で死亡してしまったからだ。

趙炳玉は一八九四年に忠清南道天安《チュンチョンナムドチョナン》で生まれ、コロンビア大学経済学科を卒業し、『韓国の土地制度』という論文で博士号を受けた留学組だ。彼は留学中に興士団《フンサダン》に加入して独立運動に身を投じ、帰国後は新幹会《シンガンフェ》の創立に関与し、主として国内で活動した。二度投獄され、合計五年間を獄中で過ごしている。

解放後はアメリカ軍政の警務部長をつとめ、解放後の治安維持を担当し、朝鮮戦争に際しては李承晩のもとで内務部長官をつとめた。しかし李承晩が三選改憲を強行して独裁の色彩を強めると、李承晩と決別して民主党の創立に参加し、一九五六年には代表最高委員となり、一九六〇年、民主党大統領候補に選出された。ところが持病が悪化し、手術を受けて治療している最中に死亡した。民主党は申翼熙《シン・イッキ》に続いて二度も大統領候補が死亡するという不運に見舞われたのである。

趙炳玉の死亡により、三・一五選挙は副大統領を選ぶだけのものに縮小してしまった。しかし李承晩が高齢であったため、大統領に何かあった場合にその職務を代行する副大統領が誰になるかは非常に重要であると考えられていた。そのため、現職の副大統領である張勉《チャン・ミョン》と、それに挑戦する李起鵬《イ・ギブン》の再対決は熾烈なものとなった。李起鵬は、どのような手段を用いても副大統領になろうと必

★50：二〇一一年一月二十日、大法院は再審公判で、十三人の判事全員の合意により、原審を破棄し、曺奉岩の無罪を宣告した。

死になり、不正選挙も辞さなかった。

自由党は警察、公務員、反共青年団、政治暴力団など、動かすことのできる勢力はすべて動員して民主党の選挙運動を妨害した。たとえば二月二十七日の自由党の遊説に際しては、床屋、銭湯、食堂などを強制的に閉店させ、自動車を動員して市民を無理矢理遊説会場に集め、翌二十八日には張勉が遊説することになっていたのだが、日曜日であるにもかかわらず学校に指示を出して学生を登校させるということまでしたのである。これに反発して全国各地の高校生までが抗議に立ち上がった。

自由党の不正はこれにとどまらなかった。投票箱を開く前に、警察と内務部が一緒になって投票結果をでっち上げた結果、李承晩は当選に必要な三分の一の二倍を超える九百六十三万三千三百七十六票を獲得、李起鵬は八百三十三万七千五十九票を獲得して、百八十四万三千七百五十八票に過ぎなかった張勉に対し圧倒的な勝利を収めた。

しかし激怒した国民はこれ以上李承晩の不正を許さなかった。選挙の直後、民主党の議員が国会で選挙無効を主張したが、時がたつにつれて全国各地で国民が立ち上がり、不正選挙を糾弾しはじめたのだ。四月はじめから、糾弾のデモはさらに激烈なものとなっていった。

不正選挙に対する激しいデモが続いていた四月十一日、馬山《マサン》の海に制服姿の死体がひとつ浮かび上がった。馬山商業高校一年の金朱烈《キム・チュヨル》の死体だった。金朱烈は三月十五日に不正選挙を糾弾するデモに参加したまま行方不明になり、金朱烈の母親が必死になって息子を探していた。

金朱烈の後頭部には、警察がデモの鎮圧のために発射した催涙弾が突き刺さっていた。この写真が新聞に掲載されると、激怒した市民が李承晩政権打倒を叫びながら警察署を襲撃しはじめた。デモの隊列に、市民、学生はもちろん、小学生までが合流した。まさに国民的な蜂起であった。★51
それにもかかわらず李承晩は四月十五日に談話を発表し、共産分子がデモ隊を操っている、と罵倒した。警察はさらに暴力的にデモ隊を鎮圧し、反共青年団が大学に乱入して無差別の暴力をふるった。

★51：漢城女子中学校二年・陳英淑（チン・ヨンスク）のメモ。
「時間がないので、お母さんに会わないまま出発します。最後まで、不正選挙のデモを戦うつもりです。今、わたしとわたしのすべての友達、そして大韓民国のすべての学生は、わが国の民主主義のために血を流しています。

お母さん、デモに行くわたしをしからないでください。わたしたちが行かなければ、誰がデモをするのですか。わたしはまだ幼く世間知らずだということはわかっています。でも国家と民族のために何をなすべきかはわかっています。わたしの友達も全員、死を覚悟しています。わたしはこの命をささげて戦うつもりです。デモで、わたしが死んでも恨みに思わないでください。お母さんは、わたしを愛してくださるから、とても悲しむでしょうが、民族の未来のために、喜んでください。

もうわたしの心は街頭に飛び出ています。はやる心のため、手が震えて字がうまく書けません。どうかお体を大切にしてください。

もう一度繰り返しますが、わたしの命はささげるものとすでに決心しています。

時間がないので、これで終わります」

このメモを書いた約四時間後、陳英淑は無差別銃撃の犠牲となった。満十四歳だった。

次に訳出するのは、ソウル大学学生の第一宣言文だ。

「象牙の真理塔を蹴破り、街頭に出た我らは、疾風のごとく歴史の潮流にみずからを参与させることによって、理性と真理、そして自由の大学精神を現実の惨憺たる薄土に蒔かんとするものなり。今日の我らの行動は、みずからの知性と良心の厳粛なる命令によって、邪悪と残虐の現状を糾弾、匡正せんとする主体的判断と使命感の発露であることを堂々と宣明する。（中略）

良心は恥じることがない。孤独でもない。永遠なる民主主義の死守派は、栄光である。見よ！　現実の裏道で、勇気もなく自虐をかみしめている者までもが、わが隊列にしたがっている。行こう！　自由の秘密は勇気だけだ。我が隊列は理性と良心と平和、そして自由への熱烈な愛の隊列だ。すべての法はわれらを保障する」

――一九六〇年四月十九日、ソウル大学校文理科大

そうしたなか、四月十九日、十万人を超えるソウルの市民、大学生、高校生が街頭に躍り出た。そしてそのなかの数千名が景武台《キョンムデ》★52に押し寄せた。これに対して警察は実弾を発射してデモ隊を阻止しようとしたが、逆に国民の怒りを煽る結果となり、デモの隊列は全国各地に広がっていった。

四月十九日の警察の発表による被害は、戒厳司令部の公式発表によっても、民間人百十一人、警察官四人が死亡し、民間人五百五十八人、警察官百六十九人が負傷するというものだった。続いて全国の主要都市に戒厳令が宣布された。幸いなことに、軍が直接デモの鎮圧に乗り出すことはなかった。宋堯讃《ソン・ヨチャン》ソウル地区戒厳司令官は流血の事態と財産の破壊を防止することにのみ力を注ぎ、それ以上は介入しなかったのである。

事態の深刻さを認識した李承晩は、四月二十一日、内閣総辞職を指示し、卞栄泰《ピョン・ヨンテ》と許政《ホ・ジョン》を景武台に呼び出して援助を乞うた。ふたりは、もはや事態を収拾することは不可能だ、と率直な意見を述べた。その後李承晩は李起鵬に政治活動を中断するよう命じ、自分は自由党をはじめとするすべての社会団体と決別する、と宣言した。そして警察と政府の官吏が政治に関与するようなことはなくするようにする、と付け加えた。

しかしデモ隊は引き下がらなかった。市民はこれまでの歴史を通して、李承晩の術策と嘘を熟知していたのだ。デモ隊は反共青年団と自由党幹部の家を襲撃して火を放ち、また大学の教授二百五十八人が李承晩の辞任を要求する学生を支持して街頭を行進した。

ことここにいたり、新たに外務部長官に指名された許政、戒厳司令官である宋堯讃、さらには駐韓アメリカ大使のウォルター・マッカナギーまでが李承晩に辞任を勧告した。これ以上自分の説得や懐柔が通じないと覚った李承晩は、四月二十六日、辞任を発表した。

二日前に外務部長官に任命されたばかりの許政が過渡政府を樹立し、李承晩は梨花荘《イファジャン》に蟄居《ちっきょ》したのち、五月にアメリカのハワイへと亡命した。

学学生一同

★52：景武台——大統領官邸。現在の青瓦台。

一方、三・一五不正選挙を主導した李起鵬は、夫人の朴瑪利亞《パク・マリア》、李起鵬の長男であり李承晩の養子となっていた李康石《イ・ガンソク》、次男・李康旭《イ・ガンウク》と共に自殺した。李起鵬と朴瑪利亞、李康旭は睡眠薬を飲んで自殺し、李康石はこの三人を拳銃で撃った後で、自分の腹と頭に銃弾を撃ち込んで死んだという。

こうして四・一九市民革命は自由党と李承晩政権を打倒し、韓国史の新たな章を開いたのである。

第二章　尹潽善大統領実録

尹潽善（ユン・ボソン）

生年一八九七―没年一九九〇
出身地　忠清南道牙山《チュンチョンナムドアサン》
在任期間　一九六〇年八月―一九六二年三月（一年七ヶ月）

「四月革命から政治的自由と遺産を受け継いだ第二共和国政府は、今や国民が豊かに暮らすことのできる経済的自由をかたちづくっていかなければなりません」

――第四代大統領就任の辞より（一九六〇年）

1　許政過渡政府と民主党の執権

李承晩《イ・スンマン》は下野したとき、政権を外務部長官の許政《ホ・ジョン》に任せた。許政はアメリカに留学していたときに李承晩と親交を深め、解放後は韓民党の結成に参加した人物だ。李承晩政権では交通部長官、社会部長官などを歴任し、一九五一年に国務総理署理（代理）を兼任した。その後ソウル市長、日韓会談首席代表をつとめ、市民革命の激動のなか、一九六〇年四月に李承晩に呼び出され、外務部長官となった。

許政が過渡内閣の首班となったのは、副大統領である張勉《チャン・ミョン》が辞任したからである。[1] 張勉が辞任しなければ自動的に張勉が政権を受け継いだはずであったが、張勉は民主党の重鎮と相談することもなくひとりで辞任を決めてしまった。そのため長官の序列二位であった外務部長官の許政が行政権を委譲されたというわけだ。

張勉が勝手に副大統領を辞任したことに対し、民主党旧派は激しい批判を加えた。これに対して張勉は、李承晩の下野を確実にするためにまず自分が副大統領を辞任したのだと主張した。しかし尹潽善《ユン・ボソン》をはじめとする民主党旧派は、議院内閣制となったのちに総理になろうという意図による政略的な行為だ、と追及した。

このように民主党が内紛を繰り返しているとき、自由党は空中分解してしまった。百二十六人の自由党の国会議員はそのほとんどが脱党して無所属となり、自由党はそのまま瓦解してしまったのだ。このため国会は民主党が与党のようなものとなり、三ヶ条の重要な事案を決定した。第一に、三・一五選挙を無効とする、第二に、議院内閣制に改憲する、第三に、改憲後すみやかに国会議員選挙を実施する、というものであった。

★1：三・一五選挙で張勉は落選したが、不正選挙糾弾の市民運動の激化のため新しい副大統領の就任式は行なわれていなかったので、この時点ではまだ張勉が副大統領だった。

このような情勢のなか、許政は新たな行政府を構成した。許政は、過渡政府の首班であるため、混乱を収拾し、総選挙を無事に行なって、新政府に政権を移譲することを目標としていた。そのため急激な改革や革命的な措置をとることはなかった。許政の過渡政府の目標は、当時発表された五大方針によくあらわれている。

五大方針は①反共政策をさらに進展させる。②不正選挙の処罰対象者を、高位の責任者と残虐行為をした者に限定する。③革命的な政治改革を非革命的に断行する。④四月の市民革命におけるアメリカの行動を内政干渉であると非難することは、利敵行為であるとみなす。⑤日韓関係の正常化のために努力し、記者の入国を許可する、というものであった。

つまり革新や革命的な措置はとらない、という立場であった。このため三・一五不正選挙に関連した人物に対する措置も微温的なものとなり、市民に発砲した警察に対する処罰も何人かの高位人士の拘束や解任という線で終了した。混乱を助長した軍に対しても、宋堯讃《ソン・ヨチャン》戒厳司令官が解任されただけだった。

国会では改憲作業がとどこおりなく進み、一九六〇年六月十日に新憲法が上程され、六月十五日に本会議を通過し、六月二十三日に国会が解散した。そして七月二十九日に国会議員の総選挙が実施された。

新しい憲法では、国会は民議院と参議院の二院制となった。民議院はアメリカの下院に該当し、参議院は上院に該当する。民議院の議員は二百三十三人、参議院は五十八人だった。民議院は予算、法律案を審議し、国務委員に対して不信任権を持つ。参議院は民議院から上程された法案を審議し、大法官をはじめとする公務員の任命に対して承認権を有する。

大統領は両院の合同会議で選出し、在籍議員の三分の二以上の支持によって当選する。任期は五年で、一度に限り再任できる。大統領は国家の元首として国家を代表し、国軍の統帥権と、国務会議の議決をへて戒厳令を宣布する権利を有する。

議院内閣制による内閣の首班である国務総理は、大統領が指名し、民議院の同意を得て決定する。民議院が大統領の指名を受け入れなかった場合は、民議院での選挙によって選ぶ。国務総理は国務委員を任命し、大統領はそれを確認するだけである。

七・二九総選挙で民主党は圧勝した。民主党は民議院の二百三十三の議席のうち百七十五議席、参議院の五十八議席のうち三十一議席を獲得した。その他、民議院は無所属が四十九議席、社会大衆党四議席、自由党二議席、韓国社会党一議席、統一党一議席、その他一議席であり、参議院は無所属二十議席、自由党四議席、社会大衆党一議席、韓国社会党一議席、その他一議席だった。

無所属で当選した議員のほとんどは、民主党の公選から脱落した人々であったことを勘案すれば、七・二九総選挙は民主党の完勝であったと評価できよう。

しかし民主党はすぐに新派と旧派に分かれ内紛をはじめた。民主党旧派の中心をなしていたのは、民主党の創立を主導した民国党の出身者であり、新派は民主党結党の際に合流した新進勢力であった。民国党はもともと韓民党の出身である金性洙《キム・ソンス》、趙炳玉《チョ・ビョンオク》、尹潽善《ユン・ボソン》などの地主勢力と、臨時政府出身で金九《キム・グ》と袂をわかった申翼熙《シン・イッキ》、池青天《チ・チョンチョン》などが連合したものであり、彼らが民主党の旧派となった。旧派を代表する人物は、尹潽善と金度演《キム・ドヨン》だった。それに対して新派は、民国党の出身でない人士で、その代表は張勉であった。

新派と旧派が狙っていたのは、行政権を持つ国務総理であった。そのため大統領は旧派の首領である尹潽善にすんなりと決まった。八月十二日に行なわれた民議院、参議院合同投票で、尹潽善は二百八票を獲得し、大統領に選出されたのである。

大統領に就任した尹潽善は、国務総理の候補として、旧派の金度演を指名した。しかし民議院での投票では過半数に二票不足し、否決されてしまった。そこで尹潽善はあらためて張勉を国務総理に指名した。張勉は民議院の投票で、過半数よりも四票多く獲得し、無事国務総理となった。旧派と新派の政権闘争は新派の勝利となったのである。新派を勝利に導いたのは、二十人の無所属議員であった。

一九六〇年八月十九日、張勉が国務総理として承認されて行政府を構成し、許政から行政権を移譲された。これによって過渡政府は幕を下ろすのである。

2 第四代大統領・尹潽善の人生と屈折に満ちた政治の過程

外国を転々とした暗黒の時期

一九六〇年八月十二日、民議院、参議院合同投票で第四代大統領に選出された尹潽善《ユン・ボソン》は、一八九七年八月二十六日、忠清南道牙山《チュンチョンナムドアサン》で、尹致昭《ユン・チソ》と李範淑《イ・ボムスク》（中枢院議官をつとめた全州《チョンジュ》李氏の李載龍《イ・ジェリョン》の長女）の長男として生まれた。本貫は海平《ヘピョン》、号は海葦《ヘウィ》だった。海葦という号は、上海から留学のためヨーロッパに向かうときに申圭植《シン・ギュシク》がつけてくれたもので、「海辺の葦は風になびくことはあっても折れることはない」という意味が込められているという。

海平尹氏の一族のなかで高位の官職を得た代表的な人物は朝鮮王朝の宣祖《ソンジョ》のときに領議政《ヨンイジョン》★2をつとめた尹斗寿《ユン・ドゥス》であり、尹潽善は尹斗寿の十代孫に当たる。尹潽善の一族は五代祖のころ家勢が傾くが、曽祖父である尹取東《ユン・チュイドン》の代になり再び官職に就くようになった。

尹潽善は富裕な一族に生まれ、部屋が九十九ある豪邸に住むほど経済的には何不自由なく育った。十一歳のときにソウル高等普通小学校に入学して新学問を学び、十四歳になった一九一〇年に四年制

★2：領議政——朝鮮王朝時代の行政の最高官庁である、議政府（ウィジョンブ）の最高位の役職。現在で言う国務総理に相当する。尹斗寿（一五三三〜一六〇一）は李滉（イ・ファン）のもとで学問を修め、若くして科挙に合格し、高官を歴任する。一時政争に敗れ流罪となったが、壬辰倭乱（文禄の役）が勃発すると国王に呼び出され、御営（オヨン）大将、右議政（ウイジョン）、左議政（チャイジョン）として仕えた。このとき、明へ逃亡しようとする国王に決死の諫言をし、国王の亡命を押しとどめたことで知られている。戦後、領議政となった。

の普通学校を卒業して日本人居留民が忠武路《チュンムロ》に創立した日出小学校の五年に編入した。一九一二年、十六歳で日出小学校を卒業し、日本に留学して東京の慶応義塾の医学部に入学した。

しかし二年で学業を放棄して帰国し、呂運亨《ヨ・ウニョン》にしたがって上海に渡り、独立運動に身を投じる。このとき尹潽善は父親に、上海を経由してアメリカに渡り神学を勉強すると嘘をついたと伝えられている。上海に渡った彼は臨時政府の李始栄《イ・シヨン》、李東寧《イ・ドンニョン》、申圭植らと出会い、一九一九年四月には二十三歳の若さで最年少の臨時議政院議員に選出された。

しかし彼の上海生活は長くは続かなかった。一九二一年にイギリスに留学してウッドブロック大学で英文学を学び、その後オックスフォードをへてエディンバラ大学に入学した。エディンバラ大学では考古学を専攻し、入学の六年後の一九三〇年に卒業した。

彼が卒業したという報せを受けた父親の尹致昭は彼に帰国を勧めたが、すぐには帰国せずヨーロッパを旅して周り、生活費が底をつくと、一九三二年に帰国した。

帰国後の尹潽善はほとんど家の中に閉じこもっていた。彼の活動は、時折訪ねてくる友人に会うか、『東亜日報』などに時々短文を寄稿するぐらいであった。

太平洋戦争がはじまり、日本が創氏改名を強要したとき、尹潽善の一族は一族の会議を開いてその決議で創氏改名に賛成したが、彼は最後まで拒否した。そして自宅や別荘に蟄居し、社会的な活動はほとんど何もしなかった。彼が外出するのは、キリスト教の宣教活動をするか、一族の宗親会★3の行事があるときぐらいだった。

★3：宗親会——本貫を同じくする同姓の一族の親睦団体。主として祭礼などを主催する。

野党の指導者として成長する

解放を迎えると、尹潽善《ユン・ボソン》は右派政党である韓民党に参加し、アメリカ軍政のもとで農商局顧問として活動した。その後一九四六年に『民衆日報』の社長となり、アメリカ軍政庁から京畿道《キョンギド》知事の顧問に任命された。そして一九四八年、故郷である忠清南道牙山《チュンチョンナムドアサン》から韓民党の候補として五・一〇総選挙に出馬するが、七人の候補の四位にとどまり、落選してしまう。

政府樹立後、尹潽善は李承晩《イ・スンマン》によってソウル市長に任命された。アメリカ軍政庁の農商局顧問をしていたころに尹潽善は李承晩と親しくなり、一時李承晩記念事業会の会長をつとめたこともあった。そんな関係で李承晩は彼を積極的に起用した。

李承晩は最初尹潽善を中国大使に任命しようとしたが、尹潽善は断った。続いて日本公使、アメリカ大使になるよう提案したが、これも拒絶した。尹潽善は『民衆日報』の経営に専念したいと言って、李承晩の提案を拒み続けた。
すると李承晩は、尹潽善をソウル市長に任命する、と新聞に発表してしまった。尹潽善は今回も経験不足と、叔父である尹致暎《ユン・チヨン》が内務部長官なので親戚が同じような公職に就くのは正しくない、という理由で拒絶した。しかし今度は李承晩も引き下がらず、尹潽善は仕方なく一九四八年十二月にソウル市長に就任した。

ソウル市長に就任すると、すべての清掃業務をソウル市に一元化することに成功し、清掃市長というあだ名をつけられた。続いて新生活運動を展開する。新生活運動とは、衣食住の全般にわたって、在来式の家庭生活を廃し、新式に変えようという運動だった。具体的には韓服改良と住宅改良に力を注ぐつもりであったが、この事業を実施する前に、一九四九年、李承晩は尹潽善を商工部長官に任命してしまう。

商工部では苦労が重なった。ソウル市は彼の指示で仕事を遂行することができたが、商工部で力を発揮するのは難しかった。各地方の商工局長は内務部の所属であり、業務を円滑に進めることはできなかった。財政的にも商工部の権限はかなり制限されていた。

商工部長官時代、尹潽善は幾度か李承晩と衝突した。このため李承晩は彼を解任しようとし、結局一九五〇年五月、尹潽善は商工部長官を辞任する。

その後尹潽善は韓民党と大韓国民党が合併して作られた民主国民党（民国党）の院内総務として活動し、一九五二年に釜山《プサン》政治波動が起こると、李承晩と完全に決別した。

朝鮮戦争後の一九五四年五月十日に行なわれた第三代民議院選挙で尹潽善は、全国でもっとも注目を集めるソウルの鍾路甲《チョンノカプ》区から出馬して当選した。一九五五年九月十八日に民主党が創設されると中央委員となり、一九五七年には民主党中央委員会議長となった。一九五八年の民議院選挙でも鍾路甲区から出馬して当選し、一九五九年には趙炳玉《チョ・ビョンオク》、張勉《チャン・ミョン》、郭尚勲《クァク・サンフン》と共に民主党最高委員に選出され、野党指導者のひとりとして浮上した。

大統領に選出される

一九六〇年の大統領選挙期間中、民主党旧派の指導者であった趙炳玉《チョ・ビョンオク》が死亡すると、尹潽善《ユン・ボソン》は自然に旧派の次期指導者と目されるようになった。四月の市民革命で李承晩《イ・スンマン》が下野し自由党政権が崩壊すると、議院内閣制への改憲を目指した選挙で民主党は圧勝する。しかし民主党はすぐに旧派と新派に分裂して内紛をはじめた。旧派の中心は尹潽善と金度演《キム・ドヨン》であり、新派の中心は副大統領をつとめた張勉《チャン・ミョン》であった。旧派は尹潽善を大統領に当選させ、金度演を総理に任命して政権を獲得しようと計画した。

計画どおり尹潽善は大統領に当選した。対立候補は金昌淑《キム・チャンスク》であったが、二百八対二十九という圧倒的な大差で勝利したのである。第四代大統領に就任後、尹潽善は金度演を国務総理に指名したが、民議院での承認を得ることができず、結局張勉が総理となった。

議院内閣制のもとでは、大統領は名目上国家元首であったが、ほとんどの権限は総理が握っていた。これに不満を抱いていた尹潽善はなにかにつけ張勉を批判し、新派、旧派が合同した挙国的な内閣を構成するように要求し続けた。このような尹潽善の行動は新派と旧派の熾烈《しれつ》な派閥抗争を誘発した。旧派は大統領官邸である青瓦台《チョンワデ》に集まって新派を攻略する会議を開き、新派は総理官邸が置かれていた半島ホテルに集まって対応策を練った。

新派と旧派の対立は結局、党の分裂をもたらした。一九六〇年九月二十二日、民主党旧派は新党の発足を宣言した。張勉内閣が発足してからわずか一ヶ月後のことだった。翌日、新派は民主党という名称で別の交渉団体を登録した。これによって民主党は旧派と新派に完全に分裂してしまった。

民主党旧派が正式に結党したのは、一九六一年二月二十日であった。党名は新民党で、委員長は金度演、幹事長は柳珍山《ユ・チンサン》であった。

新民党初代委員長となった金度演は尹潽善よりも三歳年長の一八九四年生まれで、アメリカに留学し経済学の博士号を取得している。朝鮮語学会事件[★4]で獄に捕らえられ、解放後は韓民党総務、アメリカ軍政労働委員、貿易協会会長、初代財務部長官などに就任した。その後民国党副委員長、三代、四代、五代、六代国会議員、民主党最高委員などを歴任した。

幹事長の柳珍山は一九〇五年生まれで、京城高等普通学校の学生であったときに三・一運動に参加し、その後早稲田大学政経学部で学び、中国に渡って重慶臨時政府の連絡員として活動した。解放後は金斗漢《キム・ドゥハン》が監察部長をつとめた右翼系の大韓民主青年同盟の会長となった。その後李承晩の指示を受けて右翼系青年団を統合した大韓青年団の最高指導者となり、一九五六年に民主党中央選挙対策委員長、一九六〇年に第五代民議員に当選した人物である。

新民党は創党の名分として、張勉内閣が四月市民革命の精神をきちんと継承しておらず、ひとつの政党が国会の三分の二の議席を占めれば一党独裁の陥穽《かんせい》に陥る可能性がある、と主張した。しかし新

★4：朝鮮語学会事件——一九四二年に朝鮮語学会の会員三十三人が治安維持法違反で検挙投獄された事件。朝鮮語学会は、一九二一年に結成された朝鮮語研究会を改称した団体で、当時は朝鮮語辞典の編纂を行なっていた。朝鮮語を研究することが罪とされたのである。過酷な拷問により、李允宰（イ・ユンジェ）、韓澄（ハン・ジン）が獄死している。

派と旧派の分党騒ぎは、クーデター勢力にその口実を与える結果となった。一九六一年五月十六日、朴正熙《パク・チョンヒ》がクーデターを起こしたのである（Ｐ１４７参照）。

当時の憲法によれば、国軍の統帥権は大統領である尹潽善にあった。しかし尹潽善はこの統帥権を積極的に使用しようとはしなかった。

一九六一年五月十六日午前三時、尹潽善は陸軍参謀総長・張都暎《チャン・ドヨン》から、クーデターが起こったので逃げるように、との連絡を受けた。その後国連軍司令官のカーター・マグルーダーと駐韓アメリカ代理大使のマーシャル・グリーンが訪ねてきて、反乱軍を鎮圧するから兵力の動員を許可するように、と要請した。張勉は女子修道院に身を隠しており連絡がとれないので尹潽善のところに来たのである。ところが尹潽善は、兵を出動させればその混乱に乗じて北朝鮮が侵略を開始する可能性があると言って、最後まで兵の動員を許可しなかった。グリーン代理大使は尹潽善に、兵の動員を許可しないということは、国家元首の義務を放棄することだ、と迫ったが、尹潽善はうなずかなかった。これが結果的にクーデターを追認することとなった。

尹潽善は三日後の五月十九日、突然下野を宣言する。以下はそのときの下野宣言だ。

「軍事革命が発生しましたが、わたしは何よりも貴重な人命が犠牲とならないことを望み、混乱なく収拾していくことを希望しました。幸い天はわれわれを助け、無事にこの国を軍事革命委員会の人々に任せるようにしました。国民の世論がこれに大きな期待をかけていることを知り、わたしはいま安心してこの地位から降りることができます。軍事革命委員会の人々が、その所信と忠誠を貫き、この国を発展させ、わが国民を一日も早く窮迫から救い出すことを望むと同時に、国民のみなさまが積極的にこれに協力してくださることを切に望むものであります」

尹潽善は軍事反乱を革命であると認識していたのだ。さらに反乱の主導者がその所信と忠誠を云々と言い、国民に協力を要請している点から見て、尹潽善は、民主党新派が政権を握るよりもむしろ軍事政権が成立したほうがましだと考えていたようだ。

しかし翌日、尹潽善は下野声明を取り消す。午後六時に辞任記者会見を開いたのだが、これが下野撤回の会見となった。国家再建最高会議から、国内的、国外的に国益を損ずることになるから下野を思いとどまるようにと言われたからだ、と尹潽善はその理由を説明した。しかしこれは見苦しい弁明に聞こえる。反乱を起こした軍部に協力する姿勢と受け取られても仕方のない行動だった。

尹潽善の下野を止めたのは、陸軍参謀総長であり、国家再建最高会議議長をつとめていた張都暎と、外務部次官の金溶植《キム・ヨンシク》であった。反乱を主導した朴正熙は尹潽善の下野を願ってはいたが、その場合自分の行動が反乱とみなされるおそれがあるため、やむをえず尹潽善の下野を思いとどまらせるジェスチャーを見せたのである。

その後、尹潽善は国家再建最高会議を内閣とみなして自分の政策を遂行させようと幾度も朴正熙と衝突する。しかし朴正熙にとって尹潽善はかかしに過ぎないのであり、朴正熙が尹潽善の話を聞く可能性はまったくなかった。

結局、尹潽善は五・一六クーデターの十ヶ月後である一九六二年三月に下野した。朴正熙の軍事政府のもとで彼がなしうることは何もないと判断した結果だった。一九六〇年八月から一九六二年三月までの一年七ヶ月にわたった大統領としての生活はここに幕を下ろすことになった。

下野後の野党の活動と、二度の大統領選挙挑戦

尹潽善《ユン・ボソン》は大統領から下野してから安国洞《アングクドン》の私邸に蟄居《ちっきょ》していたが、一九六三年三月十六日、朴正熙《パク・チョンヒ》が軍政を延長するという声明を発表すると、政治活動を再開した。

朴正熙は声明を発表した直後、尹潽善、張沢相《チャン・テクサン》、金度演《キム・ドヨン》、李範奭《イ・ボムソク》らを招待して面談の場を作った。

第六代大統領選挙に出馬した尹潽善。金泳三（左）、金大中（右）も応援したが惜敗した。〔聯合ニュース〕

この席で朴正煕は、側近の口を借りて、軍政の延長は国家と国民のためであると強調したが、尹潽善は、自分でなければだめだという考え方は李承晩《イ・スンマン》と同じであり、軍人は軍に戻らなければならないと主張して、朴正煕と舌戦を展開した。

四日後、尹潽善は過渡政府の首班であった許政《ホ・ジョン》と連合して、側近を率いてソウル市庁、乙支路《ウルチロ》、アメリカ大使館前を歩き、軍政延長に反対するデモを主導した。いわゆる「散策デモ」である。その後三度にわたって朴正煕と領袖《りょうしゅう》会談を開き、軍政延長を撤回させるのに成功した。

そののち、尹潽善は一九六三年に汎野党陣営候補に推戴され、第五代大統領選挙に出馬するが、十月十五日に実施された選挙で朴正煕に対し十五万余票という僅差で敗れた。

その後尹潽善と朴正煕はあらゆる分野で対立した。日韓交渉に対しても張俊河《チャン・ジュンハ》、咸錫憲《ハム・ソクホン》らの在野勢力と力を合わせ、屈辱外交反対を叫び、ベトナム派兵に対しても韓国の若者の血を売る売国行為だと非難して反対した。

尹潽善は一九六六年三月に新韓党を創立して総裁に就任した。そして一九六七年二月、民衆党と合併した新民党の候補として第六代大統領候補に出馬したが、五月三日に実施された選挙で、百十六万余票の差で朴正熙に敗北した。

しかし尹潽善は、大統領への夢を放棄しなかった。一九七一年に金大中《キム・デジュン》が新民党の大統領候補となると、脱党して国民党を結成して大統領候補になった。しかし野党陣営の候補一本化を望む声が強く、朴己出《パク・キチュル》に候補の座を譲り、大統領への夢を放棄した。

朴正熙政権との死活をかけた戦い

朴正熙《パク・チョンヒ》は第七代大統領に当選したのち、一九七二年十月に維新憲法（Ｐ２０４参照）を宣布した。これに対して尹潽善《ユン・ボソン》は、維新は長期独裁のための陰謀であるとの声明を発表し、朴政権との闘争を開始した。一九七三年三月には鄭求瑛《チョン・グヨン》、池学淳《チ・ハクスン》らと共に民主救国憲章を発表し、一九七四年には全国民主青年学生総連盟（民青学連）事件に関連して起訴されたりもした。一九七四年七月には人民革命党（人革党）事件に対する嘆願書に署名し、その年民青学連の背後操縦者として懲役三年、執行猶予五年の宣告を受けた。

その後も尹潽善は『東亜日報』の記者解雇事件、金相鎮《キム・サンジン》割腹事件★５などに関連して朴正熙政権の言論弾圧と反民主的行為を批判し、一九七六年には明洞《ミョンドン》聖堂で開かれた三・一民主救国宣言に参加した。これによって懲役八年の宣告を受けたが、前職の大統領であるという理由で執行猶予となり、釈放された。しかし金大中《キム・デジュン》が拘束されると、金大中の釈放を要求する運動を展開し、一九七八年に金大中が釈放される上で大きな力となった。一九七八年十月には野党、在野人士と共に一〇・一七民主救国宣言を発表し、一九七九年三月一日に結成された民主主義と民族統一のための国民連合では、金大中、咸錫憲《ハム・ソクホン》と共に共同議長に選出された。

★５：金相鎮割腹事件――一九七五年四月十一日、ソウル大四年の学生だった金相鎮が、維新撤廃を求める朴正熙大統領への公開状を残して割腹した事件。

一九七九年十月に朴正熙が金載圭《キム・ジェギュ》に殺されると（P215参照）、因果応報であると朴正熙を非難し、第十代大統領となった崔圭夏《チェ・ギュハ》に信書を送り、維新憲法を撤廃して民主的な選挙を実施するよう要求した。

このとき尹潽善はすでに八十三歳の高齢であったが、一九七九年十一月に、統一主体国民会議と政府を批判するために行なわれたＹＭＣＡ偽装結婚式事件★6に関連して裁判にかけられ、懲役二年の宣告を受けたが、執行猶予で釈放された。一九八〇年のソウルの春のころは、金泳三《キム・ヨンサム》と金大中を呼び出して和合を要求したがうまくいかず、政界からの引退を宣言した。

惜しまれる晩年の突発的な行動

一九七九年十二月に新軍部が力を得ると、尹潽善《ユン・ボソン》は全斗煥《チョン・ドゥファン》政権に協力して、第五共和国国政諮問会議の一員となった。これによって夫人である孔徳貴《コン・ドックィ》と口論になったとも伝えられている。さらに野党と学生から猛烈な非難を浴び、子供たちまでが彼にやめてくれと訴えたほどであった。

しかし尹潽善は国政諮問会議に出席し続けた。全斗煥に民青学連関係者の赦免復権を要請し、一九八四年に民青学連関係者の特別赦免復権措置を勝ち取った。これが全斗煥に協力して得た成果であった。

尹潽善は一九八七年の大統領選挙では民正党の盧泰愚《ノ・テウ》候補を支持し、野党と学生から再び批判を浴びた。盧泰愚政権に対しても、幾度か政府を支持する発言をして顰蹙を買った。

一九八八年五月、持病によって入院したのち、一九八九年五月に糖尿病、高血圧、肺炎などにより再び入院した。その後二年間自宅で療養したが、一九九〇年七月十八日、安国洞《アングクドン》の自宅で他界した。享年九十二であった。

★6：ＹＭＣＡ偽装結婚式事件——一九七九年十一月二十四日、ソウルＹＭＣＡ会館で開かれた、大統領直選制を要求する集会。尹潽善、咸錫憲らが中心となり、軍部と警察の目を欺くため、新郎ホン・ソニョプと新婦ユン・ミンジョンの結婚式を偽装し、出席者にも結婚式の招待状を送付した。新郎は実在の人物だったが、新婦は架空で、その名前は「民主主義」と「政府」から一文字ずつ取って作ったものだった。式の当日、新郎が入場すると同時に、民主化を要求する宣言文が朗読された。その直後、尹潽善らを尾行していた警察官の連絡により警察隊が式場に乱入し、多くの逮捕者を出した。

尹潽善はふたりの夫人との間に二男二女をもうけた。最初の夫人は閔泳喆《ミン・ヨンチョル》の娘で三歳年上の驪興閔《ヨフンミン》氏で、琓求《ワング》と完嬉《ワンヒ》の娘を産んだ。一九三七年に夫人と死別すると、尹潽善は長く独身生活を続けた。そしてソウル市長に在職中の一九四九年一月、孔道彬《コン・ドビン》の娘、孔徳貴と再婚した。孔徳貴は神学者であり、女性運動家でもあった。孔徳貴は尹潽善より十四歳若く、商求《サング》と同求《トング》の息子を産んだ。孔徳貴は一九九七年十一月二十四日、八十六年の生涯を終えた。

長女・尹琓求は南興祐《ナム・フンウ》と結婚し、二男二女をもうけ、次女・尹完嬉は独立運動家であり尹潽善の師でもあった申圭植《シン・ギュシク》の息子・申俊浩《シン・ジュンホ》と結婚し、二男二女をもうけた。長男・尹商求は梁恩仙《ヤン・ウンソン》と結婚して一男一女をもうけ、次男・尹同求は崔映仙《チェ・ヨンソン》と結婚した。

第三章　朴正煕大統領実録

朴正熙（パク・チョンヒ）

生年一九一七―没年一九七九
出　身　地　慶尚北道善山郡《キョンサンブクドソンサン》亀尾面上毛里《クミミョンサンモリ》（現在の慶尚北道亀尾《クミ》市）
在任期間　一九六三年十二月～一九七九年十月（十五年十ヶ月）

「この時代にこの国の国民として生まれ、生涯の願いがあるとすれば、われわれの世代にわが祖国を近代化し、先進列強のような豊かな国を作ろう、ということであります。開発途上国における政治の焦点は経済の建設であり、民主主義も経済建設の土壌の上で育つことができるのです」

――国防大学院卒業式の訓示（一九六四年）

1　紆余曲折の末にクーデターに成功した朴正熙

ナポレオンを夢見た少年、日本軍の将校となる

朴正熙《パク・チョンヒ》は一九一七年十一月十四日、朴成彬《パク・ソンビン》と白南義《ペク・ナムウィ》の五男二女の末子として生まれた。本貫は高霊《コリョン》で、出生地は慶尚北道善山郡亀尾面上毛里《キョンサンブクドソンサンクミミョンサンモリ》（現在の慶尚北道亀尾《クミ》市上毛洞《サンモドン》）である。

朴正熙が生まれたとき、長兄の東熙《トンヒ》は二十三歳、次兄の武熙《ムヒ》は二十歳で、ふたりとも結婚をして子供もいた。やはり結婚している長姉の貴熙《クィヒ》は十五歳で妊娠しており、その下に十二歳の三兄・相熙《サンヒ》、八歳の四兄・漢熙《ハンヒ》（漢生《ハンセン》）、五歳の次姉・在熙《チェヒ》がいた。

朴正熙が生まれたとき、父の朴成彬は四十七歳であり、母の白南義は四十六歳だった。朴成彬は新羅《シンラ》の景明《キョンミョン》王の王子、高陽大君《コヤンデグン》・朴彦成《パク・オンソン》の血統を受け継ぎ、暗行御使《アメンオサ》★1として有名な朴文秀《パク・ムンス》は彼の七代前の先祖だ。両班《ヤンバン》の家に生まれた朴成彬は、若いころは官職を得ようともしたが、次第に家が傾き、母の実家の墓についていた千六百坪の畑を小作して口に糊するようになった。

貧しく子供も多かったところにまた妊娠したので、白南義は子供を堕胎するためありとあらゆる民間療法をこころみた。石段から飛び降りたり、薪の山から転げ落ちたり、水車の下にもぐり込んだり、あるいは醤油を飲む、毒草を煎じて飲むことまでやってみたのだが、結局失敗し、子供を産まざるをえなくなった。産んでからも、綿にくるんで焚き口にくべてしまおうかとまで思ったという。朴正熙は歓迎されて生まれてきたわけではなかった。

朴正熙を育てることにしてからも、高齢のために乳があまり出ず、重湯に干し柿を入れて煮出した

★1：暗行御使——朝鮮王朝時代に王の密命を受け、地方官吏の不正を秘密裏に調査する官職。

ものを飲ませたり、長姉の貴熙から貰い乳をしたりして育てた。

朴正熙は幼いころは書堂《ソダン》で漢学を学び、普通学校に入学してからは新学問に接した。亀尾公立普通学校に入学したのは、十歳のとき、一九二六年の四月一日だった。成績はよいほうで、三年からは級長をつとめた。算数、歴史、地理などが得意だった。

幼い朴正熙の英雄は、クーデターで政権を獲得したナポレオンであった。そのため軍人になることを夢見ていたのだが、実際に進学したのは教師を養成する大邱《テグ》師範学校（慶北《キョンブク》大学の前身）だった。一九三七年三月二十五日に卒業し、その年の四月一日聞慶《ムンギョン》公立普通学校の教師として赴任し、四年生の担任となった。このとき彼はすでに結婚していた。師範学校に在学中の一九三六年四月一日に、二十歳の年で十七歳の金好南《キム・ホナム》と結婚し、一九三七年に在玉《チェオク》が生まれた。

朴正熙の教師生活は一九四〇年二月まで続いた。しかし彼は幼いころからの夢であったナポレオンへの憧れを捨てることができず、当時日本が支配していた満州軍に志願したが、年齢が超過していたので落ちた。それでも朴正熙はあきらめず、血書に採用を訴える手紙を添えてもう一度満州軍に志願した。そのおかげで一九四〇年四月に満州国新京軍官学校の二期生に選抜された。

二年間の軍官学校での生活を終えた朴正熙は、日本の陸軍士官学校に編入された。一九四二年十月に陸軍士官学校五十七期の三学年に編入され、一九四四年四月に卒業した。卒業時の成績は、三百人のなかで三番であった。

卒業後、朴正熙は見習い士官をへて一九四四年七月に満州熱河《ねっか》省に駐屯していた満州軍歩兵第八師団に配属され、その年の十二月二十三日、正式に満州軍少尉に任官された。任官後の彼の主たる任務は、中国人民解放軍の前身である八路軍の討伐であった。当時朴正熙は創氏改名によって高木正雄と呼ばれていた。

災難であった解放

朴正熙《パク・チョンヒ》の日本軍将校生活は長くは続かなかった。少尉に任官してからわずか八ヶ月で日本が敗戦国となり、朴正熙はどこにも行く場所のない身分となってしまったのである。

血書まで書き、忠誠を誓い、朝鮮人として通うのは決して容易ではなかった日本の陸軍士官学校を三番で卒業し、出世街道を邁進するつもりであった彼にとって、解放はまさに青天の霹靂《へきれき》のような災難であった。

朴正熙は結局北京に逃亡し、光復軍★2に参加することによって、災い転じて福となるのを願った。将校の経験者を探していた光復軍に志願し、光復軍の中隊長となったのである。彼の職責は北京にあった金学奎《キム・ハッキュ》の部隊の、第三支隊第一大隊第二中隊長であった。

日本軍の将校から光復軍の指揮官へと軍服を着替えた朴正熙は、一九四六年五月八日に朝鮮へ戻ったが、彼の行く場所はどこにもなかった。結局故郷に戻り、四ヶ月間失業者として過ごした。家族の目は冷たかった。兄の朴相熙《パク・サンヒ》は、教師を続けていればよかったものをなんで日本軍の将校になって乞食となって戻ってきたのだ、と面罵したほどだった。

朴正熙は再び軍人の道を歩みはじめる。一九四六年九月、朝鮮警備士官学校に入学し、三ヶ月の課程を終了して三十歳の遅い年齢で朝鮮軍の陸軍少尉として再出発した。

彼の最初の発令地は春川《チュンチョン》の第八連隊だった。その後彼はいくつもの幸運に恵まれる。連隊単位の機動訓練の草案を作成した功が認められて大尉に進級し、続いて少佐に進級して陸軍本部作戦情報局に勤務するようになった。軍に入ってからわずか一年余で少尉から少佐に進級したのだから、かなりのスピード進級である。その上同僚の結婚式に出席して、若い愛人とめぐり合った。相手は梨花《イファ》女子

★2：光復軍――一九四〇年九月に創設された独立軍。他の独立軍とは異なり、大韓民国臨時政府の正規軍となることを目指した。統帥権者・金九、総司令官・池青天、副司令官・金元鳳、参謀長・李範奭。彼らは解放後の韓国の政界で活躍し、この書でも幾度も登場する。一九四四年までは中華民国国民革命軍の指揮下にあったが、四四年八月に臨時政府が統帥権を回復した。しかし四五年の時点でも、その兵員数は数百人に過ぎなかったという。日本の敗戦後、光復軍は独立軍としての凱旋を希望したが、アメリカ軍が臨時政府を認めなかったので、四六年二月以後、個人の資格で帰国した。

大の一年に在学していた李現蘭《イ・ヒョンラン》だった。彼はすぐに李現蘭と婚約し、龍山《ヨンサン》の官舎で甘い同居生活をはじめた。妻がいる身であったが、まったく気にもしなかった。すでに妻とは離婚すると心を決めていたからである。

しかし朴正煕の幸運もここまでだった。一九四八年、麗水《ヨス》・順天《スンチョン》事件が勃発すると、朴正煕はこれに関連して逮捕された。麗水・順天事件以後、軍隊内部の南労党の党員を捜査する過程で、南労党のフラクション活動の中心人物であるとみなされたのである。

朴正煕が南労党に加入したのがいつであるかははっきりとしないが、裁判の文書によれば一九四六年七月ごろと思われる。一九四六年七月といえば、朴正煕が光復軍として入国し故郷に戻っている時期だ。そうだとすれば、兄の朴相煕の影響で南労党に入ったものと思われる。朴相煕は社会主義系列の組織の幹部で、一九四六年十月の大邱《テグ》抗争で、善山《ソンサン》地域の群集を率いて戦い、警察の銃弾を浴びて死亡している。

朴正煕がなぜ南労党に加入したのか、正確なところはわかっていない。しかし解放直後の状況を考えてみると、彼の南労党加入は一種の保身策ではなかったか、と思われる。

当時朝鮮半島は、解放されたとはいえ、南側はアメリカが占領し、北側はソ連が支配していた。朝鮮半島の中心であり首都でもあるソウルはアメリカが掌握し資本主義勢力の支配下にあったが、社会主義勢力もまた南労党という全国的な組織を持ち、無視することのできない力を発揮していた。そういうわけで、朝鮮半島はソ連とアメリカのどちらの勢力のものになるかまったく予想することができなかった。朴正煕が南労党に加入しながら韓国軍の将校として入隊したのは、両方を股にかける戦術であり、どちらに転んでも絶対に生き残るという策ではなかったか、と思われる。いわば、双方に通用する保険証書のようなものだと解釈できる。

しかしこれは朴正煕の誤算であった。韓国軍将校でありながら同時に南労党の幹部となるという策は、双方に通用する保険証書ではなく、死を招く殺人名簿に名前を載せることだった。朴正熙なりに懸命な生き残り戦略であると判断したことが、実は自分の首に二重に縄をかけることになってしまったのだ。彼は殺人名簿から自分の名前を消すため、裏切り者という汚名を着、軍内部の南労党員捜索の先頭に立った。

朴正熙と共に南労党フラクション活動に関連して法廷に立たされた軍人は全部で六十九人だった。そのうち三人は無罪、残りの六十六人は有罪となった。六十六人のうち、少佐以上の将官は朴正熙少佐、呉一均《オ・イルギュン》少佐、崔楠根《チェ・ナムグン》中佐の三人であった。三人のうち呉一均と崔楠根は処刑され、朴正熙は無期懲役が宣告された。その後朴正熙は懲役十五年に減刑され、執行猶予で釈放された。

朴正熙が釈放されたのは、軍内部の南労党員を捜索するのに積極的に協力した功績が認められ、さらに白善燁《ペク・ソニョプ》などの満州軍時代の先輩が救命運動を展開してくれたおかげであった。しかし釈放されはしたが、失ったものも多かった。強制的に予備役編入となり、軍服を脱がなければならなかった。愛人である李現蘭とも別れることとなった。不幸にも李現蘭が産んだ子供まで死んでしまった。それでも不幸中の幸いだったのは、白善燁のおかげで情報局の文官として勤務できるようになったことだ。これがのちに再起の足がかりとなるのである。

六・二五朝鮮戦争がもたらした幸運によって将軍となる

不幸に不幸が重なった朴正熙《パク・チョンヒ》に幸運をもたらしたのは、朝鮮戦争だった。戦争が勃発してわずか五日後の一九五〇年六月三十日、朴正熙は陸軍本部作戦情報局第一課長であると同時に、現役の少佐として軍に復帰した。華麗な復帰ではなかったが、戦争が彼に過去の不幸を挽回する機会を与えたのである。戦争勃発から三ヶ月後の九月には中佐に進級し、十月には満州軍の先輩である張都暎《チャン・ドヨン》の推薦で第九師団の参謀長となった。

十一月には個人史の上でもうひとつの転換点を迎えた。ほとんど別居状態だった金好南《キム・ホナム》と離婚し、その翌月、陸鍾寛《ユク・チョングァン》の娘の陸英修《ユク・ヨンス》と結婚し、新たな家庭を築いたのである。その後朴正煕は出世街道を邁進する。朝鮮戦争が終結した直後である一九五三年十一月には、夢にまで見た星をつけることができた。陸軍准将に昇進したのである。三十歳でやっと少尉の階級章をつけた彼がわずか七年で将軍になったのだ。乱世でなければありえないことだった。南労党事件で死の淵に立った彼としては、感慨無量だったはずだ。

クーデターを敢行する

准将に進級したのち、朴正煕《パク・チョンヒ》は陸軍大学に進学し、一九五七年、少将への進級審査対象者となった。当時は星三つの中将が韓国軍の参謀総長であった時代であり、少将は野戦司令官になりうる地位であった。それだけに准将への進級と比べて厳格な審査をへなければならなかった。

朴正煕の少将進級審査では二十二人の審査委員のうち十八人が進級に賛成したため、何の問題もなく進級するものと思われた。しかし伏兵が待ち構えていた。彼の過去の経歴が足を引っ張ったのである。青瓦台《チョンワデ》行政官の郭永周《クァク・ヨンジュ》が、朴正煕の思想問題と結婚の履歴を問題にしたのだ。結局彼の少将進級は保留となったが、幸い日本の陸軍士官学校の先輩である金貞烈《キム・ジョンヨル》の助けによってなんとか少将に進級することができた。進級後朴正煕は、第六軍団副軍団長、第七師団師団長、第六管区司令官などを歴任し、一九六〇年一月には釜山《プサン》軍需基地の司令官となった。

そのころ、三・一五不正選挙によって全国は混乱の極みとなっていた。市民の蜂起が続くのを見て、朴正煕は側近たちと反乱の謀議をはじめたが、市民革命が成功したため実行に移すことはなかった。

しかし反乱の計画はひそかに進められ、翌一九六一年五月十六日未明、ついにクーデターを敢行し、成功するのである。

2　五・一六クーデターの顚末

五・一六クーデターは一九六一年五月十六日の夜明けに起こった。首謀者は当時第二軍司令部副司令官であった朴正熙《パク・チョンヒ》少将で、予備役中佐・金鍾泌《キム・ジョンピル》ら陸軍士官学校第八期、朴致玉《パク・チオク》大佐らの陸軍士官学校第五期、海兵隊出身の予備役少将・金東河《キム・ドンハ》らがこれに同調した。

朴正熙が動員した兵力は、第二軍隷下《れいか》の第六軍団砲兵隊と海兵隊、第一空挺特戦団であった。総兵力は将校二百五十余人、下士官および兵三千五百余人であった。これらの兵が当日の夜明けを期して漢江《ハンガン》大橋を渡り、一瞬のうちにソウルの主要機関を占領したのである。

クーデターを主導した朴正熙はこれまで三度にわたってクーデターの謀議を繰り返してきた。最初は朝鮮戦争の最中である一九五二年、李承晩《イ・スンマン》の抜粋改憲に反発し、北朝鮮軍の急進撃により追い込まれた釜山《プサン》で李龍文《イ・ヨンムン》准将と謀議したのだが、同調勢力を得ることができずに未遂に終わった。二度目は一九六〇年の三・一五不正選挙ののち、李承晩政権に対する国民の非難の声が沸き上がるのを見て、その年の五月八日を決行日として計画を練ったが、四・一九市民革命が成功したので実行に移すことはできなくなった。そして一九六一年五月十六日、ついにクーデターを実行したのである。

朴正熙のクーデターの謀議は、張勉《チャン・ミョン》内閣が発足して一ヶ月もたたない一九六〇年九月中旬には本格化した。もちろん一九六〇年五月のクーデター計画の延長線上に立案されたものである。つまり朴正熙のクーデターは張勉内閣が発足する前から構想されていたわけだ。しかしクーデターを実行するためにはさまざまな条件が必要となり、一九六〇年の場合は市民革命が成功して李承晩が下野したため、クーデターの名分が失われ、計画を留保せざるをえなくなった。その後張勉内閣が発足すると、各界各層からさまざまな声が沸き上がり、民主党は新派と旧派に分かれて激しい内紛を繰り返し、街頭では大小さまざまなデモが繰り広げられていた。しかし張勉はデモ隊に対して強く鎮圧するようなことはせず、そのため市民と政府が激しく対峙するというような事態は避けられていた。そのようななか、市民革命の一年後である一九六一年四月十九日に大々的な暴動が起こるという噂が流れた。張勉政府は暴動に備えて鎮圧訓練を強化し、朴正熙はその暴動を名分としてクーデターを起こそうと計画していた。

ところが噂とは異なり、暴動は起こらなかった。その間、幾度か反乱が起こるというような禍々《まがまが》しい情報が政界を揺るがせていた。それらの情報のなかには、朴正熙の名前をあげたものもあった。張勉は陸軍参謀総長の張都暎《チャン・ドヨン》に、真相を調査するよう指示したが、張都暎は命令を実行しなかった。すでに朴正熙からクーデターの計画を聞いており、それに同調するかどうか悩んでいたときなので、調査を進めるはずもなかった。

しかし左翼の前歴がある朴正熙に対する監視の目はあちこちにめぐらされていた。陸軍防諜隊は要員を焼き芋屋に変装させて朴正熙の家を見張っていた。こうして計画が暴露する危機が迫ってくると、朴正熙は第六軍団の砲兵隊を先頭に立て、海兵隊と第一空挺特戦団をも動員して、漢江大橋に向かったのである。その報せを受けた張都暎は、憲兵隊百余人を小銃で武装させて漢江大橋に阻止線を築かせたが、ろくに抵抗もしないまま、ふたりの犠牲者を出して道を空けてしまった。阻止するジェスチャーをしただけであって、本気で阻止するつもりなどまったくなかったのである。

漢江大橋を渡った朴正熙はすぐに中央庁に向かい、同時に陸軍本部と中央放送局、発電所を掌握した。続いて放送を通じて「革命」を広報し、革命の趣旨を印刷したビラ三十五万枚をばら撒いた。さらに張都暎の名で非常戒厳令を宣布した。

そのころ尹潽善《ユン・ボソン》大統領はクーデターの報せを受け「来るものが来た」というように半ば諦念したような姿勢を見せ、さらに各軍団の責任者に親書を送り、反乱軍を鎮圧しないように依頼したのである。そして民主党旧派によって構成されている新民党は、挙国内閣によって政権を獲得できるという実現することのない夢を膨らませていた。

一方、軍権を握っていた陸軍参謀総長の張都暎中将は、期待と惧《おそ》れが半ばする心情で、朴正煕に同調し、多くの将軍も朴正煕の側についた。張都暎の合流は朴正煕にとって千軍万馬の援軍であった。軍部全体がクーデターに同調する動きを見せただけでなく、他の軍部隊の反発を防止する防波堤の役割を果たしたからである。

アメリカも二重の対応を見せた。アメリカ大使館は張勉の援助要請にこたえようとはせず、アメリカの国務省は不介入の原則を固守した。軍事作戦権を握っている駐韓アメリカ軍司令官と駐韓アメリカ大使は、張勉総理を支持するという声明を発表し、朴正煕に圧力をかける姿勢を見せた。しかしそれはジェスチャーに過ぎなかった。彼らはただ責任を回避するために尹潽善大統領に対して、彼が同意すれば軍を動かすという言葉を繰り返しただけで、実際に反乱軍を鎮圧する意図はなかった。尹潽善と新民党は軍事反乱を張勉政権を追い落とす好機とみなしており、マーシャル・グリーン代理大使や駐韓アメリカ軍司令官のカーター・マグルーダーもそれを看破していた。そしてアメリカ大使館は張勉と電話で通話しながらも、彼の援助要請を無視し、張勉に責任を転嫁する方法を模索していたのである。

アメリカは一九五二年にも、野党と軍部を利用してクーデターを起こそうと計画したことがあった。幾度も李承晩と衝突したアメリカは、李承晩を除去して張勉をその地位に据えようとしたのである。その情報に接した韓国の軍部は、クーデターによって張勉を総理に据えようという計画を立てた。

朴正煕が最初にクーデター計画に加担したのはこのときであった。当時のクーデター計画の中心にいたのは李龍文《イ・ヨンムン》准将であり、朴正煕は李龍文の配下としてクーデター計画に同調したのである。このとき李龍文は張勉の秘書であった鮮于宗源《ソヌ・チョンウォン》に接触して、張勉に自分たちの計画を伝えるように要請したが、鮮于宗源は、手段と手続きが民主的ではない、という理由で協力しなかった。結局クーデターの計画が張勉に伝えられることはなく、アメリカの李承晩除去計画は実行に移されることはなかった。

アメリカによるクーデターの計画はこれ以外にもあった。張勉政権を転覆し、張都暎を前面に押し立てるクーデターを計画したクレファー事件もそのひとつだ。アメリカ情報機関の大佐であるクレファーがアメリカ政府に代わって張都暎にクーデターを勧めたのである。実現することはなかったが、クレファー事件は、朴正煕のクーデター以前に計画され、撤回された陰謀であった。これはアメリカが、民主的手続きよりも、韓国を自分の手中にとどめることにより執着していた事実を示す重要な事例だ。アメリカは韓国の政府が民主的であるか独裁であるかにかかわりなく、自国の利益を貫徹することをより重視していたのである。

朴正煕の反乱に対してアメリカ国務省が不介入を指示したのも、軍部が政権を握るほうがアメリカにとって有利な局面を作り出すことができると判断したからだ。国務省はクーデターのあと朴正煕がとった一連の反共措置について賞賛することも辞さなかった。アメリカは朴正煕の反乱陰謀を知っていたとしても、これを暗黙のうちに支持し、支援していたと思われる。

五・一六軍事クーデターが成功した背景には、尹潽善の同調、張都暎と軍部の協力、そしてアメリカの暗黙の支持という三つの要因があったのである。

3　クーデターの先頭に立った人物と、朴正熙の政権掌握

五・一六クーデターの主役たち

五・一六クーデターの主役は大きく三つのグループに分けることができる。一番目は朴正熙《パク・チョンヒ》をはじめとする満州軍出身の将軍たち、二番目は文在駿《ムン・ジェジュン》、朴致玉《パク・チオク》ら陸軍士官学校の五期生、三番目は金鍾泌《キム・ジョンピル》を中心とする陸軍士官学校の八期生だ。

朴正熙と志を同じくする満州軍出身の将軍は金東河《キム・ドンハ》、李周一《イ・ジュイル》、金潤根《キム・ユングン》らだ。これらの将軍はみな満州の新京軍官学校の出身で、解放後朝鮮警備士官学校に入学し、韓国軍の将校となった人物である。

金東河は咸鏡北道茂山《ハムギョンブクドムサン》郡の出身で、満州の新京軍官学校の第一期生である。朴正熙より一期先輩だが、年齢は朴正熙より三歳若い。一九四六年に海兵隊の少尉に任官し、アメリカの陸軍参謀大学を卒業して、一九四九年に韓国海兵隊の創設要員に参加した。朝鮮戦争が勃発するとソウル奪還の先頭に立ち、兜率山《トソルサン》の戦い、大宇山《テウサン》の戦い、パンチボウル[★3]の戦いなどに参加して多くの戦功をあげた。その功により戦争後の一九五八年に海兵第一上陸師団長となった。ところが一九六〇年の市民革命の後、海兵隊司令官の金大植《キム・デシク》中将が、三・一五選挙のとき金東河が海兵隊の投票をでっち上げて不正腐敗をしていると公開の席で非難し、彼の解任を主張した。このため彼は軍法会議に回付される危機に直面したが、軍服を脱いで少将で予備役編入するという線で収まった。しかしこれによって海兵隊と軍部に強い不満を抱くようになり、五・一六クーデターに同調したのである。

李周一も新京軍官学校の出身で金東河の同期であり、朴正熙の一期先輩であるが、年齢は朴正熙よ

★3：パンチボウルの戦い——朝鮮戦争の激戦地のひとつとして知られる、江原道(カンウォンド)楊口(ヤング)郡の盆地での攻防戦。盆地の周囲がフルーツポンチ(Punch)の器(Bowl)のような形状だったため、このように呼ばれている。

りも一歳年下だった。咸鏡北道鏡城《キョンソン》郡の出身で、朴正熙のように日本の陸軍士官学校をへて満州軍の将校となり、朴正熙と共に満州軍第八師団に勤務していた。解放後は陸軍士官学校の前身である朝鮮警備士官学校で教育を受け、少尉に任官した。朴正熙の勧誘によって南労党に加担した罪を問われて逮捕され、無期懲役の求刑を受けたが幸い無罪となり釈放された。彼は朴正熙と親しく、その縁で五・一六に加担した。

金潤根は新京軍官学校の六期生で、金東河、朴正熙の後輩に当たる。五・一六クーデターのときは海兵隊第一旅団長であった。金東河とは格別の仲で、金東河が金大植中将と衝突して予備役編入となったことには大きな不満を感じ、軍と政府を革新しなければならないと考えていた。そのため朴正熙と金東河の決起の計画に同調し、千三百余人の海兵隊員を率いて反乱に加わったのである。

第二のグループである陸軍士官学校の五期生を代表する人物は、文在駿、朴致玉、蔡命新《チェ・ミョンシン》、朴春植《パク・チュンシク》、金在春《キム・ジェチュン》らだ。反乱当時朴春植と蔡命新は進級して准将の階級章をつけ、それ以外は大佐であった。これら陸軍士官学校五期生は、日本の軍人出身ではない純粋な民間人出身として最初の卒業生であった。また彼らは反乱当時直接兵を率いて指揮をし、クーデターを成功させる上で決定的な役割を果たし、みずから「革命の主体」であると自負していた。

文在駿は反乱軍の先鋒となった第六軍団の砲兵隊を率い、朴致玉は第一空挺特戦団を指揮した。蔡命新は第五師団長として麾下の野戦兵を率いて参加し、朴春植は第十二師団長として麾下の軍隊を率いて反乱に加わった。金在春は首都軍団の前身である第六管区司令部の参謀長として将校たちの参加を促し、張都暎《チャン・ドヨン》に決起の事実を知らせる役割を果たした。

第三のグループは陸軍士官学校の八期生で、金鍾泌、金炯旭《キム・ヒョンウク》、吉在号《キル・ジェホ》、呉致成《オ・チソン》がその代表だ。この八期生は、朝鮮警備士官学校ではなく陸軍士官学校の出身だということを誇りとしている。朝鮮警備士官学校が陸軍士官学校と名前を変更した後に最初に卒業した将校たちである。

八期生を代表する金鍾泌はみずから「八期生が革命の主体勢力」であると述べている。その根拠は世に言う「忠武荘《チュンムジャン》の決議」だ。一九六〇年九月十日夕刻、陸軍士官学校の八期生十一人が忠武荘という料理屋に集まりクーデターの決議をしたのだが、彼らの言うところによればこれが「革命のはじまり」であった。このとき八期生たちはクーデター成功後の役割分担まで計画していたという。総務・金鍾泌、情報・金炯旭、人事・呉致成、作戦・玉昌鎬《オク・チャンホ》、経済・金東煥《キム・ドンファン》、司法・吉在号といった具合である。これら八期生のほとんどは国防部の情報系統で勤務していたため、兵を直接動かす力はなかった。しかし軍部の動向に明るく、クーデター以後の行動指針についても非常に緻密な計画を立てていた。

　このためクーデターの実行過程では、兵力の動員が可能な五期生の役割が大きかったが、クーデターが成功したあとは、情報を掌握していた八期生の影響力が大きくなった。これ以後、五期生が八期生に圧倒されるようになる原因となったのである。

　朴正熙はこれら五期生と八期生を一対一の関係をもとに個人的に管理し、クーデターを計画し、成功させた。朴正熙が五期生と八期生を動員した背景には、軍の人事の停滞という問題があった。五期生は先輩に比べ進級が非常に遅かった。一期生の半分ほどは、少尉に任官してから五年で星をつけた（将官に進級すること）が、五期生は七、八年たっても大佐にとどまる例もあった。反乱に加担した朴致玉の場合を見ると、一九五三年に大佐となったが、一九六一年の決起の当日まで大佐のままだった。

　進級が遅れるのは当然の現象だった。解放直後は将校が不足しており、四ヶ月の教育で少尉に任官し、進級の速度も非常に速かった。朝鮮戦争で戦功をあげて特進するという例も多かった。そのため将軍の大半は三十代であり、せいぜい四十代の後半だった。彼らが引退しない限り、新たに将軍に進級することはできなかったのだ。当時陸軍士官学校の教育期間はわずか四ヶ月であり、一期と五期の任官時期もその差は二年であった。また五期生のなかには一期生よりも年長の者が非常に多かった。そのため先輩を尊敬するというような気持ちにもなれない者が多かった。むしろ先輩を進級を妨げる障害物のように感じ、軍首脳部と政府に対する不満へと膨らんでいった。

人事の遅滞に対する不満は、八期生のほうがさらに深刻であった。八期生は五期生よりも進級が遅かったのである。八期生は一九四八年に任官し、一九六一年になってもその大半は中佐であった。任官してから十三年になるのに、将軍はおろか大佐にもなれないのだ。八期生はこれに対する不満を整軍運動として表出した。市民革命以後、軍部でも不正と腐敗に関係した将軍は引退すべきだと主張し、八期生はこの運動の先頭に立った。

このため八期生の中佐八人が一九六〇年五月八日に金鍾泌の家に集まった。彼らは連判状を回し、軍内に同調勢力を確保しようとした。しかし隊内の世論が高まる前に発覚し、金鍾泌、崔俊明《チェ・ジュンミョン》、金炯旭、玉昌鎬、石昌熙《ソク・チャンヒ》の五人が拘束された。幸い陸軍参謀総長の宋堯讃《ソン・ヨチャン》が彼らを釈放し、参謀総長の地位を退くことで事件を収束させた。しかし八期生を代表する金鍾泌は軍服を脱がなければならなかった。

反乱に加担した五期生と八期生は進級の問題で軍部に不満を抱いていた。しかし六期生、七期生も同じように不満を抱いていたにもかかわらず、五期生と八期生がクーデターの中心となった背景には、人事問題以外にも要因があった。クーデターの主役となった面々には共通点がある。みな朴正熙と親しい関係にあったのだ。五期生である文在駿、朴致玉、蔡命新、朴春植らは朴正熙が朝鮮警備士官学校の中隊長であったときの生徒であり、八期生の金鍾泌、吉在号らは朴正熙が陸軍本部情報局で勤務していたとき、彼の部下であった。金東河、李周一、金潤根らの将軍たちも、満州の新京軍官学校の先輩、後輩の間柄だった。五・一六クーデターの中心をなした人物はみな、朴正熙という共通分母を有していたのである。

こうして見るとき、五・一六クーデターは、朴正煕という存在なくしてはありえないものであり、クーデターの主体が五期生や八期生ではなく朴正煕であったことは明らかだ。

世を揺るがした三日間

朴正煕《パク・チョンヒ》は五・一六クーデターを「命をかけて決行した救国の決断」であると表現した。そして反乱を共に戦った仲間を「革命の同志」と呼んだ。この革命の同志たちは反乱の直後、類稀な結束力を示して権力を掌握した。権力を掌握していく過程で朴正煕は卓越した交渉力と指導力を発揮し、権力獲得のための戦術も老練であった。

漢江《ハンガン》大橋を渡り、憲兵隊を一瞬のうちに制圧してソウル侵入に成功した朴正煕は、すぐに次の計画を進めた。第六軍団砲兵隊は陸軍本部を掌握し、海兵隊は中央庁に襲い掛かり、第一空挺特戦団は中央放送局（ＫＢＳ）を占領した。そして朴正煕は自分たちの革命公約を陸軍参謀長官・張都暎《チャン・ドヨン》の名で発表した。

革命公約を読み上げたのはアナウンサーの朴鍾世《パク・チョンセ》であった。このとき発表された革命公約は次のようなものだった。

> 親愛なる愛国同胞のみなさん！　隠忍自重してきた軍部がついに、今早朝の未明を期して一斉に行動を開始し、国家の行政、立法、司法の三権を完全に掌握し、軍事革命委員会を組織しました。
>
> 軍部が決起したのは、腐敗し無能な現政権と既成の政治人にこれ以上国家と民族の運命を任せることはできないと断定し、百尺竿頭《ひやくしやくかんとう》★4で彷徨する祖国の危機を克服するためであります。

★4：百尺竿頭——非常に長いサオの先、という意味で、韓国の国語辞典を引くと「きわめて危険で困難な状況を指す言葉」（『東亜新国語辞典』）とある。しかし日本では「百尺竿頭一歩を進む」という成語で使われることが多く、この場合「すでに工夫を尽くした上にさらに向上の工夫を加える。また、十分に言葉を尽くした後にさらに一歩を進めて説く」（『広辞苑』）という意味になる。もちろん韓国でも「百尺竿頭進一歩」という成句で使われることもある。

軍事革命委員会は第一に、反共を国是の第一とみなし、これまで形式的なスローガンに過ぎなかった反共体制を再整備し強化するものであります。

第二に、国連憲章を遵守し、国際協約を忠実に履行し、アメリカをはじめとする自由友邦との紐帯をさらに強固なものとします。

第三に、この国の社会に蔓延するすべての腐敗と旧悪を一掃し、退廃した国民の道義と民族の正気を糾すために清新な気風を育成していきます。

第四に、絶望と飢餓に苦しむ民の苦しみをすみやかに解決し、国家自主経済の再建に力を注ぎます。

第五に、民族の宿願である国土統一のために共産主義と対決しうる実力の培養に全力を尽くします。

第六に、このようなわれわれの課題が成就した暁には、斬新で良心的な政治人にいつでも政権を移譲し、われわれは本来の任務に復帰する準備ができています。

愛国同胞のみなさん、みなさんが本軍事革命委員会を全面的に信頼し、動揺することなく各人の職場と生業に平時と変わることなく従事することを望みます。

わが祖国はこの瞬間から、われわれの希望に沿った新たな、力強い歴史を創造していきます。わが祖国は、われわれの団結と忍耐と勇気と前進を要求しています。

大韓民国万歳！　決起軍万歳！

軍事革命委員会議長　陸軍中将・張都暎

張都暎の名前で発表されたが、張都暎の同意を得ていたわけではなかった。しかし張都暎は、自分の名前で革命公約が発表されると、朴正熙の一派を庇護しはじめた。アメリカ第八軍司令官が、すぐ

朴正熙（右）は軍事クーデターに成功後、陸軍参謀長官の張都暎（左）を除去した。〔聯合ニュース〕

に反乱軍を鎮圧せよと言ってきたが、張都暎は、同族同士で血を流すことはできない、とこたえた。朴正熙が張都暎を、軍事革命委員会の議長に推したてた策は思惑どおりとなったのである。

この後朴正熙は張都暎に手紙を送り、彼を説得した。翌朝、朴正熙は張都暎と会談をした。張都暎は参謀を引きつれて反乱勢力と合同会議を開き、この会議で朴正熙は、自分たちの決起は救国のためのものであると力説し、軍全体に協力を要請した。反乱軍はすでに国防部を掌握しており、張都暎を含む参謀部は朴正熙に引きずられる格好となった。

朴正熙は戒厳令の宣布を要求し、午前九時に戒厳令が宣布された。戒厳令は張都暎の名で宣布されたが、張都暎が戒厳令宣布に同意したわけではなかった。朴正熙は張都暎をつれて青瓦台《チョンワデ》へ行き、尹潽善《ユン・ボソン》に会った。朴正熙は尹潽善に、自分たちの決起を支持するよう要求し、尹潽善は軍人同士血を流さないでほしいというような曖昧な態度をとった。

しばらくしてアメリカ大使館とアメリカ第八軍が、クーデターに反対するという声明を送りつけてきた。すると尹潽善はアメリカ大使とアメリカ第八軍司令官を呼び出した。彼らは尹潽善に、反乱軍を鎮圧する命令を出してくれ、と迫った。しかし尹潽善は、韓国軍同士が戦闘すれば北朝鮮軍が南侵を開始するかもしれないと言って反対した。そして駐韓アメリカ軍司令官マグルーダーに、アメリカ軍を動員して反乱軍を鎮圧してはどうか、と提案した。するとマグルーダーは、国連軍は他国の内戦に介入することはできない、と逃げを打った。尹潽善もマグルーダーも反乱軍を鎮圧するつもりはまったくなく、互いに責任をなすりつけあっただけであった。

その後尹潽善は張都暎に、朴正熙の要求どおり戒厳司令官になるようにと要請し、特別談話を通して張勉《チャン・ミョン》国務総理以下の全国務委員に、反乱軍に対して合法的な対応をとるよう要求した。不法な反乱行為に対して合法的に対応せよ、という矛盾した要求だった。

こうして五月十六日が過ぎた。尹潽善は各軍の軍団長に親書を送り、不祥事が発生したり犠牲者が生じるようなことがないようにしてほしい、と依頼した。つまり反乱軍に抵抗するような行動をとるな、ということであり、反乱軍を認めろ、という要求であった。

一方、民主党旧派によって構成されている新民党は、まるで政権交代でも起こったかのように万歳を叫び、挙国内閣についての計画を進めていた。自分たちが政権を握るはずだ、と尹潽善と新民党は錯覚していたのである。

このころ張勉はカルメル女子修道院に身を隠し、急いでアメリカ大使館に電話をかけて援助を要請し、さらにアメリカ大使館に人を送って自分が無事であることを知らせていた。これに対してアメリカ代理大使グリーンは本国に関連する事実を報告して国務省の指示を待った。アメリカ国務省は情報局の戦略にしたがい、グリーンとマグルーダーに、中立の立場をとるように指示した。このため張勉の援助要請は無視された。アメリカは表面では張勉政府の味方のようなふりをしながら、裏では朴正熙一派を支持していたのである。

一方、朴正熙は部下を動員して軍部内の反対勢力を除去していった。朴正熙にとってもっとも目障

朴正煕が指揮した5.16クーデター軍の展開図

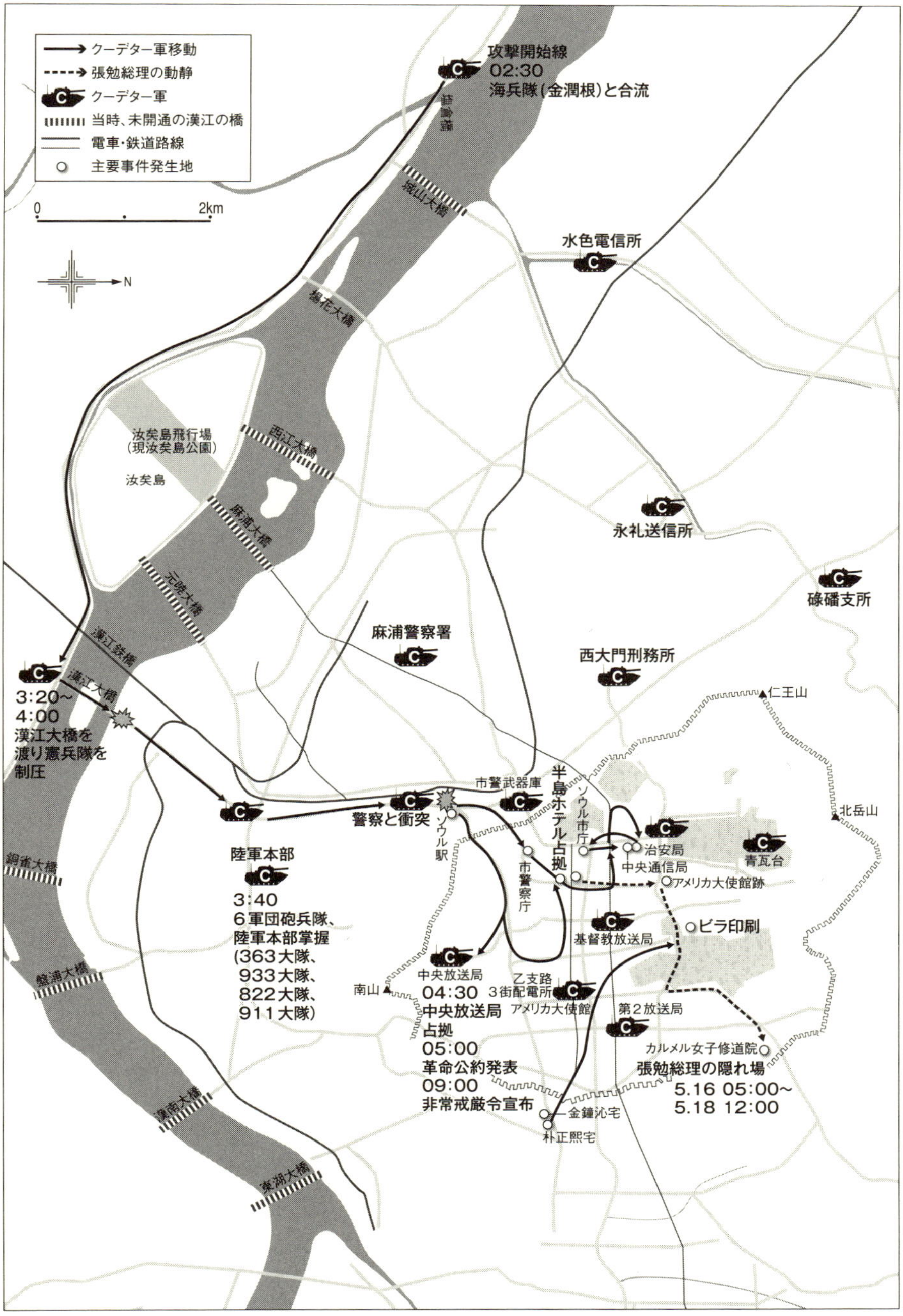

★5：学軍団――軍の将校不足を解消するため、四年生大学の学生を選抜して軍事教育を実施し、任官総合評価制に合格した者を卒業と同時に将校に任官するという学軍士官（ROTC、Reserve Officers' Training Corps）のために、各大学に学軍団が設けられている。

りな人物は第一軍司令官の李翰林《イ・ハンリム》であった。しかし李翰林はすでに尹潽善の親書を見て、反乱を黙認していた。それにもかかわらず朴正熙は部下に李翰林の逮捕、監禁を命じた。

李翰林が逮捕されたのは、五月十八日の夜明けだった。反乱後わずか二日で、軍部、政界、そしてアメリカ政府まで、反乱軍を支持するようになっていたのである。しかし五月十八日九時に、陸軍士官学校の生徒が反乱軍を支持する街頭デモをするまで、国民は状況を把握することができないでいた。

陸軍士官学校の生徒が街頭に繰り出すようにした張本人は、学軍団★5の教官であった全斗煥《チョン・ドゥファン》大尉だった。全斗煥は陸軍士官学校の十一期生の四人と共に、陸軍士官学校の生徒に対して、クーデターが救国の革命であることを力説し、これを受けて八百人の生徒が街頭に躍り出たのである。この隊列には卒業生の将校二百人も加わった。彼らはソウルの市街地の中心を行進したのち、市庁前の広場で「革命祝賀式」を挙行した。この式には張都暎と朴正熙も出席し、生徒が整列する前で査閲を行なった。張都暎は革命を讃揚する演説まで行なった。

演説を終えた張都暎は、張勉がカルメル女子修道院にいるということを聞き、そこに駆けつけた。張都暎に会った張勉は、もはや事態は取り返しのつかない局面にいたっていることを痛感し、十二時三十分、中央庁で国務会議を開き、内閣総辞職を発表した。

張勉内閣の総辞職を受けて、反乱勢力は国会議事堂に国家再建最高会議を設置した。議長は張都暎、副議長は朴正熙であった。これ以後、国家再建最高会議は、立法、司法、行政の三権を掌握し、何者も抑えることのできない無敵の権力をふるうことになる。反乱が起こってわずか三日後のことだった。三日で世の中をひっくり返してしまったのである。

あらためて調べてみると、朴正熙の計画は杜撰《ずさん》そのものだった。決起の前にすでにクーデター説が公然とささやかれており、首謀者として朴正熙の名もあがっていた。アメリカをはじめ、行政府、軍部、民主党と新民党、張勉国務総理までがそのことを承知していた。さらに決起の五時間前には計画が明らかになっており、そのため決起に参加するはずの兵力の半分は立ち上がることができなかった。反乱に加わった兵力は三千五百人に過ぎなかった。五十万を超える国軍に比べれば微々たる勢力であった。それでも反乱は成功した。

政治学者のなかには、成功するはずのなかったクーデターが成功した、と語る者もいる。しかしその内幕を見てみると、誰であれクーデターを決行すれば成功する可能性が高かったと思われる。韓国を握っていたアメリカがクーデターに対して肯定的な立場をとり、大統領と野党が張勉政権の崩壊を歓迎し、張都暎をはじめとする多数の軍人がクーデターを擁護する立場にあったからだ。誰でも火さえつければ火遊びを楽しむことのできる状況だったのである。

権力を掌握した中央情報部

張勉《チャン・ミョン》内閣が崩壊すると、五月十九日、尹潽善《ユン・ボソン》は大統領職を辞任すると発表した。彼は辞任の声明で国民に対し、国家再建最高会議に協力するよう訴えた。しかし張都暎《チャン・ドヨン》と朴正熙《パク・チョンヒ》は彼の辞任を押しとどめようとした。尹潽善は議院内閣制における力のない大統領に過ぎなかった。実権のない名誉職だ。張都暎と朴正熙は、彼をお飾りの国家元首にしておいたほうが、自分たちの行動半径が広がると判断したようだ。さらに外務部次官の金溶植《キム・ヨンシク》が、大統領の下野は国際法上新政府の承認を複雑化してしまうおそれがあると尹潽善に進言した。結局尹潽善は二十日午後六時に予定されていた下野の記者会見で、辞任を取り消した。そして国家再建最高会議は、尹潽善の承認のもと、軍人一色のいわゆる「革命内閣」を構成した。内閣首班兼国防部長官は張都暎であり、朴正熙は国家再建最高会議副議長以外の職責を受けることはなかった。しかし実際の権力は朴正熙一派が握っていた。

その後、国家再建最高会議は国民の人気を得るためイベント性の政策を連発する。李丁載《イ・ジョンジェ》をはじめとする政治暴力団を逮捕して街頭引き回しにしてから処刑し、輸入贅沢品を燃やし、五千人近い売春婦を実家に帰し、コーヒーの販売を禁止し、公務員に対して酒場への出入りを禁じた。また教師に国民服を着せ、学生の頭を刈り、強制的に制服を着用させた。

一方で反乱を革命と称し正当化するための作業も進めていった。学生に革命公約を覚えさせ、革命を讃揚する歌を作って歌うように強制し、各学校に将校を派遣して教師を指揮、監督した。さらに議会と地方議会を解散し、道知事と市長をすべて軍人にし、自分たちに協力的でない政治家、言論人、知識人に対しては容共という容疑をかぶせて監獄に送り込んだ。また言論機関を浄化するという名分で、自分たちに批判的な言論メディアをすべて閉鎖してしまった。その結果、全国に九百十六あった言論メディアのうち、生き残ったのは一〇パーセントにも満たなかった。

このころになると、生き残った言論メディアは、反乱を革命と言い、朴正熙を褒め称えるのに熱をあげるようになった。知識人は先を争って革命を讃揚し、国家再建最高会議の顧問や委員となって活動した。

このように朴正熙が一瞬にして権力を掌握することができた背景には、中央情報部の存在があった。中央情報部は、反共と国家安保という名分のもと、革命に挑戦する者は誰であれ逮捕し、テロ、監禁、拷問、脅迫をほしいままにした。さらには軍人で構成された内閣に対してさえそれを監視、支配していた。まさに政府の上の政府として君臨したのである。

中央情報部は、中央情報部長・金鍾泌《キム・ジョンピル》を中心とする陸軍士官学校八期生がその中枢を占め、その下に数万人の要員が配され、国民全体を対象として工作、テロ、視察、監視を遂行していく超法規的な国民監視組織であった。

こうして中央情報部が権力を独占するようになると、クーデターの主軸のひとつであった張都暎と彼にしたがう陸軍士官学校五期生はこれに反発するようになった。これに対して中央情報部は、張都暎の側近を逮捕し、続いて朴正熙は国家再建最高会議の議長の兼任を制限するという国家再建非常措置法を発議して張都暎の力を殺《そ》いだ。当時張都暎は、国家再建最高会議議長以外に、内閣首班、国防部長官、陸軍参謀総長、戒厳司令官などを兼任していたが、内閣首班以外の地位をすべて放棄させられたのである。そして張都暎が兼任していた職責は朴正熙の一派が占めるようになった。朴正熙は、実質的な最高権力の座である国家再建最高会議常任委員会議長となった。クーデターが起こってわずか十八日で、張都暎は権力闘争の敗者に転落したのである。

これに対し、張都暎にしたがっていた陸軍士官学校五期生たちは、八期生の中心人物である金鍾泌を除去する計画を立てた。一九六一年七月三日午前二時を期して憲兵隊を動員して金鍾泌を逮捕しようとしたのである。しかしこの計画は内部通報者によって暴露され、逆に五期生が中央情報部に逮捕されてしまった。

これを契機に張都暎は七月三日の午後、辞任の声明を発表して下野し、朴正熙が国家再建最高会議議長と内閣首班になった。さらに、張都暎と五期生、そして彼らの側近数十人が、政府転覆の陰謀と、革命主体勢力の暗殺を謀議したという罪で逮捕された。反乱の先頭に立った、文在駿《ムン・ジェジュン》、朴致玉《パク・チオク》ら五期生の中心人物は、狡兎《こうと》死して走狗《そうく》烹《に》らる★6、となったのである。朴正熙と八期生が権力を完全に掌握した瞬間であった。

青瓦台の主人となった朴正熙

朴正熙《パク・チョンヒ》は国家再建最高会議議長兼内閣首班となったが、それで満足することはなかった。彼はまず相手をするのが難しい人物を大使に任命したり留学という名分で外国に送り出した。そして財産家

★6：狡兎死して走狗烹らる——出典は『韓非子』など。兎を捕まえる猟犬も兎が死んでいなくなれば用なしになり、煮て食べられてしまうという意で、価値があるときは大事にされるが、不要になると捨てられてしまうことをいう。

と結託して政治資金を確保し、本格的な政治権力者として飛躍するための準備をはじめた。中央情報部は水面下で政党創立のための工作を進め、朴正熙自身は大統領になるための準備に邁進したのである。

朴正熙はまずアメリカ訪問を急いだ。韓国で権力を維持するためには何よりもアメリカの承認を得ることが重要だったからだ。彼はアメリカ訪問に先立ち自分の階級を大将に上げた。

アメリカへ行く途中朴正熙は日本に立ち寄り、池田勇人総理と会談し、新京軍官学校時代の師である南雲親一郎とも会った。そして一九六一年十一月十四日、ジョン・F・ケネディ大統領と会談した。朴正熙はその席で、ベトナム戦争に韓国軍を派遣するという破格の提案をした。しかしケネディはそれを拒否した。

ただし朴正熙にとってケネディがどう対応するかは重要ではなかった。ケネディと会ったこと自体が、名実共に韓国を代表する人物として認められたことを意味していたからだ。さらに韓国の言論は朴正熙を褒め称えるのに余念がなかった。アメリカへ行ってとてつもない成果をあげたかのように、連日書きたてたのである。

アメリカ訪問によってイメージを上昇させた朴正熙は、帰国後、政治活動浄化法を作った。政治活動をする場合は国家再建最高会議によって適格かどうかの審査を受けなければならないという内容だった。政治家を国家再建最高会議が選別するというわけである。

尹潽善《ユン・ボソン》はこの政治活動浄化法に強く反発した。ほとんどの民主党旧派の政治家がこの法によって政治活動を禁止される可能性が高かったからである。しかし尹潽善の反対にもかかわらず朴正熙は法の制定を強行した。尹潽善は政治活動浄化法に署名したのち、一九六二年三月二十二日に大統領を辞任した。これを受けて、朴正熙が大統領権限代行となった。

最高統帥権者となった朴正熙は、一九六二年六月十日〇時を期して電撃的に貨幣改革を断行した。

これについては韓国銀行の総裁すら何も知らされていなかった。もちろんアメリカも知らなかったし、国家再建最高会議の財経委員長であった金東河《キム・ドンハ》さえ知らなかったほどだ。軍事政権が表面に掲げた貨幣改革の目的は、たんすの中で眠っている現金を活用し経済発展に使う、というものだった。しかしアメリカをはじめこれに反発する勢力も多く、また庶民のたんすに活用するような現金などなかったために、改革は予定どおり進まなかった。しかし朴正熙にとって何の利得もなかったわけではなかった。軍部政権に反対する政治勢力の資金源を断つことに成功したからである。

こうして政治的基盤を強化していった朴正熙は、露骨に大統領となるための布石を打っていく。十月三十一日、国家再建最高会議で、任期四年で一度だけ再任できるという大統領中心制に憲法を改正し、国民投票をへて十二月二十六日に公布した。第三共和国の発足である。軍政を終了し、みずから軍服を脱いで大統領選挙に出馬し、青瓦台《チョンワデ》の真の主人となるための布石であった。そして翌十二月二十七日、公式に大統領選挙に出馬すると表明した。

この後、朴正熙は政治活動浄化法を解除し、新政党の創設作業に拍車をかけた。そのために中央情報部を先頭に立てて政治家を取り込むことに邁進し、同時に軍内部で朴正熙の大統領選出馬に反対している勢力を除去しはじめた。そして一九六三年二月二十六日、民主共和党（共和党）を創設するのである。

しかしこのころ、朴正熙の大統領選挙出馬に反対する世論の高まりは無視できないものとなっていた。そのため共和党の創立の翌日である二月二十七日、朴正熙は涙を流しながら、大統領選挙に出馬しないと宣言した。ちょうどこのとき、結党作業を主導していた金鍾泌《キム・ジョンピル》は四大疑惑事件に対する批判をかわすために外遊していたのである。

半月後、中央情報部は、これまで朴正熙の大統領選挙出馬に強力に反対していた金東河を、クーデター謀議の容疑で逮捕した。その後首都防衛司令部の将校八十余人が、朴正熙に不出馬宣言撤廃を要求するデモを行なった。すると朴正煕は、軍政を四年延長すると提議し、これについて国民投票を実施すると発表した。さらに「非常事態収拾のための臨時措置法」を制定して言論、出版を制限し、政治活動を禁止した。

これに対して尹潽善をはじめとする政治家は、いわゆる「散策デモ」と「民主救国宣言大会」で、軍政延長反対の意思を表明した。そしてこれとは逆に、百十六人の軍の将官たちが集まり軍政延長支持の決議をした。将軍たちはナンバープレートに将軍用であることを示す星が描かれた軍用ジープに乗って青瓦台に行き、軍政延長支持決議書を直接朴正煕に手渡したのである。

ソウル大の学生たちは軍政延長に反対する決起大会を開き、アメリカもまた軍政の延長に賛成しなかった。このような動きを見て朴正煕は、国民投票を九月に延長する、と一歩退き、非常事態収拾のための臨時措置法も廃止した。こうしたなか、朴正煕の不出馬宣言はいつのまにかうやむやになっていった。

朴正煕は結局おのれの思惑どおり、十月十五日に実施された大統領選挙に、共和党候補として出馬した。この選挙で朴正煕は、有効票の四六・六五パーセントを獲得し、野党候補の尹潽善を十五万六千票という僅差で破り、夢にまで見た青瓦台の主人となった。

大統領選挙に続いて十一月二十六日には第六代国会議員選挙が行なわれ、共和党は全百七十五議席のうち百十議席を獲得し、巨大与党となった。朴正煕は、行政府、議会、そして軍部まで完全に掌握したのである。

4 朴正熙の過酷な独裁政治と漢江の奇跡

経済成長の追い風を受けて再選に成功する

第三共和国の大統領になった朴正熙《パク・チョンヒ》は、どのような政治的発展よりも、経済の発展が優先すると判断し、軍事政権期に計画した経済開発計画を実行に移そうとした。しかし財政の状態があまりにも劣悪であり、容易に進めることのできる事業はほとんど何もなかった。いくら知恵を絞っても、財源を確保する方途は見つからなかった。そこで朴正熙は、日本とアメリカの資本を利用して経済を勃興させるのが唯一の解決策であると判断し、ふたつの事業に力を注ぐことにした。ひとつは、日本との国交を正常化し、補償金と借款を確保することであり、もうひとつはベトナム戦争に参戦し、アメリカから参戦の代価を受け取ることであった。

このため朴正熙は中央情報部長の金鍾泌《キム・ジョンピル》に隠密の任務を与えて日韓協定を推進させ、一九六五年に日韓国交正常化を実現した。この過程で国民的な反対運動が起こり、世に言う六・三事態★7という事件にまで発展した。これに対して朴正熙は、戒厳令を発布すると同時に、金鍾泌を共和党の議長から下野させるという硬軟両面の戦略で乗り切った。

一方、ベトナム派兵についても着々と手を打っていった。ベトナム派兵はアメリカとの安全保障体制を強化すると同時に、おびただしい財政的収益を得ることができる一石二鳥の政策であると判断していたからである。

彼が大統領権限代行であった一九六三年九月に、百三十人の医務部隊と跆拳道《テクォンド》教官の派遣というか

★7：六・三事態――日韓国交正常化交渉の内容が発表されると、国民は激怒し、野党政治家と在野人士が結集して「対日屈辱外交反対汎国民闘争委員会」が結成され、ソウル大では多くの学生が断食闘争に突入するなど、反対の声は全国に広がった。そして六月三日正午を期して数万の学生が街頭に踊り出し、沿道の市民は拍手をもってこれを声援した。その光景は四・一九革命を彷彿とさせるほどだった。これに対し朴正熙は非常戒厳令を発布し、「反対闘争は人民革命党の背後操縦によるものである」と発表して、学生をはじめ一千余人の人士を逮捕し、内乱罪、騒擾罪などで立件した。このように強権をもって国民を沈黙させることによってはじめて、朴正熙は日韓条約を締結することができたのである。

たちでベトナム派兵はすでに実行されていた。しかし戦闘部隊の派兵となると、乗り越えなければならない課題がいくつもあった。まず一九六四年七月にベトナム支援のための韓国軍の海外派兵同意案を国会に提出して同意を得、続いて一九六五年八月には野党が不参加のまま戦闘部隊派兵同意案を通過させた。

ベトナムに戦闘部隊が派遣されると、韓国経済は「越南特需」に沸いた。年間五万五千人規模の戦闘員と、一万六千人規模の民間人技術者が稼ぐドルは、第一次と第二次経済開発五ヶ年計画に投入され、その成果は目覚ましいばかりだった。

その追い風に乗って、一九六七年に実施された大統領選挙に朴正熙は出馬し、有効投票の五一・四パーセントを獲得して再選に成功した。一九六八年六月に実施された総選挙で共和党は全百七十五議席のうち百二十九議席を獲得して圧勝した。これは改憲に必要な議席数を上回っており、朴正熙は三選改憲をこころみるのである。

三選改憲と野党旋風

朴正熙《パク・チョンヒ》が三選改憲を進めようとしていたことに対して、次期大統領選挙に出馬するつもりであった金鍾泌《キム・ジョンピル》は大きく反発したが、逆に朴正熙は金鍾泌を共和党から追い出し、議会での権力を独占してしまった。そして一九六九年九月、与党単独で改憲案を通過させた。世に言う「引ったくり改憲」（P196参照）である。そして十月に国民投票を実施し、三選改憲を実現してしまった。

この過程で、三選改憲に対する反対運動を展開していた新民党総裁の兪鎮午《ユ・ジノ》が脳動脈痙攣症で倒れ、その後院内総務の金泳三《キム・ヨンサム》が「四十代旗手論」を掲げて新民党の政治地図を塗り替えた。新民党の大統領候補選びは、四十代旗手論の突風に巻き込まれ、金泳三、金大中《キム・デジュン》、李哲承《イ・チョルスン》ら四十代の戦い

★8：実尾島北派訓練兵——一九六八年一月二十一日、北朝鮮の特殊部隊三十一人が青瓦台を襲撃し、朴正熙暗殺を図ったことへの報復措置として、同人数の三十一人で編成された六八四部隊のこと。
部隊の目的は北に侵入して金日成を暗殺することだ

となり、選挙の結果、金大中が大統領候補となった。

金大中が野党の大統領候補となると、全国に野党旋風が吹きはじめた。金大中は、郷土予備軍制度の廃止、大統領三選条項の削除、大衆経済の具現を公約として掲げた。またアメリカ、日本、中国、ソ連の四大強国に戦争抑制保証を要求するという平和政策実現のための外交路線も公約に付け加えた。金大中による政策中心の大統領選挙は国民から好意的に受け取られ、金大中にとって全国的な追い風となってあらわれた。

これに不安を感じた朴正熙は、官の力と金の力を総動員して、不法、脱法の選挙運動を展開し、そのおかげで一九七一年四月二十七日に実施された第七代大統領選挙で金大中に九十五万票の差をつけて勝利した。しかし選挙には勝ったが、官の力と金の力を総動員した不正選挙であったという点を考えれば、実質的には敗北したも同様であった。とりわけ政治の中心であると言えるソウルではわずか三九パーセントしか得票できなかったのである。

大統領選挙の一ヶ月後に実施された総選挙で、新民党は全体の議席の四三・六パーセントに当たる八十九議席を獲得し、共和党は改憲のための三分の二の議席にはるかにおよばない百十三議席に過ぎなかった。大統領選挙と総選挙で、韓国国民は朴正熙と共和党に不信を示し、金大中と新民党には激励の拍手を送ったのである。これは、合法的な方法で朴正熙がさらに次の大統領になることは難しいということを示していた。

これに対し朴正熙は金鍾泌を呼び戻して国務総理に任命し、民心をなだめようとした。こうしたなか、この年の七月には、検察官と判事が衝突し、地方判事の三分の一に該当する百五十三人が辞表を提出するという司法騒動が起こる。そして八月には、実尾島《シルミド》★8北派訓練兵が反乱を起こすという事件が起こり、社会に大きな衝撃を与えた。さらに九月には、全国で教練反対のデモが沸き起こり、衛戍《えいじゅ》令★9が発動される事態にいたった。

った。訓練の過程で七人の隊員が死亡するという厳しい訓練に疲れ果て、さらに幾度となく作戦遂行が延期されるにおよび、隊員の不満が爆発し、一九七一年八月二十三日、教官と監視兵十八人を殺害した隊員は島を脱出した。その後隊員たちは市内バスを強奪してソウルに向かい、国軍と激しい銃撃戦を展開した末、隊員の大半は手榴弾で自爆した。

朴正熙政権は事件を「実尾島乱動事件」と呼び、事件の真相を徹底的に隠蔽した。このため事件は歴史の闇に葬られたままほとんど忘れ去られていたが、一九九九年に小説『実尾島』が発表されて世間の注目を浴び、続いて二〇〇三年に映画『シルミド　SILMIDO』（監督：康祐碩〈カン・ウソク〉、出演：安聖基〈アン・ソンギ〉、薛耿求〈ソル・ギョング〉ら）がヒットして、世に知られるようになった。（P412参照）。

★9：衛戍令——一定期間ある地域に軍隊が出動、駐屯して治安維持に当たることの大統領命令。戒厳令とは異なり、地域が限定される。

そして十月には共和党の国会議員が露骨に朴正熙に反抗する、いわゆる一〇・二抗命騒動が起こるのである。朴正熙の意のままに行政機関長と警察の人事を断行していた呉致成《オ・チソン》内務部長官の解任動議案を野党が提出すると、意外にも与党議員の相当数がこれに同調し、呉致成の解任動議案が国会を通過してしまった。当時の共和党を牛耳っていた金成坤《キム・ソンゴン》、吉在号《キル・ジェホ》、白南檍《ペク・ナモク》、金振晩《キム・ジンマン》ら重鎮議員四人組がこれを主導した。

事態がここまで発展すると、朴正熙は再び強硬策の剣を抜く。朴正熙の命を受けて、中央情報部長の李厚洛《イ・フラク》は一〇・二抗命騒動の首謀者を探し出して中央情報部に連行し、過酷な拷問を加えて、脱党させてしまった。共和党は再び朴正熙の一人支配体制に戻ったのである。

永久執権を目指す陰謀と維新時代

朴正熙《パク・チョンヒ》はその年の十二月、突然国家非常事態を宣布した。理由は北朝鮮の動向だった。しかし朴正熙の目的は別にあった。永久執権を目指す陰謀である。

そして朴正熙は秘書室と中央情報部に、維新憲法の草案を作成するように命じた。この秘密の作業の暗号名は「豊年事業《プンニョンサヨプ》」であった。豊年事業を進めたのは、金正濂《キム・ジョンリョム》大統領秘書室長と、李厚洛《イ・フラク》中央情報部長であった。豊年事業は六ヶ月間秘密裏に進められ、一九七二年十月十七日、十月維新が宣布されその姿をあらわしたのである。

いたるところで維新憲法に反対する声が沸き上がった。アメリカに滞在していた金大中《キム・デジュン》がいちはやく維新憲法反対の声明を発表した。すると朴正熙は中央情報部に命じて金大中を日本で拉致して殺そうとした。しかしこれはアメリカの介入によって失敗し、全世界に恥を晒すことになった。一九七三年からは大学生を中心として維新反対運動が広がり、ついには言論界、宗教界、学界、政界にまで反対の声は広まった。一九七四年一月には共和党の総裁であった鄭求瑛《チョン・グヨン》と事務総長であった芮春浩《イェ・チュンホ》が脱党して維新政権を批判する隊列に参加するまでにいたった。

これに対し朴正熙は緊急措置という万能の手段をもって国民の正当な批判と抵抗を押しつぶしていった。一号から九号まで続く緊急措置は、国民の口に轡《くつわ》をかませ、耳をふさぎ、一挙手一投足にまで干渉する悪法の代名詞であった。朴正熙の政治と政策はもちろんのこと、政府機関のあらゆる措置に対して、少しでも反抗したり批判したりすれば、令状なしに逮捕して拘禁し暴行を加えることができるという、万人が憤激するような暴力が緊急措置の名のもとにほしいままに行なわれていったのである。

維新政権に抵抗する国民を抑圧する手段としてもっとも多く使われたのが「容共でっち上げ」であった。政府に対する批判と人間の尊厳についてのあらゆる主張を、北朝鮮を讃揚し、北朝鮮に同調する行為であると決め付けて追及するというのが、その典型的な手法であった。こうして維新政権は民青学連事件と人民革命党再建委員会事件を捏造し、政権に抵抗する崔鍾吉《チェ・ジョンギル》★10教授や張俊河《チャン・ジュンハ》★11のような知識人を殺すこともいとわなかった。

朴正熙政権はこれらの悪行をすべて民族のためだと言いくるめ、経済成長さえ実現すればいかなる独裁や不法行為も容認されるという価値観をあらわにした。

漢江の奇跡と高度成長の影

朴正熙は、貧困から抜け出ることが民主主義の実現よりも優先されるという論理でみずからの独裁を正当化した。実際、朴正熙は短期間で目覚ましい経済成長を実現した。

朴正熙は日韓国交正常化によって獲得した日本の資金と、ベトナム戦争で稼いだアメリカの資本を

★10：崔鍾吉――ソウル大法学部教授。法学部の学生が維新反対を叫んで逮捕、拘禁されるのを目にして、師として黙過することはできない、と発言。一九七三年十月十六日、ヨーロッパスパイ団事件への捜査協力を求められて中央情報部に向かったが、十九日に変死体となって発見された。当局は、スパイであることを自白して自殺した、と発表したが、のちに拷問による死であることが判明する。二〇〇二年に遺族が国家賠償訴訟を起こし、二〇〇六年ソウル高等法院は国家が遺族に賠償すべきであるという判決を下した。

★11：張俊河――雑誌『思想界』を創刊した著名なジャーナリスト。維新独裁批判の先頭に立って論陣を張ったが、一九七五年八月十七日、登山の途中で謎の転落死を遂げる。当時から他殺説がささやかれ、二〇〇二年に疑問死真相究明委員会（民主化運動に関連する疑問死の真相を究明する大統領直属機関）は他殺の可能性が濃厚であるとの結論を出したが、真相はいまだ明らかになっていない。

1973年10月の「国軍の日」記念式。大規模なマスゲームで朴正熙の肖像が掲げられた。〔聯合ニュース〕

もとに、「漢江《ハンガン》の奇跡」と呼ばれる急速な経済成長を成し遂げた。

一九六二年から一九六六年まで実施された第一次経済開発五ヶ年計画の期間、平均の経済成長率は七・八パーセントであり、毎年ひとり当たりの国民総生産（ＧＮＰ）も七パーセントずつ増加した。さらに農業国であった韓国は毎年一五パーセントずつ第二次産業の比率が増加した。

一九六七年から一九七一年まで実施された第二次五ヶ年計画ではさらに急速な発展が実現した。年平均九・七パーセントという高度成長を謳歌し、セメント、製油、化学、鉄鋼などの第二次産業は年平均一八パーセントという奇跡的な成長を遂げた。

この十年間の成果により韓国の国民の生活水準は量的に大きく改善され、失業率も四パーセントに落ちた。ＧＮＰは一九六二年の二十三億ドルから、一九七一年には九十五億ドルに急増し、ひとり当たりのＧＮＰも一九六二年の八十七ドルから一九七一年には二百八十九ドルになった。輸出額も一九六二年は五千四百八十万ドルに過ぎなかったが、一九七一年には十一億三千二百万ドルを達成した。失業率は一九六二年には九パーセントに肉薄する状況であったが、一九七一年には四・五パーセントとなった。

★12：セマウル運動——都市と農村の格差を埋めるため、朴正煕が実施した経済発展支援および、国民の意識改革運動。セは新しいという意味で、マウルは村という意味の固有語。

朴正煕の経済政策は第三次経済開発五ヵ年計画にいたり、さらに大きな成果をあげるようになった。維新によって、いわゆる開発独裁の力量が集中したためである。この期間の年平均成長率は一〇・一パーセントであり、五ヶ年計画が終了する一九七六年の輸出額は七十八億ドルを突破した。輸出の多角化政策により、アメリカと日本の市場に対する依存度も大きく改善された。一九七三年にはアメリカと日本への依存度は七〇パーセントに迫っていたが、一九七六年には五〇パーセント水準まで落ちた。また[★12]セマウル運動によって農村の環境は多少改善され、圃場整備率も大幅に上昇した。

しかし第三次経済開発五ヶ年計画の期間、高度成長の黒い影が韓国経済全般を覆いはじめた。経常収支の赤字幅が二十億ドルを超えるという問題が浮上し、食料の自給率も落ちていった。

こうしたなか、一九七七年から第四次経済開発五ヶ年計画がはじまった。この期間の平均成長率は九・二パーセントと、相変わらず高成長を記録した。その背景にあったのは、一九七七年から吹きはじめた中東の風だった。中東の建設景気の好況によって経済収支が大きく改善され、一九七七年には一時的ではあったが黒字を記録し、百億ドルの輸出目標を早期達成した。しかし一九七九年にいたり、悪条件が重なるようになってきた。第二次オイルショックによって韓国経済は暗雲に覆われ、物価が上昇し、経常収支の赤字幅も大きく増大していった。

繰り返される外交の悪手

外交に関しても朴正煕《パク・チョンヒ》にとってはあまり望ましくない状況が続く。朴正煕の外交政策は、反北、反共、親米、近日とまとめることができる。つまり、北朝鮮と共産主義を敵とみなすという原則のもとに、アメリカとは軍事同盟を基盤として政治的に親密な関係を維持し、日本とは経済交流を中

大宇産業が京畿道華城に建てた「セマウル工場」を視察する朴正煕。1973年5月撮影。
〔聯合ニュース〕

心として一定の距離を保ち友邦の範疇に入れておく、という戦略だ。少なくても一九六〇年代までは朴正煕のこのような外交戦略は成功を収めていた。

北朝鮮を主敵とみなす一方ソ連、中国などを敵性国と規定し、国家保安法を前面に押したてて徹底的に共産国家と対決する政策を進めたのである。朴正煕政権の初期、北朝鮮は朴正煕の実兄である朴相煕《パク・サンヒ》の友人であった黄太成《ファン・テソン》[★13]を密使として派遣し朴正煕政権の性格を把握しようとしたが、朴正煕は黄太成をスパイとみなし、以後南北関係は互いに武装ゲリラを送り込んで相手の陣営を攻撃するという対峙の状況が続くことになる。朴正煕はこのような対峙の状況を、国内政治の局面打開のために悪用し、容共でっち上げ事件を次々と捏造して政治的基盤を強化しようとした。

しかし七〇年代に入ると状況は一変する。一九七〇年二月に発表されたニクソンドクトリンによって、アメリカはアジア諸国の内乱や侵略、あるいはベトナム戦争のような事態となっても軍事的な介入はしないと宣言し、ピンポン[★14]外交によって中国に接近する戦略をとった。このピンポン外交には日本も同調した。これはアジアにおける中国の影響力の拡大を意味していた。さらにニクソンドクトリンは駐韓米軍の撤収につながる要素も含まれていたため、韓国の安保戦略も非常に複雑なものとならざるをえなかった。さらに朴正熙は大統領になる前のニクソンを冷遇したことがあり、ニクソン政府とはしっくりいかない関係にあった。

このため朴正熙は北朝鮮との和解を模索し、七・四南北共同声明を実現した。ピンポン外交によって冷戦の時代が終わったことを覚った朴正熙は、北朝鮮との関係を新たに形成することによって外交的な孤立を避けようとしたのである。

しかしこれは表面的なジェスチャーに過ぎなかった。国内的には逆に維新憲法を強行し、独裁権力を強化して、反共政策をさらに極端なものにしたのである。

そうしたなか、朴正熙政権は金大中《キム・デジュン》を拉致するという悪手を打つ。金大中拉致事件によってアメリカと日本の両国との外交関係は急速に悪化し、西側諸国のなかで朴正熙は独裁者との烙印を押される結果を招いた。立場が苦しくなると、朴正熙はこれを収拾するため、一時期アメリカと日本に対して低姿勢外交をせざるをえなかった。

しかし朴正熙に対するアメリカの視線はさらに冷たいものとなっていった。これを挽回するために朴正熙はさらに無理な方策を敢行するのである。いわゆる「コリアゲート」事件を引き起こしたのだ。朴正熙は中央情報部を使ってアメリカ議会に現金をばら撒いた。朴正熙に対する反対世論を鎮めるためにアメリカ議会の議員と公職者に賄賂を贈ったのである。『ワシントン・ポスト』は一九七六年十月十五日の記事でこれを暴露し、工作の中心人物として朴東宣《パク・ドンソン》の名をあげた。これを受けてアメリカ議会は朴東宣を召喚して聴聞会を開き、これによって朴正熙とアメリカの関係はさらに悪化した。★15

一九七七年、第三十九代大統領となったジミー・カーターが駐韓米軍の撤収を宣言し、一九八二年まで三段階に分けて実施する計画を発表した。朴正熙は、駐韓米軍が撤収すれば、北朝鮮の攻撃を防

★13：黄太成——若いころ朴正熙は黄太成を慕い、大邱師範学校や新京軍官学校に進学するときも進路について相談し、また朴正熙が南労党に入党したときも黄太成が保証人になったという。黄太成は一九四六年に越北し、外務省の副相や貿易省の副相などを歴任した。五・一六クーデターののち密使として韓国に入国したが、親戚を通じて朴正熙と連絡をとろうとしているところを中央情報部に逮捕され、スパイとして銃殺刑に処された。黄太成が処刑されるとき、朴正熙は黄太成の写真を見ながら「黄太成も歳月には勝てないのだな。ずいぶん年をとられた」とつぶやいたと伝えられている。

★14：ピンポン外交——一九七一年三月に名古屋で開催された卓球世界選手権大会をきっかけに、アメリカと中国が関係を改善して国交を正常化させたことを指す。

★15：第五代中央情報部長として辣腕をふるった金炯旭（キム・ヒョンウク）は、その後朴正熙に冷遇され、このころアメリカに居住していたが、このときフレーザー聴聞会に証人として出

ぐために韓国は核武装せざるをえなくなると主張し、駐韓米軍の撤収に強く反対した。

カーターは朴正煕政権の人権問題についても強く批判し、国民に対する人権弾圧を中止するように要求した。これに対し朴正煕は、内政干渉であると反発した。アメリカとのこのような摩擦は、一九七七年の六月、カーターが韓国を訪問して朴正煕と頂上会談をすることによって、多少改善されることとなった。

都市の成長と疲弊する農村

十八年間の朴正煕の時代は、政治的には暗黒の時代であったが、急速な経済成長の影響で、社会的、文化的には変化と発展の時代でもあった。

工業化が急速に進捗し、農村の人口が激減して都市化が加速した。これによってソウルの人口は百二十万から三百万にふくれ上がり、都市労働者の数も幾何級数的に増加した。しかし都市労働者の生活は、貧困と苦痛に満ちたものだった。これが結局全泰壱《チョン・テイル》の「勤労基準法を遵守せよ」という命をかけた叫びとなり（P２００参照）、労働者の勤労条件が社会問題として浮上する結果となるのである。一九七二年に仁川《インチョン》の東一《トンイル》紡績で最初の民主化を掲げた労働組合が誕生した後、生存権闘争を中心とした組合活動が粘り強く展開された。しかし朴正煕政権は労働組合を徹底的に弾圧し、財閥、大企業中心の政策を取り続けた。

人口の都市集中が進み、職を求めることができない都市貧民の数が急速度に増加していった。都市貧民はタルトンネ★16と呼ばれる山頂付近や、清渓川《チョンゲチョン》、中浪川《チュンランチョン》のような川べりに無許可のバラック小屋を建てて生活した。当局は都市再開発事業を推進し、これらのバラック小屋を撤去して市営アパートを建設して強制的に移住させたりもした。しかしこれらのアパートの建設には手抜き工事がしばしば

席し、朴正煕の悪事を暴いた。さらに回顧録を出版するなどの活動を続けたが、一九八九年、パリで失踪する。当時から、朴正煕の指示により暗殺されたという噂が飛び交っていたが、真相はいまだ明らかになっていない。

★16：タルトンネ――月の村という意味。山頂の近くにある貧民村のことで、月の近くという意味からこう呼ばれるようになったという。

★17：広州大団地事件――京畿道の広州郡（現在の城南（ソンナム）市）に建設された団地への集団移住を迫られた貧困層およそ三万人が起こした暴動。

見られた。市営アパートとして建設された臥牛《ワウ》アパートが、入居がはじまってから一ヶ月もたたないうちに崩壊し、三十三人が死亡するという事件も発生した。また強制的に移住させておいて、その後は何の対策もなく放置することがほとんどであったので、京畿道《キョンギド》の広州《クァンジュ》★17大団地事件のように暴動にまで発展することもあった。

一方、農村は人口が急速に減少し、都市と同じように疲弊していった。政府は食料の自給自足を叫び農家を督励したが、食料の自給率は減少する一方だった。農民は、すべての政策において農業は無視されているという疎外感を抱くようになった。朴正熙はセマウル運動を展開して農村の発展を図り、離農現象を押しとどめようとしたが、セマウル運動は農村の見かけを改善しただけで、農村の実質的な発展に寄与することはなかった。時がたつにつれ農村の人口は減っていき、農家の負債は増加していった。このため農民は生存権を守るために農民団体を組織し、咸平《ハムピョン》★18さつまいも事件のような抵抗運動を展開するようになった。

教育とマスコミの変化

急速な経済発展は教育にも大きな影響をおよぼした。初等学校の義務教育制が導入され識字率は大きく改善され、政権初期に大根汁騒動★19を起こすほど受験競争が熾烈であった中学校にも無試験制度が導入された。教育を受けることのできない都市労働者のための夜間教室も増加し、高等学校への進学率と大学への進学率も大幅に上昇した。

しかし学校教育は極端な反共政策、国家主義によって歪められ、画一的な詰め込み教育が続けられていた。それにもかかわらず、教育を受けることのできる人口の増加は、朴正熙《パク・チョンヒ》の意図とは逆に、民主政治と自由への熱望を育てる結果となった。銃と戦車で民主化を押さえ込もうとする朴正熙政権

★18：咸平さつまいも事件——全羅南道（チョルラナムド）咸平の農協が、さつまいもを買い取るという約束をしていながら、四〇パーセントしか買い取らなかったことに抗議して、カトリック農民会を中心にハンガーストライキなどで抵抗した事件。政府当局は機動警察を動員して激しく弾圧したが、農民会は最後まで抵抗し、一部ではあったが補償を勝ち取った。農民運動の嚆矢といわれる事件。

★19：大根汁騒動——一九六四年に実施されたソウル特別市地域前期中学校の自然科学の入試問題にアミラーゼ、大根汁などを選択する問題があり、市当局はアミラーゼを正解とした。ところが大根汁にもアミラーゼは含まれており、大根汁を選択した生徒の親が大根汁を正解と認めるように訴え、それに対する市当局の対応が二転三転したため大きな騒動となった。結局一点の差で不合格になった生徒の親が裁判に訴え、裁判所は大根汁も正解として認めるべきだと判示し、そのために不合格となった生徒約四十人の追加入学が認められた。韓国の行き過ぎた入試熱を象徴する事件と言われている。

にとってもっとも強力な挑戦要素となったのである。

経済成長はマスコミの成長も促した。一九六〇年代初期の新聞の販売部数は全国で八十万部に過ぎなかったが、一九七三年には三百万部を突破した。『中央日報』のような中央の日刊紙が創刊され、『京畿日報』をはじめとした地方紙もかなり増加した。また『新東亜』、『思想界』ぐらいしかなかった月刊誌の分野でも『月刊朝鮮』、『月刊中央』などが創刊され、『創作と批評』のような季刊誌も生まれ、言論の多様化が進展した。分野も多様化し、『日刊スポーツ』、『サンデーソウル』などスポーツ、娯楽、芸能についての情報を伝達するメディアも生まれた。これらは末梢神経だけを刺激する黄色新聞だと揶揄《やゆ》されることもあったが、大衆はむしろこのような分野に熱狂した。

新聞と共に言論の柱である放送局も増加した。一九五〇年の時点では、国営放送であるソウル中央放送（ＫＢＳの前身）と、民営放送であるキリスト教放送局、極東放送局ぐらいであったが、一九六一年以後、韓国文化放送局（ＭＢＣの前身）、東洋放送局（ケーブルＴＶのＪＴＢＣの前身）、東亜放送局[★20]などが開局しチャンネルは二倍以上増加した。そして一九六四年、東洋放送によってテレビの時代がはじまるのである。

大衆文化の創造と参与文学の発展

テレビの登場は、映画だけであった映像文化に一大革命をもたらした。映画市場は新たな活路を模索する必要に迫られ、映画人たちはテレビと映画で同時に活動することによって人気を維持するようになった。また映画特有の現場感と作品性によって困難を乗り越えようともしたが、検閲によって表現が制限されているため、苦戦を強いられることとなった。

テレビは大衆歌謡を伝播する上で大きな力を発揮した。耳で聞くだけだった歌謡が、目でも楽しめ

★20：東亜放送局——全国紙の東亜日報が出資していたラジオ局。全斗煥（チョン・ドゥファン）政権期に「ＫＢＳラジオソウル」となり、現在はＳＢＳのラジオ放送が事業を継承している。

★21：参与文学——政治的、イデオロギー的な性格を帯び、社会の改革に寄与するという目的意識のもとに創作された詩、小説、評論、戯曲など。

★22：『五賊』：財閥、国会議員、高級公務員、将星、長・次官という五匹の盗賊がソウルのど真ん中で泥棒の神技を競い合う、というユーモアと風刺にあふれた長編譚詩。五賊とは言うまでもなく、一九〇五年の日韓協約に署名した「乙巳五賊」に引っかけたもの。韓国の伝統芸能であるパンソリのリズムを生かし、韓国文学の可能性を大きく拡大したと評価される作品だ。一九七〇年に雑誌『思想界』に発表されたが、反共法違

るようになったのである。そのため歌と共にダンスが新しい演芸の分野として発達し、ただ歌を聞かせるだけという番組は淘汰され、歌とダンス、漫談が組み合わさったショー形式の番組が人気を呼ぶようになった。

しかしマスコミは発展したが、検閲の厳しさは変わらなかった。新聞であれ雑誌であれ放送であれ、政府を批判したり、社会の暗い面を描いたり、極端に悲嘆するような内容はすべて禁止された。歌手の李美子《イ・ミジャ》が歌う「椿娘」が、日本色が強いという理由で禁止曲となったほどである。

文学の分野では参与文学★21が注目を集めた。参与文学は小説よりもまず詩の世界ではじまった。一九六〇年代、金洙暎《キム・スヨン》を筆頭とする詩人たちによって提起された参与文学は、一九七〇年代に入り維新政権と戦うなかでさらに発展していった。金芝河《キム・ジハ》と申庚林《シン・ギョンニム》はこの分野で特に注目すべき存在だ。申庚林は詩集『農舞』を通して都市化による農村の疲弊した姿を批判的に描き出した。金芝河は『五賊』★22などの作品で時代を痛烈に批判し、抵抗文学の一大革新を引き起こした。

この他、鄭喜成《チョン・ヒソン》、梁性佑《ヤン・ソンウ》、金光圭《キム・グァンギュ》らが時代精神を目覚めさせる抵抗詩を発表し、参与詩の方向を先導した。また鄭浩承《チョン・ホスン》、姜恩喬《カン・ウンギョ》、文貞姫《ムン・ジョンヒ》などの優れた抒情詩人も大挙出現した。

小説の分野では黄晳暎《ファン・ソギョン》、尹興吉《ユン・フンギル》、李文求《イ・ムング》、趙世熙《チョ・セヒ》などの活動が目立つ。黄晳暎は『森浦《サムポ》へ行く道』で下層民の生を写実主義の技法で描写するのに成功し、尹興吉は『腕章』（原題）などの作品で、思想の虚像と時代的限界に対する批判的な視線を描き出した。また李文求は『冠村随筆』（原題）で粘着質の話法を誇示しながら農家の生活と人間愛を小説世界に映し出した。趙世熙は『こびとがうちあげた小さな玉』で都市貧民の限界的な状況を描いた。

この他にも朴正熙の時代は趙廷来《チョ・ジョンネ》、朴景利《パク・キョンニ》、李文烈《イ・ムンヨル》、韓勝源《ハン・スンウォン》、金源一《キム・ウォニル》、全商国《チョン・サングク》、朴栄漢《パク・ヨンハン》、呉貞姫《オ・ジョンヒ》、朴婉緒《パク・ワンソ》など文学の巨匠が大挙出現し、小説の黄金時代を予告していた。

反に問われ、筆者である金芝河と三人の編集者が逮捕された。金芝河は一度釈放されるが、その後民青学連事件などで幾度も逮捕され、死刑判決を受ける。

渋谷仙太郎の名訳で日本にも紹介され、日本での金芝河救援運動の起爆剤のひとつとなった。次に紹介するのは、渋谷仙太郎の訳による冒頭の一節。なお、渋谷仙太郎というのは萩原遼のペンネーム。当時萩原遼は『赤旗』の記者であったので、金芝河に禍がおよぶのではないかと配慮してペンネームを使用した。

「詩を書くからにゃ、こせこせ書かず、まことこのように書くべきじゃ
どういうわけか、わしの筆先険しき咎で仕置き場に引っ立てられ
臀（しり）むちうたれしもはや昔。骨のふしぶしむずむずと
へらず口たたくわしの口先、筆とる手先もごもごうずうず
なにか無性に書きたくてならぬ。えーい、知ったことか
臀をかっかと火の出るほどに打（ぶ）たれる時は打たれる時さ
世にも不思議な泥棒物語（ばなし）、わしがひとつ書いてみせよう」

維新独裁の悲劇的終末

朴正煕《パク・チョンヒ》政権の最後の年である一九七九年は、経済と外交だけでなく、国内政治の状況も悪化の一途をたどっていた。一九七四年に文世光《ムン・セグァン》の狙撃事件で夫人の陸英修《ユク・ヨンス》を失った朴正煕は道徳的にも次第に堕落していき、そのためもあり政治はさらに密室で行なわれるようになった。さらに維新体制に対する国民の抵抗はさらに激しいものとなり、一九七九年にはあらゆる分野で民主化への要求が強まった。とりわけ金泳三《キム・ヨンサム》と金大中《キム・デジュン》の連合戦線が拡大し、野党の結集力は大きく強化していった。

金泳三は一九七四年に歴代最年少で野党の総裁となり、新民党の団結を固め維新体制に抵抗した。朴正煕は情報力を利用して金泳三を政界から追い落とそうと血眼になり、ついに一九七六年に金泳三を新民党総裁の地位から引きずり下ろすのに成功した。しかし金泳三は一九七九年に再起し再び総裁となった。このとき金泳三は金大中と連合してライバルである李哲承《イ・チョルスン》を押さえ込んだのである。

総裁となった金泳三は、南北の緊張を緩和するために金日成《キム・イルソン》と面談する用意があると発言し、この発言を問題視した反共団体が、麻浦《マポ》にある新民党の党舎に乱入するという事態に発展した。そして朴正煕は金泳三を国会議員から除名したのである。

しかしこれが釜馬《プマ》事態★23を誘発してしまったのである。金泳三の除名に抗議して釜山《プサン》、馬山《マサン》の市民が立ち上がり、政府は警察を動員してこれを制圧しようとしたが、失敗した。そこで朴正煕は非常戒厳令に続いて衛戍《えいじゅ》令を宣布して軍を投入した。しかしそれでも市民の抵抗は鎮まらなかった。逆に学生を中心とするデモが全国に波及していくのである。

このような状況のなか、朴正煕は十月二六日の夜、宮井洞《クンジョンドン》にあった中央情報部の安全家屋（安家）（Ｐ３０９注参照）で、中央情報部長の金載圭《キム・ジェギュ》の銃弾を受けて死亡し、軍政時代から第九代大統領ま

★23：釜馬民衆抗争ともいわれる。

私邸での朴正熙一家。幼いころの朴槿恵（後列右）と妹・槿令（前列右）、弟・志晩（前列左）と共に。〔EPA ＝時事〕

で十八年にわたった統治に幕が下ろされた。

朴正熙はふたりの夫人との間に一男三女をもうけた。最初の夫人・金好南《キム・ホナム》は一九二〇年に生まれ、一九九〇年に他界し、長女・在玉《チェオク》を産んだ。ふたり目の夫人・陸英修は一九二五年に生まれ、一九七四年に死去し、ふたりの娘・槿恵《クネ》、槿令《クンリョン》と息子・志晩《チマン》を産んだ。

陸英修は忠清北道沃川《チュンチョンブクドオクチョン》の大地主である陸鍾寛《ユク・チョングァン》と李慶齢《イ・ギョンリョン》の次女として生まれ、培花《ペファ》女子高等学校を卒業したのち、沃川公立女子専修学校で家事科目の教師となった。一九五〇年に朴正熙と結婚し、一九六三年に朴正熙が大統領になったのにともないファーストレディとなった。一九六九年に育英財団を設立し、子供大公園、子供会館の設立を主導、一九七三年には職業訓練機関である正修《チョンス》職業訓練院を設立した。一九七四年八月十五日午前十時、奨忠洞《チャンチュンドン》にある国立中央劇場大劇場で開かれた光復節記念式場で起きた朴正熙暗殺未遂事件で銃弾を受けて死亡した。

朴正熙の長女・在玉は韓丙基《ハン・ビョンギ》と結婚し、次女・槿恵は結婚せずに政治家となり、第十八代大統領となった。三女・槿令は申東旭《シン・ドンウク》と結婚し、長男・志晩は徐香嬉《ソ・ヒャンヒ》と

結婚した。★24

軍靴の下で生存と自由のために奮闘した朴正熙の時代

朴正熙の時代は、軍靴に踏みにじられた暗闇のなかで、貧困から抜け出るために必死になって駆け続けた狂気に満ちた疾走の年月だった。政治的には銃と軍靴に押さえつけられた暗黒期であり、経済的には傷を無視した成長第一の開発独裁の時代であり、社会的には軍事文化の支配のもとで農村の崩壊と都市の膨張が同時に進行した不協和音の歳月であり、文化的には検閲と画一的な思考の強要という鉄格子に囲まれた時代だった。

しかし民主化と自由な生への熱望が大きく成長して暗闇のなかの一条の光となり、検閲と抑圧のなかでも純粋さと抵抗の精神を育てあげ、芸術と人間本性の花を咲かせた。銃と軍靴に踏みにじられて生きてきたが、韓国人はむしろ銃口の前で民主主義の価値を学び、軍靴の下でヒューマニズムを育てたのである。

5　朴正熙時代の主要事件

軍事政権期の四大疑惑事件

軍政時代の四大疑惑事件とは、証券騒動、ウォーカーヒル事件、セナラ自動車事件、パチンコ事件

★24：朴志晩は一九八九年から二〇〇二年にかけて、六度にわたり麻薬常習の罪で摘発されている。その彼が専門知識もないのにどうやって電子企業のひとつであるEGテックの会長におさまったのか。EGテックは朴正熙の片腕でもあった朴泰俊のポスコ（かつての浦項製鉄）の子会社であり、さまざまな疑惑がささやかれている。また二〇一五年には、EGテックの非人道的な労務管理が社会問題となってもいる。

のことで、これらはすべて共和党の創立のための資金や政治資金を捻出するための不正行為の結果であった。

証券騒動とは、金鍾泌《キム・ジョンピル》が中央情報部の組織を利用して株価を操作した事件で、五月証券騒動とも呼ばれている。

政権を獲得した軍政勢力は証券市場育成策を強力に推進するが、その過程で中央情報部行政所長・李永根《イ・ヨングン》、管理室長・鄭智元《チョン・ジウォン》らが農協中央会を脅迫して農協が保有していた韓国電力の株式十二万八千株を安く放出させた。これによって得た八億六千余万ウォンを栄和《ヨンファ》証券社長の尹応相《ユン・ウンサン》に資本金として貸し付け、統一《トンイル》、一興《イルフン》、東明《トンミョン》の三つの証券会社を設立させた。

このの ち尹応相の側近である徐載軾《ソ・ジェシク》を証券取引所の理事長にし、膨大な株式の買入れを指示した。すると尹応相が代表となっている三つの証券会社の株式が暴騰し、同時に株式市場での取引も活発化した。その結果、証券取引所は額面価の上昇によって数十倍の不当利得を得た。

しかし株式市場を熱狂させた三つの証券会社は、一九六二年五月末に予定されていた受渡決済を履行しなかった。受渡決済とは、取引所の市場で売買取引された株式あるいは債券について、証券取引所が指定する金融会社を通して買収者と売渡者が証券と代金を交換することだ。三つの証券会社は株式の取引代金を決済しなかったのである。

そのため株式が暴落し、五千三百四十人におよぶ群小投資家が百三十八億六千万ウォンの損害を受け、投資家が自殺するという騒動にまでなった。しかし軍政は李永根、尹応相、徐載軾らを特別法第二条違反および業務上背任と横領罪を適用して立件しただけで事件をうやむやにしてしまった。実際にこれらの事態を裏で操っていた金鍾泌は一切処罰されず、不当に得た資金の行方も不明のままだった。

ウォーカーヒル事件も中央情報部が主導した事件だ。政府の資金によって総合娯楽施設であるウォーカーヒルを建設し、その過程で数億ウォンの資金を横領したのである。

軍事政権は一九六一年八月にソウル城東区《ソンドン》（現・広津区）広荘洞《クァンジャンドン》に十八万坪（約五十九万平方メートル）の土地を収用し、アメリカ第八軍のための休養施設を建設すると決定し、アメリカ第八軍司令官ウォルトン・H・ウォーカーの名を取ってウォーカーヒルと名付けた。休暇を楽しむため日本へ流れていくアメリカ軍の将兵を韓国に引き止め、ドルを消費させるというのが建設の目的だった。このためアメリカ第八軍専用のホテル、プール、カジノなどを備えた施設を設計したのだが、これに対してアメリカと日本は激しい批判を浴びせてきた。アメリカの言論は、ウォーカーヒルを売春窟、カジノ、美人ホステスなどによる低級な施設であると批判し、日本の言論も、軍事政権がアメリカの将兵を引きつけるために酒と女と賭博の娯楽施設を建設していると批判した。アメリカの婦人団体が国連軍司令部と韓国政府に抗議するという騒動もあった。

しかし軍事政府は一九六二年一月に着工し、同年十二月に竣工、六三年四月八日に開業した。ところが本来の目的であるアメリカ軍将兵の誘致に失敗し、赤字経営に苦しむことになった。アメリカと日本の批判を甘受し、アメリカ軍将兵の誘致に失敗することも明らかであったにもかかわらず、軍事政府がウォーカーヒル建設を強行したのは、工事の資金を横領し、秘密の資金を作るためであった。

セナラ自動車事件もまた中央情報部が主導したものだった。日本から二千余台の自動車を不法に輸入し、市価よりも二倍以上の高値で販売して二億五千万ウォンの暴利を得たのである。

セナラ自動車はもともと日本から部品を輸入し、それを組み立てて販売する自動車会社であった。国家再建最高会議は自動車工業保護法を制定し、日本から輸入する自動車部品には関税をかけなかった。中央情報部はこの法律を悪用し、部品ではなく完成品の日産自動車二千余台を無関税で輸入し、市中で販売して莫大な利益を得たのである。もちろんこの資金は共和党の創立のために流れていった。

パチンコ事件も中央情報部の仕業だ。当時賭博機械であるパチンコは法律で禁止されていたが、中央情報部は税関をごまかしてこれを国内に輸入し、業者に営業許可を与えたのである。このためソウルでは一時パチンコ旋風が吹き荒れたほどだった。

このように四大疑惑事件はすべて軍事反乱を引き起こした勢力が中央情報部を前面に立てて共和党の結党資金と政治資金を作るために仕組んだ不法行為であった。これを目にした国民は、旧悪をなくすためだと言って登場した革命勢力が新悪を作り出した、と嘲笑した。

これらの事件が暴露されると、軍政のナンバー2であった金鍾泌は一時的に政界を引退し外国へ避難した。中央情報部の一部の幹部と関係者は軍法会議に回付され拘束された。しかし四大疑惑事件で集められた資金の行方は最後まで明らかにされなかった。これらの事件はすべて、共和党の創立、朴正熙《パク・チョンヒ》の大統領候補出馬と時期が重なっていることから考えて、このおびただしい資金が結党と大統領選挙に使われたのではないか、という疑惑だけが残ったのである。

日韓国交正常化

日韓国交正常化は一九六五年六月二十二日、東京で調印された日韓基本条約によって実現した。日韓基本条約は四個の協定と二十六の文書によって構成されており、正式な名称は「大韓民国と日本国間の基本関係に関する条約」[★25]だ。

四個の協定は①漁業に関する協定、②在日僑胞の法的地位および待遇に関する協定、③財産および請求権に関する問題の解決および経済協力に関する協定、④文化財および文化協力に関する協定、によって成り立っている。二十六の文書は、協定の付属書二件、交換公文九件、議定書二件、口述書四件、合意議事録四件、討議記録二件、契約書二件、往復書簡一件だ。

★25：日本側の正式名称は「日本国と大韓民国との間の基本関係に関する条約」。

日韓基本条約に署名する李東元韓国外務部長と椎名悦三郎外相。日本の首相官邸にて。
時事通信フォト

日韓国交正常化交渉は朝鮮戦争の最中である一九五一年十月にはじまり、その後幾度も会談を重ね、十四年後に基本条約の締結によって実現した。しかしその過程は決して平坦なものではなかった。

日韓の協定は最初からアメリカの強力な圧力のもとに行なわれてきた。アメリカは一九五一年九月に日本とサンフランシスコ講和条約を締結し、アメリカと日本との同盟関係の基礎を築いた。アメリカが、ソ連をはじめとする共産主義勢力を牽制するための要衝の地を確保する計画の一環であった。日本は、アメリカと同盟して西方世界に入ろうという意思を持っていた。日本に被害を受けた韓国を含むアジア諸国がサンフランシスコ講和条約に反対すると、日本はミャンマー、インドネシア、フィリピン、南ベトナムなどに被害補償を行ない、反発をなだめようとした。そうしたなか、アメリカは日米安全保障条約を締結し、韓国、アメリカ、日本の同盟体制を構築したのだが、韓国と日本の国交が樹立していないため、同盟関係の限界が露呈した。このためアメリカは李承晩《イ・スンマン》政府に圧力をかけ、日本と国交を正常化するように要求した。しかし李承晩政府が反日を掲げ続けたため日本との国交正常化は成就しなかった。

その後、軍事政権が成立すると、アメリカは再び朴正熙《パク・チョンヒ》に日韓関係を正常化するよう要請した。これに対して朴正熙は一九六一年十一月に日本を訪問し、池田勇人総理に、経済援助を意味する「助けてくれ」という発言をし、一九六二年には中央情報部長の金鍾泌《キム・ジョンピル》を日本に派遣して、大平正芳外相と日韓協議の概略について合意させた。

このとき金鍾泌は大平に三点を要求した。第一に、過去の被害に対する請求権は無償供与を含め三億ドルとし、六年分割で支払うこと、第二に、長期低利借款三億ドルを提供すること、第三に、韓国の対日貿易赤字四千六百万ドルは請求権の三億ドルとは別途に扱うこと、の三点だ。

すべての請求権に対しては三億ドルを受け取ることで清算し、この三億ドルは対日貿易赤字の四千六百万ドルと相殺はせず、それ以外に三億ドルの長期低利借款を受ける、という内容である。つまりすべての請求権を三億四千六百万ドルでチャラにし、経済援助として三億ドルを貸してくれ、ということだ。

これに対して大平は、請求権三億ドルについては受け入れるが、支払期限を十二年とし、対日貿易赤字による負債四千六百万ドルはその三億ドルから相殺する、とこたえた。また借款は請求権とは別途の問題として扱う、と主張した。

こうした意見の差について双方が譲歩し、次のような合意にいたった。

①無償供与として三億ドルを十年間で提供し、その期間は短縮することができる。内容は人的サービスと物品による。対日貿易赤字の負債四千五百七十三万ドルはこの三億ドルと相殺する。

②対外協力基金の借款として二億ドルを十年間に分割して提供し、その期間は短縮することができる。七年間据え置きの後二十年分割償還とし、年利三・五パーセントとする（政府

借款)。

③輸出入銀行条件借款として一億ドル以上を提供する。条件は個々のケースによる。これは国交正常化以前でも実施しうる(民間借款)。

簡単に要約すると、韓国が対日請求権を放棄する代わりに、日本が無償供与三億ドル、有償供与二億ドル、商業借款一億ドルを十年に分割して提供する、ということである。

このような韓国と日本との秘密協議が進むなか、アメリカは韓国への圧力をさらに強化した。一九六二年七月、アメリカ国務省は駐韓アメリカ大使館に訓令を伝え、日本が韓国に経済援助をするというかたちで過去の歴史を清算し、もし韓国がこれを受け入れない場合はアメリカの経済援助を検討しなおすと脅迫せよ、と指示した。このため朴正熙軍事政府はアメリカの圧力に負け、日本に対して低姿勢で国交正常化の交渉を進めたのである。

一九六三年八月、朴正熙は代表的な親日企業家である朴興植《パク・フンシク》を秘密特使として岸信介元総理に手紙を送り、国交正常化推進を論議した。一方アメリカは一九六四年一月にロバート・ケネディ法務省長官を韓国に派遣して早く日韓会談を開催し国交を正常化するよう注文し、続いてディーン・ラスク国務長官が訪韓してすみやかな妥結を要求した。

アメリカはソ連と中国がアジアに対する影響力を拡大する前に日本を中心とした軍事、経済防衛体制を構築しようと血眼になっていた。もしそれに成功すれば、アメリカは日本を掌中に収め、アジア地域の軍事と経済を掌握することができると判断したのだ。この計画を早期に実現させるためには韓国と日本の国交正常化が必須であり、このためアメリカは朴正熙軍事政権に圧力を加え、話にもならない低額の補償を提示する日本の提案を受け入れるように強要した。

しかし韓国の国民感情は金鍾泌と大平の合意とはまったく異なったものだった。国民はこの合意を屈辱外交であると規定した。合意内容には日本の反省も、提供する資金の名目も明示されていなかったからだ。さらに李承晩が設定した平和線《ピョンファソン》（李承晩ライン）を放棄し、漁業権では一方的に譲歩する内容でもあった。

国民は金鍾泌と大平の合意に強く反発した。日韓交渉反対のデモが沸き起こり、それに対応するため朴正熙は崔斗善《チェ・ドゥソン》内閣を退陣させて丁一権《チョン・イルクォン》内閣を組織した。しかし反対デモはさらに過激なものとなり、政権退陣を要求するにいたった。一九六四年六月三日、全国で十万人を超える学生と市民がデモを展開して朴正熙退陣を叫び、ソウルではデモ隊が青瓦台《チョンワデ》のすぐそばにまで迫った。

朴正熙は非常戒厳令を宣布して大々的な検挙旋風を巻き起こした。その結果五百四十人が軍事裁判に回付され、八十六人が民間の裁判で裁かれた。その後、朴政権は日韓交渉に反対する国民の声を無視して会談を進め、一九六五年二月、基本条約に仮調印し、四月に漁業協定などに合意した。そして一九六五年六月二十二日に日韓基本条約に正式に調印した。その年の八月十四日、与党単独で国会を開き、日韓基本条約を批准し、十二月十八日、両国の基本条約および協定による批准書を交換することによって、日韓国交正常化の作業は終了した。

このとき批准された四点の協定内容は次のようなものであった。

まず日韓漁業協定によって、李承晩時代に設定された平和線が日本側の強い要求によって撤廃され、竹島（独島《トクト》）近海を日韓共同漁労水域として設定した。これが竹島をめぐる葛藤の発端となり、日韓基本条約が屈辱外交であるという批判の根拠のひとつとなった。

第二に、在日僑胞の法的地位および待遇に関する協定は、日本に居住する朝鮮国籍の者のうち、韓国国籍を選択する者に対して永住権を許可する、という内容を骨子としていた。この協定以前に日本に居住していた同胞は朝鮮国籍を有していたが、協定以後韓国国籍と朝鮮国籍に分離された。当時朝鮮国籍は北朝鮮を意味するものではなく、朝鮮半島全体を意味していた。★26

★26：正確には、日本政府は朝鮮民主主義人民共和国と国交を結んでいないので、「朝鮮」を国籍とは認めず、「記号」であるという見解をとっている。当時、朝鮮民主主義人民共和国を支持するという意味ではなく、分断された「韓国国籍」を認めないという意味で韓国国籍取得を拒否した在日朝鮮人も多かった。

そもそも在日朝鮮人はその歴史的経緯から日本に居住する当然の権利を有しているにもかかわらず、その一部にだけことさらに「永住権」を付与することは、在日朝鮮人社会に混乱をもたらす結果となった。当時金鍾泌は「在日韓国人は日本人になるのが望ましい」と発言し、差別に抗してなんとか民族性を保持しようと努力している在日朝鮮人から轟々たる非難を浴びた。韓国政府（北朝鮮政府も同様）の在日朝鮮人に対する無知と棄民政策は現在にいたるまで改まっていない。

第三に、経済協力協定では「財産および請求権に関する問題の解決および経済協力に関する協定」が調印された。これによって日本は、朝鮮に投資した資本と、日本人の個別の財産をすべて放棄し、三億ドルの無償資金と二億ドルの借款を支援し、その代わり韓国は対日請求権を放棄する、という内容を骨子としている。このため日本は現在も、従軍慰安婦のような個人の被害に対する賠償を拒否している。

第四に、「大韓民国と日本国間の文化財および文化協力に関する協定」は、日本が搬出した韓国の文化財を韓国に引き渡す、という内容であった。ここで返還ではなく「引き渡す」という用語を使うことによって、解釈に曖昧な部分が残ることとなった。また実際に返還されたのは江陵寒松寺址石仏《カンルンハンソンサジ》像など数点に過ぎなかった。

このように日韓基本条約はその大部分が日本に有利なように作られており、屈辱外交であるという批判を浴びることとなった。

ベトナム戦争派兵

政権を安定させるためには経済発展が必須であると判断した朴正熙《パク・チョンヒ》は、財源を確保するためアメリカと日本の援助に死活をかけた。このため日韓国交正常化とベトナム戦争参戦という二羽のウサギを捕まえようとしたのである。日韓国交正常化は日本から資金を引き出す唯一の方法であり、ベトナム戦争参戦はアメリカから資金を引き出すと同時に、韓国軍を増強し、さらにアメリカとの安保協力を強化するという一石三鳥の方策であると考えられた。

ベトナム派兵は、アメリカが要請する以前から朴正熙が希望していたことだった。朴正熙は軍事政権の樹立から半年後の一九六一年十一月にアメリカを訪問し、ケネディ大統領と会談、その席で韓国軍をベトナム戦争に参戦させる用意があると発言した。一九六二年五月十二日には軍事顧問団をベトナムに派遣し、極秘裏に派兵計画を立てていた。この時点ではまだケネディは韓国の参戦を考慮していなかった。

一九六三年十一月二十二日にケネディが暗殺され、リンドン・ジョンソンがアメリカ大統領になった。続いて一九六四年五月にサイゴン（現・ホーチミン市）に停泊していたアメリカの輸送船が南ベトナム解放民族戦線によって撃沈された。するとジョンソン大統領は韓国をはじめとする諸国に支援を訴えた。そして八月二日と四日、トンキン湾事件が発生する（トンキン湾事件は北ベトナムがアメリカの駆逐艦を二度にわたって攻撃したというものだが、アメリカの捏造であるという説が有力）。

アメリカがトンキン湾事件を捏造したのは、参戦の名分を得るためだった。ベトナムは第二次世界大戦以前はフランスの植民地であったが、日本の膨張によって日本が支配するようになった。そして第二次世界大戦が連合軍の勝利として終了すると、戦勝国であるアメリカはベトナムを再びフランスの支配下に置こうとした。しかしベトナムの独立勢力はフランスの支配を拒否し、ホーチミン率いる共産主義者が北ベトナムを根拠地として独立を宣言した。これに対してフランスはハイフォンを爆撃し、北ベトナムとフランスとの戦争が勃発する。しかしフランスは強力な火力を有していたにもかかわらず、戦術的失敗と地域的な限界のため敗北する。一九五四年七月二十一日、ジュネーブ協定で北緯十七度の線を休戦ラインとしてベトナムは南北に分断された。ジュネーブ協定では一九五六年に南北統一選挙を実施してベトナムを統合することになっていたが、南ベトナムの傀儡《かいらい》皇帝・バオダイが総選挙の履行を拒否し、分断状態が続くことになった。

アメリカはフランスと北ベトナムの戦争に深く介入し、フランスを支援し、フランスが南ベトナムから撤退すると、フランスに代わって南ベトナムの後ろ盾となった。当時南ベトナム政府は不正と腐敗の巣窟であり、ついにアメリカの後援のもとでクーデターが起こり、軍部政権が成立した。これに

8年にわたった韓国軍のベトナム派兵

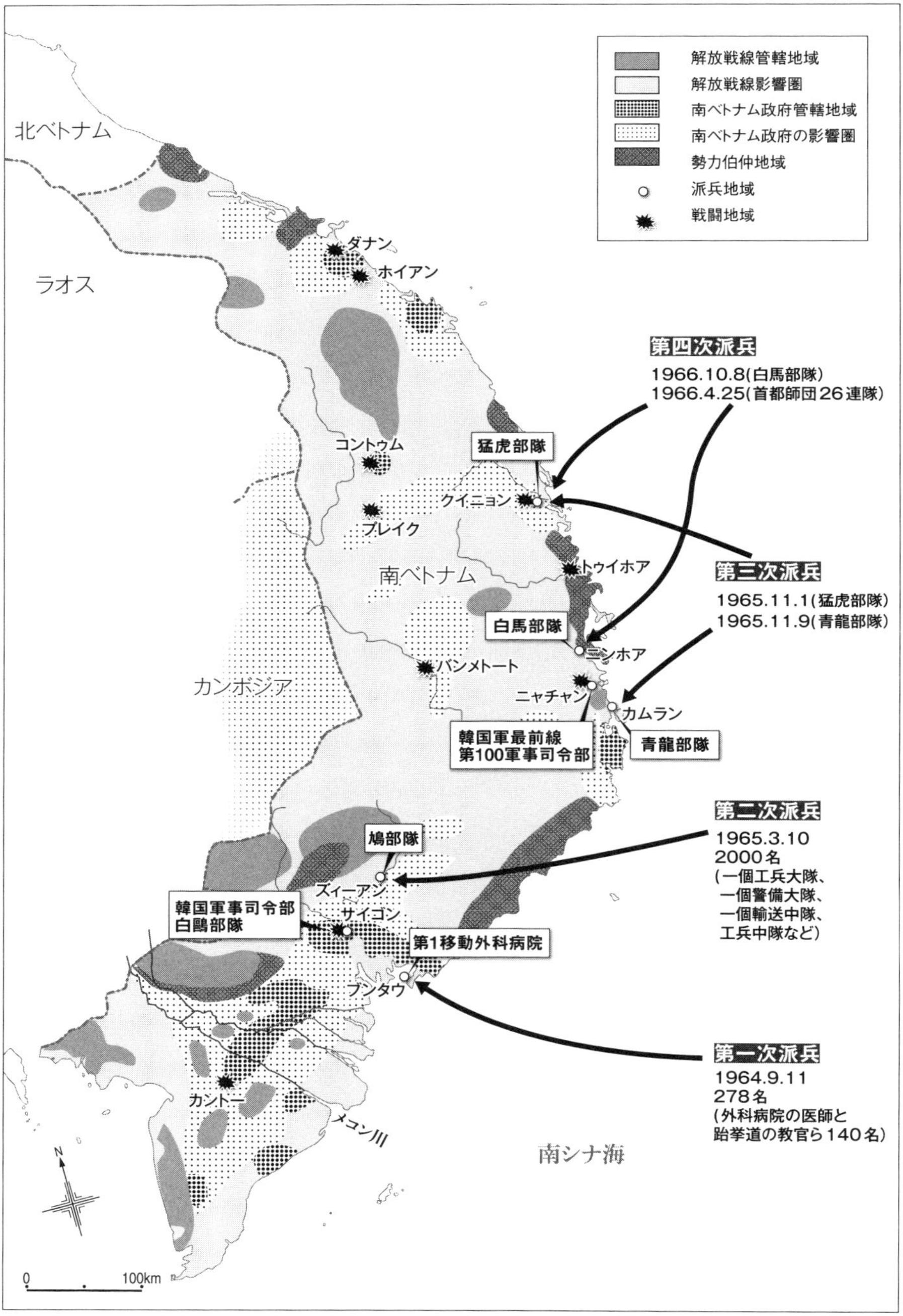

対して南ベトナム解放民族戦線が組織され、南ベトナムを共産化しようと動きはじめると、アメリカは、ベトナムの共産化がインドネシア半島全体に波及することを憂慮して戦争を開始した。トンキン湾事件を発端としてアメリカは二隻の航空母艦を急派し、ベトナムの石油貯蔵庫を集中的に攻撃しはじめたのである。

アメリカの要請を受けた朴正熙は、一九六四年七月三十日、国会で海外派兵同意案を通過させ、その年の九月十一日、ベトナムに軍を派遣した。このとき派遣されたのは、外科病院の医師と跆拳道《テクォンド》の教官ら百四十人に過ぎなかったが、その後一九六五年三月には一個工兵大隊、一個警備大隊、一個輸送中隊、一個海兵・工兵中隊などで構成された鳩部隊が派遣された。さらにアメリカの要請によって戦闘部隊である猛虎部隊と白馬部隊が参戦した。また軍需支援司令部である十字星部隊、海軍で構成された白鷗部隊、青龍部隊もベトナムに向かった。

こうして韓国は一年間で五万八千余人の兵をベトナムに派遣し、一万六千余人の民間人を送り込んだ。その後一九七三年三月に撤収するまで、延べ約三十二万人が派遣された。戦死者は五千余、負傷者は一万二千余、枯葉剤被害者は一万八千余にのぼる。また戦闘によって北ベトナム軍四万一千余を殺害したと記録されている（アメリカ軍の戦死者は五万六千余、負傷者は二十万余であり、南ベトナム軍の戦死者は二十万余、負傷者は五十万余であった。北ベトナム軍の戦死者は九十万余、民間人の死亡者は百五十万余、負傷者は百五十万余となっている）[★27]。

ベトナム派兵の代価として韓国経済は十億ドル以上の外貨を稼ぎ出した。これは派兵された将兵の参戦報酬と、民間人技術者の収入によるものだった。このため当時韓国軍はアメリカの傭兵であると言われていた。

こうして命の代価として稼いだ資金で、韓国経済は年平均一二パーセントという驚異的な高度成長を持続した。輸出十億ドルを達成し、京釜《キョンブ》高速道路を建設し、重化学工業の基盤を築いた。まさに血

★27：一九九九年、雑誌『ハンギョレ21』が「ベトナム・キャンペーン」で韓国軍によるベトナム民間人虐殺を報じたことは、韓国社会に大きな衝撃を与え、ベトナム参戦軍人がハンギョレ新聞社を襲撃するというような事件にまで発展した。その後、主として民間人によって虐殺事件の真相究明が進められている。また、金大中大統領、盧武鉉大統領が正式にベトナムに対して謝罪している。

の代価によって得られた経済成長であった。

三星のサッカリン密輸と金斗漢の国会汚物投擲事件

一九六六年四月、釜山《プサン》の税関を通しておびただしい量のサッカリンの原料がひそかに輸入された。サッカリンは安価であるため、砂糖の代わりに甘みを出すために使われていた。このとき輸入されたサッカリンの原料ＯＴＳＡの量は六十トン近くであり、二千二百五十九袋であった。搬入したのは三星《サムソン》グループ系列会社である韓国肥料工業であり、首謀者は三星財閥の創立者・李秉喆《イ・ビョンチョル》の息子・李孟熙《イ・メンヒ》だった。李孟熙の著書によると、これはすべて三星と朴正熙《パク・チョンヒ》政権が共謀して行なったことであるという。

当時三星は蔚山《ウルサン》に韓国肥料工場を建設中であったが、その費用は政府の保証により日本の三井から商業借款四千二百万ドルを調達することによってまかなうことになっていた。このとき三井は、借款四千二百万ドルの代わりに機械類を供給し、そのリベートとして百万ドルを三星に供与すると提案した。三星の李秉喆はこのことを朴正熙に知らせ、朴正熙と李秉喆はこの百万ドルを現金ではなく密輸で代替することに合意した。

朴正熙の黙認のもとで密輸が行なわれた。三星は、正常の手続きを通して輸入することが難しい工作機械、建設用機械を一緒に密輸することにし、便器、冷蔵庫、エアコン、電話、ステンレス板などを追加し、そこにサッカリンの原料も加えた。これらは市場に流せば数倍の収益が保証される物品だった。

朴正熙の支援によって、密輸は順調に進んでいった。三星はサッカリンの原料をクムブク化学に売却する契約を結んでいた。ところが釜山の税関がサッカリンの密輸を察知し、一九六六年五月二十四日、三星を摘発したのである。続いて六月、サッカリンの原料千五十九袋を押収し、罰金二千余万ウォンを科した。

事件はこれで終わらなかった。その年の九月十五日、『京郷新聞』がこの事実を特ダネとして報じると、三星が所有していた言論機関を除くあらゆるメディアが一斉に三星を非難しはじめた。三星は『中央日報』と東洋放送を通じて、密輸ではなく合法的にサッカリンを輸入したのだと抗弁した。

しかしメディアは三星非難一色となった。さらに三星が所有している言論機関に対する世論も悪化した。このころ、危機を感じた朴正熙が、財閥と言論機関とを分離するための法的措置を研究しろ、という指示を出した。これに対して東洋放送は、謝罪の放送をし、三星を擁護した出演者に対して一ヶ月間の出演停止処分を下した。

国会でもサッカリン密輸を非難する声が沸き上がっていた。九月二十二日に開かれた国会で、共和党議員の李万燮《イ・マンソプ》は、李秉喆と釜山の税関長を拘束すべきだ、と主張した。また民主党の金大中《キム・デジュン》議員も、李秉喆の即時拘束を要求した。

続いて登場した金斗漢《キム・ドゥハン》議員は、白い布に包まれたふたつの容器を持って壇に上がった。金斗漢は自分自身の抗日闘争、反共闘争について述べてから、朴正熙政権を不正腐敗を合理化した被告であると非難しながら包みを解き、「これは財閥の泥棒行為を合理化して差し上げた内閣を糾弾する国民のサッカリンであります」と言いながら容器の内容物を国務委員席にぶちまけた。その内容物は他でもない、糞尿だった。糞尿をぶちまけながら、金斗漢が叫んだ。

「クソでも喰らいやがれ、よおく味わうんだな」

その糞尿はパゴダ公園の公衆便所から汲み取ってきたものだという。糞尿を浴びせかけられ、国務総理の丁一権《チョン・イルクォン》をはじめ、経済企画院長官・張基栄《チャン・ギヨン》、財務部長官・金正濂《キム・ジョンニョム》、法務部長官・閔復基《ミン・ボッキ》、商工部長官・朴忠勲《パク・チュンフン》らは大あわてで逃げ回った。

金斗漢の糞尿事件に国民は拍手喝采した。このことによって金斗漢は中央情報部に連行され、酷い拷問を受け、国会議員を除名される。しかし国務委員も無事には済まなかった。丁一権は内閣の一括辞表を提出し、法務部長官・閔復基と財務部長官・金正濂は解任された。窮地に追い込まれた李秉喆はあわてて記者会見を開き、自分にとっては千金に値する韓国肥料を国家に献納し、自分自身は経済界から引退する、と宣言した。

その後、李秉喆の次男であり韓国肥料の常務であった李昌熙《イ・チャンヒ》が拘束され、韓国肥料の職員は中央情報部に連行されて拷問を受け、韓国肥料の株式の五一パーセントを国家が没収した。

李孟熙の主張のとおり、三星の密輸が朴正熙の支援のもとで行なわれたのならば、李秉喆は徹底的に利用され、おびただしい損害を受け、そして追放されたということになる。

この事件に関連して『思想界』代表の張俊河《チャン・ジュンハ》は大邱《テグ》の寿城《スソン》川の岸で開かれた「特定財閥の密輸の真相を暴露する大会」で、「朴正熙こそわが国の密輸の親分だ」と批判し、拘束されている。

三選改憲を強行

一九六九年、朴正熙《パク・チョンヒ》は憲法を改正し、大統領の三選を可能にした。一九六二年に制定された憲法によれば、大統領の任期は四年で、一回に限り再任ができることになっていたが、朴正熙はこれを改め、政権を延長したのである。

三選改憲についての論議は、朴正熙が第六代大統領選挙で当選した直後から、共和党内部でひそかにささやかれていた。朴正熙は一九六七年五月三日に実施された大統領選挙で、有効投票の五一・四パーセントを獲得し、第五代に続いて再び挑戦してきた尹潽善《ユン・ボソン》を退け、百十六万票の差で勝利した。一九六三年の選挙では十五万六千余票の差であったが、それに比べると大勝利であった。さらに

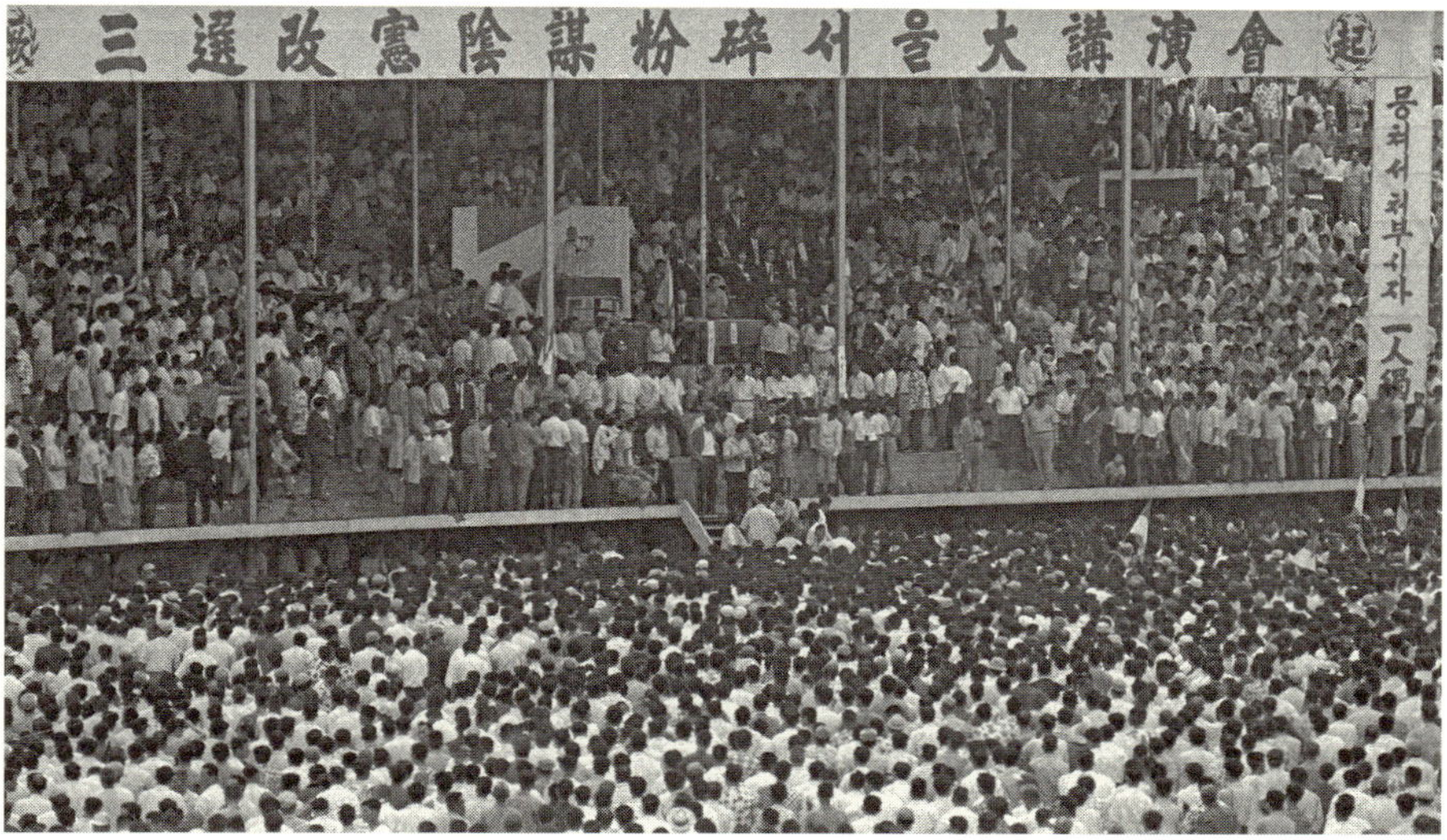

三選改憲に反対する市民で埋め尽された孝昌運動場。金大中が演説した。1969 年 7 月撮影。〔聯合ニュース〕

一九六八年六月九日に実施された総選挙で共和党は全百七十五議席のうち百二十九議席を獲得した。単独で改憲を断行しうる議席を確保したのである。そしてついに共和党は三選改憲を公に口にするようになった。

改憲の先頭に立ったのは共和党議長代理の尹致暎《ユン・チヨン》であった。一九六八年十二月、慶尚南道《キョンサンナムド》の道党改編大会に参加するために釜山《プサン》を訪問した尹致暎は、国民が望むのならば憲法改正を断行すると主張し、世論調査によって国民の意思を問う、と語った。改憲の論議を公式に宣言したのである。祖国の近代化と祖国中興という民族の課題を完遂するためには強力なリーダーシップが必要であるため、憲法に問題があれば修正しなければならない、というのが尹致暎の論理であった。

共和党が改憲について公言しはじめると、野党である新民党はこれに強く反発した。共和党内部からも反発の声が上がった。これに対して朴正熙は、経済の建設が何よりも急がれるので、当分の間改憲について論じるのはやめるように指示した。まず共和党の結束を固めようという腹であった。

当時共和党内で、朴正熙の三選にもっとも強く反発していたのは金鍾泌《キム・ジョンピル》の系列であった。金鍾泌は朴正熙のあとに大統領になろうと狙っているほとんど唯一の人物だった。一九六八年五月、金鍾泌系の中心人物だった金瑢泰《キム・ヨンテ》議員が、金鍾泌を朴正熙の後継者にしようと主張して党を除名された。金瑢泰は金鍾泌の勢力を全国化するために韓国国民福祉会を組織してその会長となり、一九七一年に実施される第七代大統領選挙に金鍾泌党議長が出馬しなければならないと主張し、三選改憲を阻止しようと力説した。この事実を耳にした朴正熙は激怒し、中央情報部長の金炯旭《キム・ヒョンウク》にその背後を徹底的に捜査するよう命じた。その結果金鍾泌は党議長から退き、韓国国民福祉会の幹部は中央情報部に連行され残酷な取調を受け、除名された。

しかし共和党内部で三選改憲に反対する声は消えなかった。一九六九年四月、新民党が権五柄《クォン・オビョン》文教部長官に対する解任勧告案を提出したとき、意外にもこれが通過してしまったのである。共和党から最大四十八票ほどの反乱票が出たのだ。「四・八抗命騒動」と名付けられたこの事件は朴正熙を緊張させた。朴正熙はこの事件を、共和党の総裁であり大統領である自分自身に対する挑戦であるとみなし、これを金鍾泌一派の反乱であると断定した。憤慨した朴正熙は、国会議員五人と中央委員十一人を含む九十三人を除名処分にするという強硬手段に出た。

すると金鍾泌は政界引退宣言をしたが、朴正熙は金鍾泌を呼び出してなだめ、彼を三選改憲を進める総代表にした。

一九六九年八月十四日、新民党の成楽絃《ソン・ナクヒョン》、曺興万《チョ・フンマン》、延周欽《ヨン・ジュフム》と共和党議員百八人、政友会十一人、合わせて百二十二人が署名した改憲案が国会に提出された。

新民党は改憲に同意した三人を除名し、改憲反対闘争に突入したが、力不足だった。

その年の九月十三日、改憲案が国会本会議に回付された。野党はこれに対抗して「改憲案撤回同意案」を提出したが、四十四人が賛成票を投じたに終わり、何の成果もあげられず、万策尽きた野党は国会の壇を占拠して議事の進行ができないようにした。

その日の午後三時五十分、国会議長の李孝祥《イ・ヒョサン》が三回目の休会を宣言した。これを合図に改憲に賛成する共和党および無所属議員百二十二人は本会議場を出て、常任委員会単位に周辺のホテルに投宿した。野党議員は壇上を占拠して立てこもり続けた。
翌日の午前二時、与党議員らは国会の第三別館に集まり、午前二時五十分、三階の特別委員会室に集結して改憲案の採決を強行した。このとき国会の議事棒がなかったので、国会の職員が持ってきたヤカンの蓋を議事棒の代わりにして机を三度叩いたと伝えられている。
このとき改正された憲法の内容は次のようなものだった。

第三十二条二項
「国会議員の数は百五十人以上二百人以下の範囲内で法律によって定める」を「国会議員の数は百五十人以上二百五十人以下の範囲内で法律によって定める」とする。
第三十九条
「国会議員は大統領、国務委員、地方議会議員、その他法律が定める公私の職を兼任することはできない」を「国会議員は法律が定める公私の職を兼任することはできない」とする。
第六十一条第二項但書条項
「但し、大統領に対する弾劾訴追は国会議員五十人以上の発議と在籍議員の三分の二以上の賛成がなければならない」を追加する。
第六十九条第三項
「大統領は一度に限り再任できる」を「大統領の継続在任は三期に限る」とする。
付則
「この憲法は公布した日から施行する」

整理すれば、大統領は三選まで可能となり、国会議員の数を二百五十人までに増やし、国会議員は特に法律で定められた職以外を兼任することができ、大統領を弾劾訴追することが難しくなったのである。

単に大統領の三選が可能になっただけでなく、長官や警護室長、中央情報部長なども国会議員と兼任することができるようになり、国会の監視が可能になった。そして大統領弾劾訴追はほとんど不可能になった。

改憲案の強行採決の後、野党は学生、市民と連帯して強力な反対闘争を展開したが、時すでに遅しの感があった。朴正熙は中央情報部と警察を動員してマスコミを脅迫し、市民と学生団体の幹部を拘束して拷問を加えた。

国民投票は十月十七日に実施することになった。改憲案を通すために、朴正熙は有権者に現金と小麦粉をばら撒いた。このため「小麦粉大統領」、「小麦粉憲法」のような言葉が流行した。改憲案は投票率七七・一パーセント、賛成六五・一パーセントで承認された。

全泰壹の焼身自殺

一九七〇年十一月十三日、ソウル東大門《トンデムン》清渓川《チョンゲチョン》六街の雲の橋[★28]の前で、二十三歳の青年が全身に石油をかけて焼身自殺をした。彼は勤労基準法の冊子を手に、こう叫んだ。

「われわれは機械ではない」

「勤労基準法を遵守せよ」

「わたしの死を無駄にするな」

この青年は清渓川平和《ピョンファ》市場被服工場の裁断士であり、労働運動家でもあった全泰壹《チョン・テイル》だ。全身が黒く焼け爛れたまま明洞《ミョンドン》の聖母病院に移送された全泰壹は、母・李小仙《イ・ソソン》に言った。

★28：現在は柳の橋または全泰壹の橋と呼ばれる。

「お母さん、ぼくができなかったことを、お母さんが絶対にやり遂げてください」

そして、お腹が空いた、という最後の言葉を残して、この世を去った。

全泰壱は一九四八年に大邱《テグ》で生まれた。貧しい家庭に育った彼は初等学校のときにソウルに引越しをし、十六歳の若さで平和市場の中にあった三一社《サムイルサ》に見習工として就職した。彼がこのとき受け取った日当はわずか五十ウォンだった。十四時間の厳しい労働の代価は、わずかコーヒー一杯分に過ぎなかったのである。

ある日、全泰壱は勤労基準法というものがあるという事実を知る。彼は勤労基準法の解説書を探し出して熟読し、はじめて自分を含む周りの労働者が法の保護をまったく受けられないでいることを知った。その後彼は「馬鹿の会」を結成し、馬鹿であることから抜け出す道を模索する。馬鹿の会を中心として彼は清渓川の労働者の労働実態を調査し、雇い主に勤労条件を改善するよう要求したりもした。

全泰壱の調査によれば、平和市場で働く労働者の平均労働時間は十四時間であり、三日間睡眠せずに働き続けるというような例もあった。幼い労働者が居眠りをするのを防止するために雇い主が薬を飲ませたり注射を打ったりすることも頻繁にあった。

ミシン工と幼い見習工が働く場所はまっすぐ立つこともできない屋根裏部屋だった。もちろん窓もなかった。ほとんどは慢性の胃腸病、神経痛、肺病などで苦しんでおり、そこで五年以上勤務した者で健康な者はほとんどいなかった。

全泰壱はこのような劣悪な勤労条件を改善するために、労働者のもっとも基本的な権利を法で定めた勤労基準法について雇い主に説明し、労働環境を改善するよう要求した。しかし雇い主は労働環境の改善はおろか、逆に彼を解雇してしまったのである。

全泰壱が馬鹿の会を組織したのは一九六九年六月であり、会社を解雇されたのはその数ヶ月後だった。清渓川から追い出された彼は建設労働者をしながら各地を転々としていたが、一九七〇年九月に再び清渓川に戻ってきた。同僚を糾合し、労働条件改善を目的とした運動をするためだった。

しかし労働条件の改善を実現するのは非常に困難であった。雇い主の妨害と圧力は続き、関係機関からも圧力や脅迫を受けた。そこで全泰壱は、馬鹿の会の会員と一緒に東洋放送の『市民の声』(原題)という番組の担当者を訪ねた。平和市場の労働者の残酷な現実を放送を通じて広く知らせたいと考えたからだ。しかし担当者の反応は冷たかった。もう少し具体的で明確な資料がなければ放送することはできない、と断られたのだ。

全泰壱は次に労働庁長に陳情書を提出した。平和市場の被服製品従業員の労働条件を改善してほしい、という内容だった。ある新聞記者がその内容に注目し、記事にした。『京郷新聞』社会面のトップ記事だった。「屋根裏部屋で一日十六時間の労働」というタイトルで、「少女ら二万人を酷使」という副題がつけられた。全泰壱は新聞を三百部買い求め、平和市場で配った。記事を見た平和市場の見習工とミシン工は久しぶりに歓声を上げた。労働条件が改善されるのではないか、という希望を持ったのだ。言論の力のおかげか、雇い主と労働庁も好意的な反応を示した。しかしそれだけだった。雇い主と労働庁は逆に労働者への統制を強めはじめた。その上、警察までが介入してきて、全泰壱と馬鹿の会の会員を脅迫した。

これに抵抗するため、その年の十月二十四日に、労働者を集め、大々的な集会を開くことにした。しかし事前にそれを察知した警察の妨害と脅迫により、集会を開くことはできなかった。

こうして全泰壱は、最後の抵抗の方法として、焼身自殺を選択した。毎日通っていた道で、全身に石油をかけ、火を放ったのだ。このような方法を用いてまでも、労働者の現実を広く知ってもらいたいと願ったのだ。

全泰壱の焼身自殺を知ったソウル大学法学部の学生百余人が、彼を学生葬にするから彼の死体を譲り渡してほしいと言明した。ソウル大学商学部の学生四百余人は無期限断食闘争をはじめた。こうした抗議集会は各学部に広がっていった。

この動きを見てソウル大学当局は十一月二十日、休校令を発した。しかしソウル大学生の闘争は続いた。翌日、新民党の大統領候補・金大中《キム・デジュン》が声明を発表し、全泰壱の焼身自殺を政治の争点として取り上げた。続いて全泰壱の精神を具現するという内容を選挙の公約に加えた。

宗教界も動きはじめた。キリスト教は新、旧教が合同で追慕礼拝を行ない、抗議運動を展開した。同時に覚醒運動を開始し、都市貧民に対する宣教のための首都圏特殊地域宣教委員会などの組織が結成された。

全泰壱の死は労働運動の転換点となった。抑圧の恐怖に押さえつけられ怯えきっていた労働界が、本格的な抵抗運動をはじめたのである。全泰壱の焼身自殺が広く知られるようになった後、その年の十一月二十五日には朝鮮ホテルでイ・サンチャンが焼身自殺をこころみ、翌年二月には韓国会館でキム・チャンホが焼身自殺をこころみた。労働者はこれ以上黙ってはいなかった。各地で賃金の滞納と労働力の搾取に抗議する大規模なストライキが起こった。滞納した賃金を受け取るために器物を破壊したり放火したりするような事態に発展することもあった。

全泰壱の死はこのように韓国の労働運動に新しい種を撒く契機となった。大学生は労働者の悲惨な現実を思い、労働運動に身を投じなければならないという使命感を持つようになった。宗教家は劣悪な都市労働者の労働環境を改善するための新たな道を模索しはじめた。政治家は労働問題を新しい争点とみなすようになった。そして労働者は、みずから自分たちの問題を解決するため、労働組合の結成に拍車をかけていくようになった。

維新憲法の宣布

一九六九年の三選改憲を基盤として、朴正熙《パク・チョンヒ》は一九七一年に第七代大統領選挙に出馬した。野党である新民党には、院内総務であった金泳三《キム・ヨンサム》の「四十代旗手論」により、新たな風が吹きはじめていた。金泳三をはじめ、金大中《キム・デジュン》、李哲承《イ・チョルスン》という四十代の三人が民主党候補に名乗り出たのである。このうち当選がもっとも有力視されていたのは金泳三であった。最初の投票で金泳三は一位となったが、過半数を得ることができなかったので、二次投票が行なわれることになった。そして二次投票では、一次投票で二位だった金大中が勝利したのである。

四十代の若い旗手、金大中はすぐに全国を回り、支持を固めていった。朴正熙は野党の追い風に当惑の色を隠せなかった。朴正熙は警察をはじめとする公務員を動員して地域感情を煽り、根拠のない誹謗中傷に満ちた宣伝物をばら撒き、選挙を地域対決の場に追い込んでいった。その結果、四月二十七日に実施された選挙で、朴正熙は九十五万票の差で金大中を破り、第七代大統領に当選した。しかし当選したとはいっても、政治の中心地であるソウルでは、金大中に二〇パーセントという大差で負けたのである。朴正熙の勝利は主として農村、それも慶尚道《キョンサンド》地域での圧倒的支持のおかげであった。その背景には公権力の介入と金品のばら撒きがあった。そのため国民の不満は大きく、それは五月に実施された総選挙で表面化した。五月二十五日の総選挙で新民党は議席の四三・六パーセントを獲得し、改憲阻止線を大きく上回る票を獲得したのである。つまり朴正熙が合法的にこれ以上大統領の地位に居続ける道はふさがれたのだ。

しかし朴正熙は永久執権の野望を捨てることはなかった。一九七二年十月十七日、朴正熙は突然非常戒厳令を発布して国会を解散し、政党活動を禁止した。そしていわゆる「十月維新」を宣言して憲法を停止し、独裁者の道を歩みはじめた。

朴正熙が十月維新を宣言した当時、南北関係は七[★29]・四南北共同声明によって和解の雰囲気に包まれ、朝鮮半島は統一の熱気に沸きかえっていた。国会では国政監査が進められていた。

国政監査を進めていた議員のうち、朴正熙によって悪質だと分類された政治家は、中央情報部と国家保安司令部（保安司）に連行され、水拷問をはじめとする残忍な拷問が加えられた。実尾島《シルミド》事件を暴露した李世圭《イ・セギュ》議員は拷問に耐えられずに自殺をこころみたほどだった。そしてほとんどの大物政治家は自宅に軟禁された。

そうしたなか、大統領終身制を骨子とする憲法の改正案が提出され、十一月二十一日、恐怖の雰囲気のなかで進められた国民投票で、九一・五パーセントという圧倒的な賛成によって新しい憲法が誕生した。いわゆる維新憲法である。

維新憲法は、手をあげる機械と言っても過言ではない統一主体国民会議を通して大統領を間接選挙で選出するようになっており、大統領は国会を解散することができるが、国会は大統領を弾劾することができないようになっていた。また国会議員の三分の一に該当する全国区の議員七十三人は統一主体国民会議で選出できるのだが、この議員たちは自分たちのことを維新政友会（維政会）と呼んでいた。朴正熙は維新政友会の議員と共和党の議員を合わせて常に三分の二以上の国会議員を確保し、いつでも改憲できるようにしたのである。

朴正熙はこの新しい憲法によって、単独で第八代大統領に出馬し、十二月二十三日に実施された間接選挙で、九九・九パーセントの支持を得て当選した。

しかし維新体制は国民の強い抵抗に遭う。各界各層で反維新の運動が広がっていった。これに対応するため朴正熙は緊急措置を発動した。緊急措置一号は維新憲法を否定、反対、歪曲、誹謗する行為を禁止し、二号は緊急措置違反者を非常軍法会議で裁くように定めた。緊急措置は九号まで続き、さ

★29：一九七二年七月四日午前十時、韓国と北朝鮮で同時に南北共同声明が発表された。民衆にとってはまったく寝耳に水の事態だった。その後明らかにされたが、中央情報部長の李厚洛（イ・フラク）や、北朝鮮の第二副総理である朴成哲（パク・ソンチョル）が極秘裏に南北を往復し、協議を行なっていたのである。共同声明では、平和的手段によって民族大団結を図る、と高らかに宣言され、韓国の民衆は熱狂的にこれを歓迎した。しかし韓国では本文にあるとおり十月維新により維新体制がはじまり、北では十二月に憲法が制定されて金日成が国家主席になるなど、北でも南でも体制強化の手段にしか過ぎなかった。

らに悪辣、暴力的なものとなっていった。このためおびただしい政治犯、良心囚が量産されていったが、反維新の闘争が中断することはなかった。

金大中拉致事件

朴正熙《パク・チョンヒ》が維新体制を宣言したころ、一九七一年の大統領選挙で朴正熙の肝を冷やした金大中《キム・デジュン》は日本に滞在していた。朴正熙が維新体制を発表し非常戒厳令を宣布すると、金大中はすぐさま抗議声明を発表した。金大中は、朴正熙が永久執権を目標として改憲を強行したと批判し、維新体制に対する反対闘争を展開すると表明した。金大中はすぐにアメリカに渡り「韓国民主回復統一促進国民会議」(韓民統)を組織した。その後、金大中は東京にも韓民統の本部を創設しようと考え、そのために一九七三年七月十日に日本に入国した。しかし八月八日、金大中は東京のホテルグランドパレスで拉致されたのである。

金大中の拉致を指揮したのは中央情報部長の李厚洛《イ・フラク》であった。金大中は中央情報部の要員に拉致され、龍金号《ヨングム》という船に乗せられた。拉致犯は金大中の手足を縛り、錘をつけて海に投げ込もうとしたが、ちょうどそのとき飛行機が飛んできたため海に投げ込まれるのは免れた。金大中が拉致されたということを知ったアメリカが飛行機を飛ばしたのだ。

九死に一生を得た金大中は、八月十一日夜、釜山《プサン》に到着して一泊し、十二日夜ソウルにある中央情報部の隠れ家に連行され、翌十三日解放され東橋洞《トンギョドン》の自宅に戻った。

しかしそれで事件が終了したわけではなかった。日本で韓国政府による拉致事件が起こったのだから、日本は当然これを主権侵害であるとみなし、深刻な外交問題となった。さらに日本が中央情報部による拉致を支援したのではないかという疑惑が出され、日本政府は困難な立場に立たされることとなった。日本を出発した龍金号はそのまま公海へ抜け出したのだが、日本政府の支援がない限りそれは不可能なことだったからだ。

一方、北朝鮮の南北調整委員長の金英柱《キム・ヨンジュ》は、拉致事件の主犯とされた李厚洛をすぐに南北調整委員会から解任するよう要求した。金英柱は、人を拉致するような無頼漢とはいかなる対話も不可能である、と付け加えた。アメリカもまた朴正熙政権に冷たい視線を送った。

韓国内では学生が金大中拉致事件の解明を要求し、中央情報部を解体し、ファッショ政治を中止せよ、と声を高めた。在野では「民主守護国民協議会」が結成され、反維新闘争を展開した。さらに憲法改正請願運動本部が設立され、百万人署名運動を開始した。そして『東亜日報』の記者は、金大中拉致事件に対する報道管制に抗議して「言論守護宣言文」を発表した。

こうして金大中拉致事件は、外交はもちろん、国内政治にも大きな波乱を引き起こした。死の淵から脱出した金大中はこの事件を契機として韓国民主主義の象徴のような存在となり、世界的な大物政治家に成長した。逆に朴正熙は、破廉恥な行ないも辞さない独裁者としての烙印を押されることとなった。

民青学連と人革党再建委

一九七三年三月、鍾路《チョンノ》警察署の情報課刑事が梨花《イファ》女子大の学生を警察署に連行した。その女学生はスカートの中にビラを隠していたのだが、運悪くそのビラを落としたために捕まったのである。ビラには、四月三日、全国で大学生が総決起する、と書かれてあった。

警察と中央情報部は必死になって四・三決起大会を阻止しようとした。しかし四月三日、ソウル大をはじめとするソウル地域の七~八大学がデモをはじめた。そして全国民主青年学生総連盟（民青学連）の名で声明文が発表された。

その声明文は、維新体制の撤廃、中央情報部の解体、労働悪法の撤廃、対外依存経済の清算などを要求していた。

朴正熙《パク・チョンヒ》政権はこれに対して緊急措置四号を発表し、大学に対して激しい弾圧を加えた。学生の欠席や試験拒否にまで懲役刑を科するという極端な弾圧だった。民青学連を主導していた学生には懸賞金までかけて指名手配した。手配された学生は李哲《イ・チョル》、柳寅泰《ユ・インテ》、姜求鉄《カン・グチョル》などであった。懸賞金は最高三百万ウォンであった。当時スパイを申告した場合の報奨金が三十万ウォンであったことを考えると、信じられない額である。さらに手配された学生をかくまったり、申告しなかった場合には懲役、そして死刑に処すると手配書には書かれてあった。

変装をしながら身を隠していた李哲らも逮捕され、中央情報部は民青学連を、政府転覆を狙う不純集団であると追及した。軍法会議に回付されたのは、李哲、柳寅泰などの学生をはじめ、尹潽善《ユン・ボソン》前大統領、朴炯圭《パク・ヒョンギュ》牧師、金東吉《キム・ドンギル》教授、金燦国《キム・チャングク》教授など百八十人にのぼり、求刑は死刑十四人、無期懲役十三人、懲役十五年以上が二十八人であった。

学生を弁護していた姜信玉《カン・シノク》が司法殺人であると発言して拘束されるという信じられない場面もあった。この事件で宣告された量刑を合計すると千六百五十年にもなる。これは世界史にも類例のない、ギネスブックに記載すべき量刑だといえよう。

朴正熙政権はこれで満足したわけではなかった。中央情報部は民青学連の背後に人民革命党再建委員会（人革党再建委）がいる、と発表した。人革党再建委事件を捏造したのである。

人革党再建委は一九六四年に起こった人民革命党事件に関連してでっち上げられた。一九六四年、中央情報部長の金炯旭《キム・ヒョンウク》は、日韓会談に反対する学生の背後に人民革命党という政府転覆を狙う組織があると発表した。もちろん拷問によってでっち上げられた組織だった。しかしこの事件に関係した

★30：人民革命党再建委員会事件については、二〇〇七年一月、ソウル地方裁判所が再審で八人全員に対する無罪を宣告し、遺族の賠償訴訟でも同年八月、国家が遺族に賠償するよう命じた。しかし朴正熙の娘で当時ハンナラ党代表であった朴槿恵は、再審請求が行なわれている過程で、この事件はすでに法的に結論が出

ている、という立場を堅持し、謝罪を拒否した。大統領候補となった二〇一二年九月、ＭＢＣの放送では、人革党事件の遺族に謝罪する意向はないのか、という質問に対して、「その部分については裁判所の判決がふたつ出ている」、「未来の判断に任せるべきではないか」とこたえたことがある」と発言した。

四十三人のうち、十三人が有罪判決を受けた。

人革党再建委は一九六四年の人民革命党の残党が民青学連を背後で操縦して政府を転覆させるために再結集した組織である、というのが中央情報部の発表であった。中央情報部は発表の前に関連する者をすべて連行し、連日拷問を加え、虚偽の自白を引き出していたのである。

一九七五年四月八日、人革党再建委の八人の死刑が確定した。そして翌四月九日午前六時、金鏞元《キム・ジョンウォン》、都礼鍾《ト・イェジョン》、徐道源《ソ・ドウォン》、宋相振《ソン・サンジン》、呂正男《ヨ・ジョンナム》、禹洪善《ウ・ホンソン》、李銖秉《イ・スビョン》、河在完《ハ・ジェワン》が刑場の露と消えた。まさに司法殺人であった。★30

第四章

崔圭夏大統領実録

崔圭夏（チェ・ギュハ）

生年一九一九―没年二〇〇六

出身地　江原道《カンウォンド》原州《ウォンジュ》市鳳山洞《ポンサンドン》

在任期間　一九七九年十二月―一九八〇年八月（八ヶ月）

わたしが率いる現政府は、国難打開のための危機管理政府と言わざるをえません。今こそ、国民全員に愛国心と団結が切実に要求されているのです。

――第十代大統領就任の辞から（一九七九年）

1　三十余年を公務員として生き、過渡政府の大統領となった崔圭夏

崔圭夏《チェ・ギュハ》は日本による植民地時代である一九一九年七月十六日、江原道《カンウォンド》原州《ウォンジュ》市鳳山洞《ポンサンドン》で、父・崔養吾《チェ・ヤンオ》と母・李応善《イ・ウンソン》の間に生まれた。幼時に祖父から漢学を学び、『童蒙先習《どうもうせんしゅう》』や『小学』などの基礎課程から、『論語』、『孟子』、『大学』、『中庸』の四書、『資治通鑑』などの歴史書を学んだ。祖父に漢学を習いながら、一九二八年に原州普通学校の二年に編入し、一九三二年に卒業した。祖父の漢学教育は彼が普通学校を卒業するまで続いたという。

普通学校を卒業した崔圭夏は、一九三二年三月に京畿《キョンギ》高等学校の前身である京城第一公立高等普通学校（京城高普）に入学した。一九三五年、京城高普四年で十七歳であった崔圭夏は洪炳純《ホン・ビョンスン》の三女である洪基《ホン・ギ》と結婚した。

一九三七年に京城高普を卒業した崔圭夏は日本に留学する。彼が選択したのは東京高等師範学校（筑波大学の前身）だった。専攻は英語英文学だ。一九四一年に卒業して満州に渡り、国立大同学院に入学し、政治行政を専攻、二年後の一九四三年に卒業した。

このように崔圭夏は中学校からエリートコースを歩み続け、学業に専念した。一九四五年に解放を迎えると、ソウル大学校師範大学の教授に就任した。しかし長く教授職にとどまりはしなかった。一九四六年にアメリカ軍政庁中央食料行政処企画課長に抜擢され公務員となり、以後公務員として生きていく。

一九四八年の政府樹立以後は農林部に籍を移して糧政課長となり、朝鮮戦争の最中である一九五一年には農地管理局長代理に昇進した。この過程で崔圭夏は農林部次官の鄭求興《チョン・グフン》と共にシンガポールで開かれた国連食糧農業機関（ＦＡＯ）アジア地域米穀委員会の会議に参加した。このとき優れた外

国語の能力が認められ、これがきっかけとなって外務部長官・卞栄泰《ピョン・ヨンテ》によって外務部通商局長に抜擢された。

その後外交官の道を歩み、一九五二年七月には駐日代表部総領事に任命され、一九五七年五月に駐日代表部参事官となった。一九五九年には駐日代表部公使に昇進し、その年に帰国して外務部次官に抜擢された。しかし一九六〇年四月の市民革命により、五月に公職を辞任した。

しばらく在野の生活を送っていたが、朴正熙《パク・チョンヒ》の軍事政権が成立すると、一九六二年外務部長官顧問となり、再び公職に戻った。一九六三年には外務部本部大使をへて国家再建最高会議議長外交担当顧問となった。つまり朴正熙の外交に関する業務に助言をする立場である。このとき朴正熙の信任を得たと思われる。その後、一九六四年十一月から二年八ヶ月間マレーシア大使として勤務し、一九六七年六月に外務部長官となった。

彼は寡黙な性格で、外交のスタイルもまたその性格のとおりであった。外務部長官に在任していたときは「静かな外交」を標榜し、実務においては外交行政組織を強化して通商外交に力を注ぐという現実的な姿を見せた。このようなスタイルを評価した朴正熙は、一九七一年に彼を青瓦台《チョンワデ》へ呼び寄せて外交担当特別補佐官に任命した。一九七二年には南北調整委員会委員として平壌《ピョンヤン》を訪問し、大統領特使として七度にわたり西南アジアとアフリカ諸国を親善訪問した。このとき彼が訪問した国は二十四ヶ国にのぼり、そのほとんどは朴正熙が新たな貿易相手国と考えていた諸国であった。

一九七五年に国務総理代理となり、一九七六年三月に正式に国務総理に起用された。一九四八年に農林部糧政課長に抜擢されてから二十八年にして、公務員としては最高の地位と言える国務総理になったのである。国務総理時代の彼の仕事ぶりについては比較的よい評価を得ている。彼は公式の会議の席上で「夫人に注意、秘書に注意、子供に注意」と言いながら、公務員は清廉でなければならないと強調した。当時公務員やその周りにいる人々に対する賄賂攻勢が深刻な状態にあり、崔圭夏はそれに対する警戒心を呼び覚ますためにそんなことを言っていたのだ。みずからも簡素で清廉な生活を維持するのに気を使った。高位の公職者なら誰でも楽しんでいたゴルフにも手を出さなかった。

崔圭夏は周りの人々の昇進など人事問題にも無関心であった。さらに公私の区別も厳格だった。一九七九年三月には国務総理に再任された。しかしその年の十月二十六日、朴正熙が金載圭《キム・ジェギュ》の銃弾に倒れると、憲法の規定によって十月二十七日早朝、大統領権限代行となった。李承晩《イ・スンマン》が下野したのちに過渡政府の首班となった許政《ホ・ジョン》のように、彼も過渡政府を率いることになったのである。

大統領権限代行となった彼はまず済州島《チェジュド》を除く全国に非常戒厳令を発布し、朴正熙暗殺事件をすみやかに捜査するよう指示した。当時戒厳司令官は陸軍参謀総長の鄭昇和《チョン・スンファ》であり、朴正熙暗殺事件の捜査責任者は戒厳司令部合同捜査本部長の陸軍少将・全斗煥《チョン・ドゥファン》であった。

朴正熙暗殺の瞬間を、捕縛された金載圭が現場検証で再現する。〔聯合ニュース〕

朴正熙を暗殺した金載圭は中央情報部長を解任され、被疑者の身分で合同捜査本部で捜査を受け、主犯として軍事裁判に回付された。

その年の十二月、崔圭夏は統一主体国民会議の議長に選出され、統一主体国民会議で十二月六日に実施された大統領選挙に単独立候補し、第十代大韓民国大統領に選出された。

崔圭夏が大統領に選出された背景について、当時共和党の議長であった朴浚圭《パク・チュンギュ》は『月刊朝鮮』のインタビューで次のように語っている。

「朴大統領が死亡した当時、わたしは政権与党である共和党の議長であったので、政界に少しは影響力を持っていました。そのときわたしは、故朴大統領のあとを継ぐ大統領は、民主主義が身についた人物でなくてはならず、絶対に権力に関心を持たない人物で、国際的な背景があり、慶尚道《キョンサンド》以外の出身者である必要があると考えました」

2 崔圭夏の大統領生活八ヶ月

大統領になった崔圭夏《チェ・ギュハ》の任務は、維新憲法を撤廃し、民主的な選挙を管理することだった。過渡政府の首班として新しい民主政府が出発するまで、政府を安定的に管理していくことが、彼のなさねばならないことだった。大統領に就任するとすぐに、前職の大統領であった尹潽善《ユン・ボソン》からそのような内容の書簡が届いた。崔圭夏もまたそれが自分の任務であると思っていたため、非常措置を解除し、民主的な選挙によって新しい政府を出発させると国民に約束した。

しかし政局はまったく別の方向に動いていく。軍内部の私的な組織であるハナ会を率いていた全斗煥《チョン・ドゥファン》少将が崔圭夏とは異なる計画を進めていたのである。彼はまず軍を掌握し、その後政治権力を握り、青瓦台《チョンワデ》に入ろうという野心を抱いていた。

全斗煥の野心は、崔圭夏が大統領に就任したわずか六日後の十二月十二日に軍事反乱となって表面化する。ハナ会の会員を主軸として反乱を起こした全斗煥は、陸軍参謀総長の鄭昇和《チョン・スンファ》を攻撃して逮捕し、李喜承《イ・ヒスン》を陸軍参謀総長に据えて軍を掌握した。これ以後、崔圭夏は全斗煥の操り人形に転落する。当時崔圭夏が使用していた電話はもちろん、秘書官の家の電話も、さらには彼らの妻の実家の電話まで盗聴されていた。新軍部勢力から徹底的に監視されていたのである。

全斗煥は一九八〇年二月十八日、各界の元老と重鎮二十三人を集め、国政諮問会議を組織した。議

新軍部を率いる全斗煥（中）に抗えず、大将の階級章を授ける崔圭夏（右）。1980 年 8 月撮影。〔聯合ニュース〕

長には前職大統領である尹潽善が選出された。その後崔圭夏は、尹潽善、金大中《キム・デジュン》ら在野の人士六百八十七人を復権させ、政治活動の再開を容認した。

しかし二ヶ月後の四月、軍権を掌握した全斗煥が権力の中核であるといいうる中央情報部長代理となる。在野人士の復権は、全斗煥を中心とする新軍部勢力のばら撒いた餌に過ぎなかったのだ。これに対して学生がデモを行ない、新軍部の退陣と民主的な選挙を要求した。全斗煥は時局を収拾するために戒厳令を全国に拡大し、国家保衛非常対策委員会（国保衛）を設置するよう崔圭夏に強要した。

しかし崔圭夏は新軍部の要求を受け入れなかった。彼は、憲政秩序がひっくり返るような事態は五・一六軍事クーデターで十分であり、すべては法の枠内で行なわれなければならないと主張した。しかし銃を前に押し立てた全斗煥一派の強要に抗い続けることはできず、五月十七日、非常戒厳令を拡大することに合意した。すでに権力は崔圭夏の手から離れていたのである。

全斗煥は国会を解散し、金大中を拘束、金泳三《キム・ヨンサム》をはじめとする主要な政治家を自宅軟禁にするか、さもなければ中央情報部に連行した。

金大中が拘束されると、五月十八日、光州《クァンジュ》の市民が抗議のデモに立ち上がった。全斗煥は光州に空挺部隊を投入して光州の市民を無残に虐殺した。これに対して、銃を奪取して抵抗した市民は、八日後に鎮圧された。金大中は内乱罪で軍事法廷に回付され、死刑を宣告された。

それ以後、崔圭夏は完全に植物状態の大統領となり、結局一九八〇年八月十六日、全斗煥の圧力によって大統領から下野し、あらゆる公職から退いた。わずか八ヶ月の青瓦台での暮らしだった。

退任後、崔圭夏は国政諮問会議議長になったが、公式的な活動はほとんどしなかった。民族史を糾す国民会議の議長といった名誉職や、白凡《ペクボム》★1記念館建立委員会の顧問に推戴された程度であった。一九九五年に新軍部の反乱事件に関連して幾度か証言を要請されたが、崔圭夏は最後まで証言台に立つことを拒否した。そして二〇〇六年十月二十二日午前六時ごろ、（ソウル市麻浦区）西橋洞《ソギョドン》の自宅で意識を失い、ソウル大学病院に移されたのち、七時三十七分、享年八十七の生涯を閉じた。

崔圭夏は簡素を尊んだ清廉な公務員だった。国務総理のときに江原道《カンウォンド》の長省《チャンソン》鉱業所の鉱夫たちと一生練炭を使い続けると約束したことがあったが、その後死ぬまで練炭を使い続けたという。またゴム靴を好んで履いていたが、その底が擦り切れると古タイヤを切り取って底に貼り付けて履き続けた。カレンダーの裏面をノートの代わりに使用し、高校生のときに使っていたメガネを外務部次官のときも使っていた。長官となったときもその食事は煮豆かイワシ、キムチ、ラーメンといった庶民的なものだった。プラスチックの爪楊枝を洗って何度も使い、一九五三年に購入した扇風機を二〇〇六年に死ぬまでなんと五十三年間も使い続けたという話も有名だ。

このように公務員としては模範的な人物であったが、大統領としての彼に対する評価は否定的なものが多い。優柔不断で胆の据わらない大統領だという評価だ。しかし名のみの大統領であり、彼の命令にしたがうひとりの部下とていなかった彼が、無気力に見えたのも当然かもしれない。個人的には、

★1：白凡は金九の号である。

彼は頑固者であり、原則主義者であったと伝えられている。それにもかかわらず無気力な大統領といわれているのは、権力欲がまったくなかったためだ。

長い間朴正煕《パク・チョンヒ》の統治に慣らされてきた行政官僚出身の彼に、新軍部の銃の前で混乱期の大統領を任せるということ自体無理であった。

崔圭夏は夫人・洪基《ホン・ギ》との間に長男・胤弘《ユンホン》、長女・鍾恵《チョンヘ》、次男・鍾晳《チョンソク》の二男一女をもうけた。洪基は一九一六年に忠州《チュンジュ》で生まれ、二〇〇四年に八十七歳で死亡した。本貫は南陽《ナミャン》、夫より三歳年上だった。洪基は夫が国務総理になってからも、自分で洗濯をしてアイロンをかけるなど、素朴で庶民的な生活を変えなかった。

長男の崔胤弘は韓国展示産業振興会の副会長となり、次男・崔鍾晳はハナアリアンツ投資信託の代表理事となった。長女・崔鍾恵は徐大源《ソ・デウォン》と結婚した。徐大源は外交通商部本部大使、国家情報院一次長（海外担当）をつとめた。

第五章　全斗煥大統領実録

全斗煥（チョン・ドゥファン）

生年　一九三一―
出身地　慶尚南道《キョンサンナムド》陜川《ハプチョン》郡栗谷面《ユルゴクミョン》
在任期間　一九八〇年九月―一九八八年二月（七年五ヶ月）

この国はわれわれ全員が血をもって防衛し、汗を流して築き上げてきたものです。したがって八〇年代は、旧時代の残滓を追放し、真の民主福祉国家を建設しなければなりません。正義の社会を具現するためには、お互いに信じることのできる社会とならなければなりません。

――第十一代大統領就任の辞より（一九八〇年）

1　軍人の道を歩み、反乱によって権力を握った全斗煥

十人兄弟の四番目として生まれ、貧しさから軍人の道を選ぶ

全斗煥《チョン・ドゥファン》は一九三一年一月十八日、慶尚南道《キョンサンナムド》陜川《ハプチョン》郡栗谷面《ユルゴクミョン》で完山《ワンサン》全氏の全相禹《チョン・サンウ》と光山《クァンサン》金氏の金点文《キム・チョムムン》との間に生まれた。上には三人の兄と四人の姉がおり、その後ふたりの弟とひとりの妹が生まれた。

十人の兄弟姉妹のうち、長男の悦煥《ヨルファン》と次男の奎坤《キュゴン》は事故で死亡し、全斗煥のすぐ下の弟の錫煥《ソクファン》は病気で死亡した。そのため全斗煥はひとり残った兄の基煥《キファン》と、姉の鴻烈《ホンニョル》、命烈《ミョンニョル》、善学《ソンハク》、学烈《ハンニョル》、弟の敬煥《キョンファン》、妹の点学《チョムハク》と一緒に育った。

父の全相禹は農夫であったが、弁が立ちある程度の学識もあった人物だった。そのため村の区長になったこともあり、民間療法の医者のような役割も果たしていた。

全斗煥が五歳のとき、全相禹は家族をつれて故郷の陜川を離れ、大邱《テグ》に引越した。全斗煥は幼時から漢学を学び、八歳のときに大邱呼蘭《ホラン》普通小学校（のちの熙道《ヒド》小学校）に入学したが、成績は優秀だった。ところが四年生のとき、父が日本の巡査と争いになり相手を殺してしまった。そのため彼の家族は満州の吉林省に避難した。その後吉林省磐石県（現・磐石市）で一年三ヶ月隠れて暮らしてから、帰国した。

全相禹は吉林省にいたときに漢医術を学んだので、帰国後、漢医院を開いた。漢医院は繁盛したわけではなかったが、なんとか生計を維持することはできた。

吉林省に逃避していたとき、全斗煥は学業を続けることができず、帰国後同年輩の少年たちより二年遅れて普通学校に復学し、卒業した。そして一九四七年、大邱工業中学校に入学した。中学校を卒業後、大邱工業高等学校に進学し、一九五一年に優秀な成績で卒業したが、経済的な理由で大学に進学することはできず、学費のかからない陸軍総合学校甲種将校募集に応募して合格した。ところがこのとき兄の全基煥が軍に入隊しており、戦争中であったので彼の両親はふたりの息子を戦場に送ることになるかもしれないと言って全斗煥の将校入隊に反対した。そのため全斗煥が次善の選択として選んだのが、後方で国費による勉強をしたのちに将校として任官する陸軍士官学校であった。

当時陸軍士官学校は正規の四年制の学校に転換しており、第一期の新入生を募集していた。全斗煥は試験に合格し、陸軍士官学校の期数としては第十一期、正規の四年制の期数としては第一期生として入学した。

陸軍士官学校を卒業し、朴正熙に忠誠を誓って出世街道を邁進する

陸軍士官学校で全斗煥《チョン・ドゥファン》はサッカーの選手として活躍した。中学校のときからサッカーをはじめ、ポジションはゴールキーパーだった。全斗煥がゴールキーパーとして活躍したおかげで陸軍士官学校は全国大学サッカー大会で準決勝まで進んだ。このような経歴のためか、全斗煥は大統領になってからも、スポーツに対する援助を惜しまなかった。またサッカーの韓国代表の監督に作戦を指示したり、選手の起用に口を出したりもした。

陸軍士官学校時代、全斗煥は陸軍士官学校の参謀長であった李圭東《イ・ギュドン》大佐の官舎に出入りして、彼の娘の李順子《イ・スンジャ》と知り合い、結婚した。結婚当時、李順子は梨花《イファ》女子大に通っていたが、結婚のために学校を中退しなければならなかった。

一九五五年に陸軍士官学校を卒業した全斗煥は少尉として任官し、第二十五師団の小隊長となった。一九五九年にアメリカに留学し、アメリカ陸軍特殊戦学校などに入学、一年六ヶ月の教育を終えたのち、陸軍本部特戦監室企画課に配属された。その後、特戦監室企画課長職務代理、ソウル大学文理学部（P160注参照）教官などをつとめたが、このとき朴正煕《パク・チョンヒ》のクーデターが起こった。

　クーデターの報せを耳にした全斗煥は、これは軍事革命であると認識し、陸軍士官学校に向かった。当時朴正煕は陸軍士官学校を掌握するために武装兵を送り込んだのだが、その部隊を指揮していた呉致成《オ・チソン》大佐らが学生に革命を支持する街頭デモを行なうように要求した。しかし学生らは陸軍士官学校の校長であった姜英勲《カン・ヨンフン》の指示によりそれを拒否した。全斗煥はこの事実を朴正煕らに報告し、このため姜英勲は拘禁された。その後全斗煥は学生を説得して街頭に躍り出た。このことが朴正煕の目に留まり、国家再建最高会議議長室秘書官に任命された。

　朴正煕は全斗煥が気に入り、幾度も一緒に政治をやろうと説得したが、全斗煥は軍のなかで閣下に忠誠を誓う部下として残ると言って断った。その代わり全斗煥は、朴正煕を支持する私的な組織と言ってもよいハナ会の中心人物となった。

　その後全斗煥は要職を歴任する。一九六三年に中佐として中央情報部人事課長となり、一九六五年に陸軍大学を卒業してから首都警備司令部第三十大隊長をへて、一九六九年には同期のトップとして大佐に進級した。一九七〇年には連隊長としてベトナム戦争に参戦し、一九七一年には第一空挺特戦旅団の旅団長となった。

ハナ会の長となる

　こうして出世街道を驀進していた全斗煥《チョン・ドゥファン》に危機が訪れる。一九七三年に尹必鏞《ユン・ピルヨン》事件に関連して保安司令部の取調を受けたのである。尹必鏞が酒の席で、朴正熙《パク・チョンヒ》は年老いて耄碌《もうろく》したから退くべきだ、というような発言をした。これを耳にした朴正熙が保安司令官の姜昌成《カン・チャンソン》に、尹必鏞の不正を捜査するように指示した。そして尹必鏞とその人脈を捜査する過程で、姜昌成は尹必鏞が管理していたハナ会を摘発し、全斗煥がハナ会の実質的なリーダーである事実を明らかにした。

ハナ会は一九六四年に結成された、軍内部の私的な組織で、陸軍士官学校の同窓会である北極星会と関連があった。全斗煥は陸軍士官学校の正規の同窓会である北極星会の主導権を握ろうとし、そのために作ったのがハナ会だった。ハナ会は「太陽のため、祖国のためのひとつの心」★1を持とうという意味から作られた名で、ここで言う太陽とは他ならぬ朴正熙のことだ。

北極星会を掌握しようとしていたもうひとつの組織があった。青竹会である。青竹会の会員は主として陸軍士官学校の優等生たちで、出身地はソウルかあるいは北朝鮮から逃げてきた者の子孫が多かった。陸軍士官学校の教授になったり、国防部などに勤務する者が多く、野戦将校を忌避する傾向があった。これに対してハナ会の会員はほとんどが野戦将校で、運動を好む男たちだった。成績は中位で、出身地は慶尚道《キョンサンド》が中心だった。

ふたつの組織の勢力争いは、数的に優勢で、リーダーである全斗煥には朴正熙という後ろ盾がいたので、ハナ会が勝利した。その後、ハナ会は軍内部の私的組織として強固な基盤を作るために、一般の会員は自分と連絡をとる数人しか知らず、全体を把握しているのは一部のリーダーだけという点組織として維持するという方針をとった。陸軍士官学校の出身期ごとに一定数の会員を入れ、その中心は慶尚道出身者で固めた。そしてこれらを管理するゴッドファーザーの役割を果たしていたのが尹必鏞であった。もちろん実質的なリーダーは、正規陸軍士官学校の同窓会長格である全斗煥であった。

朴正熙はハナ会の存在をこのときはじめて知ったと思われる。そして朴正熙は、ハナ会を通じて軍内部の動向を把握し、クーデターを防止しようとした。そのため朴正熙がハナ会の解体を望まなかっ

★1：ハナ会の「ハナ」は「ひとつ」という意味。

たのは当然のことだった。このような内幕を知るはずもない保安司令官の姜昌成は、ハナ会の捜査を進め、全斗煥を除去しようとした。しかし逆に姜昌成は保安司令官を解任され、左遷されてしまう。また尹必鏞事件は単純な軍内部の不正事件として終結した。関係した将校三十一人が軍服を脱ぐことになったが、判決文のどこにもハナ会という名前はなかった。もちろん尹必鏞が朴正熙を除去しようとしたというような内容もなかった。

一二・一二軍事反乱と五・一七内乱によって権力を掌握する

尹必鏞《ユン・ピルヨン》事件以後、全斗煥《チョン・ドゥファン》は急速に出世していく。一九七四年には夢にまで見た星をつけ、一九七六年には大統領警護室次長補に任命されて青瓦台《チョンワデ》に入った。一九七六年には第一師団長に昇進し、一九七九年三月には軍内部の情報を掌握しうる国軍保安司令部司令官となった。彼が保安司令官に任命されたことは、全斗煥個人だけでなく、韓国史の流れを変える人事となった。

一九七九年十月二十六日、朴正熙《パク・チョンヒ》が金載圭《キム・ジェギュ》に殺されると、政局は混沌とし、まさに「霧の中」となった。誰が政権を握るのか、権力の方向がどのように変わるのか、簡単に予想できることではなかった。しかし軍内部の権力の動向に明るい者は、次に権力を握るのは全斗煥であると予測していた。

全斗煥は朴正熙暗殺事件を捜査する合同捜査本部の責任者であり、金載圭が朴正熙暗殺の主犯になることで完全にその基盤が崩壊した中央情報部に代わって莫大な情報量と権力を握った保安司令部の司令官であった。さらに私的な組織であるハナ会を動かして、軍内部の動向を細かく把握することもできた。その気になれば誰であれ捕まえることができ、どのような工作でもやってのけることができる位置にいた。

しかし全斗煥の地位を脅かす存在があった。陸軍参謀総長であり戒厳司令官であった鄭昇和《チョン・スンファ》が、ハナ会を解体する計画を立てたのである。その計画は一九八〇年三月に実施する予定だった。また鄭昇和は、国防部長官の盧載鉉《ノ・ジェヒョン》に、合同捜査本部長を交代させるよう建議していた。もし鄭昇和の計画が実施されれば、ハナ会に所属する将校は窮地に追い込まれることになる。

この情報に接した全斗煥は、ハナ会の会員と謀議を重ね、鄭昇和を除去する作戦を敢行することにした。朴正煕が暗殺されたとき、鄭昇和は現場である宮井洞《クンジョンドン》の安家（P309注参照）の本館食堂にいた。このことを利用すれば鄭昇和を朴正煕暗殺の共犯に仕立て上げることができる、と計算したのである。

作戦は十二月十二日の夜七時に決行された。作戦名は「誕生日の宴」だった。ハナ会は万一の場合に備えて首都警備司令部第三十警備団に指揮部を置いた。戒厳司令部側が兵を動かした場合、戦闘も辞さない構えであった。

作戦の第一段階は陸軍参謀総長の拉致であった。この任務は、保安司令部人事処長の許三守《ホ・サムス》大佐と、陸軍本部犯罪捜査団長の禹慶允《ウ・ギョンユン》大佐が指揮した。ふたりは保安司令部の捜査官八人と合同捜査部の憲兵一個中隊六十人を率いて漢南洞《ハンナムドン》にある陸軍参謀総長公館に襲い掛かった。銃撃戦の末、拉致に成功したふたりは、鄭昇和を保安司令部の西氷庫《ソビンゴ》分室に連行した。

これを知った戒厳司令部側の将軍は反乱軍の鎮圧に乗り出した。特殊戦司令部（特戦司）の鄭柄宙《チョン・ビョンジュ》司令官と首都警備司令官の張泰玩《チャン・テワン》は武力を用いて反乱軍を討伐しようとした。しかし陸軍本部の許可が下りず、孤立してしまう。その間に反乱軍はすばやく動いた。第九師団長の盧泰愚《ノ・テウ》少将は北朝鮮軍に対応するため三十八度線近くに配置されていた兵力である第二十九連隊を率いてソウルに入り、李相圭《イ・サンギュ》准将は第二機甲旅団を動員して中央庁を掌握した。さらに宋応燮《ソン・ウンソプ》大佐は第三十師団第九十旅団を高麗《コリョ》大学に移動させ、朴煕道《パク・ヒド》准将は金浦《キムポ》の第一空挺旅団をもって国防部と陸軍本部を攻略した。そして張基梧《チャン・ギオ》准将は第五空挺旅団を孝昌《ヒョチャン》運動場に進め、崔世昌《チェ・セチャン》准将は第三空挺旅団を率い

★2：鄭柄宙は強制的に予備役編入されるが、その後も全斗煥らの一二・一二軍事反乱の不当性を訴え続けた。一九八九年に縊死した死体が発見され、自殺であると発表されるが、鄭柄宙が篤実なキリスト教徒であったこともあり、当時から他殺説がささやかれていた。

張泰玩は職位解除されて軍服を脱ぐが、一九九〇年代に入り反乱軍に対抗して孤軍奮闘する姿が幾度もドラマ化され、市民の喝采を浴びた。特に全斗煥が立てこもっていた首都警備司令部第三十警備団に電話をかけて発した「逆賊ども！おまえらそこにじっとしていろ。戦車でおまえらの頭ぶっ飛ばしてやるぞ」は流行語にもなった。

★3：「殺生簿」――ドラマ『王女の男』で描かれた癸酉靖難（ケユジョンナン）（一四五三）で、謀士・韓明澮（ハン・ミョンフェ）は誰を殺すべきか、という名簿「殺生簿」を作成した。これは韓国人なら知らぬ者のないエピソードだ。

粛軍クーデターに成功した新軍部の記念写真。下段左から４人目が盧泰愚、同５人目が全斗煥。〔共同通信社〕

て特戦司令部を攻撃した。

反乱軍のこのような緊密な兵力移動に押され、鄭柄宙と張泰玩は逮捕され、ハナ会が軍権を掌握した。[★2]

このころ全斗煥は崔圭夏《チェ・ギュハ》大統領に、鄭昇和陸軍参謀総長に対する逮捕命令を出すよう圧力を加えていた。しかし崔圭夏は、盧載鉉国防部長官の意見を聞く必要があると粘り、逮捕命令を出さなかった。この時刻、盧載鉉は国防部の地下壕に身を隠していたが、反乱軍が戒厳司令部を完全に鎮圧したのを見て、姿をあらわした。このときはすでに反乱軍が完全に作戦を完了させており、崔圭夏もこれ以上抵抗することはできず、鄭昇和の逮捕を事後裁可せざるをえなかった。こうして軍を掌握した全斗煥らは、大々的な軍の人事刷新を断行するため、六人特別委員会を組織した。その六人とは、全斗煥をはじめ、盧泰愚、車圭憲《チャ・ギュホン》、兪学聖《ユ・ハクソン》、黄永時《ファン・ヨンシ》、金潤鎬《キム・ユンホ》ら少将と中将だ。彼らは先輩の期数の将軍を必要最小限の員数だけ残しあとはすべて予備役編入を強制するという、いわゆる「殺生簿《サルセンブ》」[★3]を作成して、軍内の粛清を進めた。粛軍の作業は決起の二日後である十二月十四日から一九八〇年の十二月まで続いた。

人事改編によって軍を掌握した全斗煥らは、次に政権の獲得に乗り出した。一九八〇年四月に全斗煥が中央情報部長代理に任命されたのがその手はじめだった。保安司令官と中央情報部長代理を兼任することになった全斗煥は、軍と国家の情報および資金を手中に収めたのである。全斗煥が正式に中央情報部長とならず、代理となったのは、中央情報部法のためであった。中央情報部法は、部長、次長、企画調整官は他の公職を兼任することができないと規定していた。この法を遵守しながら中央情報部を掌握するために考え出された方便が代理であった。全斗煥は保安司令官として軍を掌握し、同時に中央情報部をその隷下《れいか》に収めたのである。

全斗煥らが中央情報部を掌握しようとしたのは、何よりも新たな政権を樹立するために必要な資金を得るためだった。中央情報部は朴正熙時代から、政治資金を獲得する役割を果たしてきたばかりでなく、外交、経済、言論などあらゆる分野でやりたいことを実現することのできる打ち出の小槌のような組織であった。

中央情報部を手に入れた全斗煥にはもう恐れるものは何もなかった。残っている作業はただひとつ、国民に危機感を抱かせて戒厳令を拡大し、それを基盤にして政権を簒奪《さんだつ》することだけだった。

しかし全斗煥らの権力簒奪の陰謀にまったく気付くことのなかった政界は、三金（金大中《キム・デジュン》、金泳三《キム・ヨンサム》、金鍾泌《キム・ジョンピル》）を主軸として政争を繰り返すばかりだった。三金はそれぞれおのれの勢力基盤を固めることだけに没頭し、このため相互の権力闘争にのみ集中していった。特に金泳三は新民党を自分の基盤とみなし、次に政権を握るのは自分であるという前提のもとに全国的な勢力拡大に努め、これに対して金大中は疎外感を感じていた。金鍾泌も、自分もまた次期大統領の候補であることを力説した。その後金泳三と金大中は、新民党と在野勢力の統合を図ったが、互いの立場の違いを確認し、敵愾心《てきがいしん》を煽っただけの結果となった。

ふたりは全斗煥の中央情報部長代理就任についても異なった見方をしていた。金大中は全斗煥の動きを、軍が権力を握る兆候だと考えていたが、金泳三は、民主化は予定どおり進むという楽観論を展開した。金鍾泌もまた全斗煥の存在に神経を使うことはなかった。全斗煥を中央情報部長代理に任命したことについて崔圭夏大統領に抗議したのは、アメリカ大使館だった。アメリカはすでに全斗煥が権力を握るものと予想していた。

その後、金大中と金泳三は自己の勢力拡大に集中し、朴正熙の死によってやっと訪れた「ソウルの春」はこうして反目と対立、幻想と錯覚のうちに、「冬の共和国」に向かって疾走しはじめるのである。

一九八〇年五月十七日、全斗煥は全軍主要指揮官会議を開き、戒厳令拡大を決定した。そして崔圭夏大統領に圧力を加え、戒厳令を発布させ、金大中、金泳三、金鍾泌ら政界を代表する三金を逮捕、あるいは自宅軟禁にし、抵抗勢力と思われる者は根こそぎ逮捕しはじめた。一二・一二にはじまった反乱計画を、五・一七のクーデターによって完成させたのである。

2　光州五・一八市民蜂起と空挺部隊の無差別虐殺

戒厳令が拡大し、金大中《キム・デジュン》らの政治家が逮捕されると、光州《クァンジュ》で学生と市民が大規模なデモを展開して抵抗しはじめた。これに対して戒厳軍が無慈悲な暴力をふるうと、市民の抗議はさらに激しいものとなり、市民蜂起にいたるのである。

光州市民蜂起は五月十八日にはじまり、五月二十七日まで続いた。五月十八日から学生を中心として抗議のデモが繰り広げられたが、これに対して全斗煥《チョン・ドゥファン》らは光州に空挺部隊を投入し、市民に無差別な暴力を加えた。これに反発した市民らはさらに激しく抵抗し、熾烈な抗争が展開され、デモは光州市全域に拡散した。

広がるデモに不安感を抱いた新軍部は、デモ隊がさらに暴徒化しているという名分で第十一空挺旅団を追加投入し、さらに強圧的に鎮圧した。装甲車と銃で重武装した戒厳軍と数万の市民が対峙する中、十九日午後五時、光州高等学校付近で第十一空挺旅団第六十三大隊が最初の銃弾を放った。

しかし憤怒した市民は銃弾を恐れることもなく、二十日には十万を超える市民が再びデモを繰り広げた。デモ隊は市内全域に進出して戒厳軍に抵抗し、これを鎮圧した空挺部隊は実弾を装填してデモ隊に対して撃ちはじめた。このためデモの現場は流血の事態となり、多くの市民が犠牲となった。市民は空挺部隊の銃に対抗するため武装することを決意した。二十一日、霊光《ヨングァン》、咸平《ハムピョン》、羅州《ナジュ》、和順《ファスン》、霊岩《ヨンアム》などの警察署を襲撃して武器を確保し、市民軍を形成した。その後市民軍と空挺部隊の間で激戦が繰り広げられ、市民軍は光州全域の公共施設をすべて掌握するにいたる。

こうして光州の事態が深刻化すると、五月二十二日、軍部は金大中が背後から暴動を操縦していると発表し、金大中に内乱陰謀の嫌疑を着せた。このころ光州では全羅南道《チョルラナムド》道庁前で市民決起大会が開かれ、戒厳軍は光州市から撤収した。すると市民軍はみずから武器を回収し、武力による抵抗を中止しようとした。しかしこのとき戒厳軍は戦列を整え、光州包囲網を構築していたのである。

この間、光州郊外のあちこちで一般市民の虐殺が行なわれた。犠牲者のなかには村で遊んでいた子供や、畑仕事をしていた農夫もいた。市民の犠牲は市街戦のときにだけ発生したものではなかった。二十一日に起こった松岩洞《ソンアムドン》良民虐殺事件は、まさに無差別殺戮であった。松岩洞を走っていたバスに向かって空挺部隊員が銃を乱射したのである。このとき正確に何人が犠牲となったのかはわかっていない。二十三日には朱南《チュナム》村でも同じような虐殺事件が起こった。死亡者を安置する棺が不足したため、市民軍がミニバスで棺を購入するために郊外に出発したのだが、空挺部隊員がこのバスに銃撃を加え、乗っていた十一人のうち十人が死亡し、ひとりが負傷したのである。

二十四日には真月洞《チンウォルドン》で水浴びをしていた子供に銃撃を加え、中学一年の方光凡《パン・グァンボム》が頭部に銃撃を受けて即死し、近くの小山で遊んでいた小学生の児童に銃を乱射して初等学校四年の全才秀《チョン・ジェス》が即死する事件も起こった。松岩洞の住宅街では四人の青年とひとりの主婦を何の理由もなく虐殺し、畑でヒ

戒厳令に反発した市民が光州で繰り広げた抗議デモを、全斗煥政権は武力鎮圧した。〔共同通信社〕

エを収穫していた農民を銃撃して重傷を負わせた。また外郭封鎖作戦を遂行していた光州歩兵学校教導隊の二十一人を市民軍と誤認して空挺部隊員が全員射殺するという事件も発生した。

このころジョン・ウィッカム米韓連合司令部司令官が、連合司令部所属の部隊を光州鎮圧に動員することに同意し、軍部隊が再び光州に襲い掛かってくるという噂が流れた。このため市民軍のなかには再武装して戦いに備える動きもあった。

二十五日に軍は光州再侵入の作戦計画を立て、二十七日未明に作戦を開始すると決定した。このことを聞いた市民軍は、最後まで戦うと主張する人々だけが全羅南道道庁に残り、残りのデモ隊は解散した。

二十七日午前一時、戒厳司令部は作戦開始を命じ、第三空挺旅団、第七空挺旅団、第十一空挺旅団を、市民軍が立てこもる全羅南道道庁に向かわせ、午前五時十分、鎮圧作戦を終了した。

この過程で空挺部隊は市民軍を無差別に射殺し、手榴弾まで使用して殲滅戦を敢行した。捕虜となった人を踏みつけながら銃殺したとか、手を上げて投降する市民軍を射殺したという証言もある。

空挺部隊は作戦の過程で、光州全域で民間人十七人、軍人二人が死亡し、二百九十五人を逮捕したと発表した。しかし当時の市民軍状況室の関係者は、道庁に残っていた市民軍は五百人以上であったと伝えている。道庁で戒厳軍に逮捕されたのは二百人ほどだと言われているので、残りは全員死亡したと考えられる。鎮圧作戦の指揮官が、道庁に残っていたのは三百六十人であったと語っているので、それを根拠としても百六十人が死亡したことになる。

五月三十一日に戒厳司令部は光州事態によって民間人百四十四人、軍人二十二人、警察官四人が死亡し、民間人百二十七人、軍人百九人、警察官百四十四人の合計三百八十人が負傷したと発表した。しかしこの数字は話にならないほど縮小されたものだ。その後、戒厳司令部は幾度も公式集計を発表し直した。最後の公式集計は、死亡者二百四十七人、行方不明者四十七人、負傷者二千六百二十七人であった。しかし軍内部から流れてきた証言をもとに死亡者が八百人を超えるという説もあり、金大中は千人以上、在野では二千人以上死亡したと主張している。現在でも死亡者数は正確には確認されていない。最初に発砲した者が誰なのかも確認されておらず、発砲命令を出した責任者も処罰されていない。逆に市民を無差別に殺戮した功で六十六人に勲章が授与された。

この虐殺の惨状を目撃した西江《ソガン》大の学生・キム・ウィギは、真実を伝えようと、五月三十日午後五時三十分、「同胞にささげる文」を残してソウル鍾路《チョンノ》五街の基督教会館から投身自殺した。しかし光州の真実は広く知られることはなかった。戒厳司令部は徹底的に報道を統制し、マスコミは光州の市民を、国家の転覆を企図した暴徒であると非難し、その背後には南派された北朝鮮のスパイと不純分子がいると報道した。光州の真実について語れば、流言飛語流布罪で逮捕された。そのため全羅道《チョルラド》以外の地域の人々は、光州で何が起こったのかさえ知らされないまま、全羅道の人々を暴徒であると非難するようになった。

3　内閣を無力化し、大統領の地位を簒奪した全斗煥

光州《クァンジュ》で市民が抗争を続けていた五月二十一日、申鉉碻《シン・ヒョンファク》国務総理をはじめとする国務委員全員が辞職願を提出した。光州事態に対する責任をとる、という意味だ。これを受けて崔圭夏《チェ・ギュハ》は内閣改造を進めるのだが、全斗煥《チョン・ドゥファン》はこれを利用して国家保衛非常対策委員会（国保衛）を裁可するよう崔圭夏に迫った。すでに操り人形と化していた崔圭夏は抵抗することもできなかった。

国保衛を設置し、常任委員長となった全斗煥は、各長官室に将軍を派遣して監視することによって内閣を掌握した。その後崔圭夏は完全に飾りの人形になり、国務会議は単なる形式となり、すべての機関は国保衛の侍女と化した。

国保衛は八千八百七十七人の公職者を追放した。そのなかには長官と次官三十八人も含まれていた。高位公職者のなかで湖南《ホナム》地方★4出身者はほとんどその職を解かれた。そして金大中《キム・デジュン》をはじめとする在野人士三十七人は内乱陰謀罪で追及された。マスコミは金大中を「アカ」、「共産主義者」と決め付け、政治の術策の化身だとか、煽動の名手、大統領病患者だと非難した。国保衛はこれに同調しない言論機関と言論人に対して容赦のない弾圧を加えた。このとき解職された記者は全体の三〇パーセントになり、消えた言論メディアのうち定期刊行物は百七十二点であった。これは定期刊行物全体の一二パーセントである。国保衛は全斗煥一派に好意的でない言論機関に対して有無を言わさずに弾圧を加えた。このため生き残った大多数の言論機関は「全斗煥賛歌」を歌い、みずから進んで全斗煥におもねるようになった。そのためテレビのニュースは「全斗煥」という単語があふれ、「ポーン★5全《チョン》ニュース」と揶揄されるものに転落していった。

このころ全斗煥は、自分に批判的な勢力を「懲らしめる」新たな構想を立てた。三清《サムチョン》教育隊である。

★4：湖南地方——全羅南道、全羅北道、光州広域市一帯のこと。

★5：ポーン全ニュース——あらゆるニュースで全斗煥の活躍がトップ記事になり、定時ニュースがはじまる九時の時報の「プ、プ、ポーン」の音の直後に「全斗煥大統領は……」となるのが通例だったことを揶揄した言葉。

国保衛は社会悪を一掃するという名分のもと、一九八〇年八月四日から、六万人もの市民を連行し、三万九千七百四十二人を三清教育隊に送り込んだ。三清教育隊は軍部隊に設置されており、連行されたのはやくざ、前科者、そしていわゆる不純分子であった。不純分子の定義は「改善の情がなく住民の指弾を受ける者」という非常に曖昧なものだった。そして各警察署ごとに、これに該当する人間を連行するように命令したため、警察署長たちはおのれの首が飛ぶことを恐れて必死になって頭数を揃えていった。そのため酒を飲み過ぎたり、村の評判が悪いといった話にならない理由で三清教育隊に連行される者があとを絶たなかった。労働運動に関与したり、軍部に批判的な行動をとった者は根こそぎ連行された。連行された者のなかには、銃で撃たれて死亡したり、殴打によって身体障碍者となった者も数多かった。さらに連行された者の住民票には「三清教育醇化《じゅんか》教育履修者」と記された。このため就職もままならず、引越も自由にできず、どこへ行っても洞事務所の取調を受けなければならなくされたのである。

全斗煥は八月六日、みずから中将から大将に進級し、軍服を脱ぐ準備を急いだ。大統領となるための手順であった。崔圭夏は全斗煥の圧力に抗しきれず、八月十六日に下野を宣言した。全斗煥は待っていたとばかりに大統領候補に出馬すると宣言し、八月二十七日、単独大統領候補となり、奨忠《チャンチュン》体育館で開かれた統一主体国民会議で、代議員の間接選挙により、第十一代大統領に選出された。そして九月一日大統領に就任することによって、一二・一二粛軍クーデターによってはじまった反乱計画を完成し、最高権力の座に座ったのである。

4　全斗煥の暴圧的な統治と国民の抵抗

改憲作業と政界改編

大統領に就任した全斗煥《チョン・ドゥファン》は最終段階に入っていた憲法改正作業を急がせると同時に、政界再編を進めていった。改憲作業は全斗煥が大統領になる前の一九八〇年六月からはじまったが、その中心的な内容は大統領の任期を再任なしの七年とすることだった。当時改憲を進めていた人々は大統領の任期を維新憲法と同じ六年にしようとしていたが、全斗煥がフランスの例をあげて「大統領の任期は七年、数字はラッキーセブンだ」と主張したため七年になったという話だ。

こうして作られた第五共和国憲法改正案は、一九八〇年九月九日、政府改憲審議委員会で議決され、九月二十九日に公告された。そして十月二十二日に国民投票が実施されて確定し、二十七日に公布された。

一方、全斗煥は裁判を進めていた、いわゆる「金大中《キム・デジュン》一党内乱陰謀事件」をすみやかに終結するよう指示した。この事件に関連して戒厳司令部は一九八〇年七月三十一日にすでに金大中をはじめとする二十四人を軍法会議で起訴していた。罪名は内乱陰謀罪と国家保安法違反であった。金大中は一九八一年一月二十三日に大法院で死刑の宣告を受け、同日無期懲役に減刑され、清州《チョンジュ》刑務所に収監された。

金大中と共に野党陣営を代表する金泳三《キム・ヨンサム》は自宅軟禁となり、政界からの引退を強制された。

全斗煥政権は、金大中と金泳三に代表される野党人士を政界から除去し、八百余人の政治家を政治活動規制の対象にすると発表した。そしてそのなかから政権に協力する政治家二百六十八人を選び出した。一九八一年一月十五日に民主正義党（民正党）を創設し、全斗煥が総裁となった。続いて野党のなかで政権に協力的な人士を中心にして民主韓国党（民韓党）と韓国国民党（国民党）という名前のふたつの野党を作った。党首はそれぞれ柳致松《ユ・チソン》と金鍾哲《キム・ジョンチョル》であった。権力を握った者が野党まで創設するという笑うに笑えない事態である。これに対して巷間では「第一大隊（民正党）、第二中隊（民韓党）、第三小隊（国民党）」というようなジョークが流布した。民正党は保安司令部が組織し、民韓党と国民党は中央情報部が主導し、運営費もすべて保安司令部と中央情報部が負担したのだから、こう揶揄されるのも当然であった。政界再編という名前のもとに、実際には政治組織そのものが再編されていったのである。

第五共和国の発足と一党独裁

与党と野党の結成を終えると、全斗煥《チョン・ドゥファン》は急ぎアメリカへ飛び、ロナルド・レーガン大統領と会談した。アメリカに旅立つ前、全斗煥は一年三ヶ月におよんだ戒厳令を解除した。戒厳令状態のままで国際舞台に出るのは格好がつかない、という青瓦台《チョンワデ》の参謀の建議を受け入れたのだ。

全斗煥のアメリカ訪問は一月二十八日から二月七日までだった。そして二月二十五日は大統領選挙の日だ。大統領選挙の前にアメリカの政界と接触し、名実共に自分が韓国の大統領であることを印象付ける、というのがアメリカ訪問の主たる目的だった。このとき全斗煥は、レーガンが大統領に就任してから最初に頂上会談を行なう国家元首が全斗煥であるということを大きく報道するように命じた。レーガンが大統領に就任したのが一月二十一日で、二十二日にホワイトハウスと青瓦台が同時に全斗煥のアメリカ国賓訪問を発表したという日程を見ても、全斗煥がアメリカ訪問をどれほど重視したか察することができる。

アメリカから戻った全斗煥は、二月二十五日に、柳致松《ユ・チソン》、金鍾哲《キム・ジョンチョル》、金義沢《キム・ウィテク》らと共に大統領選挙に出馬した。五千二百七十一人の大統領選挙人団が全国七十七ヶ所の投票場で投票した結果、全斗煥は九〇・二パーセントである四千七百五十五票を獲得し、いわゆる「体育館選挙」[★6]を通して第十二代大統領となった。

一ヶ月後の三月二十五日には第十一代国会議員選挙が実施された。この選挙で民正党は全二百七十六議席のうち百五十一議席を占め、過半数を確保した。民韓党は八十一議席、国民党は二十五議席、残りは群小政党と無所属だった。民韓党と国民党が官製野党であるという点に注意すれば、これは一党独裁と変わらないものだった。

実際に全斗煥は、民韓党と国民党に対して、野党という表現を使わず、ふたりの総裁に対しても野党総裁とは呼ばなかった。三党をひとつにして、一・二・三党と呼んだという。みずから民正党一党独裁であることを認めていたわけだ。

三S政策と八六アジア大会・八八オリンピック

暴力と不法な手段によって行政府と立法府はもちろんのこと、司法府と言論機関まで完全に掌握した全斗煥《チョン・ドゥファン》は、自分のイメージを改善し、国民の目を政治からそらすために「国風《ククプン》'81《パリル》」という大型イベントを開催した。国風'81は、一九八一年五月二十八日から六月一日まで続き、一千万人にもおよぶ観客を呼び集めた。「全国大学生民俗国楽大祭典」と銘打たれた行事は、民俗祭、伝統芸術祭、若者歌謡祭、シルム大会、八道クッパン、サダンペノリパンと、あらゆるノリを動員した「ノルジャ」の行事であった[★7]。さらに会場では「八道名産物市場」を開き、人々が押し寄せたので、あとにはごみ

★6：体育館選挙――有権者による直接投票ではなく、大統領選挙人団の間接選挙によって圧倒的多数で当選したことを揶揄した表現。全斗煥は二期共に間接選挙で選出された大統領なので、国民の審判を受けていない。

★7：「八道」は「全国」という意味。朝鮮王朝時代に八つの道があったことに由来する。シルムは韓国の伝統的な相撲。クッは巫女の儀式で伝統的な歌舞をともなう。サダンは伝統的な女旅芸人。サダンペはその集まり。これらの伝統的な祭りは「ノリ」と呼ばれているが、「遊ぶ」を意味する「ノルダ」から来た言葉だ。「ノルジャ」とは日常語では「遊ぼう」という意味であり、「ノリをしよう」という意味にもなる。民主化運動のなかで学生を中心に、それまでさげすまれてきたこれらの伝統芸能を見直す動きがあり、それが運動の原動力にもなったのだが、全斗煥一派はそれを逆用したのである。

全斗煥政権は名古屋との招致合戦を制し、1988 年 9 月のソウル五輪開催にこぎつけた。
〔共同通信社〕

の山が残ることになった。この行事を主管したのは、第五共和国初期の実力者である許和平《ホ・ファピョン》、許三守《ホ・サムス》と共に「三許」と呼ばれていた許文道《ホ・ムンド》政務秘書官であった。

国風'81が大成功を収めると、全斗煥らはこうやって国民の目をそらせる政策をさらに進めていった。いわゆる三S政策だ。

三Sとは、スポーツ、セックス、スクリーンの頭文字を取ったもので、国民の目をそらせるための全斗煥の政策を揶揄して命名されたものだ。三S政策の、恩恵といえば恩恵をもっとも大きく受けたのは野球であった。スポーツ狂であった全斗煥のスポーツ育成政策によって、プロ野球がはじまり、国民を熱狂させた。スクリーンではセックス・シンボルを代表するフランス映画『エマニエル夫人』に続き、韓国映画『愛麻《エマ》夫人』[★8]シリーズが空前のヒットを飛ばした。ちょうど一九四五年にアメリカ軍政によって実施された夜間通行禁止が解除され、夜間劇場が営業をはじめた。同時に宿泊業者と酒場が、性的欲求の排出口として活況を呈した。

さらに一九八一年九月には、日本の名古屋を下して奇跡的にソウル・オリンピックの誘致に成功し、その年の十一月にはソウル・アジア大会まで誘致した。そのおかげで一九八一年末は全国が祝祭の雰囲気であった。政治、経済、社会、言論のすべての分野で、アジア大会とソウル・オリンピックは魔法の杖であった。アジア大会とオリンピックのためには、国民はどのような不便や不法にも耐えなければならず、それを成功させるためにはどんなものでも作り出さなければならなかった。逆説的ではあるが、ふたつの大会は全斗煥の暴圧政治を防止する役割も果たした。当時、青瓦台《チョンワデ》で働いていた人の証言によれば、強硬路線に突っ走ろうとする全斗煥をなだめるもっともよい方法が、アジア大会とオリンピックであったという。全斗煥が強硬鎮圧、戒厳令、非常政局などを云々《うんぬん》しはじめたときは、「閣下、ソウル・オリンピックのためにはそのようなこわもてのイメージを緩和する必要があります」と言うと、効果抜群であったという。それだけ全斗煥はふたつの大会の成功に執着していたのである。

打ち続く大型事件と鉄拳統治の亀裂

政権に批判的な政治家は拘束されるか、自宅軟禁状態に置かれており、光州《クァンジュ》の死と苦痛の真実は依然として闇に埋もれたままだった。そして、民主化の牙城である大学は、強制徴集と緑化事業[★9]に苦しめられていた。光州の真実を知らせるための、一九八〇年十二月の光州アメリカ文化院放火事件は、漏電による火災であると報道され、教授たちは学生を先導するという名目で政権を批判しないように学生を説得した。大学の総長室には情報要員がうろつき回り、授業は情報要員の監視のなかで進められた。一言でいえば、学園の兵営化であった。

しかし全斗煥《チョン・ドゥファン》の鉄拳統治も、第五共和国発足から一年が過ぎると、あちこちにひび割れが目立つようになった。一九八二年三月、大学生が釜山《プサン》アメリカ文化院に引火物質をばら撒いて放火した。これに関連して、事件の首謀者とみなされていた光州蜂起関連の指名手配者・金鉉奨《キム・ヒョンジャン》をかくまっ

★8：『愛麻夫人』――もともとは『愛馬夫人』という題名の予定であったが、あまりにも低俗であるとの理由で『愛麻夫人』になったという（発音は同じ）。しかしシリーズ後半では『愛馬夫人』という題名も使われた。一九八二年に封切られると同時に大ヒットとなり、シリーズ化され、第十三作（一九九六年）まで製作された。

同じくコリアン・エロスの作品として紹介されている『桑の葉』（一九八五年、監督：李斗鏞〈イ・ドゥヨン〉、主演：李美淑〈イ・ミスク〉）は別の意味で注目に値する。日本の植民地支配下の農村を舞台に、村人に身を売りながら独立運動にたずさわる夫を支える美貌の妻を描いた映画だ。三S政策に便乗した作品のようでありながら、植民地統治下の朝鮮を描き、さらにそれを、重苦しい軍事独裁政権下で粘り強い闘争を展開する民衆の姿に重ね合わせる作品になっている。言論統制下における映画人のしたたかな抵抗でもあった。『桑の葉』は、一九八六年度韓国映画評論家協会賞最優秀作品に選定された。

★9：緑化事業——一九八一年から一九八三年にかけて、不穏であると判断した学生を強制的に徴集し、特別教育を受けさせた事件。徴集された学生のうち六人が軍で服務中に疑問死している。

★10：巡警——警察官の最下位の階級。日本の「巡査」に当たる。

★11：国家安全企画部——一九八〇年十二月三十日に、中央情報部（KCIA）を拡大、改変して設けられた組織。略称の安企部は韓国人の恐怖の的であった。一九九九年にさらに改変され、国家情報院（国情院）として現在にいたる。

たという理由で、崔基植《チェ・ギシク》神父が連行された。これにカトリック側は強く反発し、全斗煥政権とカトリックとの全面対決の様相を呈した。さらにプロテスタントの韓国教会社会宣教協議会が、釜山アメリカ文化院の放火は、光州虐殺に責任のあるアメリカに対する抗議の一環であると発表し、全斗煥政権とキリスト教進歩派との対立へと発展した。

そうしたなか、一九八二年四月に起こった宜寧《ウィニョン》の禹《ウ》巡警事件は、社会浄化と正義を強調していた全斗煥政権の、未熟な行政力と治安政策に大きな打撃を与えた。慶尚南道《キョンサムナムド》宜寧の禹範坤《ウ・ボムゴン》という巡警★10が、同居していた女性との口論の末、鬱憤晴らしのために銃を乱射し、手榴弾まで投げつけ、住民五十六人を殺害し、三十四人を負傷させるという大惨事を引き起こしたのである。これによって宜寧警察署長は拘束され、内務部長官は辞任した。

禹巡警事件の衝撃が社会を覆っていたその年の五月、もうひとつの大事件が起こる。「張玲子《チャン・ヨンジャ》、李哲熙《イ・チョルヒ》手形詐欺事件」である。詐欺の金額は六千四百億ウォンを超える天文学的な数字であった。さらに張玲子の姉の夫であり、全斗煥夫人の李順子《イ・スンジャ》のいとこである李圭光《イ・ギュグァン》が関連しているという噂が流れ、全斗煥政権の道徳性に致命傷を与えた。

この事件により、全斗煥と共に反乱に加担し、第五共和国の基礎を築いた実力者の三人組、許和平《ホ・ファピョン》、許三守《ホ・サムス》、兪学聖《ユ・ハクソン》が全斗煥と対立する。許和平と許三守は、大統領であっても過ちがあったならば責任を負わなければならないと強く意見をし、そのため実力者三人組は青瓦台《チョンワデ》と国家安全企画部★11から追い出されることになり、そのおかげで盧泰愚《ノ・テウ》がナンバー2に浮上することとなった。張玲子事件は政権に大きな地殻変動をもたらしたのである。

野党の再起と燃え上がる民心

そのころ、自宅軟禁を解かれた金泳三《キム・ヨンサム》は、民主山岳会を組織し、ひそかに再起の機会をうかがっていた。そのため全斗煥《チョン・ドゥファン》は再び金泳三を軟禁した。しかし金泳三はじっとしてはいなかった。金泳三一派は山岳会を中心として組織を固め、これに対して安企部と保安司令部は激しい弾圧を加えた。

そうしたなか、清州《チョンジュ》刑務所に収監されていた金大中《キム・デジュン》を釈放せよ、というアメリカと日本の圧力がさらに強まっていった。結局全斗煥は、一九八二年十二月に金大中をソウル大付属病院に移送し、一週間後の十二月二十三日、金大中と彼の家族をアメリカに送り出した。死刑から無期懲役、そして懲役二十年に減刑された金大中は、アメリカに出国するという条件で、監獄から解き放たれたのである。

金大中はアメリカで「韓国人権問題研究所」を開設し、韓国の民主化と人権問題を国際社会に訴えることに力を注いだ。

一方軟禁状態に置かれていた金泳三も動きはじめた。彼は一九八三年五月十八日、声明を発表し、死を覚悟してハンガーストライキを開始した。ハンガーストライキは二十三日間も続けられ、この過程で民主勢力が結集していった。金泳三のハンガーストライキが続くなか、政治活動を禁止されていた政治家が時局宣言文を発表し、世界の言論界に金泳三のハンガーストライキの事実を訴えた。

金泳三のハンガーストライキを目にして、一時対立していた金大中が再び手を差し伸べてきた。両金は「八・一五共同宣言」を発表して野党陣営の団結を促した。その後、野党陣営は一年にわたる組織整備を進め、一九八四年八月十五日、「民主化推進協議会」を結成し、これを基盤として一九八五年一月、「新韓民主党」（新民党）を創立した。その年の二月、金大中がアメリカから帰国し、二月十二日に実施された総選挙で、新民党は地方区、全国区合わせて六十七議席を獲得し、野党第一党となった。それまでの御用野党であった民韓党は三十五議席と半減。一方、民正党は百四十八議席で過半数を確保した。徹底した統制と監視のなかで行なわれた選挙であるにもかかわらず、新民党が野党第一党に躍り出ると、全斗煥政権は揺らぎはじめた。

総選挙期間中、新民党は「直選制改憲」をスローガンとして掲げ、学生、教授、農民、宗教家、芸術家などがこれに声を合わせた。しかし政府と与党は、直選制改憲について、論議すること自体を禁止した。すると新民党は国会を飛び出し、一九八六年二月十二日から直選制改憲のための一千万名署名運動を展開しはじめた。野党の改憲運動は全国に波及し、プロテスタント、カトリック、在野勢力を巻き込んだ改憲闘争へと発展した。

野党と在野勢力による改憲運動に対する国民の支持の声が強くなると、全斗煥は新民党総裁・李敏雨《イ・ミヌ》と与野党領袖《りょうしゅう》会談を開き、国会で与野党が合意すれば、在任期間中であっても改憲する用意がある、という意見を表明した。野党と在野勢力の攻勢に押された格好であった。

その後国会では、与党と野党の間で改憲についての議論が続けられた。与党も野党も改憲そのものには同意する動きを見せたが、与党は議院内閣制を、野党は大統領直接選挙制を主張した。民正党による議院内閣制への改憲案は、大統領直選制改憲案への牽制でもあったが、全斗煥の政権延長のための布石でもあった。

天も人も憤怒する蛮行と国民の目をそらせる詐欺

国会が大統領直選制改憲案と議院内閣制改憲案をめぐって対立しているなか、富川《プチョン》警察署性拷問事件が起こった。警察官が女子大生に性的拷問を加えたという、天も人も憤怒する事件だ。続いて月刊

『マル』九月号が、言論統制のための政府の報道指針を暴露した。これに対して政府は『マル』の発行人と、報道指針を提供した『韓国日報』の金周彦《キム・ジュオン》記者を国家保安法違反と国家冒瀆罪で拘束した。

このころキリスト教界を中心として視聴料拒否運動が全国に広がっていた。政権を讃揚し、民主勢力を誹謗し、真実を歪曲して報道するＫＢＳの視聴料を拒否する運動だ。カトリックの金寿煥《キム・スファン》枢機卿がプロテスタント系のこの流れに同調し、視聴料拒否運動はさらに拡大していった。

そうしたなか、八六《パリュク》アジア大会が九月二十日から十月五日まで開催された。全斗煥《チョン・ドゥファン》はアジア大会が成功したと自画自賛した。その数日後、国会議員の兪成煥《ユ・ソンファン》が、統一が反共よりも上位の概念となる国家にならなければならない、という主張を展開し、全斗煥はこれを口実に新民党を解体しようとしたが、成功しなかった。

全斗煥はなんとしても大統領直選制の改憲を阻止しようとした。一九八六年十月二十八日に建国《コングク》大学で起こった事態は、彼のその決意を表しているといえよう。全国二十九の大学の学生二千余人が建国大学に結集し「全国反外勢・反独裁愛国学生闘争連合」を結成したが、全斗煥はこれらの学生をすべて「親北共産革命分子」であると規定し、千五百二十五人の学生を連行し、そのうち千二百八十八人を拘束したのである。ひとつの事件の拘束者としては世界最高レベルであり、ギネスブックに記録されるほどの事件であった。

全斗煥政権はこうして韓国を恐怖の雰囲気に包み込みながら、「平和のダム」事件を画策する。北朝鮮が金剛山《クムガンサン》にダムを建設し、それを一挙に破壊することによってソウルを水没させようとしている、と発表し、それを防ぐために「平和のダム」を建設して敵の水攻めに対応しなければならない、と宣伝した。そしてすべての言論を動員して、平和のダム建設のための募金活動を展開し、六百六十一億ウォンを超える資金を集めた。この募金事業は六ヶ月にわたって進められた。しかしあとになって判明したことだが、これは大統領直選制を要求する世論をそらすための詐欺であった。

全斗煥政権の策謀にもかかわらず、大統領直選制への国民の熱望が冷めることはなかった。

頂上会談直前にまでいたった南北関係

全斗煥《チョン・ドゥファン》の外交姿勢は、徹底した親米政策に基盤を置いた冷戦体制中心の国際関係を志向するものだった。その結果、アメリカに対しては従属し、社会主義国家とは敵対的な関係を維持した。とりわけアメリカでレーガンに代表される共和党保守政権が樹立されると、全斗煥の外交はさらに保守的な色彩を帯びるようになった。この時期、日本とは歴史教科書の問題や、在日韓国人指紋押捺制度の問題をめぐって摩擦が絶えなかった。しかし対北朝鮮の関係は極端から極端へとめまぐるしく変転した。

一九八三年八月、ソ連のミサイルによって大韓航空の旅客機が撃墜される事件が発生し、その年の十月にはビルマ（現在のミャンマー）訪問中の全斗煥がアウンサン将軍廟を訪問したときに突然爆弾が爆発し、全斗煥が九死に一生を得るという事件も起こった。領空を侵犯したという理由でソ連のミサイルに撃墜されたアンカレッジ発の大韓航空の旅客機には、韓国人百五人をはじめ、十五ヶ国の二百六十九人の乗客が搭乗しており、全員が死亡した。このためソ連は韓国、アメリカ、日本などから強く非難されることとなった。またアウンサン廟爆破事件（ラングーン事件）では大統領に随行していた徐錫俊《ソ・ソクチュン》副総理など十七人が死亡し、十五人が重軽傷を負った。この事件の背後に北朝鮮がいることはほぼ明らかであり、このため南北関係は一時戦争直前まで緊張した。

このふたつの事件は全斗煥の対北政策にも大きな変化をもたらした。アウンサン廟テロ事件が起こる前に、北朝鮮は、韓国と北朝鮮、そしてアメリカが一堂に会して朝鮮半島の平和政策について論議しようという、三者会談を提案していた。これまで北朝鮮は韓国を排除しアメリカとだけ対話しよう

ミャンマー訪問中の全斗煥一行を狙った爆弾テロ事件は「ラングーン事件」とも呼ばれる。〔聯合ニュース〕

としてきたのだが、その姿勢を大きく転換するものであった。しかし三者会談を提起して一ヶ月もたたないうちに、全斗煥を暗殺しようとする爆弾テロを強行したのである。

全斗煥は北朝鮮の行為に激怒したが、一方では北朝鮮と正常な会談を進めようともしていた。北朝鮮内部にも強硬派と穏健派がいるという認識のもとに、金日成《キム・イルソン》と南北対話を推進して、政権安定に利用しようと計算していたのである。

北朝鮮との会談を進めようというこころみは、アウンサン廟爆破事件以前から模索されていた。全斗煥は権力を握った直後から、国連代表部を通して北朝鮮側に会談を打診しており、そうしたなかでアウンサン廟爆破事件が起こったのである。アウンサン廟爆破事件以後、南北は一触即発の状態にまでなった。しかし南北対話の流れは、アウンサン廟爆破事件以後、逆に大きな動きとなったのである。戦争は共倒れになるだけだということを、南も北も熟知していた。その認識のもと、まず北朝鮮が南北体育会談を提案し、韓国側がこれを受け入れて、一九八四年四月、電撃的に会談が開かれた。

その後、南北関係は和解の雰囲気に包まれていく。一九八四年九月、韓国で洪水が起こり二十万人の罹災民が発生すると、北朝鮮が救護物資を送ってきた。朝鮮戦争後はじめて北朝鮮の物品が韓国に入ってくるという珍風景が演出されたのである。

一九八五年には両者合意のもと離散家族が南と北で再会するという感動的な場面も作り出された。体育会談はオリンピック共同開催を論議するまでになり、水面下では全斗煥と金日成の頂上会談まで模索されるようになっていた。頂上会談のために双方が密使を派遣し、金日成が頂上会談を承諾するという段階まで進んだ。全斗煥も頂上会談に大きな期待をかけた。金日成の過去の行ないを過剰に高く評価する親書を書くほどだった。しかし頂上会談の推進に当たってそれに関与できなかったアメリカが強く反対したため、会談は実現しなかった。

不正腐敗のなかで成長する財閥と、苦しむ労働者、農民

全斗煥《チョン・ドゥファン》時代の経済政策は、一言でいえば、強制的な合併による財閥養成であった。朴正熙《パク・チョンヒ》政権は維新の時代に、重化学工業に重複して投資する事例が多かった。この問題を解決するため、全斗煥は多くの企業を欠陥企業であるという名分で財閥に吸収合併させていった。この過程で政治資金を出さない企業は、けしからん、と睨まれて空中分解してしまった。逆に政権に協力する企業は大きく膨れ上がり巨大財閥へと成長していった。このとき欠陥企業の整理と財閥の優遇のために使用された資金は合計十九兆ウォンにのぼる。このため政権の初期のスローガンであった「経済の均衡ある成長」は空念仏となり、経済は財閥だけが成長する不均衡なものとなり、政経癒着はさらに深まっていった。優遇や税務調査免除といった政経癒着によって、全斗煥一派は一兆ウォンに迫る秘密資金を作り、富を蓄積し権力を維持する手段として使用した。

このような環境のなかでは、権力に関連する大型経済事件が発生するのは必然といえよう。第五共和国三大大型金融事件と呼ばれている張玲子《チャン・ヨンジャ》事件、明星《ミョンソン》事件、嶺東《ヨンドン》開発事件はどれも大統領の親戚や権力者が関係した事件だった。また全斗煥の弟の全敬煥《チョン・ギョンファン》のセマウル運動中央本部、全斗煥の妻

の父である李圭東《イ・ギュドン》の大韓老人会、全斗煥夫人の李順子《イ・スンジャ》の新世代育成会と心臓財団なども、すべて不正だらけであると謗《そし》られている。

このような悪条件のなかでも経済の量的成長は急速に進行した。一九八一年から一九八五年まで平均八パーセントの高度成長が続き、一九八六年にはドル、国際金利、石油価格がすべて低下する三低現象のおかげで前例のない好況を謳歌した。石油は全量輸入に頼っており、かなりの外債利子を返済しなければならない韓国経済にとって三低現象はまさに天佑神助であった。その影響で赤字に苦しんでいた経常収支が、一九八六年には四十六億ドルの黒字に転換し、一九八七年には九十九億ドルの黒字を記録した。四百億ドルに迫っていた純外債の増加による危機もなんとか免れることができた。

しかし経済成長に比べ、労働者の現実は依然として悲惨なものだった。労働法は徹底的に労働者に不利な方向に改悪され、労働運動に対する弾圧はさらに強化された。このため労働者の不満は年をへるごとに深刻なものとなり、一九八七年の六月抗争直後にはわずか二ヶ月間で三千件以上の労働争議が発生したほどだ。その後、労働組合の結成が急速に進み、一九八七年末には全国で四千を超える労働組合が生まれた。

都市の労働者だけが不満を爆発させたのではなかった。持続する都市化と重工業主体の経済政策によって疎外された農民たちも、咸平《ハムピョン》、務安《ムアン》の農民大会をきっかけに農民会を組織するようになり、一九八五年の「牛飼い闘争」のような組織的な抵抗を展開した。一九八三年からアメリカの牛肉を輸入するようになると、牛肉の価格が暴落し、子牛の価格が犬一匹の値段よりも安くなったという不満が各地で爆発し、忠清北道清原《チュンチョンブクドチョンウォン》の農民・徐亨錫《ソ・ヒョンソク》が牛肉の価格暴落を悲観して農薬を飲んで自殺するという事件が発生した。牛飼い闘争に参加した農民たちは、牛肉の価格暴落について政府が責任を負い補償をすべきだと要求した。農民会はアメリカ大使館前で、農畜産物輸入開放圧力を撤回せよと叫び、アメリカ政府に抗議した。これは全斗煥政権の農業政策の失敗と、アメリカの農畜産物開放圧力に対する批判と抗議であった。

大統領直選制を勝ち取った六月抗争

全斗煥《チョン・ドゥファン》は大統領直選制を要求する国民の熱を冷ますため、一九八七年四月十三日、第五共和国憲法を守護するという意思を表明した「四・一三護憲措置」を敢行した。

一方、李敏雨《イ・ミヌ》の判断ミスによって新民党が分裂すると、金大中《キム・デジュン》と金泳三《キム・ヨンサム》が手を握り統一民主党を結成して、護憲措置撤廃と直選制改憲のための闘争を展開した。そして五月十八日、カトリック正義具現全国司祭団（正義具現司祭団）が、朴鍾哲《パク・ジョンチョル》拷問致死事件を暴露すると、野党、学生、市民の反政府闘争はさらに過熱し、政局は六月抗争の巨大な歴史的渦に巻き込まれていく。

そのころ全斗煥は次期大統領候補として盧泰愚《ノ・テウ》を指名し、民正党は六月十日午前十時に開く全党大会で盧泰愚を候補に選出する予定であると発表した。これに対して野党と在野勢力が総結集した「民主憲法を戦い取る国民運動本部」は六月十日に民主憲法を戦い取るための全国的な汎国民大会を開催すると宣言した。政府は国民大会を阻止する意思を明らかにし、甲号非常令[★12]を発して、ソウルに六万の警察官を投入し、大々的な鎮圧を敢行した。

六月九日に、延世《ヨンセ》大学の学生・李韓烈《イ・ハンヨル》が、脳に催涙弾を打ち込まれて昏睡状態に陥ったというニュースが流れると、野党、市民、学生による直選制を戦い取る運動が全国に広がっていった。六月十日に予定されていた汎国民大会は警察の妨害によって開催することはできなかったが、全国の大学からデモ隊があふれ出し、市民は学生を激励し彼らと一緒になって「護憲撤廃」、「独裁打倒」を叫んだ。さらに中産層を代弁する「ネクタイ部隊」と命名された事務職の会社員がデモに加わり、タクシーの運転手や商人たちまでがデモ隊に向かって拍手をし、激励した。これに当惑した全斗煥政権は、数

★12：甲号非常令――警察官に対する非常令は甲号、乙号、丙号の三種があり、甲号非常令では動員しうる警察官全員に非常勤務を命じる。乙号、丙号ではそれぞれ、動員可能な警察官の五十パーセント、三十パーセントに非常勤務を命じる。

朝鮮半島の全土に飛び火した六月抗争

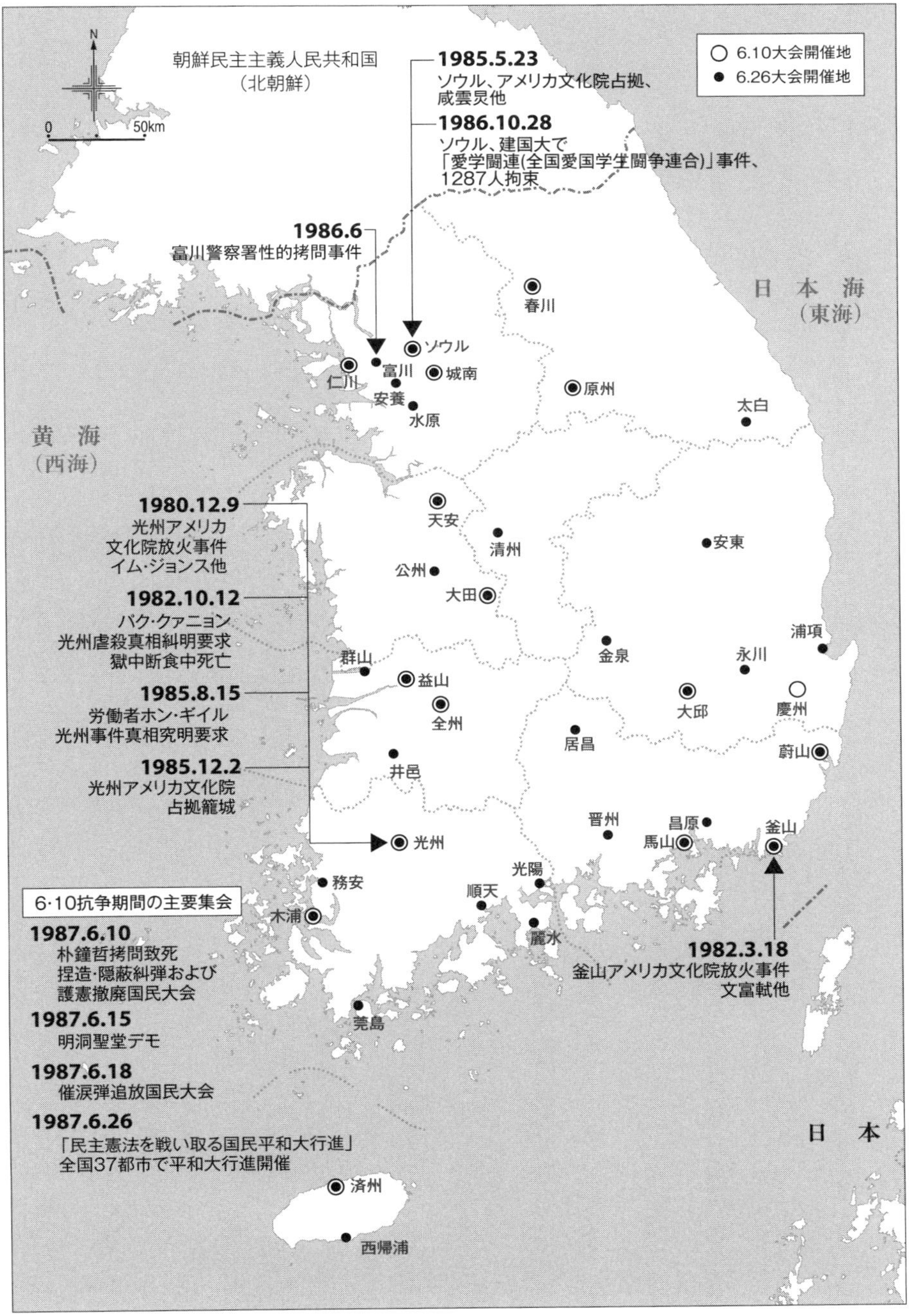

6.10大会開催地
6.26大会開催地
N
0
50km
朝鮮民主主義人民共和国
（北朝鮮）
1985.5.23
ソウル、アメリカ文化院占拠、
咸雲炅他
1986.10.28
ソウル、建国大で
「愛学闘連(全国愛国学生闘争連合)」事件、
1287人拘束
1986.6
富川警察署性的拷問事件
日本海
（東海）
黄海
（西海）
春川
ソウル
仁川
富川
城南
安養
水原
原州
太白
1980.12.9
光州アメリカ
文化院放火事件
イム・ジョンス他
1982.10.12
パク・クァニョン
光州虐殺真相糾明要求
獄中断食中死亡
1985.8.15
労働者ホン・ギイル
光州事件真相究明要求
1985.12.2
光州アメリカ文化院
占拠籠城
天安
清州
安東
公州
大田
浦項
金泉
永川
群山
益山
全州
大邱
慶州
居昌
蔚山
井邑
晋州
昌原
馬山
釜山
光州
務安
光陽
順天
木浦
麗水
1982.3.18
釜山アメリカ文化院放火事件
文富軾他
莞島
日本
済州
西帰浦
6·10抗争期間の主要集会
1987.6.10
朴鐘哲拷問致死
捏造・隠蔽糾弾および
護憲撤廃国民大会
1987.6.15
明洞聖堂デモ
1987.6.18
催涙弾追放国民大会
1987.6.26
「民主憲法を戦い取る国民平和大行進」
全国37都市で平和大行進開催

千の学生と市民を連行し、強圧姿勢を見せたが、怒濤のような六月抗争の波を抑えることはできなかった。全斗煥は幾度も軍を投入しようとしたが、アメリカの強力な反対によって実行に移すことはできなかった。

結局全斗煥は直選制を受け入れる決心をし、民正党の大統領候補に選ばれた盧泰愚を説得した。金大中と金泳三に分裂した野党のヘゲモニー争いをうまく利用すれば、直選制を実施しても勝てる、という計算であった。これは保安司令部が慎重に検討して出した結論であり、盧泰愚もこれを受け入れた。

これ以後、全斗煥は軍を投入するようなそぶりを見せて恐怖の雰囲気を煽り、警察に対してもっと激しくデモ隊を鎮圧せよと命令した。そして盧泰愚は、デモ隊と警察の緊張が最高潮となった瞬間を狙い、電撃的に大統領直選制を受け入れるという声明を発表する、という計画であった。

デモ隊は日を追うごとにふくれ上がり、警察の鎮圧はさらに激しいものとなった。全斗煥はいくつもの経路を通して軍を投入するという意思を明らかにした。このため李万燮《イ・マンソプ》のような与党政治家は、全斗煥と盧泰愚を訪ね、直選制を受け入れるように説得したが、全斗煥は頑強な態度を改めなかった。全斗煥は、任期があと一日であろうと、そのつもりになればいつでも軍を動員して権力を守ることができる、と豪語した。こうしてデモ隊と全斗煥が正面から対峙するなか、盧泰愚が「六・二九宣言」を発表するのである。

盧泰愚はこの宣言で、国民の要求を受け入れる、と発表し、これを全斗煥に建議すると語った。全斗煥は盧泰愚の提議を全面的に受け入れ、盧泰愚に世間の注目が集まるようにしたのである。一連の事態を世間は「監督・全斗煥、主演・盧泰愚のショー」と表現した。

六・二九宣言以後、政局は第六共和国憲法の作成と大統領選挙の熱気に包まれ、全斗煥は政治の舞台から徐々に退場していった。彼の役割は、どのような手段を用いてでも盧泰愚を当選させることであり、天文学的な大統領選挙の資金を支援するのが彼に与えられたもっとも大きな役割だった。

全斗煥の予測どおり、野党は分裂し、金大中と金泳三は互いに相手の譲歩を強要して対立した。さらに金鍾泌《キム・ジョンピル》までがそれに加わり、三金の分裂となった。ちょうどこのとき、大韓航空機が空中で爆発し、北朝鮮の仕業とされる事件が起こった。犯人と目される金賢姫《キム・ヒョンヒ》は投票日の一日前にソウルに護送され、選挙戦で与党への好材料となった。結局、大統領選挙で勝利したのは盧泰愚だった。

全斗煥は一九八八年二月、盧泰愚に権力を移譲した。本人の意図はどうあれ、歴史上最初に、憲法上の任期を満了して青瓦台《チョンワデ》を離れた最初の大統領となったのである。

退任後全斗煥は国家元老諮問会議の議長として活動していたが、一九八八年の総選挙で野党が圧勝したのち、第五共和国聴聞会に呼び出され、光州《クァンジュ》虐殺と第五共和国時代の不正の問題について追及された。また彼の兄弟のさまざまな不正が明らかになり、全斗煥は百潭寺《ペクタムサ》に蟄居《ちっきょ》した。続いて金泳三の文民政府が成立し、一九九六年一月に内乱および反乱罪で収監され、一九九七年十二月に特別赦免で釈放された。現在ソウル延禧洞《ヨニドン》の自宅に蟄居している。★13 彼は包括的収賄罪によって二千二百五億ウォンの追徴金の宣告を受けたが、五百三十二億ウォンしか支払っていなかった。二〇一三年にいたり、国会、国税庁、検察の圧力を受け、完納するという意思表示をした。

全斗煥は夫人・李順子《イ・スンジャ》との間に在国《チェグク》、在庸《チェヨン》、在満《チェマン》の三人の息子と、娘・孝善《ヒョソン》をもうけた。

暴力統治のなかで民主主義が花開いた全斗煥時代

全斗煥《チョン・ドゥファン》時代は一言でいえば「組織暴力団による統治」であると言えるだろう。政界は共に殺戮を行なった同期と先輩、後輩の食い物となり、経済界は私利私欲と不正腐敗が蔓延するなか、不当な

★13：二〇一二年一一月、映画『二十六年』（監督：チョ・グンヒョン、出演：ペ・スビン、ハン・ヘジンなど／日本未公開）が封切られ、話題となった。カンプルのウェブ漫画を原作とする映画で、光州での市民虐殺の張本人である「その人」が反省も謝罪もないまま前職大統領として優遇されている現実を眼にした光州虐殺の遺族が「その人」を暗殺しようとする、というストーリーだ。映画に「その人」の実名は出てこないが、誰が見ても全斗煥であるとわかるように描かれている。生存している前職大統領の暗殺を描くというとんでもない映画である。制作段階から紆余曲折があったが、一般市民の資金援助によって完成した。映画終了後数分にわたって資金援助をした無名の市民の名前が映し出される。その画面は、光州虐殺への韓国市民の思いが結実したもののように感じられる。

政権におもねる企業は支援を受け、協力しない企業は見せしめのようにつぶされていった。社会は三S政策によって突然訪れた夜の文化と、アジア大会、ソウル・オリンピックという華麗な祭典に沸き立った。まさに組織暴力団による支配と変わらない構造であった。

しかしそのような暴力統治に対抗した政治家と市民大衆は、暗黒のなかで六月抗争を戦い抜き、大統領直選制を勝ち取った。その熱気は労働界に引き継がれ、労働環境と生活の質を改善するための労働組合の結成が相次いだ。農民は押し寄せる海外からの農産物に対して活路を開くために組織的な抵抗をはじめた。

5　全斗煥時代の主要事件

緑化事業と学園フラクション養成工作

政権を奪取した全斗煥《チョン・ドゥファン》一派は、一九八一年末から一九八三年末までの二年余の間、学生の抵抗を阻止するためにブラックリストを作成し、そこに記された学生たちを強制的に軍に送り込んだ。ブラックリストは大学内に常駐していた情報要員が作成した。情報要員が、問題学生であると報告すれば、その学生は兵役法上の法的権利も無視されたまま軍に徴集された。ときにはデモの現場で捕まった学生もブラックリストに載せられ、徴集された。兵役免除の条件を満たしている学生まで徴集することもあった。これら強制的に徴集された学生の身上カードには「特殊学籍変動者」と赤い文字で記入された。こうして強制的に徴集された学生は、公式には四百四十七人であると発表されている。しかし千人から五千人にのぼると主張する者もいる。強制的に徴集された学生の半分ほどは、いわゆる「緑化事業」に投入された。緑化事業とは、左傾容共の赤い色を緑に変える醇化《じゅんか》作業という意味だ。

緑化事業のために保安司令部に対左傾意識化課が新設され、京畿道果川《キョンギドクァチョン》とソウルの退渓路《トェゲロ》にその分室が設置された。この分室は強制徴集された学生の思想を洗濯する場所だった。審査という名のもとに行なわれた思想洗濯の期間は約一週間であり、その間脅迫と殴打が繰り返された。洗濯の期間中、学生たちは五十枚を超える陳述書を作成しなければならず、それが終わると二ヶ月近く「逆意識化」教育を受けた。その後、教育の成果を検証するという名目で、彼らを大学に戻し、学生たちの動向を報告させた。学生を強制的に徴集して非人間的な軍隊生活を送らせるだけでは足りず、大学のフラクションに仕立て上げ、友人たちを密告させたのである。

軍と情報機関による学園フラクション養成工作は全斗煥政権の間ずっと続けられ、盧泰愚《ノ・テウ》政権時代にも引き継がれた。時にはフラクションであるとみなされた学生を友人たちが告発する文が掲示される、というようなことも起こった。「ソウル大フラクション事件」の場合は、ニセ学生が大学に侵入していた事実を学生たちが明らかにし、政権に抗議するという騒動にまで発展した。また韓国外国語《ハングククウェグゴ》大学では、デモの最中に警察に逮捕された学生が、警察の懐柔と強圧に負けてフラクションとなり、学生運動をしながら仲間の学生の動向を報告していたことが発覚し、学校の掲示板にそれを暴露する文が掲示された。

この緑化事業と学園フラクション養成工作の過程で何人もの死亡者が発生した。しかし犠牲者は、事故や自殺として処理され、現在まで真相は究明されていない。

アメリカ文化院の放火と占拠

光州《クァンジュ》市民蜂起ののち、学生のアメリカに対する認識は大きく変化した。光州市民に対する全斗煥《チョン・ドゥファン》一派の殺戮は、アメリカの同意のもとに行なわれた、というのが当時の学生や市民の判断だった。駐韓アメリカ軍司令官のウィッカムが光州蜂起を鎮圧することに同意した、という事実がその証拠であると考えられていた。

アメリカと独裁政権がグルになっているという認識は、光州アメリカ文化院放火事件として表面化した。一九八〇年十二月九日、全南《チョンナム》大学三年のイム・ジョンスをはじめとする五人の学生が、光州アメリカ文化院に火を放ったのである。しかし全斗煥政権はこれを単純な漏電による火災であると発表した。これが社会問題となれば自分たちの立場が危うくなる恐れがあると判断したからだ。

しかし一九八二年三月十八日に起こった釜山《プサン》アメリカ文化院放火事件は隠蔽することができなかった。光州での虐殺の惨状を知った釜山高麗《コリョ》神学校（現在の高神《コシン》大学）の学生・文富軾《ムン・ブシク》と男女学生が釜山のアメリカ文化院を占拠し火を放った。そして「アメリカはこれ以上韓国を属国扱いせず、この地から出て行け」という内容の声明書を発表した。数百枚がばら撒かれたこの声明書で、学生たちはアメリカが友邦を装いながら韓国で経済収奪と民族分断政策を続けていると告発し、反米闘争ののろしを掲げ、民族の自覚を訴えた。

しかし国内のすべてのマスコミは、この事件を光州問題と関連付けて報じなかった。マスコミは一斉に反共と親米を強調し、全国民的な犯人捜索が必要だと力説した。各地域で班常会《バンサンフェ》★14を開き、犯人を捕まえようとあらためて市民が決意した、というような報道もあった。放火犯にかけられた懸賞金は、当時二階建ての家を買うことができた三千万ウォンであった。

★14：班常会——行政組織の最小単位である班の定例会。

文富軾をはじめとする学生が逮捕されたのは、放火事件の十四日後だった。彼らは放火とビラ撒布の嫌疑で拘束されたのだが、彼らを起訴した検事の公訴状に「光州」という文字はなかった。

それでもこの事件ののち、光州市民蜂起の真相は口から口へと伝えられ、全国に広がっていき、光州で起こった殺戮にアメリカも責任があることを知らしめる契機となった。そして『ニューヨークタイムズ』が、光州市民蜂起当時、アメリカが全斗煥一派を庇護し、軍隊を動員した事実を報道し、このような行為は結局アメリカに大きな損失をもたらす、と警告した。『ニューヨークタイムズ』の警告は現実のものとなった。学生と民主化勢力は、独裁打倒と共に、ヤンキーゴーホームを叫びはじめたのである。

釜山アメリカ文化院放火事件の三年後、一九八五年三月、民主化勢力が結集した全国組織、民主統一民衆運動連合（民統連）が、光州市民蜂起に関連する声明書を発表して立てこもり闘争を開始し、全斗煥が内乱を起こした五月十七日には全国の学生四万余が光州の真相調査を要求して激しいデモを行なった。

光州真相究明要求デモの七日後である五月二十三日、全国の学生代表七十三人がソウルのアメリカ文化院を占拠するという事件が発生した。光州の虐殺に対するアメリカの責任を問う闘争であった。アメリカ文化院図書館の占拠は四日間続き、アメリカは光州虐殺についての責任を負っており、公開の場で謝罪せよ、と要求した。

ソウルアメリカ文化院占拠事件は、光州、釜山での放火事件とは異なり、マスコミに大々的に報じられ、ついに国民は光州の真相を部分的ではあるが知るようになったのである。時を同じくして野党である新民党は国会議員百三人の名で「光州事態真相調査のための国政調査決議案」を国会に提出した。守勢に追い込まれた全斗煥政権は、話にならないほど縮小され、歪曲された内容ではあったが、国防部長官の名で光州の被害状況について公式発表をした。

このように三度にわたるアメリカ文化院の放火、占拠は、光州の真実を広く知らしめる重要な契機となり、国益のために独裁政権を庇護してきたアメリカに対して認識転換を促す端緒となった。

張玲子、李哲煕による稀代の手形詐欺

一九八二年五月四日、大検察庁中央捜査本部は、李哲煕《イ・チョルヒ》と張玲子《チャン・ヨンジャ》夫婦を拘束し、続いて大統領夫人である李順子《イ・スンジャ》のいとこ・李圭光《イ・ギュグァン》を拘束し、さらに朝興《チョフン》銀行長、産業《サンオプ》銀行長など関係者を拘束していった。これが青瓦台《チョンワデ》、民正党、国家安全企画部などの権力層に一大地殻変動をもたらすことになる。マスコミは連日「檀君《タンクン》★15以来の最大の金融詐欺事件」であると報道した。この事件に全斗煥《チョン・ドゥファン》の妻のいとこ・李圭光が関係しているという事実のために、この事件は単純な詐欺事件ではないという疑惑が持ち出され、全斗煥の道徳性に致命的な打撃を与えた。正義社会の具現を旗幟《きし》に掲げた青瓦台が詐欺事件の背後にいるのではないかという疑惑が広がり、政権を揺さぶった。

事件の中心にいた張玲子は鉱業振興公社の社長であった李圭光の妻の妹だった。張玲子の夫・李哲煕は、陸軍士官学校の第二期生であり、中央情報部次長をへて、維新政友会の国会議員をつとめた人物だ。張玲子と李哲煕はこのような経歴を背景として、手形詐欺を繰り返したのである。その手法はこのようなものだった。まず銀行から無担保で融資を受け、自己資本が弱い企業にその資金を貸し、担保として手形を受け取る。その手形は貸した資金の二倍から九倍に設定され、それを私債市場に売ったり他の企業に売って現金化したのだ。こうして得た資金の総額は六千四百四億ウォンであった。最初に企業から担保として受け取った手形の総額は七千百十一億ウォンであったので、その九〇パーセントを現金化したわけである。このため手形を発行した企業は約束した期日を守ることができずに不渡りを出すことになり、手形を買った側は資金を回収できないという事態になった。

★15：檀君——紀元前二三三三年に古朝鮮を建国したとされる伝説上の王。十三世紀末に編纂された史書『三国遺事』に登場する。

この事件によって、建設会社の業界八位であった共栄《コンヨン》土建と、鉄鋼業界二位であった日新《イルシン》製鋼が倒産した。また資金を融資した銀行と、手形を切った企業、私債業者も膨大な損失をこうむった。手形を切った企業のなかには現金を一銭も受け取っていない企業もあった。そのため張玲子の背後に青瓦台があるのではないか、という疑惑が沸き上がった。もちろん張玲子と青瓦台をつなげたのは李圭光であった。

　張玲子を拘束する二日前の五月二日、青瓦台でこの事件についての非常会議が招集された。会議は全斗煥が主催し、青瓦台の書斎で開かれた。財務部から羅雄培《ナ・ウンベ》長官と李揆成《イ・ギュソン》第一次官補、検察からは鄭致根《チョン・チグン》総長と李鍾南《イ・ジョンナム》中央捜査部長、青瓦台秘書室からは李範錫《イ・ボムソク》秘書室長と許和平《ホ・ファピョン》政務第一首席、李鶴捧《イ・ハクボン》民政首席、金在益《キム・ジェイク》経済首席、朴哲彦《パク・チョロン》政務秘書官らが出席した。

　この場で全斗煥は、李哲熙と張玲子を外換管理法違反の嫌疑で拘束し、企業に対しては銀行の支援を通して倒産を防ぐようにせよ、と指示した。また共栄土建は法定管理とし、日新製鋼は不渡り処理をし、私債業者を保護する必要はない、という結論となった。

　しかし検察の捜査発表に対してマスコミは疑問を呈し、国民の疑惑はさらにふくれ上がった。結局全斗煥は五月十一日に再び非常会議を招集し、激論の末、李圭光を鉱業振興公社社長から引退させることにした。

　しかし李圭光に対する処理をめぐって、全斗煥と検察、そして秘書陣の立場は異なるものとなった。検察総長の鄭致根は、李圭光を取調べなければならないと主張し、許和平と許三守《ホ・サムス》は、世論はこの事件の背後に青瓦台があると疑っていると言って全斗煥に迫った。これらの主張に押され、全斗煥は聖域のない捜査を指示せざるをえなくなったが、それでも李圭光を拘束することには反対した。しかし李圭光を拘束しないことには、青瓦台に対する批判の世論は収まりそうになかった。結局全斗煥は李圭光を拘束するように指示し、翌日李圭光は張玲子から一億ウォンを受け取ったという嫌疑で拘束された。

李圭光が拘束されたのち、全斗煥は自分を窮地に追い込んだ許和平と許三守を恨んだ。青瓦台の実力者であったふたりは、青瓦台の対策会議から除外され、結局は青瓦台から追放される。このふたりは全斗煥の次の大統領を狙うほどの実力者であったが、張玲子事件によって没落してしまうのである。また彼らと並ぶ実力者であった兪学聖《ユ・ハクソン》国家安全企画部長も解任され、民正党事務総長・権正達《クォン・ジョンダル》、法務部長官・李鐘元《イ・ジョンウォン》と検察総長・鄭致根も引退させられた。

世間を騒がせ、全斗煥政権の基盤を揺るがした事件の主犯である張玲子は、十年の懲役を終えて出獄したときは千億ウォン代の資産家となっていた。監獄に行く前に買った土地が暴騰したからだ。張玲子は、自分は政治の犠牲となっただけだ、と主張した。全斗煥政権に対する国民の非難と、大統領の親戚の不正をごまかすために、実直に事業をしていた自分を犯罪者に仕立て上げたのだ、と抗弁したのである。

第六章

盧泰愚大統領実録

盧泰愚（ノ・テウ）

生年一九三二―

出身地　慶尚北道《キョンサンプクド》達城《ダルソン》郡公山面《コンサンミョン》新龍里《シンニョンリ》（現在の大邱《テグ》広域市東《トン》区新龍洞《シンニョンドン》）

在任期間　一九八八年二月―一九九三年二月（五年）

国民の意思を反映した新憲法の発効と共にこの瞬間に誕生する新政府は、国民が主人となる国民の政府であることを宣言します。民主改革と国民和合により、われわれは偉大な普通の人々の時代を開かなければなりません。

――第十三代大統領就任の辞より（一九八八年）

1 洞簫《トウンソ》を吹く田舎の少年から直選制の大統領となった盧泰愚

洞簫を吹く少年、戦争のさなかに軍人となる

盧泰愚《ノ・テウ》は一九三二年十二月四日、慶尚北道達城郡《キョンサンブクドダルソン》公山面新龍里《コンサンミョンシンニョンリ》(現在の大邱《テグ》広域市東区《トン》新龍洞《シンニョンドン》)で、交河《キョハ》盧氏の盧秉寿《ノ・ビョンス》と金泰香《キム・テヒャン》の長男として生まれた。彼の先祖では、朝鮮の世祖《セジョ》から成宗《ソンジョン》にかけて領議政《ヨンイジョン》となった盧思愼《ノ・サシン》が有名で、盧泰愚は盧思愼の十五代孫である。

金泰香は結婚後しばらく子を授かることがなかったが、結婚から八年目に妊娠した。そのとき、豆畑で草取りをしていると大きな蛇があらわれ、驚いて家に逃げ込んだが、蛇はあとを追いかけてきて、台所に隠れていた金泰香のかかとに噛み付き、ぐるぐると巻きついてきたところで目が覚めた、という胎夢を見たという。その話を聞いた義父の盧永洙《ノ・ヨンス》は、蛇は龍だから、子供の名前を泰龍《テリョン》とつけようとしたが、日本の植民地時代だったのでその夢を隠すため、龍の代わりに愚として泰愚と命名した。

続いて弟の載愚《チェウ》が生まれた。盧秉寿は小学校を卒業しただけだったが、漢文を読むことができたため公山面の書記になった。身長が百九十センチメートルという長身で、人柄もよかった。また音楽を愛し、よく泰愚と載愚の兄弟に蓄音機で音楽を聞かせていた。そのため盧泰愚は子供のころから歌が得意だった。

一九三九年、盧秉寿は弟の秉祥《ビョンサン》の中学校（旧制）の卒業式に出席するために道を歩いていたときに交通事故に遭い、死亡してしまう。盧泰愚が八歳のときだった。そのため盧泰愚は貧困のなかで成長し、叔父の盧秉祥の援助でなんとか学業を続けることができた。

盧泰愚は父の遺品である洞簫《トゥンソ》★1を愛し、友人たちと遊ぶときも洞簫で雰囲気を盛り上げたりしたという。音楽に対する愛着は深かったが、貧しさのため音楽家の道に進むことはできなかった。

八公山《パルコンサン》のふもとで暮らしていた盧泰愚は、一九三九年三月に公山小学校に入学した。家から六キロメートル離れた学校まで歩いて通い、時には靴がないため裸足で通ったこともあった。それでもいつもにこにこしていたので、彼のあだ名はスマイルだった。公山小学校を卒業後、叔父の援助で大邱工業中学校に進学し、そこを卒業すると慶北《キョンプク》高等普通学校に進学し、医者を志望した。ところが高等学校三年のときに朝鮮戦争が勃発し、学徒兵として参戦し、医者となる夢は断念した。そして憲兵学校に入学し、陸軍士官学校に編入、正規陸軍士官学校の第一期生となった。

陸軍士官学校の学生時代に全斗煥《チョン・ドゥファン》、鄭鎬溶《チョン・ホヨン》、金復東《キム・ボクドン》らと親しくなり、ラグビー部の選手として活躍した。文学と音楽を愛し、ヘルマン・ヘッセとトルストイの小説を愛読し、チャイコフスキー、ベートーベン、ドビュッシーの音楽を聞いた。

朴正煕に目をかけられる

盧泰愚《ノ・テウ》は一九五五年に陸軍士官学校を卒業し、小隊長として任官した後、翌年春に第五歩兵師団の小隊長となった。このときの師団長が朴正煕《パク・チョンヒ》だった。朴正煕は正規陸軍士官学校出身の盧泰愚に目をかけ、昼食に招待したこともあったという。師団長が一介の小隊長を昼食に招待するというのは格別のことだった。あるとき、昼食後盧泰愚にカモ狩りに行かないかと誘った。しかし盧泰愚は業務があるので行けない、と断った。朴正煕が、師団長の誘いを断ってまでやらなければならない業務は何か、と問うと、盧泰愚は「自分は射撃場をならす作業をしておりました」とこたえたという。

中尉のとき、盧泰愚は金玉淑《キム・オクスク》と出会う。金玉淑は陸軍士官学校の同期・金復東《キム・ボクドン》の妹だった。金復

★1：洞簫——太く古い竹を用いた、尺八に似た楽器。表面に五つ、裏側にひとつ指穴が開いている。

東には玉淑と貞淑《チョンスク》のふたりの妹がいたが、金復東の家を訪れた盧泰愚中尉は金玉淑が気に入り、ふたりの妹に英語を教えるといって金復東の家を出入りするようになった。そして一九五九年、盧泰愚は金玉淑と結婚した。

二年後、盧泰愚が大尉に進級したのち、朴正煕が反乱を起こし、盧泰愚は全斗煥《チョン・ドゥファン》と一緒に「五・一六軍事革命を支持するパレード」を主導した。当時盧泰愚は、アメリカ留学を終え軍事情報大学英語翻訳担当将校をへて、ソウル大学ＲＯＴＣ（Ｐ１６０注参照）の教官として勤務していた。朴正煕は盧泰愚を呼び出し、国家再建最高会議議長秘書室情報官に配属した。朴正煕は彼に農村の実情を隠密に調査報告せよ、と指示した。盧泰愚は農民の悲惨な現実をこう報告した。

「江原道《カンウォンド》の火田民《かでんみん》★2の村に行ったとき、冬の間農民は一日にジャガイモをひとつかふたつ食べるだけでずっと寝ていました。まるで冬眠状態でした」

食料が足りなくて人間が冬眠するという事実を聞いて、朴正煕は驚いた顔をした、と伝えられている。

★2：火田民——焼き畑農業を営む農民のこと。

ベトナム戦争をへて将軍となり、軍事反乱に加担する

国家再建最高会議の情報課に移った盧泰愚《ノ・テウ》は、防諜部隊情報将校をへて、一九六六年には防諜課長となり、その後陸軍本部の情報課長、防諜課長となった。一九六七年には中佐に進級してベトナム戦争に大隊長として派遣された。盧泰愚はクイニョンの戦闘で北ベトナム軍を全滅させた功により乙支《ウルサ》武功勲章を授与された。

一九六八年に帰国し、陸軍大学を修了して首都警備師団大隊長として服務し、一九七〇年に大佐に進級、陸軍参謀総長首席副官将校となった。一九七一年に歩兵連隊長となり、一九七四年一月には夢

にまで見た「空の星を取る」、つまり将軍となった。

准将となった盧泰愚は空挺特戦旅団長をへて、一九七八年には少将に進級した。そして再び朴正熙《パク・チョンヒ》を輔弼《ほひつ》するようになる。大統領警護室作戦次長補に抜擢されたのだ。同期であり友人でもあった全斗煥《チョン・ドゥファン》の推薦によるものだった。

当時盧泰愚は全斗煥が中心になって組織した軍内部の私的組織、ハナ会の中心メンバーのひとりだった。一九六二年に、ハナ会の母体となった陸軍士官学校第十一期生の集まりである北極星会の会長をつとめたこともあった。ハナ会の中心メンバーとなった盧泰愚は尹必鏞《ユン・ピルヨン》事件（Ｐ２２５参照）で危機に直面するが、朴正熙の庇護によって無事に乗り切る。

一九七九年三月、盧泰愚は青瓦台《チョンワデ》での勤務を終え、第九歩兵師団長となり、北朝鮮と対峙する前線に赴任した。その年の十月二十六日、朴正熙が暗殺され、十二月十二日に全斗煥と共に反乱に加わり、陸軍参謀総長の鄭昇和《チョン・スンファ》を除去した。一二・一二粛軍クーデターのとき、盧泰愚は万一の場合に備えて、金玉淑《キム・オクスク》のいとこである朴哲彦《パク・チョロン》に家族のことを頼んだという。

一二・一二粛軍クーデターに成功したのち、盧泰愚は首都警備司令官となり、翌一九八〇年、五・一七非常戒厳令全国拡大措置による反乱の中心メンバーとなる。

その後国家保衛立法委員会常任委員となって権力の中枢に入り、一九八〇年八月に中将に進級、全斗煥の後任として保安司令官となった。そして一九八一年七月、大将として予備役に編入した。

全斗煥の支援により第十三代大統領に当選する

陸軍大将として予備役に編入した盧泰愚《ノ・テウ》は政界に入り、全斗煥《チョン・ドゥファン》の後援によって民正党代表最高委員となった。続いて政務第二課長に任命され、このとき八八《パルパル》ソウル・オリンピックを誘致する。

全斗煥（左）から大将の階級章を授かる車圭憲（中）と盧泰愚（右）。1981月7月撮影。〔聯合ニュース〕

一九八一年十一月には大統領特使としてヨーロッパ、アフリカを歴訪した。その途中でカトリックの教皇であるヨハネ・パウロ二世と会談し、韓国訪問の約束を得た。一九八二年には南北高官会談の首席代表として活動した。

一九八二年三月に体育部長官に任命され、続いてオリンピック組織委員長となり、大韓体育会会長に選出された。一九八六年にはソウル・アジア大会組織委員長となり、アジア大会を主管した。

一九八五年二月には第十二代国会議員選挙の全国区で当選し、再び民正党代表最高委員に任命された。この国会議員選挙で全斗煥は盧泰愚に、地方区から出馬するように勧めたが、盧泰愚は全国区を希望した。全斗煥の心中を確認するためだった。全国区の候補者名簿順位によって、自分を後継者と考えているかどうかがわかると思ったのだ。盧泰愚は全国区順位三位で、国会議員となった。

民正党の代表であった時代、盧泰愚は比較的柔軟な姿勢で野党に接し、その後民正党の大統領候補となった。一九八七年に大統領候補に選出されたとき、大統領直選制を要求する六月抗争が起こり、六・二九宣言で直選制を受け入れた。そしてその年の十二月、大統領選挙で自分が「普通の人」であることを強調し「わたしを信じてください」という言葉で金大中《キム・デジュン》と金泳三《キム・ヨンサム》の隙間に食い込み、三六・六パーセントの得票率でかろうじて当選し、第十三代大統領となった。

2 盧泰愚の五・五共和国と急変する世界の情勢

盧泰愚の独り立ちと第五共和国の清算作業

一九八八年二月二十五日、盧泰愚《ノ・テウ》は第十三代大統領に就任した。大統領になるにはなったが、自由に権限を行使できたわけではなかった。新しい内閣を組織する場合でも、誰を長官にするか、いちいち全斗煥《チョン・ドゥファン》におうかがいを立てなければならなかったからだ。盧泰愚は、できるだけ軍出身者を長官に立てるのはやめようと考えていたが、全斗煥によって五人の軍人出身の長官が起用され、第五共和国時代に長官であった人物が八人も新内閣に残ることとなった。さらに軍の要職もすべて全斗煥の息のかかった人物で占められた。それでも足らず、全斗煥は継続して国政に関与するために、国家元老諮問会議を作り、その議長となった。全斗煥による「院政」と言ってもおかしくない状況であった。このため野党は新内閣について「組閣」ではなく「改閣」であると当てこすり、第六共和国ではなく第五・五共和国だと揶揄した。

盧泰愚は就任後、全斗煥の影から抜け出すために必死になった。まず国家元老諮問会議の規模を縮小し、その年に予定されていた四・二六総選挙の候補から、全斗煥子飼いの人士を排除した。第五共和国の実力者である権翊鉉《クォン・イクヒョン》、権正達《クォン・ジョンダル》らを候補から脱落させたのである。権翊鉉は陸軍士官学校の同期であり、盧泰愚の前に民正党の代表となった人物だ。権正達は第五共和国の中心人物で、民正党初代事務総長をつとめてもいた。その他全斗煥の相婿《あいむこ》（妻の姉妹の夫）でありハナ会の会員の金相球《キム・サング》や、一時全斗煥の後継者と目されていた盧信永《ノ・シニョン》前国務総理も排除された。それに代わって盧泰愚の最側近であり、姻戚でもある朴哲彦《パク・チョロン》が率いる月桂樹会の会員が大挙して候補者に登録された。

盧泰愚は選挙の直前に全斗煥の弟である全敬煥《チョン・ギョンファン》を不正の嫌疑で拘束し、全斗煥をすべての公職から引退させた。そして全斗煥によって行なわれた軍の人事を、自派の人士に交代させた。

このような独り立ちへの動きは盧泰愚の意思ではあったが、それを強く支えたのは政務首席の崔秉烈《チェ・ビョンニョル》であった。彼は「第五共和国、第六共和国断絶論」を主張し、これだけが四・二六総選挙で民心を得る唯一の方法であると訴え、盧泰愚はその主張を全面的に受け入れた。

盧泰愚は参謀たちにいつも「新しい顔」を強調し、一貫して第五共和国の関係者を遠ざけていった。これは全斗煥の痕跡を消すための必死の努力であった。

しかし民心は盧泰愚政権に好意的ではなかった。一九八八年の四・二六総選挙の結果、民正党は全二百九十九議席の半分にも満たない百二十五議席に過ぎず、野党は合わせて百七十四議席を獲得した。政党別の得票率は、民正党三四パーセント、統一民主党（民主党）二三・八パーセント、平和民主党（平民党）一九・三パーセント、新民主共和党（共和党）一五・五九パーセントであった。議席数は得票率とは多少差があり、民正党は全議席の四一・八パーセントの百二十五議席、平民党は二三・四パーセントの七十議席、民主党は一九・七パーセントの五十九議席、共和党は一二パーセントの三十五議席であった。残りの十議席のうち無所属が九議席、ハンギョレ民主党一議席であった。野党が与党を圧倒する形勢であった。

野党の優勢は、第五共和国を清算する政局をもたらした。最初の獲物は全斗煥一家だった。すでに拘束されていた全敬煥に続いて、全斗煥の実兄である全基煥《チョン・ギファン》といとこである全禹煥《チョン・ウファン》、妻の弟である李昌錫《イ・チャンソク》も拘束された。

しかし世論はこれで満足したわけではなかった。国民は光州《クァンジュ》の虐殺の責任者の処罰と、一二・一二粛軍クーデター、五・一七内乱の真相究明を要求し、学生は全斗煥逮捕隊を組織して連日彼の私邸がある延禧洞《ヨニドン》でデモをした。

そうしたなか、国会に光州民主化運動真相調査特別委員会（光州特委）と、第五共和国における政治権力型不正調査特別委員会（五共特委）が組織され、聴聞会が開かれた。全斗煥は対国民謝罪文を発表して百潭寺《ペクタムサ》に蟄居し、不正蓄財で得た百三十九億ウォンも国庫に納付した。これら一連の第五共和国清算作業は、長い友人であった全斗煥と袂を分かつことにはなったが、盧泰愚の独り立ちにはプラスに作用した。

盧泰愚は野党優勢の政局を逆に利用して、独り立ちに成功したのだが、野党優勢の政局を主導したのは、第一野党の党首である金大中《キム・デジュン》であった。金大中は世論と野党三党共闘体制に力を得て、光州虐殺の責任者処罰を強く要求し、全斗煥の聴聞会出席と、光州虐殺に加担した鄭鎬溶《チョン・ホヨン》議員の引退を要求した。

結局鄭鎬溶は国会議員を辞し、全斗煥は聴聞会の証言台に立った。しかし鄭鎬溶の辞職と全斗煥の証言は、第五共和国との断絶を望んでいた盧泰愚にとっては、人のふんどしで相撲をとる、という構図であった。

民自党の権力闘争

この後、盧泰愚《ノ・テウ》は保守連合論をもとに野党共闘を打ち崩して巨大与党を作ろうという計画を立てた。そして一方では公安政局を醸成した。黄晳暎《ファン・ソギョン》、文益煥《ムン・イクァン》、林琇卿《イム・スギョン》★3らの北朝鮮訪問という事件が続き、さらに徐敬元《ソ・ギョンウォン》元議員がひそかに北朝鮮へ行ってきたという事件が起こり、公安政局を作り出すにはちょうどよい雰囲気であった。平民党現役議員である徐敬元がひそかに北朝鮮へ行ってきたという事実は金大中《キム・デジュン》を窮地に追い込み、また民主党候補買収事件まで起こり金泳三《キム・ヨンサム》も立場が苦しくなっていた。

盧泰愚はこの機会を逃さなかった。金泳三に圧力を加えて保守連合論を現実化したのだ。一九九〇年一月、民正党、民主党、共和党が合併し、二百十六議席を擁する巨大与党・民主自由党（民自党）が発足したのである。

しかし民自党は発足当初から不協和音を発した。第六共和国の皇太子とも言われた政務長官の朴哲彦《パク・チョロン》と金泳三の主導権争いのためであった。ふたりの対立は一九九〇年三月のソ連訪問を契機に本格化した。当時金泳三はソ連共産党書記長ゴルバチョフと短い会談をしたのだが、これを誇張してソ連との外交に自分が大きく貢献したかのようにインタビューで発言した。朴哲彦はこれに反発し、金泳三を誹謗する発言をしたため、ふたりは鋭く対立することになった。

ふたりの対立がいっそう先鋭化すると、最高委員である金鍾泌《キム・ジョンピル》と朴泰俊《パク・テジュン》が出てきて朴哲彦に政務長官を引退するよう勧告し、盧泰愚がこれを受け入れた。新しい政務長官には金泳三と親しい金潤煥《キム・ユンファン》が任命された。

六ヶ月後、中央の日刊紙に、金泳三が議院内閣制に合意した覚書が公開された。いわゆる「内閣制覚書騒動」である。これに対して金泳三は、自分を誹謗中傷する政治工作であると盧泰愚を追及し、盧泰愚は政治工作ではなく情報がマスコミに漏れた事故であったと弁明した。激怒した金泳三は馬山《マサン》に引きこもり、三党合併を破って野党に戻り金大中と手を結ぶ、というような発言も辞さなかった。盧泰愚は金泳三をなだめ、再びソウルに戻るように促し、党の権力を金泳三に握らせた。いかんとも

★3：林琇卿は一九八九年八月、文益煥と共に国家保安法違反で逮捕されて服役し、一九九二年十二月に特赦で釈放。西江大学大学院～アメリカ・コーネル大学博士課程を経て、二〇一二年四月の第十九代国会議員総選挙で野党の民主統合党から比例代表選挙に出馬、当選している。

しがたい選択であった。その後、民自党は金泳三が牛耳ることとなった。合意した覚書に関してもうやむやとなった。すべてが盧泰愚の思惑どおりに進んだわけではなかったのだ。

五・五共和国の限界と相次ぐ焼身自殺

一九九〇年十月四日、保安司令部所属の尹錫洋《ユン・ソギャン》二等兵が韓国キリスト教教会協議会人権委員会事務室で良心宣言を行ない、保安司令部の民間人査察記録を公開した。そのなかには政治家を含む民間人千六百余人についての不法査察の実態が記されていた。

これによって野党と在野団体は盧泰愚《ノ・テウ》大統領が関連しているかどうかを調査し、もし関連があったのならば大統領を辞任しなければならないと主張した。全国大学生代表者協議会（全大協）も盧泰愚退陣を要求した。

結局国防部長官と保安司令官が解任され、保安司令部は国軍機務司令部（機務司）に改編された。全斗煥《チョン・ドゥファン》政権以後水面下で査察と陰謀をほしいままにして権力をふるってきた保安司令部が、政治的影響力を失ったのである。

しかしそれでも不法査察に対する批判は収まらないので、国民の目をそらせるために盧泰愚は「犯罪と暴力に対する戦争」を宣言した。するとマスコミ各社はこれに飛びつき、この政策についての世論調査に熱を上げた。

続いて政府は「犯罪との戦争」の一環として、「新しい秩序、新しい生活運動」を展開した。この運動にほとんどすべての公務員を動員し、アルバイトの学生まで使った。動員された延べ人数は三百万人にも上った。しかし犯罪は減らず、新しい秩序、新しい生活もまた定着しなかった。ただし保安司令部の不法査察を非難する世論を鎮めるのには成功した。

そして国務総理・盧在鳳《ノ・ジェボン》を金泳三《キム・ヨンサム》に対する対抗馬として立て、民自党内での金泳三の独走を阻止しようとしたが、成功しなかった。また民自党単独で内閣制改憲を進めようとしたが、民自党内の旧民主党系の反対により失敗に終わった。

一九九一年三月には、激しい議論の末に地方自治制が実施され、基礎議会議員を選出した。基礎議員選出は党籍を掲げずに行なわれるため、政治的な対立をもたらすことはなかった。しかし六月に実施された広域議員選挙では党籍を維持したまま出馬することが可能だった。このため各党があわただしく動き回っているとき、姜慶大《カン・ギョンデ》死亡事件が発生する。授業料引き下げのデモに参加していた明知大《ミョンジ》の学生・姜慶大が、私服警官の鉄パイプで殴られて死亡したのである。

その後、姜慶大の死亡に抗議するデモが連日行なわれ、同時に学生の焼身自殺が続いた。四月には全南大《チョンナム》の学生・朴勝熙《パク・スンヒ》が、姜慶大致死事件を糾弾し、公安政治粉砕を主張して焼身自殺をし、五月には安東大《アンドン》の学生・キム・ヨンギュンと暻園大《キョンウォン》の学生・千世容《チョン・セヨン》、全国民族民主運動連合（全民連）社会部長・金基卨《キム・ギソル》ら十一人が焼身自殺をした。

これに対して政府は、焼身自殺にはそれを背後でそそのかす者がいるという説を流布し、詩人・金芝河《キム・ジハ》は「死の祭典を直ちにやめよ」という文で学生の焼身自殺を非難した。

西江大《ソガン》総長の朴 弘《パク・ホン》は政府による焼身自殺背後説をさらに拡散した。全民連の金基卨の焼身自殺に対し、死のブラックリストによるものだと主張したのである。時を同じくして検察は全民連総務部長・姜基勳《カン・ギフン》を、金基卨の遺書を代筆したとの容疑で逮捕した。[★4] 捏造の疑いが強い事件であったが、政局は与党有利に動いていった。さらに六月三日、盧在鳳に続いて国務総理に起用された鄭 元 植《チョン・ウォンシク》が、韓国外国語大学《ハングクウェグゴ》の学生から卵と小麦粉を投げつけられるという事件が起こった。「鄭元植総理小麦投擲事件」である。

姜基勳事件と鄭元植事件はマスコミに大きく取り上げられ、学生と在野勢力はその道徳性に致命的

★4：二〇一五年五月十四日、大法院が検察の上告を棄却することにより、姜基勳の再審無罪が確定した。事件から二十四年の歳月が流れていた。再審請求以後も検察は激しい抵抗を展開し、再審開始から無罪確定までも八年の歳月が必要だった。また再審無罪が確定しても、韓国政府や検察の謝罪はなく、当時姜基勳を陥れた検察官たちは朴槿恵政権下で高位高官となっている。

な打撃をこうむった。そして広域議会選挙が実施されるのである。この選挙で民自党は全体の議席の六五パーセントを獲得して圧勝した。平民党は在野勢力と統合して新民主連合党（新民党）に再編して選挙に臨んだが、全体の議席の一九パーセントを獲得したにとどまった。そして民主党から三党合併に参加しなかったいわゆる「ミニ民主党」が二・四パーセントの議席を獲得した。

その後、政局は総選挙と大統領選挙の熱気に包まれるのである。

北方外交と南北の和解の雰囲気

盧泰愚《ノ・テウ》はムル[★5]泰愚と呼ばれている。これは彼の性格が柔和で、自分の意思をはっきりと表明しない点を揶揄したあだ名だ。政務第一長官であった朴哲彦《パク・チョロン》はその著書でこのようなことを書いている。

「盧泰愚大統領はすっぱりと割り切って指示したり、物事を推進していくスタイルではなかった。そのためあれこれと気を使うことが多く、決断がつかないまま時を過ごしてしまうというのがいつものことであった」

ムル泰愚というあだ名は、朴哲彦が言うように、何事もすっぱりと割り切って主張することができないという性格から来ている。強い語調で自分の意思を表明する全斗煥《チョン・ドゥファン》とは対照的であった。

否定的に見れば、彼は大勢順応的な人物であり、水に水を加えるようにつかみどころがなく、時代の流れを追うだけの性格だと言うことができる。しかし逆に見れば、自分の意思を表明しないために相手を刺激することもなく、柔軟な姿勢で時代の流れを受け止められるとも言えるだろう。

水のような性格のおかげか、彼は他の政治家と正面から衝突するようなことはあまりなかった。国家間の非常に敏感な事案を扱う外交の分野でも、彼のこのような性向はそれなりに力を発揮したと見ることができる。

★5：ムル——水のこと。

韓ソ首脳会談後、「モスクワ宣言」に調印するゴルバチョフと盧泰愚。1990月12月撮影。〔AFP＝時事〕

盧泰愚の外交は北方外交とまとめることができる。この政策は時代の流れに合致した適切な選択であったと言えよう。北方外交とは、ソ連を中心として形成された社会主義国家との関係を改善し、そのことを通して北朝鮮の改革と開放を引き出す、という目的で推進された一連の社会主義国家に対する外交政策のことだ。

北方外交の中心的な内容は、一九八八年七月七日に発表された「七・七宣言」にあらわれている。七・七宣言は次の六ヶ条に要約できる。

①南北の同胞間の相互交流と海外同胞の自由な南北往来。
②離散家族の書信の往来と相互交流。
③南北間の交易。
④非軍事的な物資について、わが友邦と北朝鮮との交易を支持。
⑤南北間の消耗しかもたらさない競争と対決外交の終息。
⑥北朝鮮とアメリカ、日本との関係改善と、韓国と中国、ソ連など社会主義圏との関係改善。

当時ソ連をはじめとする社会主義国家が、改革と開放を叫び、資本主義に転換していくという世界の情勢を考えると、七・七宣言は非常に適切な措置であった。また盧泰愚政府は朴正熙《パク・チョンヒ》や全斗煥政権とは異なり、スローガンに終わることなく、これを忠実に実行していった。一九八八年に、六億ドルの借款を提供してハンガリーと国交正常化したことを皮切りに、ポーランド、チェコスロバキア、ルーマニア、ブルガリアなどの東欧国家と次々に外交関係を結んでいき、その後ソ連に三十億ドルの借款を提供して国交を樹立した。モンゴルとも国交を結び、一九九二年には北朝鮮にもっとも大きな影響力を行使してきた中国とも国交を結び、北方外交の枠組みが完成した。

盧泰愚政府の北方外交が順調に進行するなか、ベルリンの壁が崩壊してドイツは統一され、ソ連が崩壊して十五の国家に分かれ、中国は開放を加速化し市場経済政策を拡大した。

こうした流れは南北関係にも大きな影響をおよぼした。南北の合意により一九九一年九月には南北が国連に同時加盟し、その年の十二月には「南北間の和解と不可侵、および交流、協力に関する合意書」に署名した。

また南北双方が朝鮮半島の非核化共同宣言を通して南北が国際原子力機関（ＩＡＥＡ）の査察を受け入れる段階にまでいたった。しかしアメリカのブッシュ政権が北朝鮮の核兵器に対して非常に強硬な態度をとったために、南北関係は再び冷戦時代に戻る危機に逢着した。

三低好況のあとにやってきた総体的な経済の難局

盧泰愚《ノ・テウ》政府の外交活動は華麗であったが、経済では苦戦を免れなかった。政権初期、経済は三低好況が終わりかけていた状況だった。一九八六年の経済収支は約三百四十億ドルの黒字、一九八七年は九十八億五千万ドルの黒字であったが、盧泰愚政権の一年目である一九八八年は百四十二億ドルの黒字となった。一九八六年に比べれば大きく減少しているが、一九八七年と比較するとかなり改善されたと言える。解放後韓国の貿易収支は常に赤字であったが、一九八六年から一九八八年までの三年間は前例のない黒字続きであった。

しかし一九八九年の黒字は五十億五千万ドルに落ちてしまった。三低効果が消え、ウォンの価値が上がり、賃金の上昇によって輸出の原価が上昇し、市場開放の加速化によって輸入が大きく増加したためだ。

その結果一九九〇年には約二十一億八千万ドルの赤字を記録し、一九九一年には九十六億三千万ドルの赤字となった。政権最後の年である一九九二年の経常収支もまた四十五億三千万ドルの赤字だった。このため盧泰愚政府の経済政策に対する国民の目は冷たかった。三低好況のばら色の経済と、ソウル・オリンピックの歓喜を味わった後であり、政府に対する批判は強いものとなった。

盧泰愚政権期の経済成長率は、経済収支の推移とは多少違っていた。一九八八年は一一・七パーセントの好況で出発したが、一九八九年は六・八パーセントに落ち込み、一九九〇年は再び九・三パーセントに回復、一九九一年九・四パーセント、一九九二年五・九パーセントと、平均八・三六パーセントの高度成長を記録した。貿易量も大きく増加し、世界第十二位の貿易国家となり、ひとり当たりの国民所得は六千ドルを超え、一万ドル時代はもうすぐだ、との声も上がった。

しかし物価と専貰《チョンセ》★6は暴騰し、不動産投機が過熱するなど、経済は総体的に難局を迎えているという指摘を受けた。また市場開放政策によって外国の農産物が押し寄せてくるようになり、農村は破綻寸前の状況だった。このため農家の負債は急激に増加し、農民が自殺するという事態にまでいたった。

その上、企業は三低好況のときに稼いだ資金を、産業施設に投資するのではなく、不動産や証券などの投機に回したため、技術と生産性が先進諸国に比べかなり落ちるという現象が生まれた。

また政府が財閥と癒着し、賄賂を受け取って利益を与えるという不正腐敗が横行していたが、その

★6：専貰——当時韓国では賃貸物件の場合、月々家賃を支払うのではなく、まとまった金額を専貰として預けるというのが普通だった。賃貸契約を解除するときに専貰は返却される。

中心にいるのが盧泰愚大統領であった。このため財閥が経済だけでなく政治にまで口を出すようになった。韓国経済にとって非常に大きな負担となる財閥偏重現象は「財閥改革」をするという言葉が色あせるほど、深刻なものとなっていった。

過渡期の現象に苦しむ社会文化的な動き

全世界が開放の熱気に包まれるなか、韓国社会も抑圧の象徴である軍隊文化を清算し、自由奔放な社会の雰囲気を作り出していた。

単色とジーンズがほとんどであった学生の服装も、ソウル・オリンピックを起点として多彩に、華麗に変身し、テレビのコメディ番組では政治家を自由に風刺できるようになった。また「ポーン全《チョン》ニュース」と揶揄され、権力の侍女であった言論も、独立性を回復し、言論本来の姿を取り戻すために努力しはじめた。とりわけ政府の代弁者に過ぎず、オウム放送とまで言われたKBSは、労働組合の力が強化され、国民の放送として生まれ変わる努力を加速していった。

盧泰愚《ノ・テウ》時代の言論文化でもっとも画期的な事件はやはり『ハンギョレ新聞[★7]（現・『ハンギョレ』）』の誕生であろう。六月抗争の熱気が冷めやらぬなか、一九八八年五月に創刊された『ハンギョレ新聞』は、国民株[★8]方式で設立された最初の新聞であり、創刊そのものが韓国言論史の画期をなすものであった。『ハンギョレ新聞』の創刊は言論の民主化に大きな影響をおよぼし、労働組合連盟の結成の一助ともなった。『ハンギョレ新聞』創刊の六ヶ月後である十一月、全国の四十一の言論労働組合が結集し、一万三千人の組合員を率いる「全国言論労働組合連盟」（言労連）が発足したのである。

出版界もまた、一般出版物の規制が解除されたことにともない、量的に大きく膨張した。一九八七年にすでに世界第八位の出版大国であった韓国は、盧泰愚時代に二倍以上に成長した。しかしほとん

★7：ハンギョレの「ハン」は「ひとつの」あるいは「偉大な」という意味で、キョレは「民族」を意味する固有語。

★8：国民株――『ハンギョレ新聞』は、広く国民に募金を訴え、集まった募金を資本金として創刊された。そして募金に応じた国民に株式を配布し、株主としての権利を行使するようにした。このため『ハンギョレ新聞』は「国民株新聞」とも呼ばれている。一九八七年十一月に「全国民が作る新聞――『ハンギョレ新聞』の主人になりましょう」という呼びかけが発表されると、全国各地で自発的に後援会が組織され、わずか一ヶ月で十億ウォンが集まった。しかし

どの出版社は零細状態から抜け出ることができず、流通構造も時代遅れのままだった。また思想の自由にはいまだ限界があった。ソ連が崩壊し、社会主義国家がすべて没落しても、社会主義の書籍や労働組合関連の本に対する弾圧は依然として続いていた。また国連に北朝鮮と同時加入し、離散家族が再会するなど北朝鮮との交流は活性化していたが、北朝鮮の体制を客観的に見るような書籍を出版することはできなかった。

また、開放の熱気は映画界を痛撃した。全世界の映画市場をほぼ独占しているアメリカの映画が大挙して押し寄せてきたのである。韓国映画の上映日数を保証していたスクリーンクォータ制が弱体化し、アメリカの多国籍映画配給会社ＵＩＰが直接配給する映画が上映されるようになった。このため映画関係者がスクリーンクォータ制守護を叫び連日デモを繰り広げる事態に発展した。しかしアメリカの圧力に打ち勝つことはできなかった。

一方、大衆音楽の世界では、レコードに対する事前審議制度が廃止されるという画期的な事件が起こった。一九三三年に朝鮮総督府が制定したこの制度を廃止する上で、作曲家であり歌手である鄭泰春《チョン・テチュン》の果たした役割は大きかった。彼は妻の朴恩玉《パク・ウノク》と共に、事前検閲制度である事前審議制を打破するため、アルバムを出すたびに事前審議を拒否し、違憲審判を請求した。

このような開放の波と共に、韓国社会が急速に変貌していくなか、市場には外国の物品が津波のように押し寄せてきた。低廉な東南アジアの製品から、アメリカと日本の高価な生活用品まで、外国の製品が市場の陳列棚を占領した。この現象の起爆剤となったのがソウル・オリンピックだった。オリンピックは外国人だけでなく外国の製品にも門戸を開く契機となったのである。

オリンピック以後、消費文化には奢侈《しゃし》の風潮が蔓延し、退廃と享楽だけを追求する大衆文化もはびこるようになった。富裕層の子弟の贅沢と堕落した道徳性を象徴する「オレンジ族」[★9]、「ヤタ族」[★10]というような新造語がそのような質の低い文化の断面を語っている。青少年の間では暴走族が流行し、危

大統領選挙の結果が、「多くの市民が街頭に踊り出して戦った結果が、全斗煥の二番煎じである盧泰愚を合法的に大統領にする」という敗北に終わり、その熱気は冷めてしまう。ところが、政権交代を熱望していた市民が絶望に打ちひしがれた十二月二十四日のクリスマスイブ、『東亜日報』に掲載された「民主化は一発勝負ではありません！　虚脱と挫折を打ち払い、『ハンギョレ新聞』の創刊に力を合わせましょう」という文が再び人々の熱気に火をつけた。そしてわずか二ヶ月で四十億ウォンが集まり、総計五十億ウォンという目標を達成したのである。

★9：自家用車を乗り回し、湯水のごとく金を使う富裕層の若者を、いつしかオレンジ族と呼ぶようになった。当時オレンジは高価で、マスコミが面白半分に、輸入オレンジで女を口説く、と書いたのが由来だと言われている。

★10：一夜のセックスのために車の中から女の子に声をかけるときの言葉「ヤ、タ」（おい、乗れよ）が流行語になり、いつの間にかヤタ族なる新造語が生まれた。

険な疾走が街中で繰り返され、社会全般に麻薬が拡散した。

しかしこのような現象は、あまりにも閉鎖的であった過去から、正常な未来へ移行する過程に起こった過渡期の現象であると見るべきであろう。

総選挙と大統領選挙の明暗

一九九二年は盧泰愚《ノ・テウ》にとって苦痛に満ちた年であった。新年の劈頭《へきとう》から政局は三・二四総選挙に注目していた。選挙の準備の過程で新民党と民主党が一九九一年九月に合併して民主党となり、現代《ヒョンデ》グループの会長である鄭周永《チュン・ジュヨン》が統一国民党（国民党）を創立した。三・二四総選挙で民主党は躍進し、国民党は突風を引き起こし、民自党は敗北した。二百十六議席を擁する巨大与党であった民自党は、過半数に届かない百四十九議席となり、民主党は九十七議席を、新生の国民党は三十一議席を獲得した。その他無所属が二十一議席、新政治改革党（新政党）一議席であった。

総選挙が終わると、大統領選挙であった。一九九二年五月、民自党からは金泳三《キム・ヨンサム》、民主党からは金大中《キム・デジュン》、国民党からは鄭周永が大統領候補に選出された。大統領選挙の運動が展開されるなか、盧泰愚は民自党を脱党し、玄勝鍾《ヒョン・スンジョン》を国務総理に任命し、自身は中立を宣言した。

しかし中立宣言後も、金泳三の選挙陣営には盧泰愚の政治資金が流れ続けた。このため金大中は、盧泰愚の中立宣言が欺瞞であると強く批判した。そして投票日まであと数日となった十二月はじめ、草原《チョウォン》ふぐ料理店事件が起こった。

十二月十一日、草原ふぐ料理店で釜山《プサン》の行政組織の長たちが秘密会合を開き、金泳三の当選のための選挙対策を論議した。そして十五日、国民党が記者会見を開き、この対話内容の録音テープと採録、さらに彼らがふぐ料理店から出ていく姿を撮影した写真を公開した。

これによって秘密会合に参加したほとんどが地位を剝奪され、金泳三は窮地に追い込まれたが、一方で不法盗聴であるという点が強調されて本質が歪曲され、釜山《プサン》の民心を刺激し、逆に金泳三に有利に作用することになった。そして十二月十八日の投票で金泳三が当選した。

金泳三の当選が決定すると、金大中は政界引退を宣言して民主党舎を出ていき、盧泰愚は金泳三に大統領の地位を移譲して一九九二年二月二十四日、青瓦台《チョンワデ》を離れた。


退任後盧泰愚はソウル延禧洞《ヨンドン》の自宅に戻ったが、一九九五年に秘密資金の問題で検察の取調を受けて拘束され、結局収賄罪で無期懲役の宣告を受けた。その後一二・一二と五・一七について再捜査せよとの世論が高まり、反乱と内乱罪が追加され、一九九七年四月、大法院で懲役十七年、追徴金二千六百二十八億九千六百万ウォンの刑が確定した。盧泰愚はその年の六月に、追徴金のうち二千三百九十七億ウォンを納付した。その後一部を納付し、二〇一三年に完納した。一九九七年十二月に懲役が赦免され、一九九八年、金大中政府の時代に復権した。現在盧泰愚は小脳萎縮症を患っており、二〇一一年には気管支に鍼《はり》が発見されて話題となった。

盧泰愚は金玉淑《キム・オクスク》と結婚した。金玉淑は金永漢《キム・ヨンハン》と洪戊庚《ホン・ムギョン》の一男二女の長女である。息子の盧載憲《ノ・ジェホン》は申廷花《シン・ジョンファ》と結婚し、娘の盧素英《ノ・ソヨン》は崔泰源《チェ・テウォン》と結婚した。崔泰源はＳＫグループの会長だ。

地球村時代へと向かう陣痛のなかの混乱期、盧泰愚時代

盧泰愚《ノ・テウ》の時代は、歴史が大きく変わる過渡期であった。政治的には軍部独裁から脱して文民による民主化の時代に移行する過程であり、経済的には思想の争いによる東西冷戦体制を清算し世界がひとつの市場経済に結ばれる地球村時代を準備する過程であった。外交的な面でも、思想より国益を優先

する時代への移行期であり、南北関係は極端な対立と戦争の構図から脱し、和解と協力の時代へと進んでいった。これは社会全般の開放と自由の波となってあらわれ、その余波は言論、出版、大衆文化と消費文化を大きく変貌させていった。

しかし盧泰愚政府はその限界を脱することはできなかった。政界は依然として軍部統治時代の尾を引き、五・五共和国と揶揄される始末であり、政治資金をめぐる政界と財界の腐敗の鎖はそのままであった。外交と国防もまたアメリカの影響力から脱することができず、文化、学問も西欧に対する事大主義から脱皮することはできずにいた。

それでも盧泰愚時代は、韓国社会が画期的に変貌する契機となった。ソ連の没落とドイツの統一、韓国と北朝鮮の国連同時加入、ソウル・オリンピック開催、地方自治制の実施などは、韓国人に未来に対する新たな希望と自負心を植え付け、和解の局面に入った南北関係の変化は統一への熱望を加速させていった。

3　盧泰愚時代の主要事件

第五共和国聴聞会と全斗煥の百潭寺行き

全斗煥《チョン・ドゥファン》は退任後、自分の安全のために、一九八七年十二月に軍の要職をすべて自派の人士で固めた。そして前任大統領を議長とする国家元老諮問会議を組織した。これは国政に関与しうる装置であった。さらに盧泰愚《ノ・テウ》政権の長官も全斗煥自身が選んだ。まさに院政であった。

しかし一九八八年三月、全斗煥の弟の全敬煥《チョン・ギョンファン》が拘束され、全斗煥の計画は崩れはじめる。全敬煥はセマウル運動本部会長をつとめながらさまざまな不正を行なって蓄財し、そのためひそかに海外に逃避していたが、召還され検察の取調を受け、拘束された。

全斗煥はこれに対して強く反発したが、盧泰愚政権は第五共和国の勢力と決別すると決断をした。全敬煥に続いて全斗煥の兄である全基煥《チョン・ギファン》と、いとこである全禹煥《チョン・ウファン》、さらに李順子《イ・スンジャ》の弟の李昌錫《イ・チャンソク》まで続々と拘束された。

こうなると全斗煥も謝罪の声明を発表し、すべての公職から身を引くと発表した。しかしそれで終わりはしなかった。光州《クァンジュ》市民蜂起のときに市民に発砲した責任者の処罰と、一二・一二粛軍クーデターおよび五・一七反乱、そして第五共和国の不正の責任者である全斗煥を処罰しなければならないと、世論は沸き立った。学生が全斗煥逮捕隊を組織して、全斗煥の私邸前でデモを行ない、警官隊と対峙する事態にまで発展する。

このような世論は四月二十六日に実施された総選挙の結果としてあらわれた。四・二六総選挙で民自党は、全二百九十九議席の過半数にもおよばない百二十五議席を得ただけで、野党優勢のねじれ国会となった。その後国会に光州特別委員会と第五共和国特別委員会が設置され、関係者が聴聞会に呼び出されるようになった。

聴聞会の証人席に座った男たちは、知らない、を連発し、ほとんどの事案についてしらを切り続けた。このため世論はさらに悪化し、盧泰愚は全斗煥に、山にこもってはどうか、と勧めた。

全斗煥はこれに激怒した。

「財産を返納し、山にこもるなどという話が民自党の高位にある者の口から出るなど話にならぬ。このわしを罵倒しようというのか。わしに死ねというほうがましだ。暗殺犯を送り込んで後任の大統領が先任の大統領を殺すほうがさっぱりする」

続いて全斗煥は、爆弾宣言をする、と側近に言わせ、いわば背水の陣を布いた。しかしすでに大勢を覆すことはできず、全斗煥には山にこもる選択しか残されていなかった。彼は私財と政治資金として受け取った資金のなかから残った資金を合わせて百三十九億ウォンを国庫に献納するという言葉を残して、百潭寺《ペクタムサ》に向かった。

　全斗煥が百潭寺に向かうと、盧泰愚は検察に、第五共和国不正捜査本部を設置するよう命じ、四十七人を拘束させた。このとき第五共和国清算の実務を担当したのは、金淇春《キム・ギチュン》検察総長であった。金淇春は許和平《ホ・ファピョン》ら第五共和国の実力者によって左遷させられて切歯扼腕《せっしやくわん》していたが、第五共和国清算のために復帰したのである。しかし四十七人を拘束したと言っても、第五共和国の中心的な人物はみな除外されていた。盧泰愚自身が第五共和国の中心人物であったのだから、これは盧泰愚政権の限界であったと言わなければならないだろう。

　一九八九年十二月三十一日、ついに全斗煥が国会の光州聴聞会の証人席に座った。聴聞会は十四時間続いたが、全斗煥の証言の時間はわずか二時間ほどであった。そのほとんどの時間は野党議員による全斗煥糾弾と、与党議員による対抗発言で消費されてしまった。この席で全斗煥は、光州での発砲は軍の自衛権行使であったと主張し、過去の暴圧的な行為については弁明を繰り返した。そのため聴聞会場はまるで全斗煥の弁明のための場となったようであった。こうして聴聞会は曖昧なまま幕を閉じた。

統一への熱望に促された北朝鮮訪問と公安政局

　一九八九年三月十八日、長編小説『張吉山《チャンギルサン》』の作家・黄晳暎《ファン・ソギョン》が日本で、北朝鮮を訪問するとの声明を発表し、北京を経由して三月二十日に北朝鮮に入った。その二ヶ月前に現代《ヒョンデ》グループの鄭周永《チョン・ジュヨン》会長が北朝鮮を訪問しているが、これは政府の承認を得た上での訪問であった。それに対して黄晳暎は政府の許可なく単独で決行したのである。黄晳暎は北朝鮮訪問の理由を「分断時代の作家のひとりとして統一を心から望み実践する義務がある」と語った。

黄晳暎の北朝鮮訪問は社会的に大きな議論を引き起こし、多くの国民は衝撃を受けた。北朝鮮訪問を終えた黄晳暎は、帰国すれば保安当局に逮捕されるので、アメリカ、日本、ドイツなどを転々とせざるをえなかった。

その五日後である三月二十五日、在野運動勢力を代表する文益煥《ムン・イクァン》牧師が北朝鮮を訪問した。文益煥は平壌《ピョンヤン》で金日成《キム・イルソン》と対談し、北朝鮮当局と共同声明を発表した。声明で文益煥は、統一の方式としては連邦制を選択し、政治と軍事の問題解決に向けて交流協力を推進する、と発表した。

北朝鮮訪問を終えた文益煥は北京を経由して四月十三日に帰国し、空港で逮捕拘束された。

その後、『ハンギョレ新聞』論説顧問の李泳禧《イ・ヨンヒ》も北朝鮮訪問に関連して拘束された。ハンギョレ新聞は一月に創刊一周年を迎えるが、その記念事業として北朝鮮を訪問して取材する計画を立てたが、実行を断念したことがあった。ところがこれを問題視して論説顧問を拘束したのである。当時李泳禧は北朝鮮の招請や入国許可などについて日本側のいくつかの経路を通じて打診していたのだが、当局はこれに対して、反国家団体への脱出を予備陰謀したという罪名を適用したのである。

こうして統一運動の一環として北朝鮮を訪問する事件が続くなか、全大協（全国大学生代表者協議会）が北朝鮮から、平壌世界青年学生祭典（平壌祝典）への招請状を受け取り、政府の承認を待っていた。政府は最初北朝鮮訪問を承認する意向であったが、突然態度を変えた。平壌祝典は北朝鮮の政治宣伝の場であるとの理由からだった。しかし全大協は政府の不許可方針を受け入れなかった。

全大協は韓国外国語《ハングククウェグゴ》大学に在学中の林琇卿《イム・スギョン》を全大協代表の資格で平壌に送り出した。一九八九年六月三十日、全大協議長の任鍾晳《イム・ジョンソク》と平壌側準備委員長のチョン・ムンファンは全大協の公式代表として林琇卿を平壌祝典に出席させるため平壌に派遣したと発表した。

林琇卿はその日、東京とベルリンを経由して平壌に到着した。その後林琇卿は四十七日間平壌に滞在し、北側の学生代表・金昌龍《キム・チャンニョン》と「南北青年学生共同宣言」を発表し、記者会見で帰国するときは必ず板門店《パンムンジョム》を通過すると明らかにした。

しかし政府は林琇卿の板門店からの帰還を許さなかった。これに対して正義具現司祭団は文奎鉉《ムン・ギュヒョン》神父を北朝鮮に派遣し、林琇卿と一緒に戻ってくるように計らった。文奎鉉は北朝鮮へ行き、七月二十七日に板門店を通って戻ってくる予定であったが、韓国政府の反対により帰国はできなかった。すると文奎鉉と林琇卿は板門店通過が許可されるまでハンガーストライキをすると宣言し、六日間にわたって実行した。しかし許可は下りず、ふたりの健康状態が悪化したためハンガーストライキは中断となった。その後光復節である八月十五日に板門店から帰国するとあらためて宣言した。そして軍事停戦委員会の会談が開かれた後、八月十五日に板門店から韓国に戻ってきた。帰還と同時にふたりは逮捕され、国家保安法違反で拘束された。具体的な罪名は、特殊脱出、潜入、会合、鼓舞讃揚、金品授受罪であった。

続いて平民党の徐敬元《ソ・ギョンウォン》議員がひそかに北朝鮮を往復したという事件が起こり、政界は天地がひっくり返ったような騒ぎとなった。一九八八年八月十九日に徐敬元はひそかに北朝鮮へ行き戻ってきたのだが、一九八九年六月二十七日に国家安全企画部に拘束された。徐敬元は農民の代表として平民党の国会議員となった人物だった。彼は、国家が政策として農民をないがしろにしているのは、分断によって過度の国防費の負担があるためだと判断し、分断状況を終息させるのが農民を助ける方法であると考え、そのために金日成と会談するのが解決のための捷径《しょうけい》であるとの結論に達した、と語った。

しかし徐敬元の北朝鮮訪問は、黄晳暎、文益煥、林琇卿らの北朝鮮訪問とは次元の異なる問題だった。徐敬元は公党の党員であり、現職の国会議員であった。そのため平民党は窮地に追い込まれ、政府が公安関係の弾圧を強化する絶好の口実を与えることとなった。政府と保守派の言論は徐敬元と平民党を大々的に攻撃し、保守系団体は連日糾弾大会を開いた。

徐敬元の秘書らと親戚も不告知罪で拘束された。平民党とカトリック教団にも火の粉が飛んだ。平民党院内総務の金元基《キム・ウォンギ》、副総裁の文東煥《ムン・ドンファン》、そして総裁の金大中《キム・デジュン》にも召喚状が発行された。また徐敬元が北朝鮮に行った事実を知っていた金寿煥《キム・スファン》枢機卿、咸世雄《ハム・セウン》神父、ムン・ジョンヒョン神父らが不告知罪で取調を受けた。さらに徐敬元を取材した『ハンギョレ新聞』の尹在杰《ユン・ジェゴル》記者が拘束され、『ハンギョレ新聞』編集局が強制捜索を受けた。

徐敬元の北朝鮮訪問によってもっとも大きな打撃を受けたのは、平民党総裁の金大中であった。国家安全企画部は徐敬元が金大中の指令を受けて北朝鮮へ行ったのだと追及した。さらに徐敬元が北朝鮮から資金を受け取り、金大中に渡したとまで主張した。金大中は強制的に拘引され、ソウルの中部警察署で夜間十四時間にわたる取調を受けた。そして検察は金大中を在宅起訴した。しかし徐敬元が法廷で、すべては拷問による虚偽の自白であると明らかにしたため、金大中はなんとか拘束の危機を免れることができた。

保守連合と民自党の誕生

盧泰愚《ノ・テウ》は野党優勢のねじれ国会を解消するため、保守大連合を推進しようとした。野党三党は共闘してはいたが、同床異夢であるという限界があった。盧泰愚はその隙をついて、野党三党の共闘を突き崩そうとしたのである。いわば合従《がっしょう》策を駆使する野党に対して、連衡《れんこう》策で対抗したわけだ。

盧泰愚は朴哲彦《パク・チョロン》を密使として、各党の党首に保守連合論を提起していった。もっとも反応が早かったのは、予想どおり共和党の金鍾泌《キム・ジョンピル》であった。金鍾泌は最初から光州《クァンジュ》虐殺の責任者処罰などに消極的であったのだが、野党共闘という枠のために心ならずも同意していただけだった。また勢力の限界があり筆頭候補になるのは無理であると判断していた金鍾泌は、大統領制よりも議院内閣制を望んでいた。盧泰愚もまた退任後も影響力を行使するためには議院内閣制のほうが好都合であると考えていた。さらに金鍾泌は、盧泰愚が大統領になる前には同じくナンバー2であり、同病相憐れむという心情を同じくしていた。ふたりは一九八九年三月に青瓦台《チョンワデ》で会談し、事実上この席で合併に合意した。

その後、野党共闘には不協和音が目立つようになった。次に金大中《キム・デジュン》と金泳三《キム・ヨンサム》のどちらかを選択する必要があった。金大中は第一野党の党首であり、大統領制についても固い信念を持っており説得するのが難しい相手であった。金泳三もまた大統領になるという固い決意を有しており、議院内閣制を軸とした連合に合流する可能性は高くはなかった。さらに金泳三を引き込んだ場合、全羅道《チョルラド》の人士を疎外し地域の摩擦を助長するという非難を浴びるのは目に見えていた。

金大中と金泳三の関係は円満とは言えない状態だった。ふたりは最初からライバル意識を持ち、路線も異なっていた。さらに一九八〇年の反目と、一九八七年の大統領選挙における分裂の古傷はまだ癒えていなかった。

こうした状況のなか、一九八九年三月、金大中は盧泰愚と青瓦台で会談し、大統領の中間評価と信任を連携させない、という点で合意した。盧泰愚は大統領選挙に当選してから、必ず中間評価を受けると公約しており、野党三党の総裁は中間評価をすべきだという点で合意していた。ところが金大中は、金泳三、金鍾泌の意向を確かめないまま、盧泰愚の公約放棄に同意してしまったのである。金泳三は自尊心を傷つけられたと感じ、これ以後金大中と金泳三の仲はさらに冷たいものとなった。盧泰愚はその隙に付け入り、共闘体制を崩そうとしたのである。

密使として金泳三に会った朴哲彦は、金泳三は好意的な反応を示した、と報告した。しかし金泳三は簡単には保守連合論に同調しなかった。基本的に議院内閣制には反対であり、また自分自身を民主

三党合併に先立って歓談する金鍾泌（左から２人目）、盧泰愚（同３人目）、金泳三（同４人目）。〔聯合ニュース〕

勢力であると考えているので、軍部勢力との結託にためらいがあったためだ。

　ところが一九九四年四月に実施された東海《トンヘ》補欠選挙で、候補買収事件が発生するのである。民主党の徐錫宰《ソ・ソクチェ》事務総長が候補を買収し、その資金が金泳三から出たというのだ。盧泰愚にとっては実に都合のよい事件であった。

　さらに徐敬元《ソ・ギョンウォン》の北朝鮮訪問事件が起こり、金大中も窮地に追い込まれた。徐敬元がひそかに北朝鮮へ行ってきたという事実は以前から把握していたが、政権側は適切な時期に発表すべく機会を狙っていたのだ。黄晳暎《ファン・ソギョン》、文益煥《ムン・イクアン》、林琇卿《イム・スギョン》と北朝鮮を訪問する事件が続き、政府と在野団体が鋭く対峙していた。その最中に現職の国会議員である徐敬元がひそかに北朝鮮へ行ってきたという事件を発表したのである。公安による弾圧が強化されるのは自然の成り行きであった。

　金大中と金泳三が共に窮地に追いやられると、盧泰愚はこの機会を逃さず、保守連合論を強く訴えていった。そしてついに金泳三が保守連合論に合流し、三党が電撃的に合併するのである。

　一九九〇年一月二十二日、民正党総裁であり大統領である盧泰愚と、共和党総裁・金鍾泌、民主党総裁・金泳三が一堂に会した。三人は民正党と民主党、共和党を統合するという共同発表文を提示した。民正党と共和党が合併するというだけで実に驚くべき事態であったが、さらにそこに金泳三が加わるというのだから、国民は目を疑った。金泳三はこれを決意したことについて「熟慮の末の救国の決断」であると自画自賛し、「虎穴に入らずんば虎児を得ず」という言葉で自分の行動を正当化した。

金泳三が三党合併に合意した背景についてはさまざまな説がある。当時民主党は平民党に次ぐ第二野党であったが、それに耐えられなかったという分析もあり、東海補欠選挙候補買収事件による打撃を収めるための苦肉の策であるという話もある。いずれにせよ金泳三の三党合併合意は、権力に執着する野心であるとの批判を免れることは難しく、このため民主党内部からもこれに反発する声が上がった。

合併のための共同発表文が出ると同時に、民主党内部から反対の声が上がった。金泳三とは、兄、弟と呼び合う長い同志であった院内総務の崔炯宇《チェ・ヒョンウ》までが反対に立ち上がったのだ。しかし時が過ぎるにしたがって大多数は金泳三の保守連合論に合流し、李基沢《イ・ギテク》、金相賢《キム・サンヒョン》、盧武鉉《ノ・ムヒョン》ら何人かが民主党に残っただけだった。

三党合併によって新たに誕生した民主自由党は、改憲も可能な二百十六議席を擁する超巨大与党となった。彼らは議院内閣制を軸に結集した。三人は議院内閣制に合意するという覚書の交換までしていた。しかしその中心人物のひとりである金泳三は、内心では議院内閣制を望んでいなかった。金泳三の目標は民自党の大統領候補になることであり、そのため民自党は「ひとつの屋根の下の三つの家族」という状態となり、激しい権力闘争が展開されることとなる。

冷戦体制の崩壊と盧泰愚の北方政策

盧泰愚時代の世界史的な変化は、冷戦体制の崩壊であった。冷戦体制の崩壊は、ソビエト連邦の改革、開放政策によってはじまった。一九八五年からソ連の書記長であるゴルバチョフは、社会主義経済の限界を克服するため、ペレストロイカ（改革）とグラスノスチ（開放）の政策を進め、これが結局社会主義体制の崩壊をもたらすのである。ソ連の社会主義体制崩壊が東ヨーロッパに拡大し、旧社会主義国家は資本主義への転換を目指すようになる。

こうしたなか、一九八九年十一月九日、東西冷戦の象徴である高さ五メートル、総延長四十五キロメートルにおよぶベルリンの壁が崩壊した。この日東ドイツ政府は、すべての国家の国境を開放すると宣言した。すると東ドイツと西ドイツから押し寄せた数十万の人波がベルリンの壁によじ登り、のみやハンマーで壁を打ち壊す者もいた。ベルリンの壁の崩壊と同時に、東ドイツ政府も崩壊した。一九九〇年十月三日に東ドイツは地球上から永遠に消えたのである。ドイツは一九四五年の第二次世界大戦終息と同時に分断されてから四十五年ぶりに統一されたのだ。

ドイツが統一されたそのとき、ソ連も解体が進んでいた。ソビエト連邦の求心軸であったロシアは一瞬にして三等国に転落し、ソ連に属していた十五の国家はそれぞれ独立して資本主義への転換に生存の道を模索するようになった。ポーランド、ルーマニア、チェコなどの東ヨーロッパ諸国も、資本主義への転換を目指した。

一方東アジアの共産国家の盟主である中国では、すでに一九八〇年代のはじめから鄧小平が開放政策を進めていたので、ソ連のように急速に崩壊することはなかった。

このような社会主義体制の崩壊は、朝鮮半島の外交政策にも大きな変化をもたらした。盧泰愚政権はその初期から、北方政策という名で、ソ連をはじめとする東ヨーロッパ諸国と国交を結んできたが、これが南北関係にも大きな影響をおよぼした。一九九一年九月十七日、韓国と北朝鮮はそれぞれ独立した国家として国連に同時加盟した。南北の同時加盟は互いに対等な国家として認め合うという意味であった。しかし北朝鮮は依然として開放の流れに合流する状況にはなかった。それでも時代の大勢に逆らうことはできず、国連同時加盟に同意し、その年の十二月十三日には「南北間の和解と不可侵、および交流、協力に関する合意書」に署名した。朝鮮半島にも薫風が吹きはじめたのである。

しかし北朝鮮は政権が崩壊することを恐れ、政権を守るためには核武装が不可欠であると判断した。これに対して韓国は、北朝鮮を説得し、朝鮮半島の非核化宣言を引き出し、北朝鮮が国際原子力機関（ＩＡＥＡ）の査察を受け入れるようにすることに成功した。まさに盧泰愚の北方政策の頂点であった。

しかしアメリカは寧辺《ヨンビョン》にあるふたつの施設が核施設である可能性があり、この二ヶ所もＩＡＥＡの査察を受けなければならないと主張し、北朝鮮はこれに強く反発した。またアメリカは、核問題の解決は南北関係の改善に先立つ必要があると主張し、南北の和解の雰囲気に冷水を浴びせかけた。さらにアメリカは、韓国と共に北朝鮮の核施設に対する特別査察をしなければならないと主張し、北朝鮮はこれに強力に反対した。結局南北関係は再び対立に向かい、盧泰愚政権の最大の成果だと言える南北協議書もただの紙切れに転落してしまった。

第七章 金泳三大統領実録

金泳三（キム・ヨンサム）

生年一九二七—
出身地　慶尚南道《キョンサンナムド》統営《トンヨン》郡長木面外浦里《チャンモクミョンウェポリ》（現在の巨済《コジェ》市長木面外浦里）
在任期間　一九九三年二月—一九九八年二月（五年）

あれほど切に望んでいた文民民主主義のために三十年間待ちました。今やわたしたちには、新しい決断、新しい出発が求められています。わたしは新韓国創造の夢を、胸の奥深くに秘めております。

——第十四代大統領就任の辞より（一九九三年）

1　日本の子供たちとけんかをしていた島の少年が大統領になる

巨済島のクンダル島の反抗児が大統領を夢見る

金泳三《キム・ヨンサム》は一九二七年陰暦十二月四日（戸籍上は十二月二十日）、慶尚南道統営《キョンサンナムドトンヨン》郡長木面外浦里《チャンモクミョンウェポリ》（現在の巨済《コジェ》市長木面外浦里）のクンダル島で金寧《キムニョン》金氏の金洪祚《キム・ホンジョ》と朴富連《パク・ブリョン》の間の三男五女の長男として生まれたが、ふたりの弟は夭折したため、ひとり息子として育った。

金泳三の直系の先祖は死六臣《サユクシン》★1のひとり、白村《ペクチョン》・金文起《キム・ムンギ》であり、一族は壬辰倭乱《イムジンウェラン》（文禄の役）のときに鶏林《ケリン》（慶州《キョンジュ》）から巨済島《コジェド》に移ってきたと言われている。巨済島にはクンダル島とチャグンダル島のふたつの小島があるが、その島名も鶏林から移ってきた金泳三の十一代前の先祖に由来するという。クンダル島は漢字で大鶏島、チャグンダル島は小鶏島と表記するが、鶏林から移ってきた直系が住んだのがクンダル島で、傍系が住んだのがチャグンダル島だということである。金泳三の十一代前の先祖は直系のほうであった。

チャグンダル島に定住した傍系のほうは子孫も多く繁栄したが、クンダル島に暮らしていた直系のほうはそれほど人数が増えなかった。十一代の直系の先祖は、金泳三にいたるまでずっとひとり息子が続いたためだ。金泳三の祖父、金東玉《キム・ドンオク》にいたって二男五女を得たが、息子のひとりは夭折してしまった。金洪祚もまた三人の息子を授かったが金泳三以外は幼くして死んでしまった。金泳三の一家は巨済島にいわしの漁場を所有する地方の有力者であった。これは祖父・金東玉の努力のたまものだった。

★1：死六臣——王位を簒奪した朝鮮王朝の第七代王・世祖（セジョ）に対し、金文起らは反乱を企てるが、密告により露見してしまう。このとき六人の臣が激しい拷問にも志を屈することなく殺された。彼らを死六臣という。白村は金文起の号。

金泳三の母・朴富連は蜜陽《ミリャン》朴氏の琛培《チムベ》を父親として二男一女のひとり娘として生まれ、クンダル島の同じ村で暮らし、金洪祚と結婚したが、一九六〇年に巨済島に侵入してきた武装共匪（北朝鮮のゲリラ）に殺された。

朴富連の死後、金洪祚は崔南順《チェ・ナムスン》と再婚するが、彼女もまた若くして死んでしまう。その後金洪祚は長くひとり暮らしを続けてきたが、一九八五年に二十歳前後の若い李守南《イ・スナム》と再婚した。

金泳三の祖父・金東玉は若いころにキリスト教に入信した。彼は村人の反発にもかかわらず、自分の土地を寄付して教会を立て、村人に新文物とキリスト教を伝えるのに力を注いだ。そのおかげでクンダル島の村人の大半がキリスト教徒になったと伝えられている。

そうした環境のなかで育った金泳三は、八歳のときに長木普通小学校に入学し、卒業後は陸に向かい統営中学校に通った。中学校時代、金泳三は日本の学生としょっちゅうけんかをした。日本人が巨済島をコジ島★2と馬鹿にするのに我慢がならなかったためであり、強制的な植民統治に反発したためでもあった。日本の学生とけんかをしたために停学になり、日本人の校長からひどい罰を受けたこともあった。中学校三年のときに泗川《サチョン》飛行場の建設に強制動員されたが、そこでも日本人の学生とけんかとなり、停学になった。

解放を迎え、一九四五年十一月に金泳三は釜山《プサン》の慶南《キョンナム》中学校に転学した。このとき彼は将来の夢を大韓民国の大統領になることに定め、自分の机に「未来の大統領・金泳三」と刻み込んだと伝えられている。

最年少の国会議員となり、政治家の道に進む

金泳三《キム・ヨンサム》は慶南《キョンナム》中学校で安龍伯《アン・ヨンベク》校長の講義を聞き、哲学を専攻しようと決意した。安龍伯は京城帝

★2：コジ――乞食のこと。

★3：一・四後退――アメリカ主導の国連軍の支援でソウルを奪還した韓国軍が、中国人民軍の参戦によって一九五一年一月四日に再び後退を余儀なくされた出来事。

1954年の第三代国会議員総選挙に当選した金泳三は、当時最年少の国会議員だった。〔聯合ニュース〕

国大学の哲学科を卒業した人物で、校長として倫理の科目を担当していた。金泳三は彼の講義に感化され、哲学に関心を持つようになった。

金泳三は慶南中学校を卒業後、慶南高等学校をへて、一九四八年九月に、ソウル大学哲学科に進学した。大学で彼は政治に関係する科目を数多く受講した。専攻以外に、主として憲法、政治学概論、現代政府形態論、ヨーロッパ政治史、ヨーロッパ外交史、国家論、議会制度などを学んだが、成績は中程度であった。

大学二年のとき政府樹立記念雄弁大会に参加して二等の外務部長官賞を受賞したが、これが縁となって当時外務部長官であった張沢相《チャン・テクサン》と知り合う。翌一九五〇年五月に実施された第二代民議員選挙に出馬した張沢相は金泳三に、選挙運動を手伝ってくれないか、と要請した。金泳三は大学の友人二十余人と慶尚北道漆谷《キョンサンプクドチルゴク》に向かい、四十余日間、張沢相と一緒に選挙運動にたずさわった。

一九五〇年六月に朝鮮戦争が勃発すると、逃げ遅れた金泳三はソウルに隠れ、翌年の一[★3]・四後退と共に南下して学徒義勇軍に入隊した。学徒兵になった金泳三は、ソウル大史学科の教授であった李瑄根《イ・ソングン》政訓局長の推薦で国防部政訓局対北放送担当員となり、八ヶ月間政訓兵として活動した。その後、国会副議長となった張沢相から、国会の仕事を手伝ってくれと頼まれたが、軍で対北放送の重責を担っていたのでこれを断った。しかし張沢相はあきらめず、政訓局長の李瑄根に金泳三を自分のもとに送るように頼み、結局金泳三は張沢相のもとに向かうことになった。

金泳三は国会副議長の人事担当秘書官として働き、一九五二年五月に張沢相が国務総理になると、国務総理室人事担当秘書官となった。

そうしたある日、祖父の金東玉《キム・ドンオク》が危篤であるという電報を受け取り、急ぎ故郷に戻った。しかし祖父が危篤だというのは嘘で、金泳三は三人の娘と見合いをすることになった。結婚に関心を示さない金泳三を故郷につれ戻すため嘘の電報を打ったのである。見合いをした三人の娘のなかから、金泳三は京郷《キョンヒャン》ゴムという会社を経営していた孫相鎬《ソン・サンホ》の娘・孫命順《ソン・ミョンスン》を選んでから、ソウルに戻った。そして一九五一年二月にソウル大学を卒業し、三月に結婚式をあげた。

一九五三年に戦争が終わり、一九五四年五月に第三代国会議員選挙の実施が決まると、金泳三は国会議員選挙に出馬した。彼は李起鵬《イ・ギブン》の勧めにしたがって自由党に所属し、慶尚南道巨済郡《キョンサンナムドコジェ》の地方区から出馬して当選した。当時二十八歳（満二十六歳五ヶ月）の若さであり、大韓民国政治史上最年少の国会議員であった。

自由党を脱退し、民主党の結成に参加する

金泳三《キム・ヨンサム》が当選したのち、李承晩《イ・スンマン》大統領は三選改憲によって政権延長を狙おうとした。このことを耳にした金泳三は、同僚の議員と共に李承晩を訪ね、三選改憲はだめだと建議したが、黙殺された。

そのとき金泳三は李承晩にこう言ったという。

「博士、改憲をしてはなりません。国父としてお残りください」

しかし李承晩は怒った顔で手を震わせ、何も言わずに部屋を出てしまった。その後、李起鵬《イ・ギブン》が金泳三を呼び出し、どうしてくだらないことを言って老人を怒らせたのか、と叱責したが、金泳三は同僚と共に三選改憲反対運動を続けた。

その後三選改憲案が四捨五入という不正な方法で通過すると、金泳三は志を同じくする自由党の人士十人と共に脱党した。そして一九五五年四月に、民主党結党発起準備委員会の三十三人のひとりとなり、民主党に入党した。

民主党に入党した金泳三は、青年部長兼慶尚南道《キョンサンナムド》党副委員長に任命され、趙炳玉《チョ・ビョンオク》、柳珍山《ユ・チンサン》が率いる民主党旧派に所属して活動した。当時民主党旧派の中心人物であった趙炳玉は、金泳三は張沢相が抜擢した人材だということを知り、金泳三に対して非常に好意的な態度をとったという。

一九五八年五月、金泳三は第四代総選挙に挑戦した。今度は巨済島を離れ、釜山《プサン》西区から出馬した。より大きな政治家になるため、釜山に選挙区を移したのだが、結果は落選だった。相手は慶尚南道知事と内務部次官をつとめた自由党の李相龍《イ・サンヨン》であった。選挙後、金泳三は開票に不正があったと疑い提訴した。二十三個の投票箱のうち十六個で圧倒的な支持を得たにもかかわらず、残りの七個の投票箱はほとんど全部が自由党の票であったため、不正があったのではないかと疑ったのだ。当時不正選挙はあちこちで見られ、開票の不正もよくあることだったので、疑うのも当然であった。しかし裁判所は彼の提訴を受け付けなかった。

落選後も金泳三は政治活動を続け、趙炳玉を民主党の大統領候補に推戴するため維石《ユソク》青年同志会を組織した。この活動は成功を収め、趙炳玉は民主党の大統領候補となったが、選挙の直前、持病によって死亡した。一九六〇年の三・一五不正選挙のあと、市民革命が起こり、一九六〇年五月に実施された総選挙に金泳三は再び出馬し、当選する。

しかし当選の喜びもつかの間、一九六〇年九月二十五日、巨済《コジェ》島の金泳三の本家に北朝鮮の武装ゲリラが侵入し、母の朴富連《パク・プリョン》が腹部に三発の銃弾を受けて死亡するという事件が発生した。

個人的な不幸の痛みも癒えぬ一九六一年五月十六日、朴正熙《パク・チョンヒ》が反乱を起こし、政権を簒奪する。それ以後金泳三は野党国会議員として朴正熙の独裁に抵抗し、凄絶な政治闘争を展開するのである。

四十代旗手論を掲げ、大統領候補の公選に臨む

五・一六軍事クーデターが起こったとき、金泳三《キム・ヨンサム》は巨済島《コジェド》にいた。彼はすぐさまソウルに向かった。他の政治家は軍人を恐れて身を隠すのに忙しかったが、金泳三は逆にソウルに向かい、国会の収拾に努めた。

五・一六軍事クーデターの直後、国家再建最高会議から、共和党の結党に加わるよう勧誘を受けた。共和党は彼に、釜山《プサン》市地区党委員長のポストを提案し、軍政に参加するよう勧誘したのだが、金泳三は断固としてこれを拒絶した。逆に彼は、一九六三年三月、朴正熙《パク・チョンヒ》の軍政延長に反対するデモに参加し、西大門《ソデムン》刑務所に収監されるのである。

一九六三年十一月、金泳三は四分五裂となった野党のなかで比較的大きな勢力を維持していた民政党所属で第六代国会議員選挙に出馬し、釜山西区で当選した。翌一九六四年六月、アメリカ国務省の招請でアメリカとヨーロッパ十余ケ国を視察して戻ってから、彼は『われわれが拠るべき丘はない』(原題)という本を出版し、民主化闘争への意思を明らかにした。

一九六四年、民政党と民主党が日韓会談反対闘争を展開する過程で民衆党に統合されるが、金泳三は三十八歳の若さで民衆党院内総務に選出された。さらに野党は連合を続け、一九六七年に新民党が生まれた。金泳三は新民党の院内総務となった。その後、朴正熙が三選改憲を露骨に狙うようになると、金泳三は、三選改憲を強く批判し、朴正熙は長期独裁を夢見ている、と攻撃した。このため

一九六九年六月に、自宅付近で暴漢に襲われ、乗用車の窓に硝酸が振り撒かれた。「金泳三硝酸テロ事件」である。これについて金泳三は、朴正熙政権の仕業であると主張した。

共和党が単独で三選改憲案を通過させると、金泳三は四十代旗手論を掲げ、若い指導者が野党の大統領候補になるべきだと主張した。四十代旗手論は好意的に受け入れられ、金泳三をはじめ、金大中《キム・デジュン》、李哲承《イ・チョルスン》といった四十代の政治家が大統領候補の選挙に名乗り出てきた。

当時金泳三は李哲承と共に民主党旧派の支持を得ていた。そして民主党旧派を率いていた柳珍山《ユ・チンサン》は金泳三を支援していた。もともと新民党の大統領候補には、党首であった柳珍山が選出されると見られていたが、四十代旗手論と世論に押され、候補として名乗り出ることができなくなっていた。柳珍山は、自分が候補に名乗り出ない代わりに、候補の指名権を要求したが、非主流派から候補に名乗り出た金大中の反対により拒否された。

そして一九七〇年九月二十九日、ソウル市民会館で、金泳三、金大中、李哲承の三人の大統領候補選挙が行なわれた。第一回の投票で金泳三は一位になった。しかし過半数を獲得することができず、第二回の投票が行なわれた。ほとんどの人は第二回投票でも金泳三が勝利するものと考えていたが、結果は意外なものとなった。金大中が金泳三を抑えて大統領候補に選出されたのである。李哲承系の代議員が、柳珍山の露骨な金泳三支持に反発した結果だった。

こうして大統領候補選に敗れたが、金泳三は敗北を受け入れ、大統領選挙では金大中を支援するために全国を遊説して回った。当時金泳三の支持勢力であった民主党旧派の一部は新民党を脱党して国民党を創設したが、金泳三は脱党せず、むしろ遊説の過程で「金大中の勝利はわたし自身の勝利だ」と力説した。

しかし一九七一年四月二十七日に実施された大統領選挙で、金大中は九十五万票の差で朴正熙に敗れた。

維新独裁と戦い、野党の指導者として浮上する

僅差で金大中《キム・デジュン》を破り大統領職を維持した朴正熙《パク・チョンヒ》は、永久執権を画策しはじめた。一九七二年十月に緊急声明を発表、非常戒厳令を宣布して国会を解散し、すべての政治活動を禁止した。維新時代のはじまりである。

当時野党を率いていたふたりの指導者、金泳三《キム・ヨンサム》と金大中は外国にいた。金大中は脚の治療のために日本の慶応大学病院に入院中であり、金泳三はハーバード大学東アジア研究所の招請でアメリカを訪問中であった。野党のふたりの指導者が国を離れていた隙を狙って、朴正熙は軍事作戦でも展開するように維新を強行したのである。

朴正熙が維新を宣布したと聞き、金泳三はすぐに帰国した。家族とアメリカの知人は帰国を止めたが、彼は死ぬとしても韓国で死ぬべきだ、と言って飛行機に乗った。

韓国に着くと同時に金泳三は自宅に軟禁された。このとき金大中は日本とアメリカを舞台として維新反対運動を展開していた。自宅軟禁により政治活動を禁止されると、金泳三は一九七三年から張沢相《チャン・テクサン》追慕事業をはじめた。そしてその年、金大中拉致事件が起こると、本格的に政権批判をはじめ、政治活動を再開し、一九七四年に新民党全党大会で党総裁に選出された。その後金泳三は金大中の政治活動を保証するよう要求し、維新憲法撤廃を主張した。このため改憲を口にしてはならないと明記してある緊急措置九号違反で立件されたりもした。

こうして正面から朴正熙政権に挑戦し続けた金泳三は、一九七五年五月、朴正熙との領袖会談に臨んだ。この席で、これまでの挑戦的な姿勢を撤回し、突然穏健論を述べはじめたため、金泳三は激しい世論の非難を浴びることになった。その余波と、中央情報部の妨害工作のために、一九七六年の党

総裁選では李哲承《イ・チョルスン》に敗れてしまった。

その後、政界での金泳三の影響力は弱まった。しかし金泳三は一九七九年五月の総裁選に再挑戦し、今度は二次投票まで行なうという接戦を制して総裁となった。彼が李哲承に勝利した決定的な要因は、金大中派の支援であった。当時金大中は監獄から釈放され軟禁状態にあったが、民主主義の発展のためには金泳三が新民党総裁に復帰するべきだと判断して金泳三を支持したのである。

再び新民党総裁となった金泳三は、外国人記者との会見で、野党総裁として統一のためであれば時期と場所を問わず責任ある人と会う用意がある、と発言した。これに対して記者が、責任ある人のなかに金日成《キム・イルソン》も含まれるのかと問うと、金泳三は肯定した。すると北朝鮮の副首席である金一《キム・イル》がこれを歓迎する談話を発表し、新民党と朝鮮労働党の代表者が予備接触をしようと提案した。その後、反共団体が新民党の本部ビルに押しかけ、金泳三に発言の撤回を要求し、党員に暴行し器物を破壊した。彼らは上道洞《サンドドン》にある金泳三の自宅にも押しかけて騒ぎ立てた。

そして八月に入ると、ＹＨ事件が起こった。かつら輸出会社であるＹＨ貿易の女性労働者たちが、経営難を理由に廃業した会社に抗議するために新民党本部に立てこもったのである。警察は二千余人の警察官を投入して女性労働者を全員連行した。この過程でビルの屋上にのぼっていた金敬淑《キム・ギョンスク》が墜落して死亡した。金泳三は自宅に強制的に移送されたが、すぐにこの事件の真相を明らかにする白書を発表し、殺人政治を敢行する朴正熙政権は悲惨な最期を迎えるはずだ、と警告した。

一方裁判所は、金泳三に対し、新民党総裁職停止仮処分決定を下した。総裁選出の過程で不正があったという理由であったが、すべて中央情報部が仕組んだことだった。しかし金泳三は引き下がらず、『ニューヨークタイムズ』を通して、アメリカに朴正熙政権に対する支持を撤回するよう要求した。これに対して共和党と維新政友会は、金泳三は憲政を否定して事大主義的発言をほしいままにしていると批判した。すると金泳三はもう一歩を進めて、アメリカは韓国に対する援助提供を中断し、政府に対して民主化措置をとるように圧力を強めよ、と訴えた。

このような金泳三の発言に対して、事大主義的な発言であるという批判が出てくると、金泳三は、アメリカは韓国に圧力を加えうる位置にある、と応酬した。朴正煕は維新政友会と共和党を動員して、金泳三の国会議員除名を進め、与党単独で議決し、金泳三を除名してしまった。これを聞いた金泳三は「鶏の頭を切っても朝は来る」と語り、「わたしを除名すれば朴正煕が死ぬ」と断言した。これに対して共和党は、金泳三は外国勢力を後ろ楯に内乱を助長している、と攻撃した。

金泳三が議員を除名されると、野党議員は集団で辞任届を提出して反発した。さらに一九七九年十月十五日、釜山《プサン》大学の学生が民主宣言文を発表して抗議し、釜山と馬山《マサン》で学生と市民が「独裁打倒」を叫び大規模なデモを展開した。釜馬《プマ》抗争である。

釜山大学の学生による民主宣言文に触発され、釜山の市民と学生がデモに加わり「独裁打倒」を叫ぶにおよんで事態は拡大していった。これに対して朴正煕は釜山に戒厳令を発布し、市民の通行を制限したが、抗議のデモは馬山、昌原《チャンウォン》にまで拡大していった。激怒した市民が放送局、区庁舎、税務署にまで襲い掛かり、事態が深刻化した瞬間、中央情報部長の金載圭《キム・ジェギュ》が朴正煕を暗殺し、朴正煕政権は幕を下ろすのである。

新軍部と戦い、六・一〇抗争の先頭に立つ

朴正煕《パク・チョンヒ》政権は崩壊したが、権力は依然として軍部が握っていた。全斗煥《チョン・ドゥファン》をはじめとするハナ会の会員によって構成された新軍部勢力は、一二・一二粛軍クーデターによって軍部を掌握し、五・一七内乱によって政権を簒奪した。彼らは金大中《キム・デジュン》、金泳三《キム・ヨンサム》、金鍾泌《キム・ジョンピル》の三金に代表される政界の大物を監獄に閉じ込めるか自宅に軟禁した。また相当数の野党人士と在野の人士が中央情報部に連行さ

れ、残酷な拷問を加えられ、政治家は政治活動を完全に禁止された。このとき金泳三は自宅に軟禁された。光州《クァンジュ》市民がこれに反発して蜂起したが、全斗煥一派は軍を投入して光州市民を虐殺した。そして一九八〇年九月、全斗煥政権が発足した。

こうしたなか、金泳三は全斗煥政権の強要によりその年の十月、政界引退を宣言した。そして翌年五月に自宅軟禁が解かれると、野党の同志と共に民主山岳会を組織した。民主山岳会は、表面的には登山の集まりであったが、その実質は政治団体であった。金泳三は民主山岳会の顧問に推戴された。民主山岳会は主要な政治的事案に対して声明書を発表するという形式で声を上げ、影響力を拡大していった。民主山岳会には金泳三系列の政治家だけが参加したのではなかった。金大中系列の政治家もここに参加し、野党統合の可能性が開かれた。

その年の五月十八日、金泳三は命がけの闘争を開始した。断食闘争により、野党人士の釈放と民主化五項目を要求したのである。金泳三の断食闘争は世界のマスコミの注目を浴び、六月十日に二十三日間の断食を終えたとき、全斗煥政権は金泳三の要求事項の相当部分を受け入れていた。さらに金泳三は金大中と連合して、一九八四年に正式に民主化推進協議会を発足させ、これを基盤として翌年に新韓民主党（新民党）を結党した。

新民党の総裁は李敏雨《イ・ミヌ》であったが、実質的な力は顧問となった金泳三と金大中が握っていた。ふたりの結合は一九八五年に実施された第十二代国会議員選挙で野党旋風を巻き起こした。全斗煥が組織した官製野党を抑え、野党第一党になったのである。その後、野党陣営は世論を背景に大統領直接選挙制改憲を主張していった。この過程で金大中は、全斗煥政権が直選制案を受け入れた場合、自分は大統領選挙に出馬しない、と宣言し、金泳三は、直選制の改憲が実現すれば金大中を支持する用意がある、とこたえた。

ところが当時新民党総裁であった李敏雨が、議院内閣制改憲をも受け入れると発言したため、これに反対する金泳三は志を同じくする金大中と共に脱党し、統一民主党（民主党）を立ち上げた。民主党結党には新民党を脱党した六十六人の国会議員が同調した。金泳三は総裁となり、金大中が顧問となった。

全斗煥は、改憲をしないという「護憲声明」を発表したが、民主党は在野の市民勢力と連合して民主憲法を戦い取る国民運動本部を結成し、直選制改憲のための場外闘争に突入した。六・一〇抗争と命名されたこの闘争で、延世大《ヨンセ》の学生・李韓烈《イ・ハンヨル》が死亡し、多くの学生、市民、在野代表と政治家が投獄された。そして六・二九宣言によって全斗煥政権は直選制改憲を受け入れることとなった。

大統領選挙で敗北し、三党合併の後大統領になる

直選制憲法が実現すると、金泳三《キム・ヨンサム》は第十三代大統領の候補選に出馬した。彼は軍政の終息と文民統治の確立を旗幟《きし》に掲げた。しかしライバルである金大中《キム・デジュン》との意見の一致を見ることはできなかった。金泳三は民主党内で選挙を行ない候補を選出すべきだと主張したが、金大中は反対した。民主党の中心は金泳三系列が握っていたため、選挙をすれば敗退すると判断したからだ。結局ふたりは候補の単一化に失敗し、金大中は民主党を脱党して平和民主党（平民党）を創立した。

その後ふたりはそれぞれ民主党と平民党の大統領候補となり、第十三代大統領選挙に臨んだ。民正党からは盧泰愚《ノ・テウ》が出馬し、共和党からは金鍾泌《キム・ジョンピル》が出馬した。一盧三金の対決であった。

遊説の途中、光州《クァンジュ》を訪れた金泳三が、市民から石と火炎瓶を投げられるという事件が発生した。この事件は地域対立をさらに深めることとなり、野党の分裂は盧泰愚に漁夫の利を得させる結果となった。

大統領選挙に敗北した金泳三の民主党は、一九八八年四月に実施された国会議員選挙で、平民党に

続く第二野党に転落してしまった。得票数では平民党より多かったのだが、獲得した議員数で負けたのである。

この選挙の結果、野党優勢のねじれ国会となった。金泳三の民主党と金大中の平民党、金鍾泌の共和党を合わせた議席数は、盧泰愚の民正党を大きく引き離したのである。これに対して盧泰愚は、政務長官の朴哲彦《パク・チョロン》を密使として野党党首に派遣し、与野党の合併をこころみた。保守連合論によって金大中を孤立させようという腹であった。

三金のなかで保守連合論にもっとも好意的だったのは金鍾泌であった。金泳三はすぐには同調しなかったが、補欠選挙で相手側候補を買収したという事件で右腕であった徐錫宰《ソ・ソクチェ》が拘束され自身の立場も苦しくなると、電撃的に三党合併に合意した。

三党合併は、党としての決定ではなく、総裁単独の決定であった。そのため党員や所属の国会議員の反発は激しかった。金泳三の盟友ともいうべき崔炯宇《チェ・ヒョンウ》までが反対したのである。それでも金泳三はほとんどの民主党議員を説得し、新しい保守大連合党である民主自由党に加わった。

一九九〇年劈頭《へきとう》の三党合併を、知識人は「野合」と非難し、金泳三を激しく批判した。しかし金泳三は、自分が大統領になって軍部勢力を除去し、文民政府の基礎を確立すれば、歴史の評価も変わってくるはずだと判断した。

一九九〇年一月に民自党が結成され、金泳三は党代表となった。しかし民自党内部の権力闘争の過程で、金泳三は三度の危機に遭遇する。

最初の危機は、議院内閣制合意文騒ぎであった。一九九〇年十月二十五日、盧泰愚、金泳三、金鍾泌が署名した議院内閣制合意文のコピーが『中央日報』に公開されたのである。金泳三はこれを、自分を貶めようとする謀略であると断じ、馬山《マサン》に引きこもってしまった。金泳三が馬山に引きこもり、大統領選挙に出馬せずに平民党の金大中を支援した場合、民自党が敗北する可能性は高かった。そのため盧泰愚は金泳三をなだめるため議院内閣制を放棄すると約束し、金泳三は汝矣島《ヨイド》★4に復帰した。

二度目の危機は、一九九二年三月に実施された総選挙であった。民自党はこの選挙で過半数を確保するのに失敗したのである。三党合併当時は改憲ラインをはるかに超える巨大与党であったので、惨敗と言うべき結果だった。さらに金泳三の民主系は、釜山《プサン》以外の地域では敗北の連続であった。このため民正系は選挙の敗北の責任を金泳三に負わせ、激しく非難した。それに対して金泳三は、脱党もありうると脅迫しながら、自分でなければ選挙で金大中に勝てない、と訴えた。実際、金大中に対抗しうる人材は他にいなかった。民正系には李鍾賛《イ・ジョンチャン》、朴泰俊《パク・テジュン》などがいたが、その政治的力量は金大中を相手にするには力不足だった。そのため盧泰愚としても金泳三を選択する以外に方法はなく、結局金泳三は民自党の大統領候補となったのである。彼が豪語したとおり、虎穴に入って虎子を得たというわけだ。

三度目の危機は大統領選挙の過程でやってきた。経済界の「王様会長」とも言われていた現代《ヒョンデ》グループの総裁、鄭周永《チョン・ジュヨン》が統一国民党（国民党）を創設して大統領候補に出馬し、保守支持票が分散する結果となったのである。鄭周永の国民党は国会議員選挙のときも旋風を引き起こし、第二野党に躍進していた。大統領選挙では「半額のマンション建設」という公約を打ち出して庶民層の支持を集めていた。そして投票の三日前、釜山の行政組織の長たちが集まって金泳三を支援する密談をしたということが暴露された「草原《チョウォン》ふぐ料理店事件」が起こるのである。この事件によって金泳三は窮地に追い込まれるのだが、逆にこの事件が釜山の民心を刺激して、金泳三を支持する勢力を結集させる結果となり、かろうじて危機を免れることができた。

十二月十八日に実施された大統領選挙で金泳三は四二パーセントを得票し、金大中を約百九十四万票の差で破って当選した。そして翌年二月二十五日、汝矣島の国会議事堂前で就任式を催し、大韓民国第十四代大統領になったのである。

★4：汝矣島に復帰――ソウルの汝矣島（ヨイド）には国会議事堂があるので、「国政に復帰」したことを指す。

2　金泳三の強力な改革政策と地に落ちた韓国経済

果敢な改革により支持率が九〇パーセントを超える

金泳三《キム・ヨンサム》は青瓦台《チョンワデ》に入ると同時に、政治改革に着手した。彼は自分の政府を「文民政府」と命名し、韓国病を治癒して新韓国を建設するのが文民政府の目標であると語った。彼の新韓国は「正義が川のように流れ、品位が尊重される模範的な民主共同体」であると定義された。

金泳三の最初の改革は、安家[★5]の撤去と、青瓦台前の道路の開放だった。彼の言葉によると、安家は「独裁者が女と酒を飲み楽しむ場所」であった。金泳三は十二ヶ所にもなる安家のうち二ヶ所を見ただけで、その華麗さと淫靡な造りに驚き、撤去するように指示したという。また出入り禁止区域であった青瓦台前の道路を開放し、国民との距離を縮めようとした。

その後、金泳三は本格的な改革作業に突入する。就任の二日後、彼は果敢に公職者財産公開を推進した。まず自分自身の財産について、彼と夫人、家族の所有する財産は総計十七億七千八百二十二万ウォンであると発表した。続いて国務総理、副総理、監査院長、民自党の代表、事務総長、政策委員長、院内総務などの公職者が財産を公開していった。金泳三は財産公開を「歴史を変える名誉革命」であると規定した。

高位公職者の財産を公開した後、長官、首席秘書官、民自党党務委員、所属国会議員の財産も公開され、民主党関係者もこの流れに合流した。

★5：安家――安全家屋の略語。金泳三は安家について次のように記している。「いわゆる安全家屋という名の豪華な住宅が十二棟もあった。敷地は総計一万九百坪にもおよぶ。安家は過去、朴正熙、全斗煥、盧泰愚等の軍人出身の独裁者が、女を侍らせ、週に一、二度以上遊興にふける場所だった。彼らはここで財閥の総帥に女をあてがい、酒を飲ませ、政治資金の上納を強要した。また現役の軍人を呼び出し、酒を飲ませて金を与え、私組織を維持した。一言でいえば、密室政治と工作政治の巣窟であり、道徳的な堕落が横行する場所であった。朴正熙が歌手とモデルを侍らせて酒宴を開き、腹心の部下であった金載圭に殺されたのも、宮井洞の安家だった」撤去の直前、宮井洞の安家の中にある迎賓館と韓国館が公開されたが、イタリア製のソファ、巨大なシャンデリア、最高級の絨毯を目にした記者たちは目を丸くしたという。迎賓館の一階には五十人が座ることのできるオンドルの部屋があり、二階は豪華なベッドをしつらえた寝室が並んでいた。各部屋には国内外の主要機関とつながったホットラインが設置されていた。

財産公開の過程で、投機による蓄財の疑惑のある公職者や、不道徳的な方法で財産を増やした疑いのある人士が世論の批判を受けて引退するという事例が相次いだ。そのなかには朴浚圭《パク・チュンギュ》国会議長のような大物もいた。また大検察庁★6中央捜査部長や、組織犯罪捜査や麻薬捜査を担当する検察庁強力部長などからも引退する者が続出し、鉄道庁長や農林部次官などの次官級人士も相次いで引退していった。

これら一連の財産公開は、法的根拠があるわけではなく、大統領が率先してその雰囲気を醸成していって実現したものだった。国会はその年の五月二十日に「公職者倫理法」を改正し、四級以上の公職者の財産登録を義務化し、一級以上の公職者は財産を公開しなければならないと規定した。虚偽登録に対しては厳しい罰則が定められた。

金泳三のふたつめの改革は、一切の政治資金を受け取らないと宣言したことだった。政財癒着の環を断ち切ろうとしたのである。

お金に関係するこのふたつの措置は、社会全体に激しい不正摘発の風を吹かせた。検察、警察、監査院、マスコミが不正の摘発に熱を上げ、そのため政治家や高級官僚がある日突然罪人に転落するという事態も稀ではなかった。金泳三の突撃隊長といわれた崔炯宇《チェ・ヒョンウ》が入試不正に関連して民自党事務総長を辞し、金泳三と権力を争った朴哲彦《パク・チョロン》はスロットマシン不正で拘束され、徴兵に関する不正によって兵務庁長の厳三鐸《オム・サムテク》が職を辞した。

金泳三の改革はこれだけではなかった。それまで誰も手をつけることができなかった軍の改革を進めたのである。改革の第一の目標は、ハナ会を解体し、その中心的な人物をすべて要職から除去するか、予備役編入することだった。軍の人事不正や武器納入不正にも剣をふるった。その結果、多くの将官や佐官級（大佐・中佐・少佐の総称）の人士が拘束されたり、懲戒や人事での不利益をこうむることになった。

★6：日本の最高検察庁に相当。

さらに経済改革措置を進めた。金融実名制の実施がその第一弾であった。一九九三年八月十二日午後八時を期して断行されたこの措置は、大統領緊急財政経済命令によるものだった。国会で法律を作成するとザル法になるおそれがあると判断し、軍事作戦のように断行したのである。

就任からわずか六ヶ月で進められた一連の改革措置によって金泳三の人気は急上昇した。当時もっとも人気のあった女優、崔真実《チェ・ジンシル》よりも金泳三のほうが人気を集めた、と言われたほどだった。金泳三への国民の支持率が九〇パーセントを超え、十代の青少年がもっとも好む人物として浮上した。そのため彼を好意的に描いた書籍が相次いで出版され、『YSは止められない』[★7]（原題）は出版わずか一ヶ月で三十万部が売れたほどだった。

一方、改革が準備期間もなくあまりにも急激に行なわれるので、「瞬間芸」と揶揄するマスコミもあった。とりわけ金融実名制は瞬間芸の極致だとまで言われた。しかし大多数の国民は金泳三の改革を絶対的に支持した。

打ち続く大型惨事

しかし金泳三《キム・ヨンサム》の人気は打ち続く大型惨事のために次第に光を失っていく。金泳三の統治期間、大型惨事はまるで戦争中であるかのように頻発した。事故は川と海、空と陸を問わずドミノ倒しのように連続した。

最初の大型惨事は鉄道事故だった。一九九三年三月二十八日午後五時三十分ごろ、京釜線《キョンブ》亀浦《クポ》駅（釜山《プサン》市北区《プク》徳川洞《トクチョンドン》）の北二・五キロメートルの地点で無窮花《ムグンファ》号が転覆し、乗客六百余人のうち七十八人が死亡、重傷者は五十一人、軽傷者は百五人であった。韓国鉄道史上最悪の惨事であった。原因は線路の地盤崩壊であった。地盤が崩壊したのは、韓進《ハンジン》建設が地下に電気ケーブルを通すため、

★7：YS——金泳三のこと。泳三 Yeong-Sam の頭文字だ。ちなみに金大中 (Kim Dae-Jung) はDJ、金鍾泌 (Kim Jong-Pil) はJP。

死者 32 人を出した聖水大橋の崩落事故の主原因は、吊り材の溶接不良だと発表された。
〔時事通信フォト〕

線路の地下三十四メートルにトンネルを掘削したのが原因であった。調査の結果、韓進建設はその工事について鉄道庁に通報すらしていなかった事実が判明した。

四ヶ月後、今度は空で大事故が起こる。七月二十六日、金浦《キムポ》を出発し木浦《モッポ》に向かっていたアシアナ航空の旅客機が、全羅南道海南《チョルラナムドヘナム》で墜落したのである。この事故で、搭乗客、乗務員六十六人が死亡し、四十四人が負傷した。

十月十日には海で事故が起こった。全羅北道扶安郡《チョルラブクドプアン》蝟島面《ウィドミョン》臨水島《イムスド》沖で西海《ソヘ》フェリー号が沈没し、乗っていた三百六十二人のうち二百九十二人が命を失った。沈没の原因は、定員オーバーと超過積載であった。

打ち続く惨事に、政府は安全を強調したが、事故はさらに続いた。

一九九四年十月二十一日午前七時四十分ごろ、漢江《ハンガン》にかかる聖水《ソンス》大橋が崩落したのだ。このとき聖水大橋を通過していた乗用車二台、バン一台、バス一台が墜落し、三十二人が死亡した。金泳三は特別談話を発表し、あらためて安全不感症への警戒心を高めるように訴えたが、わずか三日後の十月二十四日、忠州湖《チュンジュホ》の遊覧船で火災が発生し、二十五人が死亡した。空と海、そして陸、川、さらには湖で事故が発生したので、残るは地下しかない、というような噂が流れた。

三豊百貨店崩落事故は、手抜き工事や監督官庁の不正によって引き起こされた惨事だった。〔共同通信社〕

そしてその噂が真実となった。一九九五年四月二十八日午前七時五十分ごろ、大邱《テグ》市達西《ダルソ》区上仁洞《サンインドン》の嶺南《ヨンナム》中学校前で、地下鉄一号線一～二区間の工事を進めている最中に、都市ガス管が爆発したのである。学生と市民百一人が死亡し、百十七人が負傷した大惨事であった。破損した建物が百十九棟、車両百三十五台が墜落、あるいは火炎に包まれたという事実は、惨事の規模を物語っている。

こうして惨事が続くと、世間では金泳三に対して「無免許運転だ」と揶揄する声が上がり、文民政府を「事故政権」と非難して退陣を要求するデモが繰り広げられたりもした。

しかし大型惨事の決定版が残っていた。大邱地下鉄工事現場ガス管爆発事故の二ヶ月後の六月二十九日午後五時五十七分、ソウル市瑞草《ソチョ》区にあった三豊《サムプン》百貨店が崩壊したのである。百貨店の規模は、小公洞《ソゴンドン》のロッテ百貨店に次ぐ全国二位で、敷地面積四千六百余坪（約一万五千平方メートル）、地上五階、地下四階の建物だった。この巨大な百貨店の崩壊により、五百二人が死亡し、九百三十七人が負傷し、これまでの惨事のなかでも最大の被害を記録した。崩壊の原因は、先端的な施工法の無理な適用と、手抜き工事、そして無原則な保守工事であった。

この事件ののち、金泳三は再び国民に対する謝罪文を発表した。幾度にもおよぶ大統領の謝罪を揶揄して、世論は金泳三政権を「事故政府」あるいは「謝罪政府」とあざけった。文民政府を自認する金泳三政府でこれほど多くの大事故が続いたのは、三十年間続いた官主導の社会管理体制の限界が、道徳的な弛緩と結びついて、総体的な不正、手抜きにつながった結果であると見ることができよう。

二度の政治的逆転の機会

大型惨事が続くなか、金泳三《キム・ヨンサム》には二度、政治的逆転の機会が訪れた。

最初の機会は北朝鮮との関係だった。一九九二年から核施設問題で鋭く対立していたアメリカと北朝鮮は、一九九四年になって相互不信が絶頂に達し、アメリカが北朝鮮を攻撃するのではないか、という状況にいたった。ビル・クリントン政権はすぐにでも北朝鮮を攻撃するかのような態度を見せ、北朝鮮もまた「ソウルは火の海」云々という発言で戦争も辞さないという決意を示した。金泳三は、朝鮮半島で絶対に戦争を起こしてはならない、とクリントン大統領に訴え、アメリカ側はジミー・カーターを北朝鮮に派遣して和解の雰囲気を作り出した。そのおかげで金泳三と金日成《キム・イルソン》の南北頂上会談の合意がなった。金泳三としては地に落ちた人気を回復する絶好の機会であった。

しかし不幸にも会談の十七日前の一九九四年七月八日、金日成が持病で死亡してしまった。その後、弔問騒ぎなどで北朝鮮との関係は極度に悪化していった。さらに在任期間の末期である一九九七年十二月に、北の朝鮮労働党秘書であった黄長燁《ファン・ジャンヨプ》が南側に亡命したため北朝鮮との関係はさらに険しいものとなった。

二度目の機会は、一二・一二粛軍クーデターと五・一八光州《クァンジュ》市民虐殺に対する断罪だ。金泳三は政権の初期から、一二・一二と五・一八の断罪を望んでいたが、既得権層の反発により実行することができずにいた。一九九三年五月、金泳三は一二・一二に対して「下克上によるクーデター的事件」と規定し、検察に捜査を命じたが、検察は、不必要な国力消耗の憂慮があるという理由で起訴猶予処分を下した。また五・一八に対しても、成功したクーデターは処罰することができないという論理で、「公訴権がない」という決定を下した。

しかし一九九五年十月、盧泰愚《ノ・テウ》の秘密資金事件が起こり、全斗煥《チョン・ドゥファン》と盧泰愚のふたりの前職大統領に対する世論は悪化し、金泳三はこの機会を逃さず「歴史の建て直し」を名分として一二・一二と五・一八に対する断罪を敢行した。その年の六月二十七日に実施された地方選挙で惨敗した金泳三としては、翌年四月に予定されている総選挙で勝利するためにも、なんとしても一二・一二と五・一八を断罪する必要があった。

金泳三は民自党に「五・一八民主化運動などに関する特別法」（五・一八特別法）の制定を指示し、この法によって全斗煥、盧泰愚をはじめとする一二・一二と五・一八の犯罪者を断罪するにいたった。そのおかげで一九九六年の四・一一総選挙で金泳三は勝利とも言いうる善戦をした。二度目の機会はうまく活用したのである。

歴史と文化の大衆化、そしてちっぽけなものごとに対する新たな認識

大きな政治的事件と大型惨事が続いたにもかかわらず、文化的な面では、日常の再発見と自分探しというようなゆったりとした様相を見せはじめていた。数十年も続いた民主化のための政治闘争の熱気が冷め、人々は重く男性的な巨大イシューにのみ注がれていた視線を、軽く女性的な個人の生のほうに向けはじめた。文化と歴史の奥深くに入り込み、個人の日常をより豊かにすることに注目する傾向を生み、文化と歴史の大衆化をもたらした。

文化の大衆化に火をつけたのは、一九九三年四月に公開された林権沢《イム・グォンテク》監督の映画『風の丘を越えて　西便制《ソピョンジェ》』だ。李清俊《イ・チョンジュン》の同名小説を映画化したこの作品は、解放後津波のように押し寄せてきた西洋音楽に圧倒され、注目されることもなく片隅に追いやられていたパンソリの価値を再発見する契機となった。『西便制』を観るためにソウルの映画館、団成社《タンソンサ》一館だけで百万人の観客が入場し、撮影地である朝鮮半島南端の島、青山島《チョンサンド》には観光客が押し寄せた。

映像で『西便制』が韓国文化の大衆化ブームを引き起こしたとすれば、出版物では兪弘濬《ユ・ホンジュン》の『私の文化遺産踏査記』をあげることができる。一九九三年に文芸雑誌『創作と批評』に連載された当時から読者の好評を得ていたが、本として出版されると同時に爆発的な人気を獲得し、たちまちミリオンセラーとなった。「知っているだけ見えてくる」をモットーとしたこの文化解説書は、全国的な踏査シンドロームをもたらし、学者だけのものであった文化遺跡を大衆の嗜好物にするという奇跡を起こした。

文化的なものだけでなく、大衆は歴史にも興味を示すようになった。その端緒を提供したのは、わたしが書いた大衆歴史書『朝鮮王朝実録』と、テレビ大河ドラマ『竜の涙』だ。一九九六年三月に出版した『朝鮮王朝実録』は出版から二年目にミリオンセラーとなり、一九九七年にKBSで放映された『竜の涙』は歴史ドラマ旋風を引き起こした。その後出版社は歴史チームを組むようになり、それまで一年に数十冊しか出版されなかった歴史書が一ヶ月に数十冊出版されるようになった。また各放送局が争って歴史ドラマを制作するようになった。

歴史や文化に対する関心は、韓国的なものにとどまらなかった。塩野七生の『ローマ人の物語』シリーズが空前のベストセラーになり、フランスの作家クリスチャン・ジャックの小説『太陽の王 ラムセス』もまた記録的な売れ行きを示した。このように歴史と文化への関心が増幅するなか、金辰明《キム・ジンミョン》の『ムクゲノ花ガ咲キマシタ〈上・下〉』、田麗玉《チョン・ヨオク》の『悲しい日本人（イルボヌン　オプタ）』★8

★8：インターネット新聞「オーマイニュース」が、『悲しい日本人（イルボヌン　オプタ）』は田麗玉の友人の原稿の剽窃であると報じたことに対し、田麗玉が名誉毀損で訴訟を起こしたが、裁判所は剽窃であると認め、田麗玉は敗訴した。

などのナショナリズムを煽る本がベストセラーとなり、『七つの習慣―成功には原則があった!』や『李明博自伝』、『勉強が一番簡単だったよ』(原題)などの成功譚も大衆的な人気を博し、『こころのチキンスープ―愛の奇跡の物語』、『二十代でしなければならない五十のこと―一生を賭けるものには、二十代でしか出会えない』のような人生の方向を提示する本も愛された。

一方文壇では、一九八〇年代に学生運動などの民主化運動に身を投じていた人々を扱った「後日談文学」が流行したが、これら一連の作品は理念の時代が過ぎ去った過去であることを示す役割を果たした。後日談文学はストーリーと内容の深さの限界のため廃れるのも早く、申京淑《シン・ギョンスク》、孔枝泳《コン・ジヨン》など若い女性作家の、個人の存在と生に注目する作品が読者を魅了した。巨大なイシューは消え、個人の小さな生とこまごまとしたことに対する新たな関心が芽生えていった。

大衆歌謡の世界でも大きな変化があった。「ソ・テジと仲間たち《ソテジワアイドゥル》」の登場である。ボーカルと作詞、作曲を担当するソ・テジと、コーラス、バックボーカル、振り付けを担当するイ・ジュノ、梁鉉錫《ヤン・ヒョンソク》の三人で構成されたこのグループは、ヒップホップとラップロックを駆使して爆発的な人気を獲得した。最初のヒット曲は「僕は知っている」だった。一九九二年三月、はじめて放送に登場した「ソテジと仲間たち」はその年の歌謡界の賞を総なめした。「僕は知っている」が収録された『Yo! Taiji』は、デビューアルバムとしては過去最大の販売数である百八十万枚を記録し、一九九三年に販売した「何如歌《ハヨガ》」を含む第二集は二百二十万枚、同じく一九九三年に出た第三集『渤海を夢見て』は百六十万枚を売り上げ、その人気は衰えを知らず、一九九五年に販売した第四集『カムバックホーム』は二百四十万枚以上を売り上げるブームを巻き起こした。しかしその年の暮れ「ソテジと仲間たち」は「新しいことに挑戦し続ける負担と、それにともなう創作の苦痛が大きくなり、華麗なときに未練なくやめる」という言葉を残してグループを解散し、引退を宣言した。

このように彗星のように登場して、四年間十代の若者を熱狂させ、忽然と消えた「ソテジと仲間たち」以後、韓国の大衆音楽は大変化の時代を迎えた。バラードや演歌を主としていた大衆音楽に、ラップ、ヒップホップ、ラップロック、ブレイクダンスなどが加味され、多様化が進んだ。また過去の静的な歌詞から社会批判的、挑発的な内容が多くなり、ぎこちなくはあってもストレートな表現が増えていった。好きな歌が世代によって完全に異なってくるという現象が生まれ、「ソテジ世代」という独特な文化が生まれてきた。

新韓国党の創立と四・一一総選挙

金泳三《キム・ヨンサム》は、凋落した人気を回復し政治改革を実現するために、三党野合の落とし子と言われていた民自党を発展的に解体し、名実共に金泳三の党を作ろうと考えていた。民自党は新軍部とＴＫ（大邱《テグ》と慶尚北道《キョンサンブクド》）勢力を中心とする民正系と、金泳三の民主系、金鍾泌《キム・ジョンピル》の共和系によって構成されていたが、金泳三は民正系と共和系を除去し、民主系を中心とした政党を構想したのである。

第一歩は民正系の除去だった。民正系は民自党を作った新軍部の勢力であった。金泳三はこれら民正系の中心人物を、大統領選挙とハナ会の除去、軍部改革の過程で民自党から追い出していった。そしてＴＫ勢力と言われる人士のうち金泳三に近い人士以外は公職者財産公開を通じて引退させていった。

次は三党合併の主役のひとりである金鍾泌であった。金泳三は金鍾泌を、世界化が進む新時代にマッチしない五・一六軍事クーデター世代であると追及し、党内の影響力を狭めていった。金鍾泌はこの圧力に耐えきれず、民自党を脱党して自由民主連合（自民連）を結成した。

一方、大統領選挙に敗北して以後、引退してイギリスに滞在していた金大中《キム・デジュン》は、アジア太平洋平和財団を設立し、政治的再起の機会を狙っていた。

民自党内部からＴＫ勢力を除去し、金鍾泌をも脱党させた金泳三に、最初の試練が訪れた。六・二七地方選挙である。地方自治制は盧泰愚《ノ・テウ》政府の時代に一部実施されたが、地方議会を構成しただけで、首長の選挙は無期限延期の状態にあった。一九九二年六月三十日に首長選挙が法によって明文化されたが、盧泰愚政府が実施を延期したのである。しかし金泳三政府になり、首長選挙を全面的に実施することになった。その最初の選挙が一九九五年の六・二七地方選挙であった。

六・二七地方選挙は、★9広域自治体首長、基礎自治体首長、広域地方議会議員と基礎自治体議員の四大地方選挙を同時に行なう、真の意味での地方自治選挙であった。

しかしこの選挙で、金泳三を中心とする民自党は惨敗を喫した。十五の広域自治体のうち民自党が勝利したのは、釜山《プサン》、仁川《インチョン》、京畿《キョンギ》、慶南《キョンナム》、慶北《キョンブク》の五つに過ぎなかった。統合民主党（民主党）がソウル、全南《チョンナム》、全北《チョンブク》、光州《クァンジュ》の四ヶ所で勝利し、自民連が大田《テジョン》、忠南《チュンナム》、忠北《チュンブク》、江原《カンウォン》の四ヶ所を獲得した。残りの大邱と済州《チェジュ》は無所属が勝った。特に政治の中心地として注目されるソウルを民主党に明け渡したことは、明らかな政治的敗退であった。さらに基礎自治体首長選挙でも民自党は完全に敗退した。とりわけソウルの二十五の基礎自治体のうち二十三を民主党が占めたのである。さらに自分たちの縄張りであると考えていた慶南でも二十一ヶ所のうち十一ヶ所で無所属が勝利した。

六・二七地方選挙で民主党が勝利すると、金大中は政界復帰を宣言し、新政治国民会議（国民会議）を結成した。そのため民主党は、李基沢《イ・ギテク》を中心とするミニ民主党と、金大中の国民会議に分裂した。結局政界は、金泳三と金大中、金鍾泌の新三金の構図となった。

地方選挙で惨敗した金泳三は、民自党の看板を下ろした。一九九五年十二月、ついに金泳三は自分の党である新韓国党を創設した。そして一九九六年四月に予定されていた国会議員総選挙に備え、各界各層から人材を迎え入れていったのである。迎え入れた人材は多種多様であった。監査院長、国務総理を歴任し一時金泳三と対立していた李会昌《イ・フェチャン》をはじめ、ソウル市長に無所属で出馬した朴燦鍾《パク・チャンジョン》、

★9：広域自治団体とは、ソウルおよび六ヶ所の広域市（仁川・大田・光州・大邱・釜山・蔚山）、八ヶ所の道（京畿道・忠清北道・忠清南道・全羅北道・全羅南道・江原道・慶尚北道・慶尚南道）、一ヶ所の特別自治道（済州）のこと。二〇一二年より世宗（セジョン）特別自治市が発足したので、計十七ヶ所に首長がいることになる。基礎自治体とは、広域自治の下に位置する市・郡・自治区を指す。

民衆党を率いていた李在伍《イ・ジェオ》と李佑宰《イ・ウジェ》、労働運動のゴッドファーザーと呼ばれていた金文洙《キム・ムンス》、『砂時計』[★10]検事として有名な洪準杓《ホン・ジュンピョ》、放送局アンカー出身の孟亨奎《メン・ヒョンギュ》など、人気のある人物を大挙新韓国党に迎え入れ、総選挙に備えた。

一九九六年四月十一日に実施された第十五代国会議員選挙で、新韓国党は百三十九議席を獲得した。ソウルでは野党を抑え過半数の議席を確保した。全体で過半数を超えることはなかったが、大型惨事の連続によって金泳三の人気が地に落ちており、民正系と共和系が脱党し民主系中心で選挙戦を戦ったことを考えれば、大成功といえるだろう。さらに政治的なライバルである金大中が政界に復帰して総力戦を展開した選挙で勝利したのであるから、金泳三の喜びはひとしおであったはずだ。

その後金泳三は自民連とミニ民主党、無所属議員の一部を迎え入れ、過半数の議席を確保するのに成功した。

地に落ちた韓国経済と窮地に追い込まれた金泳三

総選挙での善戦と、過半数の議席を確保したことによって、金泳三《キム・ヨンサム》の政治的な立場はそれなりに強化されたように見えた。これに力を得て、新韓国党はその年の十二月二十六日早朝、安全企画部法と労働法を不意打ちのように通過させた。金泳三は、一九九七年の年頭記者会見で、不意打ちに通過させた労働法を、先進国型であると表現し、労働界と野党から激しい批判を浴びた。

そうしたなか、財界十四位の韓宝《ハンボ》グループ事件が起こる。韓宝グループの中心的な企業である韓宝鉄鋼が不渡りを出したのだ。この事件で鄭泰守《チョン・テス》韓宝グループ総会長が拘束され、政治家と銀行長が続々と監獄に放り込まれた。そのなかには金泳三の側近中の側近である洪仁吉《ホン・インギル》と黄秉泰《ファン・ビョンテ》も含まれており、内務部長官であった金佑錫《キム・ウソク》、国民会議の党首で、金大中の右腕とも言うべき権魯甲《クォン・ノガプ》もいた。

★10：『砂時計』――一九九五年にSBSで放映されたドラマ（出演：崔民秀（チェ・ミンス）高賢廷（コ・ヒョンジョン）など）。一九七〇年代から一九九〇年代の激動の韓国を生きた三人の男女を主人公にして物語が展開する。五・一八光州民主化運動を最初に扱ったドラマとしても有名。平均視聴率五〇・八パーセントを記録し、ドラマがはじまる時間になるとみな帰宅を急いだため街が閑散としたとも伝えられ、「砂時計」でなく「帰宅時計」とも呼ばれた。検事になる主人公のひとりは洪準杓をモデルにしたといわれている。

しかしマスコミは、韓宝グループの不正の中心に、金泳三の二男である金賢《キム・ヒョンチョル》哲がいると報道し、金賢哲は韓宝グループの聴聞会に証人として出席することになった。当時世間では金賢哲は「小統領」と呼ばれ、中心的な国家機関を掌握している、という噂が流れていた。さらには軍の将官に忠誠を誓わせた、という噂まであった。そうしたなかで進められた聴聞会で、金賢哲が言論機関の社長人事に介入した疑惑のビデオテープが公開された。ビデオテープを公開したのは、金賢哲が通っていた病院の院長、朴慶植《パク・ギョンシク》であった。朴慶植は、金賢哲から国務総理など国家機関の人選についてあらかじめ聞いていた、と暴露した。結局金賢哲は拘束された。罪名は斡旋収賄と脱税の嫌疑であった。

金賢哲の拘束は金泳三の道徳性に大きな傷を負わせ、政治的な立場を弱める結果となった。しかし事態はこれで終わったわけではなかった。韓宝に続いて三美《サムミ》、韓信《ハンシン》公営などが法的管理を申請し、ついには財界八位の起亜《キア》自動車が不渡りを出した。起亜の不渡りは韓国経済全体を震撼させ、サンバンウル、バロック家具、ニューコア、漢拏《ハンラ》グループ、青丘《チョング》などが不渡りを出した。

企業の不渡り旋風は金融機関の崩壊を招き、政府は一九九七年十一月二十一日、国際通貨基金（IMF）に救済を要請するにいたった。このの ち数多くの企業と銀行が倒産し、おびただしい会社員が路頭に迷い、韓国の信用度は投資不適格の段階まで下落した。同時に金泳三の立場も奈落に落ちる。政権初期には九四パーセントを記録したこともある支持率は一〇パーセント以下に急落し、自分自身で創設した新韓国党から退き、金泳三の党と呼ばれた新韓国党が消えていく過程をただ見ているしかなかった。世間では「任期最後の年でなければ弾劾されてもおかしくない」、「どの面下げて生きているのだ」というような声まで上がっていた。

そうしたなか、金大中《キム・デジュン》が大統領に当選した。金大中は金鍾泌《キム・ジョンピル》と手を握り、DJ連合によってハンナラ党の李会昌《イ・フェチャン》候補を三十九万余票という僅差で破り、勝利した。

金大中が当選すると、金泳三の存在感は無に等しいものとなり、翌年二月二十五日まで針のむしろのような青瓦台《チョンワデ》で過ごし、五年の大統領の任期を終え、上道洞《サンドドン》の自宅に戻った。

退任後、金泳三は金大中政府、盧武鉉《ノ・ムヒョン》政府、李明博《イ・ミョンバク》政府に対して幾度か政治的発言を繰り返した。金大中政府に対しては非常に冷淡な批判をし、退任後一年六ヶ月にわたって金大中政府が自分の背後関係を捜査したと主張した。盧武鉉大統領が弾劾されたときは、自分の忠告を聞かなかったからだと攻撃し、盧武鉉の葬儀について、国民葬ではなく家族葬で十分だと発言して物議をかもし、その後弁明した。

金泳三は孫命順《ソン・ミョンスン》と結婚し、恩哲《ウンチョル》、賢哲《ヒョンチョル》の息子と、恵英《ヘヨン》、恵廷《ヘジョン》、恵淑《ヘスク》の娘をもうけた。この他、李慶仙《イ・ギョンソン》の娘・金子香織が、金泳三が自分の父親であると主張しており、金某が、自分は金泳三の息子であると訴え裁判所に遺伝子鑑定を依頼している。

民主主義の陣痛に苦しんだ金泳三時代

金泳三《キム・ヨンサム》時代は、時代の要求と世界の変化に適応するため、国家の次元で陣痛に耐えた時期であると言えよう。

政治においては、軍部政治を終息させ果敢な改革を実施して民主主義を成長させ、独裁勢力と民主勢力という過渡期的な構図を、保守と進歩というより発展した構図に転換する基盤を築いた。しかしこの過程で、人物中心の勢力争いと、地域感情に頼る旧態依然たる政争が再現された。

経済面では、社会主義の崩壊により、強大国の利益に忠実な自由市場経済の世界化の旋風が押し寄せるなか、国家にだけ依存する成長主義と、質を問わずにとにかく速く、という風潮の限界と弊害が一度に表出し、国家が不渡りを出すかのような事態に直面するという危機を迎えた。この危機は

「世界化《グローバリゼーション》」が単純なスローガンではなく、避けることのできない生存戦略であるという事実を痛感させた。

社会の面では、三十年にわたる官主導の社会管理システムの限界が総体的なきしみとして表面化し、さまざまな大型惨事が連続するという悲劇が出現した。しかし文化の面では、専門家の領域であった歴史と文化が大衆化し、個人が歴史と文化を楽しむ雰囲気が形成された。

3　金泳三時代の主要事件

ハナ会の除去と軍人事の改革

金泳三《キム・ヨンサム》は就任してから二週間もたたないうちに、あっという間に軍の人事改革を断行した。一九九三年三月八日、韓国軍の最高権力者と言いうる陸軍参謀総長に、金東鎮《キム・ドンジン》大将を任命した。さらに軍を超えて国家安全企画部と並んで韓国情報機関の二頭馬車である国軍機務司令官に金度閏《キム・ドユン》少将を任命した。ふたりともハナ会の会員ではなかった。

この人事改革について金泳三は後日このように回顧している。

「それまで韓国軍のなかにはハナ会という私的な組織がありました。国防長官の命令よりもハナ会の命令が重視されていたのです。驚くべきことです。次の参謀総長を誰にするかということも、ハナ会のなかで決定していました。優秀な人物であるかどうかなど関係ありません。当時陸軍参謀総長、第二軍司令官、第一軍司令官、首都警備司令官はすべてハナ会の実力者で占められていました。この組織を瓦解させない限り、大統領の任務を遂行することはできない、とわたしは考えました。そのころ日本の新聞、アメリカの新聞、ヨーロッパの新聞は、金泳三が独裁に抗して大統領に当選したが、軍を改革するのは難しいはずだ、と書いていました。話にもなりません。もしそうなら大統領にはなりません」

この人事改革が行なわれる二ヶ月前に、陸軍士官学校同期会長の選出をめぐって、陸軍士官学校第三十一期生が争うという事件があった。ハナ会とそれ以外とに分かれ、ビール瓶が飛び交う乱闘になったのである。そして一九九三年四月二日、ソウル市龍山《ヨンサン》区の東氷庫《トンビンゴ》軍人アパートにハナ会の会員名簿がばら撒かれた。中佐から中将まで、佐官級と将官級の百四十二人の名前が記された印刷物だった。

金泳三はその翌日、首都警備司令官と特戦司令部司令官を交代させた。また四月八日には第二軍司令官、第三軍司令官、陸軍参謀総長、合同参謀部戦略企画本部長などを交代させた。すべてハナ会の会員が掌握していた要職であった。それと同時に軍への納入品の不正、武器購入関連の不正についての監査が行なわれた。こうした措置はすべて、金泳三政府が発足してから百日以内に実行された。過去のどの大統領もできなかったことを一瞬のうちにやってしまったのである。

これらの軍隊改革により、七人の大将と、中将以下佐官級の十二人が軍服を脱いだ。これらのなかには監獄に直行した者もいた。また佐官級の将校数十人が予備役編入となるか懲戒を受けた。その後もハナ会の名簿に載っていた将軍はほとんど強制的に予備役編入となり、佐官級の将校は大部分が重要ポストから追い出された。文民政府の成立から半年もたたないうちに、ハナ会は完全に壊滅した。当時一度にあまりにも多くの将軍が予備役編入となったため、新しい将軍につける階級章が足りなくなったほどだった。これについて金泳三はこう回顧している。

「大将、中将は青瓦台《チョンワデ》で大統領が直接階級章をつけます。ところが時間になったのに、階級章が届かなかったのです。どうしたのかと訊くと、階級章がないとのこたえが返ってきました。必要になるのは定期人事の時期と思っていて、用意していなかったというのです。それでわたしは、国防長官や国防部の幹部がつけているのを持ってこいと命じました。そしてそれを新しい将軍につけたのです」

こうして金泳三はハナ会の除去と軍の人事改革を、反撃のいとまを与えず電光石火のごとくやり遂げたのである。世間ではこれを「瞬間芸」と呼んだ。

金融実名制の実施

金泳三《キム・ヨンサム》の代表的な瞬間芸はやはり金融実名制であろう。一九九三年八月十二日、金泳三は緊急財政経済命令第十六号を発動した。その日の午後八時を期して「金融実名取引および秘密保障に関する大統領緊急制定命令」を電撃的に実施するという内容だった。この命令は憲法第七十三条第一項に依拠したものだ。金泳三のこの措置は八月十八日に国会の財務委員会で満場一致で承認され、翌日、本会議で緊急財政経済命令が通過した。この措置によって施行された法律の内容は次の三点だった。

①非実名口座と、実名の確認のない現金引き出しの禁止。
②純引き出し額三千万ウォン以上の場合、国税庁に通報し、資金の出所を調査しうる。
③八月十二日午後八時を期して上記の事項を実施し、十三日は午後二時から金融機関の業務をはじめる。

施行命令は非常に単純ではあったが、その内容は衝撃的だった。その措置をもっとも恐れたのは、後ろ暗い資金を隠そうとする連中だ。とりわけ他人の名義で銀行に資金を隠していた者は不安にかられた。このため金融実名制は憲法違反であるという憲法訴訟が起こされたが、憲法裁判所は合憲であると決定し、金泳三の手をあげた。

金融実名制を実施したときの状況を金泳三はこう語っている。

「そのとき李経植《イ・ギョンシク》副総理と洪在馨《ホン・ジェヒョン》財務長官のふたりを呼び出しました。そして『この件は極秘です。秘書室長にも言ってはなりません。金融実名制を実施しなければならないと指示しました。ふたりは秘密を守れますか』と問うと、守れるというこたえでした。その後報告はすべて口頭で受けました。文書による報告はあとに残るからです」

金泳三は金融実名制を諜報活動のように進めていたのである。

では、なぜ法律を制定せず緊急命令権を使ったのだろうか。その点について金泳三はこう語った。

「法律を定めようとすれば、国会で騒ぎになり、結果的にだめになってしまいます。それで法律と同様の効力を持つ大統領緊急命令権を発動しました。大統領緊急命令権を発動すれば、国会を通過しないでも実施できると憲法に定められています」

金泳三はこの措置を断行する過程で、できるだけ条文を短く簡潔にする必要があると考え、その作業を法制処長の黄吉秀《ファン・ギルス》に一任した。しかし金泳三は黄吉秀にも具体的な内容は伝えなかったという。それだけ秘密裏に進められたのである。

金融実名制は地下経済の規模を縮小し、不正腐敗による資金を遮断する上で大きな効果を発揮した。また金融資産の流れを透明化し、総合所得税の実施を可能にする基盤を作った。これは税収の増加につながり、財政強化の基礎となった。

反面、金融実名制の実施の衝撃もまた大きかった。株価が暴落し、資本が海外に流出し、不動産の価格が下落した。また私的金融市場を活用していた中小企業の不渡りが増加するという現象も見られた。しかし憂慮していたほど通貨量は増えなかった。

★11：非転向長期囚――思想的転向を拒否して、韓国の監獄に長期間収監された良心囚。解放直後の混乱のなかでパルチザン活動をして捕虜となった者、朝鮮戦争中に捕虜となった者、休戦後南に派遣された工作員など。一九七二年の南北共同声明以後、朴正熙政権は暴力と懐柔による過酷な転向工作を展開したが、それでも転向を拒否した長期囚たちは、思想のためではなく、それが非人間的な工作に対する唯一の抵抗だったからだ、と語っている。

李仁模は、朝鮮戦争当時、朝鮮人民軍報道記者として従軍し、捕虜となった。

二〇〇〇年の、金大中と金正日による六・一五共同宣言ののち、北への送還を希望する六十三人の長期囚が送還された。

このとき送還された金善明（キム・ソンミョン）は、四十五年間の収監により、世界最長期囚としてギネスブックに登録されている。一九二五年生まれの金善明は、植民地時代、さまざまな差別を目にして、自分が生きるべき社会は平等な社会だという信念を持つようになり、解放後は左翼系の労働運動に従事し、朝鮮戦争が勃発すると人民軍に参加、捕虜となった。

文益煥牧師は、一九九三年に、まだ収監中だった金善明をテーマとした「四十三年、金善明翁にささげる詩」を発表した。

どれほど長い歳月だったのでしょうか
金善明、童貞の翁
四十三年もの間あなたを閉じ込めていた祖国
どれほど恥ずかしい歴史なのでしょうか
(中略)
いつになるかまるでわからないあなたの希望は何だったのでしょうか
こん棒で殴られるのならば、気絶してしまえばそれまでとも言えますが
全身を針で突き刺されるその苦しみに耐え続けてこられた
その信念は何なのでしょうか
(後略)

金融実名制は金泳三の力が大きく削がれ、レームダック状態になっていた一九九七年にいたると、変質したかたちの法律に代替され、その効力はかなり弱化した。一九九七年十二月三十日、金融実名制は「金融実名取引および秘密保障に関する法律」に取って代わられた。この法律により、外貨預金と外貨で表示された債券を購入する場合には一年間実名確認手続きを省略することができるようになり、資金の出所を問われない無記名長期債券が認められるようになった。

一九九八年末に外国為替危機が起こると、全国経済人連合会は、金融実名制が外国為替危機の原因であると主張し、その廃止を訴えた。しかしＩＭＦはこの主張を受け入れなかった。そのため金融実名制はその命脈を維持することができた。

金日成の死と不発となった南北頂上会談

一九九四年七月九日十二時、朝鮮中央放送は悲痛な声で驚くべきニュースを伝えた。金日成《キム・イルソン》が死亡したというのである。そしてすべての新聞が「金日成死亡」の号外を発した。一九八六年十一月十八日に「金日成死亡」という誤報に接した経験のある国民は今度も誤報ではないかと疑ったが、今度こそ本当であった。朝鮮中央放送が公式に報道する前日の八日午前二時に心筋梗塞で死亡していたのだ。

金日成の死亡の報せを聞いてもっとも衝撃を受けたのは金泳三《キム・ヨンサム》大統領であった。金泳三と金日成の南北頂上会談が予定されていたからだ。金泳三と金日成の南北頂上会談は紆余曲折の末、絶体絶命の瞬間に実現した歴史的事件であった。

金泳三は政権の初期から北朝鮮との関係を改善していくために前向きの姿勢を見せていた。就任の辞で頂上会談を提起し、統一部総理に進歩的な性向の韓完相《ハン・ワンサン》を起用し、[★11]非転向長期囚の李仁模《イ・インモ》を何

の条件もつけずに北朝鮮に帰した。李仁模は思想転向制度のため三十四年三ヶ月の間監獄に閉じ込められていた人物であった。

しかし金泳三の差し伸べた和解の手は、アメリカと北朝鮮の激化する対立の前に無意味なものとなった。問題は北朝鮮の核開発であった。北朝鮮は核開発問題でアメリカと対立し、金泳三政府発足の半月後である一九九三年三月十二日、核拡散禁止条約（NPT）を脱退すると宣言した。これは一九九一年十二月に南北が合意した朝鮮半島非核化共同宣言を破棄する行動であった。このためアメリカと北朝鮮の関係は戦争を云々するところまで冷却した。アメリカ国防総省は全面戦争の可能性を検討し、北朝鮮も戦争を辞さないと表明した。瀬戸際戦術に出たのである。こうした状況で金泳三はアメリカに対し、絶対に戦争をしてはならないと強く主張した。

当時の緊迫した状況を金泳三はこう回顧している。

「わが国民は忘れてしまっていることですが、戦争の危機がありました。クリントン大統領とわたしは親しい間柄だったのですが、けんか腰になったこともあったのです。一番長く電話したときは三十一分にもなりました。そのときクリントン大統領は戦争も辞さないと言いました。北朝鮮の頭を押さえつけなければならない、このままではだめだ、と言うのです。わたしは電話で、けんかでもするかのように訴えました。あなたはわが国を舞台に戦争をし、あなたの目標を達成しようとしていますが、わたしが大統領でいる限り、わが七十万の軍隊はひとりも動員できません。わたしが韓国軍の統帥権者です。わたしが指示しなければ動きません。あなたはわれわれの土地を爆撃しようとしていますが、それは絶対に許されません、と。そのとき航空母艦が日本海に来ていました。三分二十秒で平壌《ピョンヤン》を爆撃しうる距離に、です。何百万が死ぬか、何千万が死ぬかわからない状況でした」

この危機のさなか、ジミー・カーター前アメリカ大統領が登場した。カーターは韓国をへて北朝鮮を訪問し、金日成と会談して、アメリカが北朝鮮に対して核攻撃の脅しをかけないという保障を前提として、北朝鮮も核開発計画を中断するという約束をしたのである。その代わりアメリカは北朝鮮の軽水炉建設を支援するという条件だった。アメリカは金日成とカーターの合意を受け入れた。こうして戦争の危機は緩和した。

カーターは北朝鮮から戻って金泳三と会談し、金日成が会いたいと言っている、と伝えた。金泳三はこの提案を快く受け入れた。その後高官会談をへて、七月二十五日に平壌で頂上会談を開催することになったのである。しかし金日成の死により会談は不発に終わった。金泳三としては残念でならなかったはずだ。

金日成の死亡後、南北関係は極度に悪化した。弔問騒ぎのせいだ。李富栄《イ・ブヨン》民主党議員が国会外務統一委員会で、政府が北朝鮮に弔問使節を送る用意があるのかと質問したのだが、これに対して保守言論が、朝鮮戦争を引き起こした戦争犯罪人に弔問を云々するなど話にならないと攻撃しはじめたのである。さらに西江《ソガン》大学総長の朴弘《パク・ホン》が「主思派★12のうしろに金正日《キム・ジョンイル》がいる。主思派は韓国に少なくても一万五千人いる」と発言したため、社会は一瞬にして公安弾圧の風が吹き荒れ、穏健な雰囲気は吹き飛んでしまった。

しかしアメリカと北朝鮮は、ジュネーブ合意を通して、アメリカが北朝鮮の体制を保障する代わりに、北朝鮮は核を凍結し、朝鮮半島核拡散禁止条約に復帰することになり、戦争一歩前まで進んでいた危機状況は終結した。

全斗煥と盧泰愚の拘束収監

一九九五年十一月十六日、盧泰愚《ノ・テウ》前大統領が巨額収賄容疑で拘束された。そして十二月三日、全斗煥《チョン・ドゥファン》も一二・一二粛軍クーデターと五・一七軍事反乱を主導した嫌疑で拘束された。ふたりの

★12：主思派——主体思想派の略。北朝鮮の主体思想を信奉する一派というような意味だが、韓国の保守派が進歩派を罵倒するときに使う常套句でもある。

ソウル高裁で被告人席に立つ全斗煥と盧泰愚。〔AFP＝時事〕

拘束は、盧泰愚の秘密資金からはじまった。一九九五年八月、金泳三《キム・ヨンサム》の右腕とも言われた徐錫宰《ソ・ソクチェ》総務処長官が記者と夕食を共にした席で、前職大統領のひとりが仮名と他人名義の口座に四千億ウォンを保有していると語った。これに対して盧泰愚は、奇怪で荒唐無稽な話であり、徐錫宰の話は到底納得できない、と対応した。しかし十月十九日、民主党の朴啓東《パク・ケドン》議員が盧泰愚の秘密資金を暴露した。朴啓東は新韓《シナン》銀行西小門《ソソムン》支店に預けられていた百億ウォンの入金照会表を手にしていた。盧泰愚は朴啓東の暴露に対して、名誉毀損云々と言って告訴すると対応したが、彼の警護室長であった李賢雨《イ・ヒョヌ》と銀行関係者が取調を受け、朴啓東の暴露が事実であることが確認された。ことここにいたっては盧泰愚も国民に対して謝罪声明を発表せざるをえなかった。

その後盧泰愚の相婿《あいむこ》である琴震鎬《クム・ジンホ》と経済主席をつとめた金鍾仁《キム・ジョンイン》らが検察に召喚されて取調を受け、盧泰愚も検察に召喚され、四千六百億ウォンという天文学的な秘密資金を蓄財したという嫌疑で拘束、収監された。秘密資金は、全部で三十六の財閥総帥を優遇する代価として三十億ウォンから二百五十億ウォンまでを受け取ったものだった。

盧泰愚が窮地に追い込まれると、一二・一二と五・一八についての歴史的審判をしなければならないという世論が沸き立った。金泳三はこの機会を逃さず、十一月二十四日、「歴史建て直し」という名分で「五・一八特別法」の制定を指示した。一二・一二についてはすでに金泳三は「クーデター的な事件」であると語ったことがあったが、検察は起訴しなかった。五・一八についてもわずか四ヶ月前の七月十八日に検察は「公訴権がない」という決定を下し不起訴処分にしていた。

五・一八特別法が制定されたと聞いた全斗煥は、遡及立法[★13]による政治報復であると強く反発した。全斗煥は、すでに聴聞会ですべて究明されており、政治的にも完全に終結した事件であると抗弁した。

しかし検察は十一月三十日、一二・一二および五・一八事件特別捜査本部を設置し、故郷である陜川《ハプチョン》の生家に滞在していた全斗煥を検挙し、十二月三日に拘束した。

全斗煥と盧泰愚は並んで法廷に立った。一九九六年八月二十六日に開かれた第一審公判で、全斗煥は死刑、盧泰愚は懲役二十二年六ヶ月の宣告を受けた。そして一九九七年四月十七日、大法院の最終判決として、全斗煥は無期懲役、盧泰愚は懲役十七年の宣告を受けた。またふたりは財閥総帥から受け取った賄賂について追徴の宣告も受けていた。全斗煥の追徴金は二千二百五億ウォン、盧泰愚の追徴金は二千六百二十八億九千六百万ウォンであった。大法院の判決文にあった罪名は次のようなものであった。

反乱首魁、反乱謀議参加、反乱主要任務従事、不法進退[★14]、指揮官戒厳地域宿所離脱、上官殺害、上官殺害未遂、哨兵殺害、内乱首魁、内乱謀議参加、内乱主要任務従事、内乱目的殺人、特別犯罪加重処罰などに関する法律（賄賂）。

全斗煥と盧泰愚以外にも、反乱と内乱に加担した黄永時《ファン・ヨンシ》、車圭憲《チャ・ギュホン》、崔世昌《チェ・セチャン》、兪学聖《ユ・ハクソン》、許和平《ホ・ファピョン》、許三守《ホ・サムス》、李鶴捧《イ・ハクボン》、朴鐘圭《パク・ジョンギュ》、申允熙《シン・ユニ》、李熺性《イ・ヒソン》、周永福《チュ・ヨンボク》、鄭鎬溶《チョン・ホヨン》らもみな処罰された。

しかし一九九七年に第十五代大統領選挙が終わり、金泳三大統領と当選者・金大中の合意によって、その年の十二月に全員赦免され、釈放された。これに対し、反乱と虐殺をほしいままにした新軍部に免罪符を与える行為だとの批判がなされた。

★13：遡及立法――「法律なくして刑罰なし」の原則により、事件が起こった時点で明文規定のない行為について事後の法律によって刑罰を課すことができない、という刑事不遡及の原理は近代法の根幹のひとつ。後付によって権力がほしいままに刑罰を課すのを防止する原理である。五・一八特別法における公訴時効の停止が遡及立法であるという訴えが憲法裁判所に提出されたが、検察の訴追権行使が不可能であった期間は公訴時効が停止していたとみなすべきであるという法理に照らし、特別法制定の時点で時効が成立していないと考えられ、したがって遡及立法ではないという意見が多数を占め、合憲であると判示された。

★14：不法進退――指揮官が職権を乱用して、部隊、艦隊、あるいは航空機を進退させること。たとえば、盧泰愚が北朝鮮軍と対峙している第二十九連隊を率いてソウルに向かったのは、明らかに不法進退に当たる。

外国為替危機とIMF国際金融支援要請

金泳三《キム・ヨンサム》政府の時代、世界の経済環境は急変した。第二の開港とも言えるウルグアイラウンドが妥結し、自由市場経済の活性化を目標として設立された世界貿易機関（ＷＴＯ）が発足した。このような状況のなかで、金泳三政府は「世界化」の旗幟《きし》を掲げ、新たに醸成された経済環境に適応するために右往左往した。その一環として、先進国の社交場ともいえる経済協力開発機構（ＯＥＣＤ）にあわてて加入したりもした。しかしこれらすべての条件と選択は、韓国経済を奈落の底に突き落とすものであった。

一九九七年十二月三日、韓国政府はＩＭＦと、資金支援了解覚書を締結した。これ以後韓国経済はＩＭＦが要請する条件をすべて受け入れなければならなくなった。要求事項の骨子は次のようなものだった。

> 経済成長率を二・五パーセントから三パーセントに抑え、経常収支の赤字を国内総生産の一パーセント（約五十億ドル）に縮小し、物価上昇率も四・五パーセントの水準に抑える。また政府財政を縮小し、付加価値税率を引き上げ、財閥の透明化のために連結財務諸表を導入し、会計監査を海外に依頼し、系列社間の連帯保証を禁止する。そして不良銀行を整理し、労働市場を柔軟にする。

簡単に言えば、全体の経済規模を縮小する緊縮財政と、不良金融機関の整理、財閥の影響力の縮小と企業の構造改革、つまりおびただしい数の労働者を整理解雇せよ、ということであった。

ＩＭＦはこのような要求事項を実行するためには、銀行の利子を大幅に引き上げる高金利政策と、ウォンの価値を下げるウォン安政策を実施しなければないという圧力をかけてきた。その結果通貨量は大幅に減少し、信用等級も急落した。その他、ＩＭＦは納得のいかない条項のいくつかをさらに要求してきた。まず韓国銀行法を改正し、収入先を多角化し、貿易関連補助金を廃止し、輸入証明手続きを簡素化しろ、と言ってきたのである。また雇用関係の法令の改正も要求してきた。労働者を簡単に解雇できるようにし、派遣労働者や契約労働制を拡大するためのものだった。これらすべては先進国と国際投機家が韓国経済を掌握するのを有利にする条件であった。まさに主権侵害に他ならなかった。特に高金利政策は完全に失敗したにもかかわらず、ＩＭＦはアメリカをはじめとする投資国家の利益のために強引に押し付けてきた。その結果、外資系の銀行とその銀行の投資家だけが、とんでもない収益をあげることとなった。

しかし韓国政府としては、ＩＭＦの無理な要求をすべて呑《の》まざるをえなかったのだ。金泳三大統領が署名しただけでは足りず、李会昌《イ・フェチャン》、金大中《キム・デジュン》、李仁済《イ・インジェ》ら有力な大統領候補も保障をせよと要求してきたが、それも受容した。その代価として韓国はＩＭＦと世界銀行、アジア開発銀行、そして先進諸国から総額五百八十億ドルの融資を受けた。そのうち百四十億ドルは十二月二十四日までに緊急支援をするという条件だった。

韓国経済がＩＭＦのこのような屈辱的な措置を受け入れなければならない危機に陥った原因については、さまざまな説がある。そのほとんどは、政治家の無能が原因であると断じ、その罪をすべて金泳三政府になすりつける傾向があるが、事実を分析してみると、必ずしもそれだけとはいえない。

韓国がＩＭＦに救済を申請するようになった原因は、外的な要因と内的な要因に分けることができる。外的な要因としては、まず東南アジア地域の外国為替危機のドミノ現象を指摘しなければならない。当時韓国の金融機関は、タイ、香港、マレーシア、フィリピン、インドネシアなどに融資し、その利子で利益を得るのに夢中になっていた。しかしこれら東南アジア諸国に融資していた資金は、日本やアメリカなどの先進諸国から融資してもらったものだった。先進諸国の資金を安い利子で借り、それを東南アジア諸国に貸して三パーセント近い利子の差益を得ていたのである。先進諸国から借りるときは短期債であり、東南アジア諸国に貸すときは長期債であった。このようななか、東南アジア諸国が同時に外国為替危機に陥り、先進諸国が短期債の満期の延長を拒否したため、韓国の外貨保有高が底をついてしまったのである。そのままにしておけば、国家が不渡りを出すという状況になり、ＩＭＦに救済を要請する以外に方法はなくなってしまったのだ。

東南アジア諸国に外国為替危機のドミノ現象が起こったのは、西側の投機家の攻撃のせいであった。東南アジア諸国の金融機関は国家が管理していたのだが、ウルグアイラウンドとＷＴＯの発足により、開放経済体制に転換し、国家が金融機関を効率的に管理する能力を失った。開放経済のもとで金融機関が生き残るためには、外国為替の管理能力を基礎に、外部からの攻撃を防御しうる最小限の外貨を確保する必要があった。しかし東南アジア諸国には、現実として外国為替を管理する能力も不足し、十分な外貨を準備する時間的余裕もなかった。先進国の投機家はその隙を突き、アジアの金融機関に無差別の攻撃を仕掛けた。攻撃の先鋒に立ったのは、ジョージ・ソロスが運営するクォンタム・ファンドのようなヘッジファンド（投機資本）であった。これらのヘッジファンドは、アジア諸国から短期投資の資金を回収するという手法で各国の外貨保有量を枯渇させ、その後その国家がＩＭＦなどの国際金融に救済を申請すると、捨て値で企業を買収して天文学的な利得を得ていた。韓国もその餌のひとつであった。つまり韓国を含むアジアの開発途上国は、国際投機家の好餌であり、ＩＭＦはそれをおいしく料理するコックの役割を演じたのである。

しかし韓国がＩＭＦに救済を要請するようになったのは、国際投機家の強欲のせいだけとはいえない。世界経済が先進国の利権拡大のためのＷＴＯ体制に転換したのを目にして、韓国は十分な検討もせずに先進国の社交クラブであるＯＥＣＤに加入した。ＯＥＣＤ会員国は、貿易の自由化のために銀行と金融サービスに対するほとんどの規制を撤廃しなければならない。市場の開放の枠を大きく拡大しなければならないのだ。ＯＥＣＤに加入すれば、国際投機家の標的になるのは当然だった。しかし韓国政府は、これに対する防御の戦略を準備しないまま、あわてて「金持ちの社交クラブ」に足を踏み入れたのである。そして、一歩そのなかに入った瞬間、無限の食欲を誇る国際投機家の腹をくちくさせる結果となったのだ。

　このような外部の要因に、内部の悪材料が重なった。当時韓国には不良企業があふれていた。ほとんどの企業は、資本に対する負債の比率が異常に高い状態にあった。特に財閥の放漫経営は度を過ぎたものだった。三十の大財閥の平均負債比率は自己資本の五〇〇パーセントを超えていた。堅実な企業経営のためには、負債比率は一〇〇パーセント以下に抑えなければならなかった。

　さらに金融機関の経営状態も深刻であった。一九九〇年代半ばに、投資金融会社が総合金融会社に転換したが、これが不良経営を増加させる原因となった。これらの企業は外債を元手に手形を切って資金を転がして利益を得ていたのだが、手形を発行した企業が不渡りを出すと、外債を返済できなくなるという事態に直面した。特に韓宝《ハンボ》と起亜《キア》が不渡りを出すと、総合金融会社が相次いで倒産してしまった。韓宝と起亜の不渡りの額は十五兆ウォンを超え、これらの手形を所有していた総合金融会社は一瞬にして倒れてしまったのである。まず大東《テドン》銀行、東南《トンナム》銀行、同和《トンファ》銀行、京畿《キョンギ》銀行、忠清《チュンチョン》銀行などの小規模銀行が倒れ、国民《クンミン》銀行、新韓《シナン》銀行などの大型銀行に吸収合併されていった。また高麗《コリョ》、国際《ククチェ》、太陽《テヤン》、ＢＹＣなどの生命保険もアリアンツ生命、三星《サムソン》生命、大韓《テハン》生命、教保《キョボ》生命などに吸収された。

　これらの金融会社が韓宝や起亜に融資したとき、政治家と権力者がそれに介入した事実が明らかになった。金泳三大統領の息子の金賢哲《キム・ヒョンチョル》が韓宝鉄鋼から賄賂をもらった罪で収監され、このため金泳三は政治的な窮地に追い込まれる。

ＩＭＦ危機は、ウルグアイラウンドとＷＴＯ体制、そして海外の投機家の攻撃によって東南アジア諸国が外国為替危機に陥ったという外的要因と、金融界の不良経営と過度の海外投資、借金に頼る大企業の経営、経済官僚の無能、政治家の腐敗などの内部要因が結合した結果であった。

第八章

金大中大統領実録

金大中（キム・デジュン）

生年一九二四年─没年二〇〇九

出身地　全羅南道《チョルラナムド》新安《シナン》郡荷衣面《ハウイミョン》後広里《フグァンリ》

在任期間　一九九八年二月〜二〇〇三年二月（五年）

わたしは国民のための政治、国民が主人となる政治を、国民と共に必ず打ち立てます。疎外された人の涙を拭い、ため息をつく人に勇気を与える、そのような国民の大統領になります。

──第十五代大統領就任の辞より（一九九八年）

1　苦難の歴史の島で庶子として生まれ、雄志を育んだ金大中

出生から結婚まで

金大中《キム・デジュン》は一九二四年一月六日、全羅南道新安郡《チョルラナムドシナン》荷衣面後広里《ハウィミョンフグァンリ》にある荷衣島《ハウィド》で、金海《キメ》金氏の雲植《ウンシク》と仁東張氏《インドンチャン》の守錦《スグム》(別名、ノド)の間に生まれた。金雲植の第一夫人は金順礼《キム・スンレ》で、張守錦は第二夫人だった。金雲植は第一夫人・金順礼との間に息子テボンと、メウォル、ヨンネのふたりの娘をもうけ、第二夫人・張守錦との間に大中、大義《テウィ》、大賢《テヒョン》の三人の息子と、娘・真賛《チンチャン》をもうけた。金大中は四男三女の次男だった。

金大中の曽祖父は憲宗《ホンジョン》(朝鮮二十四代王)のときの漢城府左尹《ハンソンブチャユン》★1をつとめたキム・テヒョンで、祖父は五衛将《オウィジャン》★2をつとめたキム・ジェホだ。父・金雲植は官職には就かなかったが、受け継いだ財産があったため生活に困窮するようなことはなく、里長(村長)をつとめたりしていた。

金大中の母・張守錦は、最初は諸葛《チェガル》ソンジョと結婚したが死別し、ユン・チャンオンの妾になったがやはり死別した。その後酒場をやっていたが、金雲植の妾となり、一九六〇年に金雲植が本妻・金順礼と離婚し、張守錦が本妻となった。そのため金大中は金雲植の庶子として戸籍に載っていたが、嫡子の二男に変更された。

金大中が生まれた荷衣面は、九つの有人島と四十七の無人島によって構成されている。当時の人口は一万人ほどで、木浦《モッポ》から船で数時間かかる位置にあった。荷衣島の荷衣は「蓮の花びらで作った服」という意味で、美しい島だ。島とはいえ村のほとんどは山裾にあり、田畑が多く、ほとんどの住民は

★1：漢城府は朝鮮王朝時代に漢城(ソウル)の行政・司法を担当した官庁。漢城府の長官に相当する判尹(パンユン)の補佐役として、左尹、右尹(ウユン)が各一名配置された。

★2：五衛将――朝鮮王朝時代の中央軍事組織である五衛の将。五衛とは、義興衛(中衛)、龍驤衛(左衛)、虎賁衛(右衛)、忠佐衛(前衛)、忠武衛(後衛)の五つ。

農業に従事している。
しかし荷衣島の農民の歴史は、決して平坦なものではなかった。高麗《コリョ》末に倭寇が猖獗《しょうけつ》を極めたため高麗政府が疎開令を発し、そのため住民が全員陸に退避し無人島となった。そして壬辰倭乱《イムジンウェラン》ののち避難した住民が島に戻り、田を耕して暮らすようになった。仁祖《インジョ》（朝鮮十六代王）が一六二三年に、荷衣島をはじめ、上苔島《サンテド》、下苔島《ハテド》を宣祖《ソンジョ》の娘・貞明《チョンミョン》公主に結婚の持参金として下賜し、以後四代にわたって小作料を受け取るようにしたため、住民は全員小作農となってしまった。住民は国家と貞明公主の婚家である豊山《プンサン》洪氏の両方に税を収めなければならない二重苦に苦しむことになったのである。住民は幾度も嘆願書を出して農地に対する所有権を主張し、二百五十年後の一八七〇年にやっと所有権が認められた。

しかし荷衣島住民の苦労はそれで終わったわけではなかった。一八九九年、島の所有権は再び国家のものとなり、一九〇八年には貞明公主の八代孫の所有となってしまった。これに対して荷衣島の住民は訴訟を起こし、日本の植民地支配下であった一九一二年に勝訴したが、所有権は日本人の手に渡った。その後解放のときまで、荷衣島の住民は小作農の身分から抜け出ることはできなかった。

金大中は九歳のときに書堂《ソダン》に入り文字を学びはじめた。彼を教えた訓長《フンジャン》（書堂の先生）は草庵《チョアム》・金錬《キム・ヨン》であった。金錬は実直な儒学者であり、名望家であった。彼は金大中の観相★3をして、大物になると語ったと伝えられている。

金大中は優秀だった。書堂に入ってからいくばくもしないうちに首席となり、翌年荷衣島に設立された普通学校に入学してからもずっと優等生であった。母の張守錦はそのような息子をかわいがり、どんな苦労があっても勉強を続けさせようと決意した。荷衣島には中学校がなかったので、彼の家族は木浦に引越をした。金大中は十三歳で木浦第一普通学校四年に編入した。

張守錦は港の近くにある栄新《ヨンシン》旅館という看板を掲げた旅館を手に入れた。栄新旅館は丘の上にあ

★3：観相——いわゆる人相判断。人間の顔立ちや表情を見て、その人の運命、性格、寿命などを判断する。

り、そこへ行くためにはずっと階段を登っていかなければならなかった。金大中はその旅館の屋根裏部屋で暮らした。そこの窓からは木浦の海が一望できた。

一九三六年九月に木浦第一普通学校に編入した金大中は、はじめは島のやつということでいじめられたりもしたが、しばらくして開催された作文大会に入賞したおかげでいじめられることもなくなったという。五年になると学業でも頭角を現し、首席で卒業した。

普通学校を卒業した金大中は、木浦商業高校の前身である木浦公立商業学校に首席で入学した。木浦公立商業学校は朝鮮の学生と日本の学生が半分ずつであった。学校で金大中は就職班の班長となり、二十歳になった一九四三年に卒業し、海運会社に就職した。大学に進学しようともしたが、経済的に難しかった。

翌年、金大中は会社の前の道で運命の女性と出会う。白いワンピースを着て洋傘を差した女性を目にした金大中は一目で惚れてしまった。金大中はその日からあちこち探し回り、とうとう同級生の妹であることを突き止めた。名前は車龍愛《チャ・ヨンエ》だった。日本に留学していたが、戦争が激しくなったので父親に言われて故郷に戻ってきていたのだ。金大中は車龍愛に会うために同級生の家に入り浸り、とうとう車龍愛の心を射止めることに成功した。

しかし車龍愛の父親はふたりの結婚に強く反対した。戦争中であったので、金大中がいつ召集されるかもわからない、という理由だった。結婚してすぐに召集され寡婦になるかもしれない、と心配したのだ。しかし車龍愛は、金大中と結婚できないなら死ぬ、と言って父を説得し、ついにふたりは一九四五年四月に結婚式をあげた。

政界に飛び込み、妻と娘と妹を失う

金大中《キム・デジュン》が結婚したその年、解放が訪れた。金大中は政治に関心を持ち、呂運亨《ヨ・ウニョン》が率いていた建国準備委員会に参加し、金科奉《キム・ドゥボン》が中心となって活動していた朝鮮新民党に入党した。朝鮮新民党は左右合作を主張していたが、ほとんどの党員は共産主義を信奉していた。金大中は、共産主義とは肌が合わず、朝鮮新民党を離党し、韓民党木浦《モッポ》支部支党の副委員長をしていた妻の父・車宝輪《チャ・ボリュン》の勧めにしたがい、韓民党木浦支部支党常務委員として活動した。

一九四七年、金大中は貨物船を一隻購入し、東洋《トンヤン》海運という会社を設立した。その後事業に励み、木浦の青年実業家として名を知られるようになり、木浦の有力者となった。朝鮮戦争が勃発すると、人民軍に捕まったが九死に一生を得て、事業家として再起した。三十歳にもならない若さで数隻の船舶を所有し、『木浦日報』を買収して経営したりもした。しかし金大中は実業家に満足しなかった。李承晩《イ・スンマン》が抜粋改憲によって再び権力を握るのを目にして憤慨し、政治の世界に飛び込む決心をした。以後、彼の人生は苦難の連続であった。

一九五四年、金大中は木浦で第三代民議員選挙に無所属で出馬したが、落選した。無所属の限界を感じた金大中は民主党に入党し、一九五八年に江原道麟蹄《カンウォンドインジェ》で国会議員選挙に臨んだ。再び木浦から出馬したかったが、現役の鄭重燮《チョン・ジュンソプ》の壁は厚かった。そこで出馬する選挙区を物色し、江原道麟蹄で出師《すいし》の表《ひょう》★4を出すことにしたのである。しかし自由党の妨害により、候補の登録もできないまま挫折してしまった。選挙が終わってから金大中は当選者を告訴して勝訴し、翌年の補欠選挙に出馬した。しかし自由党は彼に遊説すら自由にできないようしつこく妨害をし、結局落選してしまった。

こうして三度続けて敗北した金大中は無一文になってしまった。海運会社はもちろん、ソウルで運

★4：出師の表――出師とは師（軍隊）を出すことを意味し、兵を出すに当たって臣下が君主にたてまつった上奏文のこと。歴史的には、三国時代蜀の丞相であった諸葛亮が魏を討つために兵をあげる際に劉禅にたてまつったものが有名。

営していた雄弁学園と雑誌『太陽』、妻が生計のために運営していた美容室まで消えてしまった。ついには家に米がなくなり、娘が病気になっても病院につれていくこともできないまま冷たい死体となってしまった。さらに妻まで、一度も病院につれていくこともできないまま、死んでしまった。妻は彼がこの世でもっとも深く愛した女性であり、死んだ娘・昭熙《ソヒ》はふたりの愛の結晶であった。妻は米がなくなっても恨み言も言わず、美容室をしながら黙々と彼を支え、励まし続けた。政治は、彼が大切にしていたふたりを奪っていったのだ。さらにその上、梨花《イファ》女子大に通っていた妹まで心臓病でこの世を去った。彼が政治の世界に飛び込まなければ、三人が死ぬこともなかったはずだった。

絶望の闇のなかで生涯の同志と出会う

絶望に打ちひしがれていたとき、四・一九市民革命が起こった。金大中《キム・デジュン》はその年の七月に実施された第五代国会議員選挙に再び江原道麟蹄《カンウォンドインジェ》から出馬したが、また落選してしまった。金大中は落選したが、民主党は全国で圧勝した。張勉《チャン・ミョン》内閣が成立し、金大中はスポークスマンに抜擢された。金大中の人並み優れた弁論と学識が高く評価されたのだ。

翌年金大中は再び国会に進出する機会を得た。当選者であった自由党の全亨山《チョン・ヒョンサン》が公民権制限対象者となり、議員の資格を剥奪されたのである。金大中は一九六一年五月十四日に実施された麟蹄補欠選挙に出馬し、ついに当選した。

しかし当選の喜びもつかの間、わずか二日後に朴正熙《パク・チョンヒ》が五・一六軍事クーデターを起こし、張勉政権を打ち倒してしまうのだ。これによって金大中は、五度目の選挙でやっと国会議員に当選したのだが、議場活動を一日もできないまま、政治活動を禁止されてしまった。

こうして再び絶望の闇に包まれていたとき、金大中は生涯の同志と会う。二番目の夫人・李姫鎬《イ・ヒホ》である。金大中が李姫鎬と出会ったのは一九五一年であった。当時金大中は東洋《トンヤン》海運の社長であり、李姫鎬は大韓女子青年団の外交局長であった。しかし李姫鎬が留学するためにアメリカに旅立ち、ふたりは長い間会うこともできなくなった。一九五九年に鍾路《チョンノ》二街で偶然に再会したとき、金大中は国会議員選挙に落選し、妻と娘を失った状態だった。偶然の出会いではあったが、ふたりは多くを語り合い、その後李姫鎬は金大中の政治活動を支援するようになった。そして一九六二年五月、李姫鎬はふたりの子持ちの寡夫・金大中と結婚した。金大中三十九歳、李姫鎬四十一歳だった。

朴正熙の牽制に打ち勝ち、政治の基盤を強化する

一九六三年二月、一部の政治家の活動禁止が解除された。金大中《キム・デジュン》も活動規制対象からはずされた。一九六三年のはじめ、朴正熙《パク・チョンヒ》一派が金大中を呼び出し、共和党の創立に参加するよう勧誘したが、彼は断固これを拒否した。金大中は政治活動規制が解除されると同時に民主党の再建のために活動しはじめた。その年の七月に結党大会が開かれ、女傑として知られていた朴順天《パク・スンチョン》が党首に選出された。金大中は党のスポークスマンとなった。その年の十月には第五代大統領選挙が実施され、民主党からは尹潽善《ユン・ボソン》が出馬したが、朴正熙に敗北した。続いて十一月に第六代国会議員選挙が実施され、金大中は木浦《モッポ》から出馬した。これまで積み重ねてきた名声に力を得て、五〇パーセントを超える票を得て当選した。

そのころ朴正熙は日本との国交正常化を目指す交渉を進めていた。日本との国交正常化はアメリカが強く望んでいたことであり、朴正熙もまた経済を運営する資金を得るために日本の資金を必要としていた。しかし野党は日本との国交正常化交渉を売国行為と断定して反対した。金大中はこれに同意せず、条件付き賛成論を展開した。このため与党のスパイだとか、与党に買収されたサクラだとか言

われ、父親から手紙で、人から後ろ指さされるような行動は慎めと叱責されたほどだった。これによって金大中は苦しい日々を送らざるをえなくなった。

そうしたなか、日韓会談反対のデモが激化し、「六・三事態」に発展する。朴正熙は非常戒厳令を宣布し、日韓会談を強行した。しかし屈辱外交であるという非難が鎮まることはなかった。金大中が予想したとおり、拙速に進められた交渉ではさまざまな不利な結果を残すこととなった。

総選挙に先立ってその年の五月三日に行なわれた大統領選挙で、尹潽善は野党陣営の統一候補として出馬し、朴正熙に再挑戦したが敗北した。このとき野党は、統合しなければ共和党に勝てないと考え、統一野党である新民党を誕生させたが、一歩およばなかった。

大統領選挙の一ヶ月後に実施された総選挙で、金大中は木浦から再び立候補した。このとき共和党は金大中の当選を妨害するため、珍島《チンド》出身で逓信部長官をつとめた金炳三《キム・ビョンサム》を電撃的に立候補させた。さらに朴正熙が直接木浦を訪問し、そこで国務会議を開くなど、全力をあげて金大中の当選を阻止しようとした。人口わずか十七万人の都市に、大統領をはじめ国務委員が続々と訪問し、露骨な利益誘導の公約を乱発したのだが、結果は金大中の勝利であった。六・八総選挙で共和党は改憲ラインを超える議席を確保したが、金大中の議会進出を阻止するのは失敗した。これによって金大中は朴正熙の新たなライバルとして浮上していくのである。

野党の大統領候補となる

金大中《キム・デジュン》は朴正熙《パク・チョンヒ》が総選挙で大勝すれば三選改憲を進めるはずだと主張していたが、これが現実となった。総選挙で圧勝した朴正熙は、三選改憲を国会で強行採決によって通過させた。その後、新民党では金泳三《キム・ヨンサム》の四十代旗手論に力を得て、四十代の大統領候補が登場し、金大中もそのひとりとなった。新民党の大統領候補が指名される前に出馬を表明したのは、金大中、金泳三、李哲承《イ・チョルスン》であった。しかし李哲承は派閥内部の問題で出馬を放棄し、金大中と金泳三の争いとなった。一九七〇年九月二十九日に開かれた新民党大統領候補指名大会の第一回投票では金泳三が一位となったが、過半数を獲得することができなかったため第二回投票が行なわれた。結果は金大中の逆転勝利であった。派閥内部のいざこざのために出馬を放棄した李哲承系の票が金大中に流れたためだった。これによって金大中は四十七歳の若さで野党の大統領候補に選出され、朴正熙と激突することになった。

大統領選挙は一九七一年四月二十七日に予定されていた。大統領候補となった金大中はそれまでの六ヶ月間、全国を回り、野党旋風を巻き起こした。彼は朴正熙の失政を批判すると同時に、斬新な政策を提示していった。特に郷土予備軍の廃止、大統領三選改憲条項撤廃のための改憲などの公約は、有権者の心をつかむ上で大きな役割を果たした。金大中はこれ以外にも、中央情報部の改編、医療保険制度の実施、労使共同委員会の設置、政治報復の禁止、地方自治制の実施など、敏感な政策を発表し、選挙戦を政策の争いへと導いていった。共和党は新民党と熾烈な攻防を展開し、朴正熙は金大中の前歴を問題視して、共産主義者であると非難した。さらに共和党は「新羅大統領論」[★5]を立て、組織的に地域感情を煽り立てた。

選挙戦は加熱し、金大中の自宅で爆発物が爆発し、新民党選挙対策本部長をつとめた鄭一亨《チョン・イルヒョン》の自宅で不審な火災が発生した。さらに地方を遊説していた金大中の乗用車とトラックが衝突するという疑惑に満ちた交通事故が起こった。この事故で金大中は片脚に障碍が残ってしまった。また共和党は官権と金権を動員し、有権者を脅迫し、金品をばら撒く不法選挙運動が横行した。

選挙戦は紙一重の様相を呈した。特にソウルでは金大中の人気が朴正熙を圧倒していた。しかし結果は金大中の敗北だった。政治の中心地であるソウルでは、得票率で朴正熙を一九パーセントも凌駕したが、慶尚道《キョンサンド》での一〇〇パーセントに近い朴正熙支持と、農村部での劣勢のために、九十五万票の

★5：「新羅大統領論」——六七六年に三国統一を果たした古代国家・新羅の王都は、慶尚道の慶州にあった。朴正熙の地盤も慶尚道なので、全羅道出身の金大中をめぐる地域対立が生じた。慶尚道は保守派の伝統的地盤であり、全斗煥、盧泰愚、金泳三、朴槿恵はいずれも慶尚道を地盤としている。

1971年の第七代大統領選挙で金大中は野党旋風を巻き起こしたが、朴正熙に惜敗した。〔聯合ニュース〕

差で負けてしまった。しかし敗北したとはいえ、官権と金権による不法な選挙運動が横行したことを考え合わせれば、かなり善戦したと言えるだろう。

その年の五月に実施された第八代国会議員総選挙では、全二百四議席のうち新民党は八十九議席を占め、改憲阻止ラインを超えることができた。

維新独裁に抗い拉致される

金大中《キム・デジュン》は大統領候補に出馬したとき、朴正熙《パク・チョンヒ》が三選に成功すれば、永遠に選挙のない総統の時代が来る、と主張した。この予言は的中した。朴正熙は三選を果たした翌年、一九七二年十月十七日、非常戒厳令を宣布し、国会を解散、野党の政治家を全員逮捕、監禁した。維新独裁のはじまりである。

そのとき金大中は日本の慶応大学病院に入院して脚の治療を受けており、金泳三《キム・ヨンサム》はハーバード大学東アジア研究所の招請を受けてアメリカに滞在していた。朴正熙は野党の有力なふたりの政治家が韓国にいない隙を狙って、維新を宣布し、独裁政権を樹立したのである。

維新の報せを聞いた金泳三はすぐに帰国したが、自宅に軟禁されてしまった。金大中は日本で亡命記者会見を開き、朴正熙独裁政権

日本の麹町警察署に設けられた金大中拉致事件の特捜本部。〔時事〕

と戦うことを宣言した。その後アメリカに渡り、アメリカの政治家を説得する一方、インタビュー、演説、寄稿、声明などを通して朴正熙政権を痛烈に批判し、同時に韓国の民主化のための代案を提示した。しかしアメリカも安全地帯ではなかった。韓国から派遣された中央情報部の要員が執拗に金大中を付け狙い、妨害工作を繰り返した。

そうしたなか、金大中は一九七三年七月に「韓国民主回復統一促進国民会議」（韓民統）の発起人大会を開き、アメリカに反独裁闘争の拠点を築いた。続いて韓民統日本支部を作るために日本に渡った。しかし日本には、彼を殺そうとする陰謀が待ち構えていた。日本に来た翌月の八月八日、金大中は韓国から派遣された中央情報部の要員に拉致された。金大中を拉致した要員は彼を対馬海峡に沈めるつもりだったが、アメリカが積極的に動いたため金大中は死を免れ、ソウルに連行された。

死刑宣告を受け、死の淵に立たされる

ソウルに連行された金大中《キム・デジュン》は東橋洞《トンギョドン》（ソウル市麻浦区）の自宅に軟禁され、一切の活動が禁止された。家の周囲には常時数百人の警官が配されていた。しかし彼は家の中で政治活動を行なっていた。毎日背広を着てネクタイを締めて書斎に出勤し、日が暮れてから寝室に退勤した。国家の記念日には

家族と秘書を集めて記念行事を行なった。自宅軟禁の六ヶ月後、故郷の荷衣島《ハウィド》から父の訃報が届いたが、葬儀に参列することもできなかった。

軟禁はその後も続いたが、金大中はただ閉じ込められていたわけではなかった。一九七四年八月の新民党全国大会では金泳三《キム・ヨンサム》を支援し、金泳三が党首となるのを後押しした。反維新闘争の結集点である「民主回復国民会議」にも参加し、一九七六年三月一日には尹潽善《ユン・ボソン》、咸錫憲《ハム・ソクホン》、鄭一亨《チョン・イルヒョン》、文益煥《ムン・イクァン》らと共に在野指導者が一堂に会した明洞《ミョンドン》聖堂三・一民主救国宣言でも主導的な役割を果たした。金大中は緊急措置九号違反で拘束され、一九七七年三月に大法院で懲役五年の刑を宣告され、二年九ヶ月間収監されたのち、一九七八年十二月に刑執行停止で釈放された。釈放後も金大中は再び自宅に軟禁されたが反独裁闘争を継続し、さらに三度連行された。

そうしたなか朴正熙《パク・チョンヒ》が金載圭《キム・ジェギュ》の銃弾に倒れる。この一〇・二六事件ののち、緊急措置九号は解除され、その年の十二月八日に金大中の自宅軟禁は解かれた。しかしわずかその四日後、全斗煥《チョン・ドゥファン》らの新軍部が一二・一二粛軍クーデターを起こし、翌年五月十七日には非常戒厳令を全国に拡大して内乱によって政権を簒奪した。このとき全斗煥一派は金大中と在野の指導者二十余人を、社会混乱および学生、労働組合を背後から操った嫌疑で連行した。これに対して光州《クァンジュ》で大規模な市民蜂起が起こり、全斗煥一派は軍を投入しておびただしい市民を虐殺すると同時に、金大中を内乱陰謀の主犯であると追及し、軍事裁判で死刑の判決を下した。

アメリカ国務省は金大中に対する死刑宣告に深く憂慮するとの声明を発表し、ホワイトハウスは国防長官を韓国に派遣して金大中の死刑を再考するよう注文した。西ドイツでも金大中助命運動が広がり、外務省長官が、ヨーロッパ共同体のすべての国家は韓国政府に抗議しなければならないと語った。日本も借款の提供を保留して金大中の死刑に反対する意思を表明した。オーストリアは金大中に「ブルーノ・クライスキー人権賞」★6を授与して、金大中の死刑に反対する意思を明確にし、教皇ヨハネ・

★6：ブルーノ・クライスキー人権賞――第二次世界大戦中は非合法の反ファシズム闘争に参加し、戦後オーストリア社会党の党首として首相にもなったブルーノ・クライスキーの業績を記念して一九七六年に設けられた賞。二年ごとに、人権の分野で国際的に大きな業績をあげた人物に授与される。

パウロ二世は青瓦台《チョンワデ》に、死刑執行を保留するよう要請する書簡を三度も送った。また新たにアメリカの大統領になったレーガンも、金大中の死刑を執行すれば二度とホワイトハウスに入ることは許さない、というメッセージを全斗煥に送った。

こうした圧力に負けて、全斗煥は一九八一年一月に金大中を無期懲役に減刑した。その後清州《チョンジュ》刑務所に収監されていた金大中は、一九八二年十二月、アメリカに行くという条件で釈放された。

亡命地から戻り、直選制改憲運動を主導する

金大中《キム・デジュン》のアメリカ亡命生活は一九八五年二月まで続いた。アメリカに滞在しながら、金大中は国際拷問犠牲者救援委員会顧問、ハーバード大学国際問題研究所客員研究員として活動し、在米韓国人権問題研究所を創設した。一九八四年五月十八日には民主化推進協議会（民推協）の顧問となった。また民主化推進協議会を基盤として一九八五年一月に新韓民主党（新民党）を創設したときも主導的な役割を果たし、二月十二日に予定されている総選挙で直接的な影響力を発揮するため、二月八日に帰国すると発表した。

アメリカの政治家と周りの人々は彼の帰国を止めた。フィリピンのベニグノ・アキノ★7のように暗殺されるのではないか、と心配したのだ。しかし金大中は帰国を敢行した。全斗煥《チョン・ドゥファン》は、彼が帰国すれば再収監すると脅迫したが、金大中は決心を覆さなかった。暗殺を防ぐためにふたりのアメリカ下院議員と著名人士が金大中と同じ飛行機に乗り込んだ。そのおかげで、暗殺だけは防ぐことができた。

このとき金大中は金浦《キムポ》空港の入国ゲートで逮捕され、強制的に自宅に連行され、軟禁された。しかし金大中の政治活動を止めることはできなかった。すでに新民党結成の中心人物であった彼が帰国したという事実だけでも、総選挙に大きな影響をおよぼした。二月十二日に実施された総選挙で、新民

★7：ベニグノ・アキノ——独裁体制を敷いていたフェルディナンド・マルコス政権によって、アメリカに国外追放されていたフィリピンの政治家。一九八三年八月、フィリピンに帰国して飛行機を降りたそのとき、凶弾に倒れた。

党は六十七議席を獲得し、官製野党を抑えて一気に第一野党に躍り出た。その後新民党は民韓党、国民党の当選者を迎え入れ、百三議席を確保した。

新民党は大統領直選制改憲を主張し、一九八六年二月から直選制改憲のための一千万人署名運動を展開した。それでも民正党が何の反応を示さないのを見て、新民党は街頭に出て改憲のための大衆運動を展開した。改憲運動に対する国民の支持は熱狂的なものとなり、全斗煥から、改憲の用意がある、という答弁を引き出すことに成功した。

しかし翌年四月十三日、全斗煥は「四・一三護憲措置」を通して改憲の意思がないことを明らかにした。このとき民心は朴鍾哲《パク・ジョンチョル》拷問致死事件によって憤激していた。そこへ全斗煥の護憲措置が発表されたのである。世論は沸騰した。正義具現司祭団が朴鍾哲拷問致死事件についての政府発表は捏造であると暴露し、民主勢力はさらに激昂した。そして野党、宗教団体、労働界、大学、在野の民主勢力を網羅する「民主憲法を戦い取る国民運動本部」が設置された。金大中は金泳三《キム・ヨンサム》、文益煥《ムン・イクァン》、金寿煥《キム・スファン》、咸錫憲《ハム・ソクホン》らと共に国民運動本部の顧問として活動した。続いて六月抗争が起こり、全斗煥一派は結局、民正党大統領候補の盧泰愚《ノ・テウ》の六・二九宣言によって、直選制を受け入れると発表した。

三度にわたる大統領落選をへて、大統領となる

直選制による大統領選挙が実施されることになると、金泳三《キム・ヨンサム》と金大中《キム・デジュン》の大統領候補統一が争点となった。国民は、候補統一さえなれば、民正党の盧泰愚《ノ・テウ》に勝てる、と確信した。しかしふたりは互いに譲らず、統一に失敗してしまった。その後、金大中は金泳三が総裁をつとめている統一民主党（民主党）を離党し、平和民主党（平民党）を創設、そこから大統領候補に立候補した。しかし投票の結果は、盧泰愚、金泳三に次いで三位であった。

大統領選挙には敗れたが、翌年の総選挙で、平民党は金泳三の民主党を抑え野党第一党に躍り出た。同時に野党優勢の国会で民正党の影響力は弱まった。しかし一九九〇年に盧泰愚、金泳三、金鍾泌《キム・ジョンピル》が三党合併をして巨大与党である民自党を作ると、金大中は三党合併に反対した民主党の残留勢力と連合して統合民主併合（民主党）を作った。そして一九九二年の大統領選挙で民主党の候補となり、民自党の金泳三と対決したが敗北した。金大中はこの結果を受け入れ、政界引退を発表し、韓国を離れイギリスのケンブリッジ大学の客員教授となった。

しかし一九九三年に韓国の政治状況が混迷を極めると、その年の七月に帰国し、一九九四年十二月にはアジア太平洋平和財団を設立して、再起の機会をうかがった。一九九五年六月の地方選挙で民主党が首都圏を掌握して圧勝すると、金大中は政界復帰を宣言し、新政治国民会議（国民会議）を結成した。

一九九六年の第十五代国会議員総選挙で、金大中は比例代表十四位で出馬したが、当選は十三位までとなって落選してしまった。国民会議も獲得議席数七十九と惨敗を喫した。そこで金大中は、金泳三と対立して民自党を脱党した金鍾泌との連合を模索し、一九九七年の大統領選挙では金大中と金鍾泌の連合「ＤＪＰ連合」を基盤に、金泳三の政党、新韓国党の李会昌《イ・フェチャン》候補と激突した。

このとき新韓国党は、金大中秘密資金問題を持ち出した。新韓国党は、金大中が六百七十億ウォンの秘密資金を蓄えていた疑惑があると主張し、脱税と収賄の嫌疑で検察に告発した。検察は金大中を捜査すると宣言したが、大統領選挙の最中に有力な候補が検察の取調を受けた場合、野党候補に対する弾圧ではないかと非難されることを恐れた金泳三大統領が、秘密資金についての捜査は大統領選挙が終わるまで延期すると決定したため、金大中は危機を免れることができた。

金大中は議院内閣制改憲を軸として、金鍾泌、朴泰俊《パク・テジュン》との間で候補一本化に成功した。これに対して李会昌も民主党と合併して党名をハンナラ党と変更し、三金清算を旗印に民主党の趙淳《チョ・スン》候補との一本化を成し遂げた。しかし新韓国党の大統領候補に李会昌が選ばれたことに不満を感じていた李仁宰《イ・インジェ》が国民新党の候補として出馬し、選挙戦の行方は混沌としてきた。[★8]

こうしたなか、金泳三政府がＩＭＦに支援を要請するという事態となり、金大中は、経済破綻の責任は金泳三と李会昌にあると主張し、選挙戦を有利に展開した。十二月十八日に実施された第十五代大統領選挙で、金大中は三十九万票という僅差で李会昌を破り、当選した。一九七一年、一九八七年、一九九二年と三度の落選をへて、ついに一九九八年二月二十五日、大統領に就任した。金大中が勝利した原因としては、ＤＪＰ連合、李仁済の出馬、李会昌と金泳三の確執、ＩＭＦ危機などがあげられる。そのうちのひとつでも欠ければ、金大中の当選は難しかったであろう。まさに選挙の奇跡であった。

2　金大中の経済危機克服と、太陽政策、そしてゲート共和国

険しい政治環境のなかで実施された太陽政策

ＩＭＦ危機のなかで発足した金大中《キム・デジュン》政府の第一の課題は、外債の償還であった。当時韓国の外債の総額は千五百億ドル規模であった。これは国民総生産の三七パーセントに当たる額だ。国民は金大中政府が発足する前に、外債を償還するために金を寄付する運動を展開していた。庶民はたんすの中にあった子供の一歳の誕生祝の金の指輪[★9]、幸運の鍵、金の亀などの金を寄付し、市民団体と宗教団体は先を争って金を寄付する運動に参加した。一九九八年一月十二日には全国の百六の団体が「外債償

★8：時系列順に整理すると次のとおり。
・五月十九日、新国民会議が金大中を候補に選出。
・六月二十四日、自由民主連合が金鍾泌を候補に選出。朴泰俊は当時自由民主連合の総裁。
↓十一月三日、金大中と金鍾泌が候補一本化に合意し、金大中が候補となる。
・七月二十一日、新韓国党の候補選挙で一位李会昌、二位李仁済。李会昌が候補となる。
・九月十一日、統合民主党が趙淳を候補に選出。
↓十一月七日、李会昌と趙淳が一本化に合意し、李会昌が候補となる。新韓国党と統合民主党が合併してハンナラ党に。
・十一月三日、新韓国党の候補選挙で敗れた李仁済が国民新党を作り候補となる。

★9：金の指輪――韓国では子供の満一歳の誕生日を「トル・チャンチ」として盛大に祝うが、そのとき親戚などが、小さな金の指輪などを贈る風習がある。

還のための金を寄付する全国民運動」発足式を開いた。その後二十日で二百四十三万余の国民が参加し、二十億ドルの金が集まった。金大中政府としてはその発足の前から大きな援軍があらわれたようなものだった。

金大中は大統領になると、政府を「国民の政府」と命名し、三つの重要課題を発表した。ひとつめは、国難の克服と国民の和合、ふたつめは北朝鮮に対する太陽政策、三つめは第二の建国であった。このうち第二の建国というのは現実性のない政治的な修辞に過ぎないと考えてもよく、残りのふたつが重要であった。つまり経済の回復と地域感情の解消、統一問題に対する前向きのアプローチを、目標としたのである。

しかし国民の政府の前途はその出発点から平坦とは言えなかった。国民の政府は自民連との連立であったのだが、自民連はハンナラ党に劣らぬ保守勢力であったために、あらゆる政策の立案過程で自民連と不協和音を発するのは火を見るよりも明らかだった。さらに巨大野党であるハンナラ党の攻勢が待ち受けていた。

経済回復の第一の課題は、ＩＭＦ体制から抜け出すことであった。このため金大中はＩＴ（情報技術）関連のベンチャー企業の育成策を前面に押し立て、中小企業活性化の政策を進めた。大企業が資本の悪化と連続する不渡りに苦しみ、構造改革を強化したため、街には失業者があふれていた。金大中は、ベンチャー企業を増やすことによって雇用を創出し、失業率を下げようとしたのである。ベンチャー企業活性化政策によって、二千余に過ぎなかったＩＴ企業が、一年余で四千社に増加し、情報産業分野の成長が加速された。しかしベンチャー企業の育成だけで地に落ちた経済を回復させるのは難しかった。街にはホームレスがあふれ、不渡りで破産する会社は数え切れず、経済的な理由による離婚が急激に増加し、破綻にいたる家庭が続出した。毎日二十五人の人が自殺をし、全国各地で生き残るための犯罪が激増した。

さらに金大中の最初の課題のひとつである国民和合は、国難の克服よりも難しかった。一九九八年四月二日に補欠選挙が実施されると、ハンナラ党は露骨に地域感情を煽り立てた。金大中政府が湖南《ホナム》出身者を優遇しているために他地方出身者は冷飯を食わされている、という言葉で票を集めたのである。

六月四日に実施された地方選挙でも、ハンナラ党は地域感情に訴えて票を集めるという戦略を続けた。このため嶺南《ヨンナム》★10地方では反金大中の情緒が強まり、ハンナラ党に票が集中するという現象が見られた。首都圏では逆に、与党である国民会議と自民連が圧勝した。ソウルでは二十五の区長のうち十九の区で国民会議が勝利したほどであった。

こうして票の流れとしては与党を支持する傾向がはっきりとしていたが、地域感情の解消は容易ではなかった。一九九八年、嶺南地域では「湖南好況説」が流布し、そのため嶺南の住民の反金大中の感情はさらに激しいものとなった。しかし湖南では逆に「湖南逆差別説」が出るほど、依然として政府の投資は湖南よりも嶺南の比重が重かったのである。それにもかかわらず「湖南好況説」が流布したのは、地域感情を煽り立てれば票を集めることができるハンナラ党の選挙戦略と、保守メディアの歪曲報道のせいだった。

ハンナラ党のこのような選挙戦略は、票を集める上で実際に効果があった。二〇〇〇年四月十三日に実施された第十六代総選挙で、ハンナラ党は全二百七十三議席のうち百三十三議席を獲得して第一党となった。一九九八年の地方選挙の低調な成績に比べれば、躍進と言ってもよい成績だった。国民会議を拡大再編した新千年民主党（民主党）は百十五議席で、第十五代総選挙では全二百九十九議席のうち国民会議の議席は七十九に過ぎなかったのに比べれば、悪い成績ではなかった。しかし民主党と連立政府を形成していた自民連は五十議席から十七議席へと大きく議席数を減らし、院内交渉団体を構成することもできない状況に陥った。

★10：嶺南地方——慶尚南道と慶尚北道、および大邱と釜山の総称。韓国の南東部を指す。

こうしたなか、金大中はふたつめの課題である太陽政策を加速していった。現代《ヒョンデ》グループと手を握って金剛山《クムガンサン》観光を実現し、ベルリン宣言で全世界に北朝鮮に対する抱擁政策を公式に表明し、北朝鮮と特使を交換して南北首脳会談を成し遂げ、六・一五共同宣言に結実させた。その後、対北朝鮮経済措置が緩和され、七月には長官級の会談が開かれ、八月には報道各社社長団の北朝鮮訪問と離散家族の再会が実現した。九月には非転向長期囚六十三人が北朝鮮に帰り、続いて北朝鮮の特使・金容淳《キム・ヨンスン》がソウルを訪問した。一週間後には京義《キョンギ》線連結起工式が開かれ、南北国防長官会談も開かれ、北朝鮮の人民武力部長の金鎰喆《キム・イルチョル》が金大中を儀礼訪問した。十月には北朝鮮国防委員会の趙明禄《チョ・ミョンノク》次帥[★11]が軍服を着たままホワイトハウスを訪問してクリントンと会談したのちに、マクリーン・オルブライト国務長官と会談して北朝鮮・アメリカ共同声明を発表した。このように六・一五南北共同宣言以後、南北の和解の雰囲気は一気に加速していった。その数日後には金大中がノーベル平和賞を受賞し、オルブライトが平壌《ピョンヤン》を訪問した。

しかし北朝鮮との和解に反対する保守陣営の反発は激しかった。保守メディアは連日共同宣言文の内容を批判し、金大中のノーベル平和賞受賞に対しても非難の声を上げるのをためらわなかった。連立政権の一翼を担っている自民連までが金大中の太陽政策を攻撃した。さらに二〇〇〇年のアメリカ大統領選挙で当選した共和党のジョージ・W・ブッシュ大統領は金大中の太陽政策を露骨に妨害した。金大中の太陽政策を黒雲が覆い隠そうとしたのである。しかし金大中は太陽政策を放棄しなかった。

ブッシュとの確執により危機に陥る太陽政策

二〇〇一年に入ると、金大中《キム・デジュン》は政治的な守勢に回らざるをえなくなった。その原因は、アメリカ

★11：次帥——朝鮮人民軍の階級。大将の上。

のブッシュ大統領であった。その年の三月、金大中はアメリカを訪問してブッシュと会談し、太陽政策について詳細に説明した。しかしブッシュは金大中と会談した直後、北朝鮮の金正日《キム・ジョンイル》は信用できない、と発言した。そして太陽政策について根本から見直す意思を明らかにした。その場で隣にいた金大中を「this man（この男）」と侮辱するような言葉で表現したのである。

その後ブッシュはクリントンの対北朝鮮政策をすべてひっくり返してしまった。アメリカと北朝鮮の間にあった和解の雰囲気は完全に消え去り、ふたつの国は再び対峙するようになった。金大中はなんとかしてアメリカに太陽政策で共同歩調をとるよう説得しようとしたが、アメリカの反応は冷淡であった。

ブッシュによって太陽政策が否定されると、ハンナラ党は意気揚々として金大中を攻撃した。ついに二〇〇一年九月に、南北首脳会談を実現させた中心人物である統一部長官・林東源《イム・ドンウォン》に対し、国会で解任決議が可決されたのである。この解任決議は、ハンナラ党と自民連の同盟によって成立した。これは三年続いたＤＪＰ連合の崩壊を意味していた。金大中と金鍾泌《キム・ジョンピル》は内閣制を軸として連立政権を構成していたが、内閣制改憲が実現しないのを見て金鍾泌は金大中と決別し、ハンナラ党と手を握った。これによって国会はハンナラ党の影響下に置かれることとなった。

ちょうどそのときアメリカで、世界を震撼させる九・一一テロが起こった。アメリカ資本主義の象徴である世界貿易センターが崩壊し、アメリカの武力の象徴である国防総省の庁舎、ペンタゴンも攻撃を受けて火災が発生した。

ブッシュは怒りに震えた声で報復攻撃を宣言した。テロとの戦いである。その火の粉は韓国にも飛んできた。二〇〇二年の一般教書演説でブッシュは北朝鮮、イラク、イランを悪の枢軸と規定し、先制攻撃によって政権を交替させなければならない対象であると発言した。北朝鮮はすぐに反発し、アメリカと北朝鮮は武力衝突を云々するような危機的な状態に陥った。朝鮮半島での戦争の可能性が具体的に語られたのである。このため韓国では反米感情が一気に噴き出し、これに負担を感じたブッシュは二〇〇二年一月に韓国を訪問した。金大中は訪韓したブッシュを説得して、北朝鮮に侵攻したり攻撃したりする意思はない、という発言を引き出した。しかしその後もブッシュは幾度も前言を翻し、北朝鮮を刺激した。

このようなブッシュについて、金大中は日記にこう記している。

哲学がなく、資質に欠ける極右保守主義者のブッシュ大統領のために、アメリカを含む世界がどれほどの被害をこうむっただろうか？　二〇〇〇年から二〇〇三年の退任まで、南北関係の改善と発展のための千金のような時期を、確執と停滞のなかで過ごさざるをえなかったことは、今考えても恨めしく、惜しまれてならない。

国民の参加と社会福祉の拡大

金大中《キム・デジュン》政府はみずから「国民の政府」と称したが、それにふさわしい政策を実行するため、住民が直接参加する制度を導入していった。一定数以上の住民の意思一致があれば、地方の条例の制定、廃止を請願できる条例請求権を導入したのがその代表例だ。市民立法の道を開いたのである。また住民投票によって住民の生活に密着した地域の問題を決定できるようにし、市長、道知事や主務官庁の長官に監査を請求できる住民監査請求制度も導入した。地方行政に対して住民が統制する可能性を開いたのだ。しかし地方自治団体長の住民リコール制のような、住民の力をより強化する制度を導入することはできず、多少ぎこちない形態だ、との批判もあった。

金大中政府はその初期から、過去の権威主義を清算するために、官庁の敷居を低くし、公務員の行政サービスの改善に努めた。まず大統領みずから「閣下」というような権威主義的な呼称を拒否し、邑《ウプ》、面《ミョン》、洞《ドン》事務所を住民自治センターに変え、そこで住民のための多様なプログラムを運営するようにした。このような政策は、短期間に無理に推進したため全国で画一的に実行されたりもしたが、国民の生活の質を高めるために政府が積極的に国民に近づこうとしているという認識を植えつけていった。

しかしこの程度の政策では、国民の生活の質を改善するには力不足であった。何よりも増加する貧困層を救済する社会的なセーフティネットを構築しなければ、生活の質の改善など実現するはずもなかった。その解決策の一環として、金大中政府は、失業者と貧困層のための公共勤労[★12]と失業者貸付事業を施行した。また二〇〇〇年から基礎生活保障制度を導入し、雇用保険と産業災害保険、国民年金を拡大施行した。そのおかげで百五十万人が生活保護の恩恵を受け、雇用保険の対象者も五〇パーセント以上に増えた。それでも依然としてその恩恵を受けることのできない者が多く存在するという限界もあった。

ＩＭＦの返還早期終了と所得の両極化

二〇〇一年八月二十三日、韓国はＩＭＦからの借入金百九十五億ドルをすべて返済し、いわゆる「経済信託統治」から抜け出ることができた。もともとの償還期限は二〇〇四年であった。つまり三年早く卒業したのである。その間三十の財閥のうち十六の財閥が、主人が代わったり消え去ったりした。また整理解雇制度が導入され、労働環境も大きく変動した。

金大中《キム・デジュン》政府発足の年である一九九八年は、外国為替危機の影響で経済成長率がマイナス五・七パーセント、貿易収支は三百九十億ドルの黒字であった。マイナス成長ではあったが、一九九八年末から

★12：公共勤労――失業者やホームレスのために再就職の機会を提供しようとする制度のひとつ。一言でいえば公共機関のアルバイト。

★13：ビッグ・ディール――金大中は財閥がＩＭＦ危機の主因であると考え、財閥企業に対して構造改革を要請した。この構造改革全体をビッグ・ディールと呼んだが、狭義には構造改革のひとつである、過剰な多角化を解消して選択と集中の実現のことを指す。

少しずつ回復傾向を見せはじめ、一九九九年には一〇・七パーセントの成長率を達成し、貿易収支も二百三十九億ドルの黒字だった。三年目の二〇〇〇年の成長率は八・八パーセント、貿易収支は百十七億ドルの黒字だ。

消費者物価上昇率も一九九八年は七・五パーセントだったが、一九九九年は一パーセント以下に落ち、二〇〇〇年には三パーセントと安定傾向を見せた。外貨保有高は一九九七年末には三十九億ドルであったが、二〇〇〇年には七百六十億ドルに回復した。信用等級も投資不適格から投資適格に上昇し、ドルに対する交換率も二千ウォンを超えていたのが千百ウォン台に安定していった。総合株価指数は一九九八年には二八〇ポイントまで下がったが、二〇〇〇年には九五〇から一〇〇〇に上昇した。不渡り業者は、一九九七年末には一日平均百二十八社であったが、一九九九年十月には平均二十社に減った。

このように経済指標は改善されたが、失業者は簡単には減らなかった。一時百七十八万人に達した失業者数は次第に減ってはいったが、百万人を切ることはなかった。

二〇〇〇年十二月四日、金大中は、韓国がＩＭＦ体制から抜け出たと公式に発表した。ＩＭＦ危機克服以後二年間続いた金大中政府の経済の成績表を総合してみると、次のようになる。経常収支の黒字は九百六億ドルで、年平均百八十一億千四百万ドルずつ増加し、国内総生産の増加率は四・五パーセントだった。金泳三政府の時代の年平均七・一パーセントに比べると減ってはいるが、経済危機が頂点に達した一九九八年を除外すれば、年平均七・三パーセントの高成長を達成したことになる。

しかしこれらの数値は、ＩＭＦの傷が完全に治癒したことを意味しているわけではない。おびただしい企業が倒産し、企業が構造改革とビッグ・ディール★13を推進したため数多くの失業者が発生し、数百万人におよぶ非正規労働者が量産された。これによって生涯雇用という概念が消失し、中産層が崩壊して所得の両極化現象が生み出された。また内需振興のためにクレジットカードを乱発したため、過剰消費を誘引し、のちのカード大乱（Ｐ４０７参照）の原因となった。さらに不動産分譲価格の全面的自由化、マンション購入後、入居前に転売する分譲権専売の許可、譲与税の一時的な免税、民営マンションの再分譲期間制限の廃止、賃貸住宅の事業者要件の緩和など、内需活性化のために不動産の規制を一気に緩和したため、不動産が投機の対象に転落し、所得両極化を深刻化してしまった。二〇パーセントの金持ちと、八〇パーセントの貧乏人に分断される、いわゆる「二〇対八〇社会」が現出したのである。

インターネットの拡張と、携帯電話熱風

金大中《キム・デジュン》時代の韓国社会のもっとも大きな変化は、誰が何と言おうと、超高速インターネットサービスのはじまりだろう。

初期段階のインターネットは、一九六〇年代にアメリカ国防総省傘下の高等研究計画局（現在のＤＡＲＰＡ）の、研究用ネットワークが端緒となり、現在のようなインターネットのはじまりは一九六九年十月二十九日にアメリカＵＣＬＡ（カリフォルニア大学ロサンジェルス校）とＳＲＩ（スタンフォード研究所）との間に連結されたアーパネット（ＡＲＰＡＮＥＴ、高等研究局網）だ。一九八六年にアメリカの科学財団は五台のスーパーコンピューターを連結してＮＳＦＮＥＴ（アメリカ科学財団網）を構築し、数年後これが世界のいたるところと連結する国際通信網に発展した。そして一九九三年、インターネットの商業的な利用が許可され、その年韓国でのインターネット接続サービスが開始された。

金大中政府はその初期から果敢に超高速インターネットに投資し、瞬く間にアメリカ、日本よりも質の高いインターネットを構築した。超高速インターネットは一九九八年六月にはじまり、わずか五

年で加入者が二千万人を超え、韓国はインターネット強国として浮上した。韓国のダウンロード速度は日に日に速くなり、世界一位となった。全国民はインターネットによってひとつとなったのである。これによってほとんどの社会的イシューが、インターネットで作られ、インターネットで消えていくようになった。インターネットを使用する人々を意味するネティズン（ｎｅｔｉｚｅｎ）は、もっとも頻繁に使われる日常用語のひとつとなった。ネティズンとは通信網を意味する「ｎｅｔ」と、市民「ｃｉｔｉｚｅｎ」が結合した用語で、マイケル・ハウベン[★14]が最初に使用した。ハウベンによれば、ネティズンとは単にインターネットを使う人々という意味ではなく、インターネットの内部で文化を創造する人と定義されるという。したがってネティズンが社会で起こるすべてのことに影響力をおよぼすのは当然のことだった。二〇〇二年の第十六代大統領選挙で盧武鉉《ノ・ムヒョン》が大統領に当選する上で大きく貢献したほどであり、ネティズンは新たな権力であると言っても過言ではない。

　インターネットの発達はＰＣ房《バン》（ネットカフェ）という新たな娯楽室を作り出した。一九九三年にイギリスとインドではじまったインターネットカフェが「ＰＣ房」という名で韓国社会にあらわれたのは一九九五年だった。超高速インターネットがはじまった一九九八年には全国で九百余のＰＣ房が生まれ、二〇〇二年にはその数が爆発的に増加して二万二千五百を超えるにいたった。

　ＰＣ房の数を激増させた功労者は、スタークラフトだった。アメリカのブリザード・エンターテインメントが一九九八年三月に発売したこのゲームに韓国人は熱狂し、同時にＰＣ房も新しい事業として人気を集めた。草創期である一九九八年にＰＣ房を開いた人は大儲けをした。韓国最大のポータルサイト会社であるＮＨＮ共同代表の金範洙《キム・ボムス》[★15]も一九九八年にはＰＣ房の主人であった。彼は一年間ＰＣ房を運営し、プログラム開発をはじめ、オンラインゲームの会社であるハンゲームを設立した。ハンゲームは驚くべきスピードで成長し、ネイバーと合併し、ＮＨＮとなる。金範洙はこのＮＨＮの共同代表となった。ＰＣ房というインフラがなければ決して起こらないことだった。

★14：マイケル・ハウベン――当時、コロンビア大学の学部学生。母親のロンダ・ハウベンとの共著『ネティズン―インターネット、ユースネットの歴史と社会的インパクト』井上博樹、小林統訳、中央公論社（一九九七）を上梓するも、二〇〇一年六月に交通事故により急逝。

★15：金範洙は二〇〇七年にＮＨＮを去ったのち、カカオトークの生みの親となった。現在はダウムカカオ取締役会議長にして、筆頭株主である。

ＰＣ房の急速な成長は、韓国特有の「房」文化と深い関係がある。韓国では遊ぶ場所を「舎廊房《サランバン》」といい、これが一九六〇〜一九七〇年代に「マンガ房」というものになり、続いて「ノレ房《うた》」、「ビデオ房」と発展し、「ゲーム房」「ＰＣ房」にいたったというわけである。

インターネットの発達はＰＣ房としてあらわれただけではない。インターネット広告マーケットが生まれ、インターネット映画館、インターネット放送、インターネット新聞、おびただしいインターネットカフェと同好会を生み出した。それと同時にポルノ市場も活況を呈し、そこに個人の私生活を公開するような映像も含まれており、「Ｏ嬢ビデオ事件」[★16]のような社会問題に発展する事件もあった。これはサイバー警察、サイバー関連法を制定する契機となった。インターネットは社会だけでなく、国家、企業、個人、家庭、そして人間の内面にまで入り込む巨大な怪物に成長したのである。

インターネットサービスは本格的にはじまってから十年もたたないうちに韓国社会の奥深くまで浸透したが、ちょうど同じときに、個人の生活を完全に取り込んでしまったもうひとつの怪物が登場した。移動通信（モバイル）、携帯電話である。

携帯電話は超高速インターネットと共に韓国の文化を代弁する新種の怪物となった。一九九九年の一年間に韓国で販売された携帯電話は千六百万台で、販売量では世界第三位であった。一九九九年末の移動通信加入者は二千万人だったので、一九九九年の一年間に加入者の八〇パーセントが新しい携帯電話を買ったことになる。二〇〇〇年三月には加入者が二千五百万人に増加した。反対に「ピッピ」と呼ばれていたポケベルの加入者は千五百万人から四百八十万人に減少した。そして、その後二年もたたないうちにポケベルはほとんど姿を消してしまった。一九八三年にはじめて導入され、小学生までが持ち歩いていたポケベルは、携帯電話に押され、引き出しの奥へと消えていった。

世界最初の携帯電話は一九七三年にモトローラに勤めていたマーチン・クーパー博士と彼の研究チームが開発した。当時携帯電話は八百五十グラムを超える大きなものだった。一九八三年にモト

★16：Ｏ嬢ビデオ事件——ミスコリア出身の女優・呉賢慶（オ・ヒョンギョン）のセックス映像がインターネットに流出したスキャンダル。呉賢慶はこれにより約十年のブランクを余儀なくされたが、二〇〇七年から女優に復帰している。

ローラがこれを商用携帯電話として販売しはじめた。

携帯電話がはじめて開通したのは、一九八三年、シカゴでだった。韓国は一九八四年に携帯電話のサービスを開始し、一九八八年から商業化した。しかし初期は電話機も高価であり使用料も高かったので、大衆化することはなく、代わりにポケベルが人気を博した。

一九九三年にいたり第二世代の移動通信であるデジタル方式が導入され、状況は一変した。第一世代の移動通信は音声の通信だけが可能で、アナログ式の限界があったが、第二世代の移動通信はデジタル方式であった。価格も安く機能も多様化した。さらに三星《サムソン》、ＬＧ、現代《ヒョンデ》電子などの財閥グループが携帯電話事業に本格的に参入し、生産量は大幅に増加した。すると通信事業社は、通話料に携帯電話の価格を加えてしまう方法で「携帯電話はただ」と宣伝し、携帯電話は小学生が誕生日プレゼントに欲しい一番の品物に浮上するほど、大衆の生活に定着した。

その後、携帯電話は単なる電話以上の意味を持つようになった。知人に文字メッセージを送れるようになり、映像通話も可能になった。家族や恋人の現在位置がわかる機能も生まれた。事業や営業をやっている者にとっては、どこにいても業務の指示をしたり、販売の取引交渉ができるようになった。携帯電話は友人や恋人を結ぶ道具であると同時に、業務にも必須のアイテムとなった。しかし否定的な面もあった。どこでも仕事ができるということは、どこにいても指示を受けなければならないということを意味し、いわば動く足枷のようなものでもあった。受けたくない電話も受けなければならず、私生活が露出してしまう危険性もあった。

韓流のはじまり、そして赤い波のなかのワールドカップベスト四

一九九八年十月二十日、文化観光部（現在は文化観光体育部）は、日本の大衆文化を開放する、と

発表した。当時日本の大衆文化の規模は韓国の八倍であり、日本の大衆文化が入ってくれば韓国文化はつぶれてしまうと憂慮する声が沸き上がった。しかし逆に、韓国の大衆文化の土台はしっかりしているので、日本の大衆文化と競争しうる、という主張もあった。

日本の大衆文化開放と共に、その年の末、米韓投資協定で、スクリーンクォータ制を縮小するという合意がなされた。スクリーンクォータ制は、映画館で一定基準の日数以上韓国映画を義務的に上映するようにした制度で、アメリカの大資本から韓国の映画を保護するために設けられたものだった。

日本の大衆文化開放とスクリーンクォータ制の縮小は、映画関係者と大衆文化の関係者に大きな衝撃を与えた。映画関係者は喪服を着て街に躍り出て反対を訴えた。韓国労総、民主労総などの労働団体と、経済正義実践市民連合、参与連帯[★17]などの市民団体もスクリーンクォータ制死守運動を展開した。そのおかげでスクリーンクォータ制は当分の間維持されることになった。

そして、韓国映画の大躍進の時代を迎える。一九九九年、韓国映画の市場占有率は三六パーセントに達し、これに対してアメリカの演芸雑誌は、韓国が東洋のハリウッドとして浮上した、と報道した。『シュリ』、『アタック・ザ・ガスステーション！』、『カル』、『ＮＯＷＨＥＲＥ ノーウェアー』などが興行的に大成功を収めたからだ。

こうして韓国映画がスクリーンクォータ制に守られて成長しているさなか、中国で「韓流」という新造語が生まれた。一九九七年に韓国ドラマ『愛は何のために』が爆発的な人気を得て、続いて『風呂場の男達』がヒットし、男性五人組のグループＨ．Ｏ．Ｔ．のアルバムが旋風を巻き起こしたのだ。台湾ではふたり組のグループＣｌｏｎが大ヒットし、張東健《チャン・ドンゴン》主演のドラマ『ドクターズ』はベトナムでヒットした。また韓国で観客二百四十四万人を動員した韓石圭《ハン・ソッキュ》主演の映画『シュリ』は香港でも大ヒットし、多くの韓国映画が台湾でも好評を得た。以後『友へ　チング』、『猟奇的な彼女』、『おばあちゃんの家』、『大変な結婚』などの好興行が続き、韓国映画は観客占有率三〇パーセント以上を

★17：参与連帯――「自由と正義、人権と福祉がきちんと実現している社会」の実現のために一九九四年九月に結成された市民団体。会員数一万五千人を超えるＮＧＯで、国連の会議に参加して発言する権利も有している。「市民の力で世の中を変えよう」を標語に、現在もさまざまな分野で活発な活動を展開している。

維持して、アジアへと市場を拡大していった。

これがいわゆる「韓流」のはじまりだった。その後二〇〇二年に制作されたテレビドラマ『冬のソナタ』が日本で熱狂的な人気を獲得し、韓流旋風を巻き起こした。主人公を演じた裵勇浚《ペ・ヨンジュン》は日本で「ヨンさま」と呼ばれ最高のスターとなり、ヒロインの崔志宇《チェ・ジウ》もまた「ジウ姫」と呼ばれ国際的なスターとなった。『冬のソナタ』の影響で日本人観光客が激増し、撮影地である京畿道加平《キョンギドカピョン》の南怡島《ナミソム》は日本人であふれ返り、おかげで南怡島は観光名所となったほどだ。

韓流と共に金大中《キム・デジュン》時代を飾るもうひとつの事件は、二〇〇二年の日韓ワールドカップだ。このスポーツの祭典で韓国はベスト四に上がり、気炎を吐いた。韓国がベスト四に上がっていく過程は、それだけで劇的なドラマだった。グループリーグでの最初の相手、ポーランドを二対〇で破り、次の対戦相手であるアメリカとは一対一で引き分けた。そしてグループリーグ最後の対戦相手であるポルトガルに一対〇で勝ってベスト十六入りを果たしたのである。ポルトガル戦で決勝ゴールを入れた朴智星《パク・チソン》は国民的な英雄となり、全国のあらゆる広場は祝祭の場に変じた。地域、階層、貧富、老若男女を問わず、国民全員が歓喜と涙と歓声を共にし、快哉を叫んだ。テレビは朴智星のゴールの瞬間を何百回も繰り返し放送した。韓国を代表するサッカーの応援団「レッドデビルズ（赤い悪魔）」を先頭に、人々は赤い服を着て競技場と広場を埋め、肩を抱き興に乗って歌をうたった。その光景を外国の放送局が全世界で放映し、韓国人の熱狂とサッカーへの愛に感嘆した。

六月十八日、韓国は決勝トーナメントで強豪イタリアと対戦した。この試合は延長にもつれ込み、最後は安貞桓《アン・ジョンファン》が決勝ゴールを決め、二対一で勝利した。これについてイギリスのＢＢＣは「ワールドカップ七十二年の歴史上最大の衝撃だ」と報じた。

奇跡はそこで終わりはしなかった。六月二十二日に光州《クァンジュ》で開かれた準々決勝は、スペインを相手に〇対〇のまま延長戦も終了し、ＰＫ戦で勝利した。ワールドカップの決勝トーナメント入りはもち

史上初の２ヶ国共催となった、日韓共催ワールドカップの開幕式。2002 年 5 月撮影。〔AFP ＝時事〕

ろん、一度も勝ったことのない韓国が準決勝に進出すると、全国が赤い波で覆われた。広場と街頭、各地域の公営運動場とサッカー場、立ち飲みの酒場から家庭の居間まで、一斉に万歳の声が上がった。韓国代表選手は大きな太極旗を体に巻きつけて運動場を回り、観衆は競技場を離れることができなかった。全国各地の酒場では無料サービスをはじめ、各家庭では乾杯を繰り返し、放送局は洪明甫《ホン・ミョンボ》の蹴ったボールがゴールに入る瞬間を幾度も幾度も放映した。国民はそれを何度見ても飽きることなく、見るたびに感嘆の言葉を惜しまなかった。

韓国のワールドカップ準決勝進出は、韓国代表チームを率いたフース・ヒディング監督を英雄にした。ヒディング・シンドロームと言ってよいほど、ヒディングの訓練術、戦術、戦略は韓国社会のあらゆる分野で模範解答として提示された。そして、解放後左翼を象徴し、罪人の色と考えられてきた赤は、英雄の色、情熱の色、勝利の色となった。同時に「アカ」という言葉が色あせていった。解放後韓国人がこれほど強く団結し、これほど笑い、これほど感激を満喫した事件はなかった。二〇〇二年のワールドカップ準決勝進出は、単にサッカーで勝利したというにとどまらず、韓国人に感動と希望を与えた神話であった。

ベストセラー、危機意識を抱き、自己点検をへて、日常に回帰する

映画とドラマ、大衆歌謡で「韓流」という新しい動きが見られ、ワールドカップへの期待と六月の赤い感動があふれた時期、出版市場はもう少し冷静に、韓国人の内面を表出していた。

一九九八年には法頂《ポプチョン》和尚の『山で花が咲く』（原題）、『無所有』、ジャック・キャンフィールドの『こころのチキンスープ―愛の奇跡の物語』、柳詩華《リュ・シファ》の『片目の魚の愛』（原題）、『あなたがそばにいてもわたしはあなたが恋しい』（原題）、ミッチ・アルボムの『モリー先生との火曜日』、李外秀《イ・ウェス》の『あなたに投げる愛の網』（原題）など心を修めたり心を醇化《じゅんか》する本が人気を集めた。これはＩＭＦの衝撃に対して自分を慰めようとする現象だと分析することもできよう。

一九九九年に入ると、読者の嗜好は大きく三つに分けられるようになった。乙武洋匡の『五体不満足』、ソ・ジンギュの『わたしは希望の証拠になりたい』（原題）のように困難を克服して健康な精神で生きていく話が好評を得た。また池原衛《まもる》の『殴り殺される覚悟で書いた韓国、韓国人批判』（原題）や、金経一《キム・ギョンイル》の『孔子が死んでこそ国が生きる』のように韓国人と韓国社会の問題点を辛辣に批判した本も売れた。そしてビル・ゲイツの『思考スピードの経営―デジタル経営教本』、アンソニー・ギデンズの『第三の道―効率と公正の新たな同盟』など、社会発展の方向を探る本も人気を集めた。

二〇〇〇年、出版界はＩＭＦの衝撃から脱却し、趙昌仁《チョ・チャンイン》の『カシコギ』、ロバート・キヨサキの『金持ち父さん貧乏父さん』、など家長である父親に光を当てた本が注目された。また『ゆっくり気楽に生きる』のような、物質や文明よりも人を第一に考える社会を追求する本や、金容沃《キム・ヨンオク》の『老子と二十一世紀』（原題）のような人文学系統の本もベストセラーの列に加わった。実用書の部門では

鄭讃容《チョン・チャンヨン》の『英語は絶対、勉強するな!』が、英語が出世の最高の手段である点を思い起こさせ、外国小説ではJ・K・ローリングの『ハリー・ポッター』シリーズ、村上春樹の『ノルウェイの森』が大きな読者層を形成し、大型作家の出現を予告した。その他ジャン・コルミエの『チェ・ゲバラ―革命を生きる』がベストセラーになるという異変も起こった。

二〇〇一年は二〇〇〇年のベストセラー目録がほとんどそのまま繰り返され、『李潤基《イ・ユンギ》のギリシャ・ローマ神話』(原題)、朴婉緒《パク・ワンソ》の『非常に長く続いた冗談』(原題)などが新たにベストセラーとなった程度だった。

二〇〇二年は「感嘆符」の時代であったと言っても過言ではない。MBCの芸能番組『感嘆符』のひとつのコーナー「本、本、本を読みましょう」で選ばれた本がベストセラーを席巻したのだ。『ねこぐち村の子供たち』、『ポンスニ姉さん』(原題)、などはミリオンセラーとなった。KBSの『TV、本を語る』、MBCの『幸せな読書』などで紹介された『月の街　山の街』や『オペラ座の怪人』も人気を博した。このように放送によってベストセラーとなった本以外にもティク・ナット・ハンの『怒り(心の炎の静め方)』、ベルナール・ヴェルベールの『われらの父の父』、スペンサー・ジョンソンの『チーズはどこへ消えた?』なども読者に愛された。

しかし惜しいことに、教保《キョボ》文庫と共に韓国の書店の二大山脈のひとつであった鍾路《チョンノ》書籍が倒産してしまった。これは書店の世界に大きな変化が起こることを予告する事件だった。

これらのベストセラーに見られるように、金大中《キム・デジュン》の時代、韓国社会はIMFの経験からもたらされた自己点検、自己批判、自己反省から、自己慰安と新たな代案を通した洞察、そして成熟の過程をへて再び日常の喜びと個人の趣味に戻っていくという姿を見せた。また鍾路書籍の没落が示しているように、実店舗の書店は本格的な危機に直面するようになった。これは、デジタル時代の新しい環境に適応できないのならば生き残ることができないという冷徹な現実を示唆するものだった。

連続する大型疑獄事件、金大中のさびしい退場

二〇〇二年は韓国人に感動と神話をもたらした年であったが、金大中《キム・デジュン》にはもっとも苦痛に満ちた年でもあった。二〇〇一年の末から金大中の側近がひとり、ふたりと不正に関連して検察の取調を受けるようになったのである。信用保証基金貸出保証外圧事件、東方《トンバン》金庫不法貸出事件、陳承鉉《チン・スンヒョン》ゲート、尹泰植《ユン・テシク》ゲート、崔圭善《チェ・ギュソン》★18ゲートなど、権力型の不正事件が相次いだ。その上、金弘一《キム・ホンイル》、金弘業《キム・ホンオプ》、金弘傑《キム・ホンゴル》の三人の息子までが不正に関係して法の審判を受けなければならなくなり、金大中は幾度も謝罪声明を発表せざるをえなくなった。

特に三大ゲートと呼ばれる陳承鉉、李容湖《イ・ヨンホ》、崔圭善の事件は金大中政府の道徳性に致命傷を負わせることになった。陳承鉉ゲートとは、ＭＣＩコリアの副会長である陳承鉉が、自分が大株主であるヨルリン金庫とハンス総合金融、リーゼント総合金融などから二千三百余億ウォンの不法融資を受け、リーゼント証券の株価操作によって秘密資金を作ったという事件だ。この事件に関連して、政界、官界ロビー説がささやかれ、捜査の過程で金大中の右腕である権魯甲《クォン・ノガプ》がその背後にいた人物だとの疑惑をかけられたが、無罪の判決を受けた。また国家情報院第二次長の金銀星《キム・ウンソン》が斡旋収賄の嫌疑で拘束、起訴された。

李容湖ゲートは、Ｇ＆Ｇグループの会長である李容湖が、自分が買収したＫＥＰ電子などの系列会社の資金八百余億ウォンを横領した嫌疑で起訴された事件だ。これに関連してやはり政界、官界ロビーの疑惑が取り沙汰され、金融監督院、検察庁、与党政治家など関係がささやかれた人物は広範囲におよんだ。

崔圭善ゲートは、金大中にとってもっとも致命的な事件だった。この事件に関連して、金大中の三

★18：韓国ではウォーターゲート事件にならい、権力型の大型不正事件をゲートと呼んでいる。

男・金弘傑が検察の取調を受け拘束されたからだ。二〇〇二年六月には金大中の二男・金弘業が斡旋収賄と弁護士法違反の嫌疑で拘束された。

「ゲート共和国」と呼ばれるほど、金大中政府の終盤では、不正事件が連続して起こった。ふたりの息子までが不正に関連して拘束され、金大中の政治的な立場は弱まり、民主党の支持率も地に落ちた。これは六・一三地方選挙でハンナラ党が圧勝する結果を招いた。

第十六代大統領選挙戦が激しく展開するなか、道徳性に傷を負った金大中の存在は、党にとって何の意味もなくなっていた。結局金大中は総裁から引退し、民主党からも離党した。金泳三《キム・ヨンサム》政府、盧泰愚《ノ・テウ》政府の末年と同じ状況に陥ってしまったのだ。

それでも幸いだったのは、大統領選挙で盧武鉉《ノ・ムヒョン》が勝利したことだった。李会昌《イ・フェチャン》、盧武鉉、鄭夢周《チョン・モンジュ》が三つ巴戦を繰り広げるなか、盧武鉉が鄭夢周との間で候補一本化に成功し、民主党が金大中に続いて連続で政権を奪取するのに成功したのである。

しかし任期を一ヶ月余残した時点で、北朝鮮が核拡散禁止条約から脱退し、金大中の太陽政策はかげりを見せ、対北朝鮮送金事件まで起こり、マスコミから総攻撃を受けることになった。こうして対北朝鮮送金事件が大きく取り沙汰されるなか、金大中は二〇〇三年二月二十五日、さびしく退任式を迎えることになった。

退任後金大中は東橋洞《トンギョドン》の私邸に戻り、その横に金大中図書館を設立した。二〇〇四年には、内乱陰謀事件の再審で無罪判決を受け、盧武鉉大統領弾劾事件のときは深刻な事態であるという表現を使い、政治状況についての憂慮を表明した。ヨルリンウリ党の結党により民主党が分裂したときは、ヨルリンウリ党を支持し、その後大統合民主新党（民主新党）が発足するとやはり民主新党を支持した。二〇〇九年七月に肺炎を患いソウルのセブランス病院に入院したが、八月十八日に死亡した。

二〇〇九年九月、アメリカの時事週刊誌『ニューズウィーク』は金大中を、祖国の政治、経済、社会的な変革を導いた十一人の指導者「トランスフォーマー」のひとりに選定した。

金大中は最初の夫人・車龍愛《チャ・ヨンエ》との間に二男一女をもうけ、二番目の夫人・李姫鎬《イ・ヒホ》との間に一男をもうけた。車龍愛が産んだ長女・昭熙《ソヒ》は幼くして死亡し、長男・弘一と次男・弘業は父親と共に幾度も自宅に軟禁され、父親と共に亡命生活を余儀なくされた。特に金弘一は保安司令部に連行されて拷問を受け、その後遺症で障碍が残った。第十五代国会議員選挙に出馬して当選し、第十七代総選挙では比例代表で当選した。次男・弘業も政治家として活動し、二〇〇七年に全羅南道《チョルラナムド》の務安《ムアン》、新安《シナン》での再補欠選挙で当選した。李姫鎬が産んだ三男・金弘傑は、アメリカのポモナ大学の太平洋研究所客員研究員となり、政治とは距離を置いて暮らしていたが、二〇〇二年の崔圭善ゲートに関係して拘束された。

絶望と希望、そして感激を共にした金大中時代

金大中《キム・デジュン》の時代は経済危機の絶望のなかではじまり、南北首脳会談による平和のたいまつを手に、ワールドカップ準決勝進出の感激で幕を下ろした。

政治では保守と進歩の連立政権を樹立し、均衡のある政策を実施し、国民の参加を誘導し、福祉政策を強化して社会のセーフティネットを確保するために努力した。しかし連立政権の限界が露出し、地域対立の病弊がよみがえり、数々の不正事件が起こり過去の政権の前轍を踏むこととなった。

外交の面では日本と日韓漁業協定を締結し、ワールドカップを共同開催するなど比較的柔軟な関係を維持した。またアメリカのクリントン政権とは友好的な関係を築いたが、ブッシュ政権とは北朝鮮政策に対する立場の違いから確執が続いた。そのため南北首脳会談以後、進展した北朝鮮との関係は

壁にぶち当たってしまった。

経済ではＩＭＦ体制から脱却し外貨保有高も増大して安定を取り戻したが、非正規労働者が増加し、所得の両極化現象が表出した。

社会、文化の側面では、民主主義が定着し、個人の自由と権利が強化され、社会の摩擦によって生じるデモの文化も柔軟化し、ロウソク行進のような非暴力的な姿に変貌した。またインターネットと携帯電話の普及により、デジタル世界の影響力が急速に増大し、映画、ドラマ、大衆歌謡を中心として韓流がかたちづくられ、過去の保護主義から脱却し、韓国文化を世界に知らしめる上でより積極的な姿勢をとるようになった。

3　金大中時代の主要な事件

鄭周永の牛追い訪北と金剛山観光

一九九八年十一月十八日、金剛号《クムガン》が東海港《トンヘ》から初出航し、金剛山《クムガンサン》に向かった。分断以来はじめて韓国の観光客が北朝鮮地域に入る歴史的な瞬間だった。現代《ヒョンデ》グループの創業者・鄭周永《チョン・ジュヨン》が一九八九年に北朝鮮を訪問し、金剛山南北共同開発議定書を締結してから九年後の快挙だった。

鄭周永は一九一五年に、現在の北朝鮮に位置する江原道通川《カンウォンドトンチョン》で生まれた。米屋の配達員として働きはじめ、米屋の主人となったのち、自動車修理工場、鉱山業などをへて、現代自動車重工業を設立し、現代建設、現代重工業、現代セメント、現代電子などを基盤として当時韓国最大の企業グループである現代グループを設立した立志伝中の人物だ。一九八九年に北朝鮮を訪問し、金日成《キム・イルソン》と金剛山の開発問題について合意し、金剛山南北共同開発議定書を締結した。一九九二年には統一国民党を創立し、代表最高委員となり、その年の十二月の第十四代大統領選挙に立候補して旋風を巻き起こしたが、第三位に終わった。

その後政界を引退したが、金大中《キム・デジュン》政府が発足すると、金大中の太陽政策に力を得て対北朝鮮事業の先頭に立った。鄭周永は、一九九八年六月十六日、五百頭の牛をトラックに載せて、板門店《パンムンジョム》を過ぎ軍事境界線を越えて北朝鮮に入った。鄭周永はこの牛を「統一牛」と呼んだ。

彼はこの歴史的な旅程に先立ち、板門店共同警備区域の南側にある「平和の家」でこう語った。

「江原道通川の貧しい農民の息子として生まれ、青雲の志を抱いて三度家出をしたが、三度目のときは父が牛を売って得た七十ウォンを持って家を出ました。今その一頭の牛が一千頭になり、そのときの借金を返し、懐かしい故郷の山河を見に行くのです」

鄭周永はその年の十月二十七日、その約束を守るために五百一頭の牛と共に再び北朝鮮に向かった。自分が盗んだ牛一頭と、千頭の牛を合わせて千一頭の牛をトラックに乗せて北朝鮮に持っていったのである。二度目に統一牛と共に北朝鮮に行った鄭周永は、北朝鮮の金正日《キム・ジョンイル》を説得して金剛山観光事業を実現させた。

一九九九年二月には、対北朝鮮の事業を進める現代峨山《アサン》を設立し、本格的に北朝鮮の開発に着手した。鄭周永は二〇〇一年一月に肺炎で死亡するが、死の瞬間まで統一事業への意志を貫き通した。そのような彼の努力を認定して、二〇〇一年五月、卍海《マンヘ》賞平和賞が授与された。さらに二〇〇六年十一月には『タイム』が選定するアジアの英雄に選ばれ、二〇〇八年にはＤＭＺ平和賞大賞が特別授与された。

一九九八年十一月に金剛山観光がはじまり、二〇〇二年十一月二十三日には金剛山観光地区という特別行政区域に指定され、二〇〇三年二月十四日からは軍事境界線をバスで通過する陸路の観光が開始された。そして二〇〇八年三月からは金剛山乗用車観光が許可された。

金剛山観光は金剛山の周辺地域の開発計画へと発展し、二〇〇六年二月に現代峨山と北朝鮮当局の間で金剛山総合開発計画が合意された。この計画の骨子は、海金剛《ヘグムガン》から元山《ウォンサン》までの約百九キロメートルにおよぶ十九億八千三百四十八万平方メートル（約六億坪）規模の観光特区を造成するというものであった。この計画に投入される資金は二十二億六千万ドルであった。

しかし二〇〇八年七月十一日に、金剛山の観光客が散歩をしていて北朝鮮の軍人が発砲した銃で死亡するという事故が発生し、翌日から金剛山観光は暫定的に中止となった。その後現代峨山は政府の大々的な取調を受け、金剛山観光は暫定的中断状態が続くこととなった。

高級服ロビー事件と特別検事制の導入

一九九九年五月二十四日、金大中《キム・デジュン》政府は内閣改造を断行し、第二期内閣を発足させた。ところがその翌日、マスコミに報道されたひとつの記事のために内閣改造の意味は大きく損なわれることとなった。一九九八年末に、長官と検察庁長の夫人らが高級服を購入したのだが、その代金を財閥の会長夫人に払わせた、というのである。ここで問題となった検察庁長は、新任の法務部長官・金泰政《キム・テジョン》であり、財閥の夫人は新東亜《シンドンア》グループ会長の崔淳永《チェ・スンヨン》の夫人・李馨子《イ・ヒョンジャ》だった。

崔淳永は当時、外貨を不法に持ち出した疑いで拘束されていたが、李馨子は夫を助けるために、高級官僚の夫人に高級服をプレゼントするという方法でロビー活動をした、というのがマスコミの報道内容だった。高級官僚の夫人の名前のなかには、金大中大統領夫人の李姫鎬《イ・ヒホ》の名もあげられていたが、青瓦台《チョンワデ》はこれに対して、事実無根であると表明した。

マスコミに高級服ロビーについての情報を提供したのは、他ならぬ李馨子だった。このため金泰政の夫人・延貞姫《ヨン・ジョンヒ》が李馨子を告発し、検察はこの事件をソウル地検特殊二部のキム・インホ部長に担当させ、すぐに捜査を進めさせた。そしてキム・インホ部長は捜査結果についてこのように発表した。

「李馨子さんが夫を助けるために康仁徳《カン・インドク》前統一部長官の夫人・裵貞淑《ペ・ジョンスク》さんに接近した。裵さんは当時検察庁長であった金泰政の夫人・延貞姫さんを通して善処を頼もうとしたが、うまくいかず、したがってこれに関連して延さんに服を買ってあげたという事実もなかったことが判明した」

検察の発表を受けて、金大中は高級服ロビー事件について、「魔女狩りのようにしてはならない」と一蹴した。しかし金泰政は一週間後の六月八日に更迭された。検察庁公安部長であったチン・ヒョングが酒に酔って、造幣公社のストライキを検察が誘導した、と暴露する事件があったが、それに対する責任をとらされたのである。

金泰政が法務部長官から更迭されたあとも、高級服ロビー事件についての疑惑は解消されず、野党と世論は連日真相を明らかにせよ、と与党と青瓦台に迫った。結局その年の八月二十三日から二十五日までの三日間、国会で聴聞会が開かれた。延貞姫、李馨子、裵貞淑、そして問題の虎柄のハーフコートを売った店の主人・鄭日順《チョン・イルスン》と、デザイナーのアンドレ・キムが聴聞会の証人台に立った。しかし聴聞会では、アンドレ・キムの本名が金鳳男《キム・ボンナム》であるということが判明しただけで、事件については何も明らかにならなかった。市民団体は、この聴聞会は失敗であると断定し、特別検事制を導入しなければならないと主張し、政府は結局これを受け入れ、建国以来はじめて、特別検事制を導入した。

特別検事に任命されたのは弁護士の崔炳模《チェ・ビョンモ》であった。特別検事チームはその年の十二月二十日に調査結果を発表したが、検察の調査結果とは若干内容が異なっていた。検察の調査では、李馨子がロビー活動に失敗したとなっていたが、特別検事は、失敗したのではなく、放棄したのだ、と発表した。李馨子に高級服の代金を払うように要求したのは鄭日順と裵貞淑であったが、李馨子がロビー活動をしたかったのは延貞姫と李姫鎬であった。しかし李姫鎬には会うこともできず、延貞姫からは崔淳永の拘束の方針が確定したという話を聞いただけにとどまった。そのため李馨子はロビー活動そのものを放棄し、金泰政を法務部長官の座から引きずり下ろすつもりで、高級服ロビーの件をマスコミに知らせたのだという。

こうして世間を騒がせ、政界を揺るがした高級服ロビー事件は、検察の捜査、国会聴聞会、そして特別検事まで動員して捜査したにもかかわらず、何の実体もない空虚な結論と疑惑だけを残す結果となった。

太陽政策と六・一五南北共同宣言

太陽政策（sunshine policy）は、金大中《キム・デジュン》の対北朝鮮政策を象徴する用語であり、正式な名称は「対北和解協力政策」である。この政策の端緒は、西ドイツの東方政策であった。「太陽」は、北風が脱がすことのできなかったコートを太陽が脱がしたというイソップの寓話に由来する。

金大中が大統領になったとき、アメリカのクリントン政権は一九九四年のジュネーブ合意以後、北朝鮮に対して宥和的な政策を続けていた。金大中もまた、先平和、後統一の政策を基盤として、北朝鮮に対して宥和的、抱容的な態度を堅持しなければならないと考えていた。これは大統領になる前から一貫して維持してきた考えであった。大統領就任式で太陽政策を明確に示し、金剛山《クムガンサン》観光などを実行し、国家保安法を改正しようとした。ところが一九九九年六月十五日、西海《ソヘ》（黄海）で南北の交戦が起こった。この事件の後、保守新聞は太陽政策に対する大々的な攻撃を行なった。また国家保安法問題についても執拗に金大中政府を攻撃し、国家保安法の改正を阻止してしまった。

しかし金大中は抱容政策を維持し、二〇〇〇年三月九日、ベルリン宣言を発表し、具体化していった。ヨーロッパ巡訪中であった金大中は、ベルリン自由大学で「ドイツ統一の教訓と朝鮮半島問題」というタイトルの演説を行ない、朝鮮半島に平和を定着させ、南北統一を目指す提案、「ベルリン宣言」を発表した。

ベルリン宣言の内容については、演説に先立って北朝鮮に通報してあった。その中心的な内容は四点にまとめられる。第一に、北朝鮮が経済的な困難を克服できるよう援助すること、第二に、現在の目標は統一ではなく朝鮮半島の平和である点を確認すること、第三に、離散家族問題について北朝鮮が積極的に対応すること、第四に、南北当局間の直接的な対話協力が必要であり、そのために特使を交換すること、である。もちろんこの四点は、金大中政府がその初期から一貫して表明してきたことではあるが、ベルリン宣言の意味は北朝鮮が好意的な反応を示した点にあった。

その後南と北は特使を交換し、首脳会談の開催を約束するにいたる。四月十日にこの内容が電撃的に発表された。そして六月十三日、金大中が平壌《ピョンヤン》の順安《スナン》空港に到着し、金正日《キム・ジョンイル》の歓迎を受け、六月十五日に平壌百花園《ペックアウォン》迎賓館で金正日国防委員長と首脳会談を行ない、六・一五南北共同宣言を発表した。その場で合意した五個の基本条項は次のようなものだった。

①南と北は、国家の統一問題を、その主人であるわが民族同士で力を合わせ自主的に解決することにした。

②南と北は、国家の統一のため、南側の連合制案と、北側のゆるやかな連邦制案に共通点があることを認め、この方向で統一を志向していくことにした。

③南と北は、今年の八・一五に、離散した家族、親戚の訪問団を交換し、非転向長期囚問題を解決するなど、人道的な問題をすみやかに解決するようにした。

④南と北は、経済協力を通して民族経済に均衡ある発展をもたらし、社会、文化、体育、保

南北共同宣言（合意文書）の署名前に、喜びの表情を表す金大中と金正日。
〔AFP ＝時事〕

健、環境などの諸般の分野の協力と交流を活性化し、相互の信頼を深めていくことにした。

⑤南と北は、以上の合意事項をすみやかに実践していくために、早い時期に当局間の対話を開催することにした。

金大中大統領は金正日国防委員長がソウルを訪問するよう丁重に招請し、金正日国防委員長は適切な時期にソウルを訪問することにした。

この第四項に基づき、開城《ケソン》工業団地設立についての合意も得られた。また、マスコミ各社の社長団が北朝鮮を訪問し、北朝鮮に米を支援し、非転向長期囚を北朝鮮に送還した。しかし保守メディアはこの一連の事態について連日猛攻撃を加え、北朝鮮と統一問題について合意したのは大統領による国憲紊乱《びんらん》である、という主張まであらわれた。また金泳三《キム・ヨンサム》は金正日を糾弾し、彼のソウル訪問に反対する署名運動を展開した。金泳三は金正日を民族反逆者であると規定し、その金正日と金大中が民族統一の方向について合意したのは、危険な詐欺であると主張した。

保守勢力の反発が強まるなか、金大中はその年の十月十三日、ノーベル平和賞を受賞した。これに対しても保守メディアは非難一色であった。

　こうして六・一五南北共同宣言は、その歴史的な意義にもかかわらず、韓国社会を二分する対立の原因となった。さらに二〇〇〇年十二月のアメリカ大統領選挙で共和党のジョージ・W・ブッシュが勝利したため、南北共同宣言の実践は黒い影に覆われることとなった。

二度にわたる南北海上衝突

　太陽政策と南北首脳会談によって南北間が融和的な雰囲気に包まれた金大中《キム・デジュン》時代であったが、黄海の海上では、南と北の軍隊が二度にわたって武力衝突するという事件が起こった。第一次延坪《ヨンピョン》海戦、第二次延坪海戦と呼ばれる二度の戦闘は、南と北に甚大な人的、物的被害をもたらした。

　一九九九年六月十五日に起こった第一次の交戦は、延坪島の西のＮＬＬ（北方限界線）を北朝鮮の警備艇が侵犯することによってはじまった。当時北朝鮮の警備艇は、六月六日から継続してＮＬＬを侵犯し、韓国軍の反応をうかがっていた。

　ＮＬＬは、一九五三年に国連軍が南北の軍事衝突を抑制する目的で設定した海上の境界線だ。当時国連軍と北朝鮮は、陸上の軍事境界線に合意しただけで、海上については何の合意もなされていなかったため、北朝鮮はＮＬＬを認めようとはしなかった。しかし休戦協定から二十年間、北朝鮮はＮＬＬに対して特別に異議申し立てをしなかったので、ＮＬＬは事実上、海上境界線の機能を果たしてきた。ところが一九七三年以後、北朝鮮は国連軍が中国や自分たちにＮＬＬ設定を通告しなかったと主張し、その是正を要求し続けるようになった。そして一九九九年六月十五日、第一次延坪海戦が起こるのである。

　交戦の当日、北側は四隻の警備艇が二十余隻の漁船を率いて、ＮＬＬの南二キロメートルの海域まで南下してきた。南側の海軍は、チャムスリ級の高速艇と浦項《ポハン》級哨戒艦十余隻を動員し、海軍交戦守則にしたがって警告の放送をした。すると北側の警備艇七隻が韓国海軍の高速艇に接近し衝突するかたちで攻撃してきた。これに対して韓国海軍は二度にわたって体当たりによって警告した。そのとき北側の警備艇六八四号が二十五ミリ機関砲を発砲し、魚雷艇三隻もこの攻撃に加わった。しかし韓国海軍のチャムスリ級高速艇と哨戒艦の反撃により、北側の艦艇は半破して退却した。★19

この交戦でチャムスリ級高速艇三二五号の艇長・安志栄《アン・ジヨン》大尉をはじめ将兵七人が負傷し、国軍首都病院に護送された。一方北側は、魚雷艇一隻が沈没し、警備艇一隻が半破、三隻が破損し、数十人が死傷した。結果は南側の勝利であった。

第二次延坪海戦は、日韓ワールドカップが終盤に差し掛かった二〇〇二年六月二十九日に起こった。この日、北側のトゥンサンゴッ六八四号が韓国海軍チャムスリ級高速艇三五七号に対し突然艦砲による攻撃を仕掛けてきた。

交戦の結果、両軍共に大きな被害をこうむった。先制攻撃を受けたチャムスリ級高速艇三五七号の艇長・尹永夏《ユン・ヨンハ》少佐、韓相国《ハン・サングク》ら将兵六人が戦死し、十九人が負傷した。戦闘が終わってから帰還する途中、高速艇三五七号は沈没した。一方北側は三十余人の死傷者を出し、哨戒艇六八四号は半破して退却した。

こうして二度にわたって武力衝突が起こったが、金大中は北朝鮮に対する抱容政策の基調を変えることはなかった。

★19：最初北側は四隻の警備艇が漁船を率いて越境してきたが、韓国側の警告放送ののち、警備艇と魚雷艇を増派してきた。

第九章　盧武鉉大統領実録

盧武鉉（ノ・ムヒョン）

生年一九四六—没年二〇〇九

出身地　慶尚南道《キョンサンナムド》金海《キメ》郡進永邑《チニョンウプ》

在任期間　二〇〇三年二月—二〇〇八年二月（五年）

「国民統合はこの時代のもっとも重要な宿題です。原則を立て、信頼社会を築きます。平和と繁栄と跳躍の時代へ、正々堂々と努力する人が成功する社会へと進みます」

——第十六代大統領就任の辞より（二〇〇三年）

1　時代の痛みを抱き、新しい世の中を熱望した盧武鉉

貧農の息子が、商業高校を卒業して司法試験に合格する

盧武鉉《ノ・ムヒョン》は一九四六年九月一日、慶尚南道《キョンサンナムド》金海《キメ》郡進永邑《チニョンウプ》で、光州《クァンジュ》盧氏の判石《パンソク》と李順礼《イ・スンレ》の三男二女の三男として生まれた。盧判石は一九〇〇年に盧ハギョンと安《アン》テレの間に生まれた、貧しい農民だった。最初の夫人・趙英希《チョ・ヨンヒ》との間に娘をひとりもうけ、離婚後に再婚したのが、盧武鉉の母・李順礼だった。盧武鉉を産んだとき、李順礼は四十歳で、異腹の姉・明子《ミョンジャ》は十九歳、その下に長兄の英賢《ヨンヒョン》、次姉の英玉《ヨンオク》、次兄の建平《コンピョン》がいた。

盧武鉉は八歳のときに大昌《テチャン》初等学校に入学し、学業成績は優秀だった。初等学校六年のときに全校会長になったのを見ると、内向的な性格ではなかったようだ。進永《チニョン》中学校一年だった一九五九年末、選挙を前に李承晩《イ・スンマン》の誕生日を記念する校内作文大会が開かれたが、これを不当であると思い友人たちと一緒に白紙で提出して停学になった。

翌年、経済状態が悪化して一年休学し、その後正修《チョンス》奨学会の前身である釜日《プイル》奨学会から奨学金を受けて学業を続けた。一九六三年に進永中学校を卒業し、釜山《プサン》の実業系の名門である釜山商業高等学校に進学し、釜山で学校に通った。一九六六年に卒業し、農協の試験を受けたが落ちてしまった。当時釜山商高の卒業生は銀行、農協、大企業の経理部などに就職する例が多かったことから考えると、高校時代の成績はそれほど優秀だったわけではないようだ。その後魚網を作る会社に就職したが、勤務環境が劣悪だったので、しばらくして退職した。

退職後、盧武鉉は肉体労働をしながら司法試験の準備をしたが、合格できず、一九六八年に軍に入隊、一九七一年に満期除隊した。除隊後再び司法試験の準備をし、一九七三年に初等学校の同窓生である権 良 淑《クォン・ヤンスク》と結婚し、息子の建昊《コンホ》と娘の静姸《チョンヨン》をもうけた。盧静姸が生まれた一九七五年に、第十七回司法試験に合格し、二年の研修をへて、判事に任用された。

盧武鉉の最初の勤務地は大田《テジョン》地方法院であった。しかし貧困から抜け出すため、任用されて七ヶ月で退職し、釜山で弁護士を開業した。弁護士時代、盧武鉉は高校での専攻を生かし、税務と会計の分野で名を上げ、収入もかなりのものであった。一時ヨットを趣味とし、贅沢を楽しむこともあった。

釜林事件を契機に在野運動家の道を歩む

盧・武鉉《ノ・ムヒョン》の平穏な生活は、一九八一年に釜林《プリム》事件の弁護を引き受けたことから一変する。釜林事件とは「釜山《プサン》の学林事件」という意味の名称だ。「学林」とはソウルの東崇洞《トンスンドン》（鍾路区《チョンノ》）にあった学林茶房《ハンニムタバン》のことである。一二・一二粛軍クーデターで権力を握った全 斗 煥《チョン・ドゥファン》らの新軍部は、学生運動団体をすべて反国家団体と規定して弾圧していったが、全国民主学生連盟（全民学連）も学林茶房で最初の会合を持ったところで参加者が逮捕された。警察は閔 丙 梪《ミン・ビョンドゥ》らの学生と李泰馥《イ・テボク》らの労働運動家二十四人を連行し、水拷問、電気拷問を加えた。その後彼らは国家保安法違反の罪で懲役一年から無期懲役までの宣告を受けた[★1]。釜山でもこれと似た事件が起きたので、これを釜林事件と呼んだのである。

釜林事件は一九八一年九月に起こった。この事件で学生と市民二十二人が、激しい殴打と拷問を受け、反国家団体の活動をした罪で懲役三年から十年の宣告を受けた（二〇〇九年に開かれた再審で無罪の宣告を受けた）。

★1：二〇一〇年十二月、ソウル高等法院が学林事件の再審で無罪および免訴を判決し、判決文の中で「司法部の過誤によって被告人に苦痛を負わせたことに対し謝罪する。この判決がわずかでも慰めになることを願う」と謝罪した。この再審判決は大法院で二〇一二年六月に確定した。

★2：二〇一三年十二月、釜林事件の弁護に奮闘する盧武鉉を描いた映画『弁護人』（監督：楊宇碩〈ヤン・ウソク〉、主演：宋康昊〈ソン・ガンホ〉／日本未公開）が公開され、大ヒットした。またこの映画は二〇一四年の第三十四回青龍映画賞最優秀作品賞を受賞した。

政界入りする前の盧武鉉は、労働運動や民主化運動にたずさわる人権派弁護士だった。〔聯合ニュース〕

盧武鉉は金光一《キム・グァンイル》、文在寅《ムン・ジェイン》らと共に釜林事件の弁護を引き受け、その後人権弁護士の道を歩むことになる。[★2] 釜林事件以後、政治的に敏感な事件に関連して盧武鉉が参加した事件は、釜山アメリカ文化院放火事件であった。李敦明《イ・ドンミョン》、ユ・ヒョンソク、黄仁喆《ファン・インチョル》、洪性宇《ホン・ソンウ》などソウルでも有名な人権弁護士が盧武鉉と共にこの事件を担当した。

このふたつの事件で盧武鉉は、被告人に対する不法拘禁と拷問行為を暴露し、検察を追及したが、すべての公安事件がそうであるように、弁論の力が大きく作用することはなく、放火事件を主導した文富軾《ムン・ブシク》に重刑が宣告された。釜林事件と釜山アメリカ文化院放火事件以後、釜山の反政府勢力は根こそぎ弾圧されたため、しばらくは政治的な弾圧事件は起きなかった。

盧武鉉が再び公安関係の事件にかかわるのは、一九八三年末に釜林事件で拘束された人々が刑執行停止で釈放されたときからだった。盧武鉉と一緒に弁護士事務所を運営していた文在寅の言葉によると、彼らは最初から人権弁護士の道を歩もうとしたのではなかったという。ただ自分たちに依頼された事件から逃げることなく、彼らの言葉に共感しながら一所懸命に弁論していたら、いつのまにか人権弁護士になっていたというのだ。

盧武鉉は同僚の弁護士・文在寅と一緒に、活動の半径を広げていった。釜山で活動している人権弁護士はそれほど多くはなかったので、昌原《チャンウォン》、馬山《マサン》、蔚山《ウルサン》、巨済《コジェ》などの地域から労働問題関係の依頼が相次ぎ、そのため自然に釜山、慶南《キョンナム》地域全体が活動範囲となっていった。その後盧武鉉の事務所は、釜山、蔚山、慶南地域の労働者人権センターのようになっていった。

当時釜山の在野活動家は、ほとんど公害問題研究所に属していた。新軍部の弾圧が厳しく民主化運動の看板を掲げて活動することができないため、環境団体のような名前をつけたのだが、その実態は反独裁闘争のための団体であった。盧武鉉は一九八四年に発起人として参加し、文在寅と共に理事となった。翌一九八五年に全斗煥《チョン・ドゥファン》政権の力が弱まった隙を突いて、釜山民主市民協議会が結成され、盧武鉉はこの組織の発起人となり、常任委員長と労働分科委員長となった。続いて盧武鉉は自分の事務所に、労働法律相談所を開設した。文在寅は、本格的に在野の反政府運動に足を踏み入れたのはこのときであった、と回顧している。

六・一〇闘争の先頭に立つ

一九八五年から、全斗煥《チョン・ドゥファン》政権に対する市民の抵抗は次第に激しいものとなっていった。大学でも総学生会が復活し、大学街では連日デモが行なわれ、大学のキャンパスは常に催涙弾の刺激臭に包まれていた。街と広場でもデモが絶えることはなかった。釜山地域でデモが予想されると、警察は在野人士が現場に行けないように妨害した。盧武鉉《ノ・ムヒョン》もその対象者であった。重要な集会が予定されているときは、事務所の外に出られないよう「事務室軟禁」にされた。なんとかデモの現場に出向いても、情報課の刑事が常に尾行していた。盧武鉉だけでなく、すべての在野人士に情報課刑事の尾行がつけられた。

一九八六年に入ると、盧武鉉は一般の事件を引き受けるのはやめて、公安関係の事件だけを担当した。そうしたなか、一九八七年一月、朴鍾哲《パク・ジョンチョル》拷問致死事件が起こった。「捜査官が机をドンと叩いたら、ウッと言って倒れた」というのが警察庁長の説明であった。朴鍾哲は釜山《プサン》の出身だったので、特に釜山の市民の怒りは天を衝くほどだった。「朴鍾哲君国民追悼会準備委員会」が設立され、盧武鉉は文在寅《ムン・ジェイン》と共に準備委員として参加した。追悼会は釜山の大覚寺《テガクサ》で行なわれる予定だったが、警察の妨害によって開くことができなかった。そこで追悼会は南浦洞《ナムポドン》の釜山劇場前の広場で行なわれた。その広場が街頭時局集会場となったのである。遅れて出動してきた警察が催涙弾を打ち込んで突入し、盧武鉉も連行された。それ以後盧武鉉には幾度も令状が請求されたが、すべて棄却された。いつのまにか盧武鉉は全国的な有名人になっていた。

一九八七年、全斗煥が「四・一三護憲措置」を発表すると、これに反発する野党と在野人士、市民は大統領直選制を叫び、六・一〇抗争に突入した。そしてついに軍部政権の降伏宣言とも言われる盧泰愚《ノ・テウ》の「六・二五宣言」を引き出すことに成功した。六・一〇抗争の間、盧武鉉は釜山国民本部常任執行委員長として抗争を陣頭指揮した。

労働者のために国会議員となり、聴聞会のスターとなる

一九八七年八月、大宇《テウ》造船の労働者・李錫圭《イ・ソッキュ》が労働条件の改善を要求するデモに参加し、警察が撃った催涙弾が命中して死亡した。盧武鉉《ノ・ムヒョン》は李相洙《イ・サンス》弁護士と共にこの事件の弁護を担当した。ところが盧武鉉と李相洙はこの事件に関連して、第三者介入と葬儀妨害の嫌疑で拘束されてしまった。これに対して同僚の弁護士・文在寅《ムン・ジェイン》が弁論を引き受け、九十九人の共同弁護人団を組織した。弁護人団

は裁判所に拘束適否審査を申請し、数十人の弁護士が弁護人席と傍聴席を埋めた。そのおかげで盧武鉉は拘束されてから二十三日で釈放された。しかし検察はその年の十一月に、盧武鉉を不拘束起訴し、同時に業務停止命令を下した。そして一九八八年二月に、裁判所は罰金百万ウォンを宣告した。盧武鉉はこれを不当だと考えて控訴したが、政治活動が忙しいためみずから取り下げた。

そのころ盧武鉉は政治の世界に足を踏み入れていた。統一民主党(民主党)総裁の金泳三《キム・ヨンサム》の勧めで、一九八八年四月二十六日に実施された第十三代総選挙に出馬したのである。当時盧武鉉は釜山《プサン》の南《ナム》区に住んでいたが、東《トン》区からの出馬を選択した。民主党は盧武鉉が南区から出馬すると考えて南区を空けていたのだが、盧武鉉は東区から出馬し第五共和国の実力者であった許三守《ホ・サムス》に挑戦することを望んだのである。周りの人はみな止めたが、盧武鉉の決意は固かった。このときの盧武鉉の選挙スローガンは「人間が生きる世の中」であった。そして許三守との接戦の末、勝利した。得票率は五〇・六パーセントであった。

第十三代国会議員となった盧武鉉は、労働委員会で活動した。労働者のために国会に入ったのだから、当然の帰結であった。李錫圭事件のときに一緒に拘束された李相洙、そして学生運動出身の李海瓚《イ・ヘチャン》と共に、この三人は労働委員会の三銃士とも呼ばれた。

その年の十一月、第五共和国不正特別調査委員会の聴聞会が開かれた。盧武鉉はこの聴聞会で、優れた弁論と理路整然とした質問、そして舌鋒鋭い叱責で注目を集めた。特にこの聴聞会に出席して無罪を主張していた全斗煥《チョン・ドゥファン》が退場すると、証言台に向かって名札を投げつけたのだが、この行動は国民の耳目を集めることとなった。しかしこの日彼が名札を投げつけたのは、全斗煥のためではなく、野党の側に立つことのない民主党指導部に腹を立ててやったのだと、本人は語っている。いずれにせよ盧武鉉はこの聴聞会で一躍スター政治家となったのである。

両金の壁にぶち当たる

第五共和国の聴聞会以後、政界は大きな地殻変動に見舞われた。一九九〇年一月、民主党総裁、金泳三《キム・ヨンサム》は民正党、共和党と手を握り民自党を発足させた。しかし盧武鉉《ノ・ムヒョン》は金泳三と行動を共にしなかった。盧武鉉は、金泳三の三党合併参加は、民主化運動に対する明白な裏切り行為であると判断し、金泳三と決別した。

盧武鉉は民主党に残り、一緒に残留した金正吉《キム・ジョンギル》、李基沢《イ・ギテク》、無所属議員の洪思徳《ホン・サドク》、李哲《イ・チョル》らと共にあらためて民主党を結党した。いわゆる「ミニ民主党」である。その後の盧武鉉の政治人生は苦難の連続であった。一九九二年の総選挙では釜山東区《プサンドン》から出馬したが落選し、一九九五年にはミニ民主党と金大中《キム・デジュン》の新民主連合が合併した民主党候補として釜山市長選に出馬したがやはり落選した。

このころ、一九九二年の大統領選挙で敗れてから引退していた金大中《キム・デジュン》が政界に復帰してきた。金大中は新政治国民会議（国民会議）を作り、民主党国会議員の大多数がこれに参加した。しかし盧武鉉は今度も民主党に残った。そして民主党と改革新党が統合した統合民主党（民主党）が結成されるとこれに加わった。

翌一九九六年四月十一日、第十五代総選挙が実施され、盧武鉉はソウル鍾路《チョンノ》区から出馬し、新韓国党の李明博《イ・ミョンバク》、国民会議の李鍾賛《イ・ジョンチャン》と戦ったが、三位で落選した。盧武鉉が選挙で敗れるたびに、文在寅《ムン・ジェイン》は、政界から引退してまた人権弁護士として活動しよう、と誘ったが、盧武鉉は耳を貸さなかった。金泳三と決別して以後連続して選挙で敗北しているにもかかわらず、今度は国民統合推進会議（統推）を結成し、地域感情の壁を破ることを目標とした。国民統合推進会議に参加したのは、盧武鉉、金元基《キム・ウォンギ》、元恵栄《ウォン・ヘヨン》、李哲、諸廷垢《チェ・チョング》、朴啓東《パク・ケドン》、李富栄《イ・ブヨン》、金正吉など、比較的清潔で斬新な政治家たちだった。しかし彼らは両金の壁をそうたやすく突き破ることはできなかった。

地域感情の壁に挑戦して「馬鹿」という愛称を得る

国民統合推進会議は両金の壁を突き破るために結成されたのだが、一九九七年の第十五代大統領選挙を前にして、分裂する。民主党の大統領候補であった趙淳《チョ・スン》が、新韓国党と合併してハンナラ党を結成したのを受けて、国民統合推進会議は国民会議派とハンナラ党派に割れてしまったのである。盧武鉉《ノ・ムヒョン》、金正吉《キム・ジョンギル》、金元基《キム・ウォンギ》は、新韓国党の根が軍事政権であり、彼らを断罪して政権交代を達成しなければならないという名分で国民会議を選択した。一方李富栄《イ・ブヨン》、李哲《イ・チョル》らは、三金政治を清算するという名分を立ててハンナラ党を選択した。

一九九七年の大統領選挙で金大中《キム・デジュン》が勝利すると、盧武鉉は与党に加わることになり、一九九八年七月に実施された国会議員補欠選挙で鍾路《チョンノ》区から出馬し、当選した。

ところが二〇〇〇年四月に実施された第十六代総選挙で、盧武鉉は鍾路区を選ばず、再び釜山北《プサンブク》・江西乙《カンソウル》から出馬した。このとき彼は国民会議が拡大改変された新千年民主党（民主党）の候補であった。民主党は金大中の党、あるいは湖南《ホナム》地方の党と思われていた。そのため民主党所属で釜山から立候補しても当選する可能性はきわめて低かった。それでも盧武鉉は、地域感情の壁を突き破るのだ、との意思を鮮明にして、あえて釜山から出馬したのである。

盧武鉉は、この選挙で敗れたら政治から手を引く、と文在寅《ムン・ジェイン》に語っていた。そして落選した。ところが、奇妙なことが起こったのである。当選の可能性が高い鍾路区を拒否し、わざわざ釜山を選択して落選すると、彼に「馬鹿な盧武鉉」という愛称をつけて、彼を熱烈に支持する人々があらわれたのである。彼らは自発的に「盧《ノ》武鉉を愛する人《サ》々の集《モ》い」★3を組織した。これが盧武鉉のしっかりとし

★3：ノサモ——盧武鉉を（ノムヒョヌル）愛する人々の（サランハヌンサラムドゥレ）集い（モイム）の最初の一文字を取ってノサモと名付けられた。偶然ではあるが、「盧思慕」と音が同じになる。

た支持基盤となったのである。

ノサモを足がかりに大統領に当選する

釜山《プサン》から出馬して落選した後、金大中《キム・デジュン》は盧武鉉《ノ・ムヒョン》を海洋水産部長官に任命した。盧武鉉は二〇〇〇年八月から二〇〇一年三月まで、長官の任務を遂行した。このころ、ネティズンを中心に、ノサモの会員数がどんどん増えていった。ノサモの大半を占めていたのは、三八六世代★4を中心とした青年、壮年層であった。三八六世代とは、一九九〇年代に三〇代で、一九八〇年代に学生であり、一九六〇年代に生まれた人々を指す。

インターネットを中心に形成されたノサモの威力は、二〇〇一年に入ると表面にあらわれてきた。二〇〇一年九月六日、盧武鉉は釜山で、民主党から大統領選挙に立候補すると公式に宣言した。民主党の大統領候補選挙は、全国十六の地方を巡回し、党員と応募した国民が半分ずつ直接投票する「国民参加選挙」であった。

この選挙に出馬したのは、李仁済《イ・インジェ》、金槿泰《キム・クンテ》、金重権《キム・ジュングォン》、柳鍾根《ユ・ジョングン》、鄭東泳《チョン・ドンヨン》、韓和甲《ハン・ファガプ》、盧武鉉の七人であった。このうちもっとも有力視されていたのは李仁済であった。李仁済は第十五代大統領選挙で、国民新党の候補として出馬して一九・二パーセントを得票し、金大中が当選したのは李仁済が票を割ったからだと言われた人物だ。彼は民主党に加わり、次期大統領を狙っていたのである。

ところが選挙がはじまると、李仁済独走と思われていたにもかかわらず、様相は異なってきた。最初の選挙の地である済州道《チェジュド》では意外にも韓和甲候補が一位となり、盧武鉉は李仁済に次いで三位であった。次の選挙地である蔚山《ウルサン》では盧武鉉が一位となった。そのころマスコミが実施した世論調査で、盧武鉉と李会昌《イ・フェチャン》との一騎打ちとなれば僅差で盧武鉉が勝つという結果が出たと発表された。

★4：三八六世代――一九八〇年代半ばに発売されたインテルの八〇三八六プロセッサーを搭載したコンピュータを三八六機と呼んでいたのに引っ掛けた用語。

三番目の選挙地である光州《クァンジュ》で、盧武鉉は予想に反して一位となった。金大中の政治的地盤である光州で盧武鉉が勝利したということは、湖南《ホナム》の民心が盧武鉉に傾いているということを意味していた。その意味で、光州は選挙で最大の勝負どころであった。ここから「盧風」が吹きはじめた。続く大田《テジョン》、忠清《チュンチョン》圏の選挙では李仁済に一位を譲ったが、その後盧武鉉は勝利を重ね、四月二十六日に実施されたソウルでの選挙で、民主党の第十六代大統領候補に選定された。

選挙に勝利した直後、盧武鉉の支持率は六〇パーセントを超えていた。しかし時がたつにつれ、その支持率は下がっていった。金大中の息子たちの不正問題のため民主党の支持率が地に落ち、その余波で六月に実施された地方選挙で民主党は惨敗した。すると党内から、反盧武鉉勢力と、非盧武鉉勢力が候補交代論を主張しはじめた。さらに六月のワールドカップで韓国が準決勝に進出したことに力を得て大統領選挙に立候補した大韓サッカー協会会長の鄭夢準《チョン・モンジュン》の支持率が急上昇していた。それに対して盧武鉉の支持率は一〇パーセント台まで落ち込んでいた。

こうなると党内から、盧武鉉カードを捨てて鄭夢準カードを使うべきだ、という声が力を得てきた。これを支持する勢力が脱党して候補一本化推進協議会を結成し、露骨に盧武鉉に圧力を加えはじめたのである。

こうした状況のなか、盧武鉉は正面突破を選択した。地方選挙で惨敗した後は、候補再信任を問うというやり方で党務会議の支持を引き出し、鄭夢準に対しては一本化の提案を受け入れたのである。一本化の方法についての協議でも、鄭夢準の要求をほとんど受け入れるという大胆な姿勢を示した。盧武鉉にとってはもっとも不利であると思われた、世論調査による一本化まで承諾した。これについて盧武鉉側は「勝敗を超越した決断」であると表現した。

そして二〇〇二年十一月二十四日、本格的な世論調査が実施され、盧武鉉は四・六パーセントの差で鄭夢準を破り、統一候補となった。盧武鉉が鄭夢準に勝利すると、再び世論は盧武鉉のほうに傾いていった。しかし悪材料も残っていた。候補選で敗れた李仁済が離党して李会昌支持を宣言したのである。さらに一本化で敗れた鄭夢準も、投票の前日である十二月十八日、突然盧武鉉支持を撤回してしまった。

こうした悪条件のなかで実施された投票であったが、国民は盧武鉉を選択した。支持率は四八・九パーセントで、二位の李会昌との差は五十七万九百八十票であった。盧武鉉が勝利したのは、何よりも揺るぐことのない信念と、正道を行くためにはすべてを捨てる大胆な態度のゆえだった（アメリカ軍の装甲車によって女子中学生が死亡した事件による国民の反米感情の高まりも、ある程度盧武鉉の当選に寄与したという分析もある。ふたりの女子中学生がアメリカの装甲車に轢き殺された事件の後、「米韓駐屯軍事委協定」の改正を叫ぶロウソク集会が激化し、アメリカに対する感情も悪化していった。このとき盧武鉉は「写真を撮るためにアメリカに行かない」と発言するなど、韓国人の自主性と自尊心を守る態度を見せ、これが世論に肯定的な影響をおよぼしたのである）。

紆余曲折の末、大統領選挙に勝利した盧武鉉は、二〇〇三年二月二十五日、大韓民国第十六代大統領に就任した。

2　平和と和合のための、盧武鉉の果敢な政治実験

弾劾された盧武鉉、勝利したヨルリンウリ党

盧武鉉《ノ・ムヒョン》は自分の政府を「参与政府」と命名し、国民と共に築く民主主義、共に生き均衡発展する社

会、平和と繁栄の東北アジア時代などを国政の目標とした。これまでのいかなる政府よりも国民の参加を優先する、という意図だった。この点を強調するため大統領引受委員会★5は「国民参与提案センター」を設置した。国民から人事についての推薦を得るためであった。民主主義の権力は国民に由来するものであるから、国家の権威主義的な態度を捨て、国民を主人として仕えるという姿勢だった。これを実現するために政治の分野の課題に「参加と統合の政治改革」という項目も加えた。

しかし盧武鉉は、その初期から大型事件に遭遇し、権威主義ではなく、権威の喪失の危機に苦しむことになる。金大中《キム・デジュン》政府末期に問題となった対北送金事件をめぐって、国会を通過した特別検事制を容認したことで金大中と対立するが、これが党内の非盧武鉉派、反盧武鉉派の強い反発を呼んだ。さらにアメリカのイラク攻撃により、イラク派兵問題が保守派と進歩派の対決の様相を示すようになった。盧武鉉はイラク派兵を国益という次元だけで判断したが、これに進歩派が反発した。またアメリカ訪問中に、朝鮮戦争のときにアメリカが助けてくれたことに対して過度な賛辞を送ったことに対して屈辱外交であるという声も上がった。そして韓国大学総学生会連合（韓総連）の学生が、五・一八記念行事に参加するため光州《クァンジュ》を訪れた盧武鉉を阻止するデモを繰り広げるにいたった。大統領選挙では積極的に盧武鉉を支持していた檮杌《トオル》★6・金容沃《キム・ヨンオク》も「あなたの良心は腐っている」と批判した。対北送金特別検事制の容認と、イラク派兵の決定は、盧武鉉を支持していた人々のかなりの部分が盧武鉉に背を向ける結果を誘発したのである。

盧武鉉はマスコミとも衝突した。『朝鮮日報』、『中央日報』、『東亜日報』が一丸になって盧武鉉を攻撃し、また文化観光部の記者室解放とブリーフィング制度の導入も、メディアの非難を浴びた。文化観光部のブリーフィング制度を、メディアは取材制限であると受け取り、このため盧武鉉が李滄東《イ・チャンドン》文化観光部長官を前面に押し立ててメディアと戦争をしようとしている、という声まで上がった。過去の権力に対しては卑屈に振る舞っていたマスコミが、『朝鮮日報』、『中央日報』、『東亜日報』

★5：大統領引受委員会——大統領に当選した者が円滑に大統領職を引き継ぐために設けられた組織。当選者が大統領に就任して三十日が経過すると解散する。

★6：檮杌——二〇〇〇年のベストセラー『老子と二十一世紀』（原題）の著者である哲学者・金容沃の号。

に代表される保守新聞を中心として、支持基盤の弱い盧武鉉を徹底的に痛めつけた、という面もあった。

そうしたなか、大統領選挙の資金の問題が取り沙汰された。盧武鉉の大統領選挙資金を管理していた崔導術《チェ・ドスル》、安熙正《アン・ヒジョン》が拘束される事態になり、これに対して盧武鉉は、大統領選挙における不法な資金の規模がハンナラ党の十分の一を超えれば政界を引退するとまで発言した。さらに実兄の盧建平《ノ・コンピョン》の土地投機の疑惑までが飛び出してきた。

保守言論は連日盧武鉉の言動を批判し、側近の不正疑惑を問題にした。それらの指摘はまったく根拠のない非難というわけではなかった。盧武鉉の発言には、彼の支持者でさえ眉をひそめるようなものがあった。日本訪問中に、金九《キム・グ》は失敗した政治家だと言ったり、独島《トクト》を「タケシマ」と表現したりもした。言論と政界からの攻撃が続くと、大統領なんてやってられない、と言って物議をかもしたこともある。国民の世論も、盧武鉉政府の国政運営でもっとも大きな問題は、大統領の言行だ、と指摘するほどだった。

一方民主党の内部では、新党を作るべきだと強く主張する人たちもあらわれた。大統領選挙のときから親盧武鉉派と反盧武鉉派の軋轢はあったが、政府が発足してから両派の対立はこれ以上同じ党にとどまることはできないという状況にまで発展した。親盧武鉉派は地域感情の克服を主張して新党を作るべきだと主張し、反盧武鉉派は新党の結成は裏切り行為だと非難した。党務会議で乱闘騒ぎが起こったこともあった。民主党は生きた屍のような状態であった。

民主党内部の対立は日に日に深刻なものとなり、ついに親盧武鉉派が新党の創党を宣言した。新党にはハンナラ党の改革派の一部も合流した。そのひとりである李富栄《イ・ブヨン》は「新党は湖南《ホナム》党や不正腐敗を受け継ぐわけにはいかない」と発言して民主党を非難し、民主党はこれに強く反発して新党結成勢力を裏切り者だとか機会主義者だとか言って批判した。

こうして民主党はふたつに分裂し、親盧武鉉派は二〇〇三年十一月にヨルリンウリ党を設立した。[★7] 盧武鉉は公式の場でヨルリンウリ党を支持する発言をして、中央選挙管理委員会から警告を受けた。これを契機として、民主党、ハンナラ党、自民連が二〇〇四年三月に大統領弾劾訴追案を発議し、国会を通過させてしまった。

これによって盧武鉉は、就任一年にして、大統領の職務を停止されることになったが、世論は逆に盧武鉉に対して好意的な態度をとるようになった。国民が選んだ大統領を国会が勝手に追い出すのは許されない、という声が上がり、この流れによって、その年の四月に実施された総選挙でヨルリンウリ党が勝利することになった。

盧武鉉を笑わせ、そして泣かした憲法裁判所

ヨルリンウリ党の勝利を国民の意思と受け取った憲法裁判所が、五月十四日、国会の弾劾訴追可決案を棄却し、盧武鉉《ノ・ムヒョン》は大統領の職務を再び遂行できるようになった。

就任一年にして弾劾を受け、苦しい時間を過ごした盧武鉉は、憲法裁判所の決定によって大統領に復帰した。青瓦台《チョンワデ》の迎賓館ではヨルリンウリ党の国会議員が歌う「イムのための行進曲」[★8]が響きわたった。盧武鉉はこの席で「百年続く政党を作ろう」と決意を表明し、ヨルリンウリ党の勝利を祝った。

しかし盧武鉉の支持率は再び落ちていった。弾劾の逆風で六〇パーセントまで上がった支持率は、盧武鉉が青瓦台に戻った二〇〇四年五月には四〇パーセントまで落ち、六月五日に実施された地方選挙の再補欠選挙でヨルリンウリ党は惨敗した。地域感情を克服しようという趣旨で作られたヨルリンウリ党は、嶺南《ヨンナム》地域はもちろん、忠清《チュンチョン》、首都圏でも破れ、湖南《ホナム》でも民主党に押される格好となった。次の総選挙でヨルリンウリ党が地盤として頼りにする地域はどこにもなくなるということを予告する

★7：ヨルリンウリ党――「開かれたわれわれの党」という意味。

★8：イムのための行進曲――もともとは一九八一年に民主化運動のなかで作られた音楽劇において、光州蜂起のとき全羅道庁に立てこもって戒厳軍に殺された市民軍のスポークスマンと、労働運動のなかで死亡した女子大生の霊魂結婚式にささげる歌として作られたが、いつの間にか民主化運動を象徴する歌のひとつとなった。盧武鉉の愛唱歌でもあり、盧武鉉の葬儀のときにも歌われた。歌詞は白基玩（ペク・キワン）の詩を黄晳暎（ファン・ソギョン）が改編したもの。五・一八光州記念式典でも歌われていたが、李明博政権、朴槿恵政権になり式典での歌からはずされ、大きな社会問題となっている。二〇一五年の式典では、朴槿恵政権が「イムのための行進曲」斉唱を拒否したことに抗議して、遺族など在野団体が政府主催の光州慰霊祭典への参加を拒否し、同じ時刻に光州道庁前で独自の式典を開催した。

愛も名誉も名前すら残すことなく
生涯を貫き通す熱き誓い

同志は逝き、旗だけが靡く
新しい世が来るまで、揺らぎはしない
時は過ぎても、山河は知っている
目覚めて叫ぶ、熱い叫び
わたしが先頭を行く、命ある者は続け
わたしが先頭を行く、命ある者は続け

★9：ザイトゥーン——アラブ語でオリーブの意。平和を象徴するという意味でこう命名された。

事態だった。

二〇〇四年八月にザイトゥーン部隊[★9]がイラクに向かった。政府は、派兵反対の世論のため、将兵の歓送式すら公式に行なうことができなかった。ザイトゥーン部隊が出発すると、イラク派兵反対国民運動、民主労働党、韓総連などは青瓦台の近くで記者会見を開き、名分のない派兵に反対し、追加派兵を即時中止せよ、と訴えた。さらに、派兵を強行しようとする盧武鉉は退陣せよ、という声まで上がった。

数日後の光復節の慶祝辞で盧武鉉は、反民族親日行為および過去の権力の人権侵害と不法行為に対する包括的な真相究明を提案した。これに対してハンナラ党の朴槿恵《パク・クネ》代表は、過去の清算問題に関連して、親北朝鮮活動と容共活動も調査対象に含めなければならないと主張した。

この問題をめぐって与野党間で熾烈な攻防が展開されるなか、『新東亜』九月号にヨルリンウリ党の議長・辛基南《シン・ギナム》の父親が日本軍の憲兵として服務していたという記事が掲載され、辛基南が議長職を退くという事件が発生した。

そして八月二十六日、憲法裁判所は、国家人権委員会から廃止の勧告を受けている国家保安法について、合憲であるとの決定を下した。これに反発したヨルリンウリ党は、民主労働党と連合して、九月一日、定期国会で、国家保安法、私立学校法、過去史真相究明法、言論関係法の四つの法案を、改革の対象に指定した。

ところが翌九月二日、大法院が国家保安法廃止論に反駁する判決文を下した。これは異例の事態だった。三日後、盧武鉉が生放送に出演し、国家保安法は博物館に送るのがよい、と語り、憲法裁判所、大法院などの司法機関と真っ向から対峙する姿勢を見せた。十月四日には三百余の保守団体、キリスト教団体の会員十万余の人が、国家保安法廃止反対の集会を開いた。彼らは、私立学校法改正は宗教弾圧である、とも訴えた。

四大改革立法問題をめぐって、保守派と進歩派の間で激しい論争が繰り返されるなか、憲法裁判所は十月二十一日、もうひとつの重要な判決を下した。新行政首都建設特別法が違憲であるという判決だ。新行政首都建設は、盧武鉉の大統領選挙での公約であり、盧武鉉は当選直後からそのための準備を進めていた。二〇〇三年十二月に、与野党が合意して新行政首都建設特別法が通過し、この法律は二〇〇四年一月に公布され、四月十七日に施行された。そして二〇〇四年六月に、忠清道《チュンチョンド》の四地域が、新行政首都の最終予定地に選定されたのだが、これに反発する声は激しかった。李石淵《イ・ソギョン》弁護士らが七月十二日に、この法律が合憲であるか違憲であるかを問う憲法訴訟を憲法裁判所に請求し、憲法裁判所は三ヶ月の審理をへて違憲判決を下したのである。九人の裁判官のうち違憲の決定に賛成したのは八人であった。新行政首都建設特別法が、韓国の首都はソウルであるという不文の慣習憲法に違反している、というのが決定文の趣旨であった。国民の六〇パーセントが憲法裁判所の決定を歓迎した。

盧武鉉は、憲法裁判所の決定に対して、国会の憲法上の権限が憲法裁判所によって傷つけられた、と指摘した。しかし国会に弾劾された大統領を憲法裁判所が救ったという事実から考えると、大統領が憲法裁判所の決定を尊重しないというのは矛盾ではないか、という声も上がった。

飛翔するハンナラ党、墜落するヨルリンウリ党

国家保安法、私立学校法改正、行政首都建設問題などをめぐって保守派と進歩派が鋭く対立するなか、保守陣営に新たな動きがはじまった。新保守主義を意味するニューライトと呼ばれる動きだ。ニューライトの中心は、学生運動の出身者のなかで右派に転向した人々で構成された「自由主義連帯」だった。二〇〇四年十一月に発足した自由主義連帯は、守旧左派と守旧右派の守旧政治は終わらせなくてはならない、と主張し、二十一世紀の時代精神に合う自由主義を宣言した。これに呼応してハン

ナラ党内部でもニューライトの集まりが発足した。また新行政首都建設特別法に関して憲法訴訟を提出した李石淵《イ・ソギョン》を中心とする「憲法フォーラム」が組織され、徐京錫《ソ・ギョンソク》牧師を中心とするキリスト教保守勢力が結集し「キリスト教社会責任」が結成された。

保守勢力の結集によって、インターネットでの保守と進歩の論争は熾烈なものとなった。ニューライト運動以前、インターネットは進歩陣営の独壇場であったが、資本と組織を前面に押し立てたニューライト運動勢力の登場により、両者の力関係は拮抗するようになった。進歩陣営と保守陣営とのサイバー戦争がはじまったのである。これはインターネット上の論争に弱かったハンナラ党には追い風となった。

十二月六日、ヨルリンウリ党が、国家保安法廃止案を国会法制司法委員会に単独上程した。上程の過程では物理的な衝突もあった。しかしハンナラ党の反発と、内部調整の失敗から本会議への上程は延期となった。

こうして盧武鉉《ノ・ムヒョン》政府は二年目を迎える。二〇〇五年のはじめ、盧武鉉は六人の長官を交替し、国民の情緒に合わせるための内閣改造であると付け加えた。その過程で民主党の金孝錫《キム・ヒョソク》議員を教育部総理に任命しようとして、中止するという事件があった。これに対し民主党は、民主党に対する破壊工作であると激しく盧武鉉を追及した。

民主党の攻勢は世論にも影響した。ヨルリンウリ党は二〇〇五年四月三十日の再補欠選挙に備えてハンナラ党をはじめとする他党の人士を迎え入れていったが、結果はハンナラ党の圧勝であった。ヨルリンウリ党は嶺南《ヨンナム》と忠清《チュンチョン》でハンナラ党に敗れ、湖南《ホナム》で民主党に敗退した。ヨルリンウリ党は二十五の議席をすべて明け渡し、百五十二議席で過半数を超えていた議席は百四十六議席に減少した。野党優勢のねじれ国会となったのである。

状況がこうなると、ヨルリンウリ党の議長、文喜相《ムン・ヒサン》は公開の席で、民主党と統合すべき時期が来た、と主張し、院内代表の丁世均《チョン・セギュン》も、兄弟と同様の民主党と合併しなければならない、と力説した。しかし民主党は、消えゆく政党とどうして統合しなければならないのだ、と揶揄するばかりだった。

こうしたなか、盧武鉉は彼なりの勝負手を放つ。ハンナラ党に対して連立政権の樹立を提案したのである。盧武鉉は、選挙区制を改編して地域対立を克服することができるのであればハンナラ党に政権を譲り渡してもよい、と付け加えた。しかしハンナラ党の朴槿恵《パク・クネ》代表は、盧武鉉の提案を一蹴した。ヨルリンウリ党の内部からもこれに反発する声が上がった。しかし盧武鉉は連立政権の提案を続け、そのため支持率は二〇パーセントに落ち込んだ。

十月二十六日に実施された再補欠選挙でもハンナラ党が圧勝した。湖南出身者が四〇パーセントを占めるといわれている富川遠美《プチョンウォンミ》区甲《カプ》でさえ、ハンナラ党で嶺南出身の林亥圭《イム・ヘギュ》が当選したのである。ヨルリンウリ党の議席は百四十四議席に減少し、ハンナラ党は第十七代総選挙の結果よりも六議席多い百二十七議席を確保した。ヨルリンウリ党は、議席数では第一党であったが、支持率はハンナラ党の半分にも満たない一六パーセントであった。ヨルリンウリ党は民主党との合併に頼るしかない状況であった。

さらに二〇〇六年はじめ、盧武鉉はヨルリンウリ党からの離党を示唆する発言をし、ヨルリンウリ党の支持率はさらに低下した。その上、新しく保健福祉部長官となった柳時敏《ユ・シミン》★10の資格問題が政治問題化し、三・一節に李海瓚《イ・ヘチャン》がゴルフをした、ということがマスコミに攻撃されるなど、参与政府の人気はますます地に落ちていった。そして五・一三地方選挙では見る影もない惨敗を喫する。

この選挙でヨルリンウリ党は全部で十六ある広域自治体首長の選挙で、わずか一ヶ所で勝利しただけだった。ハンナラ党は十二ヶ所で勝利した。また全国の二百三十の基礎自治体首長のうち、ヨルリンウリ党が獲得したのはわずか十九のみで、ハンナラ党は百五十五ヶ所を獲得した。広域議員はハンナラ党の五百五十七人に対し、ヨルリンウリ党は五十二人であった。政党得票率は、ハンナラ党

★10：柳時敏は一九九三年三月に、聖公会（ソンゴンフェ）大学兼任教授に任じられたことがある。その際、教授職の資格要件である博士号を持っていなかったのではとハンナラ党が指摘。学歴詐称疑惑が持ち上がり、柳時敏は釈明に追われた。

五三・八パーセント、ヨルリンウリ党二一・六パーセントであった。盧武鉉の支持率も一〇パーセント台に下落した。

十月はじめ、金大中《キム・デジュン》はマスコミとの会見で、ヨルリンウリ党の結成を批判する発言をし、数日後、党議長をつとめたこともある鄭東泳《チョン・ドンヨン》がマスコミとのインタビューで、ヨルリンウリ党は失敗であり、責任を痛感すると語った。その二週間後には、ヨルリンウリ党の中心メンバーである金槿泰《キム・クンテ》、千正培《チョン・ジョンベ》、鄭大哲《チョン・デチョル》らが、大統合新党を推進しなければならない、と主張した。十一月七日、院内代表の金漢吉《キム・ハンギル》が国会の演説で、ヨルリンウリ党の政治実験は終わりにしなければならないと宣言した。

そのころ実施された世論調査で、ヨルリンウリ党の支持率は八・三パーセント、盧武鉉の支持率は九・九パーセントであった。ヨルリンウリ党の没落であった。ヨルリンウリ党の政治実験は、夏の夜の夢と消えたのである。二〇〇六年十二月二十八日、ヨルリンウリ党の金槿泰議長と鄭東泳前議長が新党結成に合意した。もちろん、盧武鉉は排除された。こうして盧武鉉の政治実験は失敗に終わった。

盧武鉉特有の対北朝鮮融和論と、アメリカに対する実用論

盧武鉉《ノ・ムヒョン》政府の国防、外交理論は、東北アジア均衡者論と、自主国防であった。アメリカに従属してきた外交の形態から脱却し韓国とアメリカの水平的な外交関係を樹立し、同時に中国、日本の力学関係を調節する均衡軸の役割を果たす、という意味だ。北朝鮮との関係では、独自の路線を築き、緊張を緩和し、平和を定着させるという意思の表現でもある。

盧武鉉は大統領に就任する前は、反米主義者であると思われていたが、就任後は反米的な色彩をほとんど消し去ってしまった。アメリカの要請によってイラクに派兵し、米韓自由貿易協定（ＦＴＡ）を受け入れ、駐韓アメリカ軍の龍山《ヨンサン》基地移転に協力した。つまりアメリカは反米主義者と思われてい

た盧武鉉から、得るべきものはすべて得たのである。

盧武鉉がアメリカに対してこのように協力的な姿勢を示したのは、北朝鮮問題をより柔軟に解決していくためだった。盧武鉉の対北朝鮮政策は、金大中《キム・デジュン》の太陽政策の基調を維持していくというものであった。当時アメリカは、ネオコンと呼ばれる新保守主義勢力が政権を握っていた。彼らは北朝鮮に対して圧力一辺倒の強硬策をとり、金大中の太陽政策にも反対した。このためブッシュ政権発足後、太陽政策は膠着状態に陥っていた。北朝鮮はアメリカの強硬策に反発し、ミサイルを発射し、核実験を強行した。盧武鉉はこのような状況を解決するため、自分を左派反米主義者であると思っているブッシュ政権の不信を解消するのが先であると判断し、アメリカ政府の要請を受け入れてイラクに派兵し、米韓ＦＴＡを推進したのである。

しかし盧武鉉は一方的にアメリカに引きずられていたわけではなかった。彼は、アメリカが主導するミサイル防御網（ＭＤ）には同意せず、米韓連合司令部が握っている戦時作戦統制権の返還を要求した。特に北朝鮮問題では、アメリカのネオコンと対立し、金剛山《クムガンサン》観光事業を維持し、開城《ケソン》工業団地の開発に着手するなど、宥和政策を固守した。

北朝鮮問題ではアメリカの強硬策に同調しなかったが、イラク派兵などに協力する姿勢を見せたため、アメリカ政府は北朝鮮問題までも自分の思いどおりに進めることはできなかった。むしろ韓国は、北朝鮮とアメリカの関係を中継し、南北の緊張緩和に利用したのである。与えるものは与え、得るものは得、守るものは守るという実用主義の路線をとったのだ。

盧武鉉は北朝鮮とアメリカの関係を取り結ぶと同時に、緩衝材の役割も果たし、二度目の南北首脳会談を実現し、一〇・四南北首脳宣言を引き出すのに成功した。一〇・四南北首脳宣言は、六者会談、九・一九共同宣言、二・一三合意などをへて、実現した。

中国が議長国となった六者会談の枠のなかで、北朝鮮は二〇〇五年九月十九日、核兵器の廃棄と核

盧武鉉夫妻と談笑する金正日。平壌の4・25文化会館で開かれた歓迎式典にて。〔AFP＝時事〕

拡散禁止条約（NPT）復帰、国際原子力機構（IAEA）復帰などを約束し、アメリカは朝鮮半島平和協定、北朝鮮の段階的非核化、北朝鮮に対して核攻撃をしないという保証、北朝鮮とアメリカの信頼関係の構築などを約束した。続いて二〇〇七年の二・一三合意で、北朝鮮は核施設の閉鎖と不能化、核査察の受け入れを約束し、アメリカは重油百万トン相当の経済およびエネルギー支援を約束した。

　こうして和解の雰囲気が形成されるなか、二〇〇七年十月二日午前九時五分、盧武鉉は歩いて軍事境界線を越え、北朝鮮の金正日《キム・ジョンイル》と会談し、一〇・四南北首脳宣言に合意した。この宣言の公式名称は「南北関係の発展と平和、繁栄のための宣言」であり、八項目の基本条項によって構成されていた。主な内容は、六・一五南北共同宣言を固く守り、相互の尊重と信頼関係を確認し、軍事的な敵対関係を終息させ緊張緩和と平和保証に協力する、というものであった。この実現のため歴史、文化全般の協力を拡大し、経済協力事業を活性化させることに合意した。

　しかし一〇・四南北首脳宣言は、盧武鉉の立場が極度に弱体化した任期末に発表されたために、実現の可能性は希薄であった。次期大統領の選挙戦ですでにハンナラ党の李明博《イ・ミョンバク》が圧倒的な支持を得ていたのである。ハンナラ党はアメリカのネオコンと同様に北朝鮮に対して強硬政策をとるべきだと主張しており、太陽政策にも反対していた。したがって一〇・四南北首脳宣言は、宣言だけに終わる可能性が大きかった。就任二年めか三年めに一〇・四南北首脳宣言が出されていれば、状況は大きく変わっていたはずだと専門家は分析している。

盧武鉉政府の対中関係は、中国の東北工程問題のために多少ぎくしゃくとしたものとなった。中国の東北工程[★11]は、高句麗《コグリョ》の歴史と文化を中国に編入するという内容を含み、これに対して韓国は高句麗史研究財団を発足させ、外交的に抗議した。中国政府は高句麗史問題を政治の争点とはせず、学術研究に限定して研究し、歴史教科書には韓国政府の関心を考慮するという内容を口頭で約束し、問題解決を図った。東北工程問題で韓中関係に摩擦が生じはしたが、中国は六者会談の議長国であり、最大の交易相手でもあったので、韓国としてもできるだけ摩擦を避けなければならない立場にあった。

日本との関係も平坦ではなかった。日本は継続して竹島の領有権問題を国際問題化しようとしており、歴史教科書の歪曲も続けていた。これに対して外交部が駐韓日本大使を幾度も呼び出して強力に抗議した。竹島問題に関連して、日本の船舶が竹島に来れば発砲、破壊せよと指示するほど、盧武鉉は強硬な態度を示した。しかしミスもないわけではなかった。東海／日本海表記問題に関連して、日本海を「平和の海」と呼んではどうかと提案して物議をかもしたり、日本の記者から独島《トクト》（竹島）についての質問を受けたときに「タケシマ」と言ってしまった、というようなミスである。

盧武鉉政府の外交政策は、アメリカに対しては実用論、北朝鮮に対しては融和、中国に対しては現実論、日本に対しては強硬策、とまとめることができよう。

また盧武鉉政府の外交部長官であった潘基文《パン・ギムン》が国連事務総長に選出され、韓国外交史に新しい一章を開くことになった。

★11：東北工程——中国東北部の歴史研究を目的とする中国の国家プロジェクト。正式名称は東北辺疆歴史與現状系列研究工程。

進歩と保守、双方から批判された盧武鉉の経済政策

盧武鉉《ノ・ムヒョン》政府はその初期からカード大乱という暗礁に乗り上げていた。金大中政府が、景気浮揚のためにクレジットカードの発給条件を緩和したため、信用度が低い人にもカードが乱発された。その結果、クレジットカードの利用額は一九九七年には七十二兆ウォンに過ぎなかったのに、二〇〇二年には六百二十三兆ウォンに増加し、民間消費支出に対するクレジットカードの比重は一四・八パーセントから四五・七パーセントに増加した。これによって返済ができない信用不良者が続出し、二〇〇三年にはカード大乱と呼ばれるようになったのである。クレジットカードの請求額を支払えない人が破産して信用不良者となり、資金を回収できないカード会社も倒産を免れなくなった。カード大乱によって信用不良者となった人は百二十六万人にのぼり、これは外国為替危機のときの信用不良者二百三十六万人の半分を超える数字だ。結局政府は規制を強化すると同時に、カード業界の構造調整に乗り出した。この過程で中小のカード会社が銀行に吸収合併されていき、次第に事態は落ち着いていった。

カード大乱の余波は二年ほど続いた。そのころ、韓国病と言っても過言ではない不動産投機が猛威をふるっていた。不動産投機の問題は盧泰愚《ノ・テウ》政権のころから、頭痛の種であった。金泳三《キム・ヨンサム》政権と金大中《キム・デジュン》政権も幾度か抑制策を実行したが、「江南《カンナム》不敗」という言葉が代弁するように、江南の不動産投機は収まる気配も見せなかった。盧武鉉政権もその初期から不動産投機を落ち着かせるためにさまざまな政策をこころみてきたが、効果はなかった。そして二〇〇五年、強力な不動産投機抑制策を実行した。「八・三一不動産対策」である。

この政策について盧武鉉は、天がふたつに割れたとしても不動産投機を終息させる、とまで発言し

た。韓悳洙《ハン・ドクス》副総理は「時がたてば不動産政策が変わるはずだという考えは、今日で最後」と言った。不動産投機に対する宣戦布告であった。しかし、それでも江南地域のマンションの価格は暴騰した。狎鴎亭洞《アックジョンドン》のマンションは一坪（約三・三平方メートル）三千万ウォンの値がついた。結局八・三一不動産対策は実効性のないまま幕を下ろすこととなった。江南のマンション価格高騰は、単なる不動産政策でどうにかできるものではない、ということをあらためて認識せざるをえない事態だった。不動産投機の問題の背景には、江南八学群[★12]の教育問題があった。IMF以後、深刻化する両極化も関係していた。

金大中政権以後急激に進行した両極化現象は、盧武鉉政権にとって実に大きな負担となった。盧武鉉政権以後、中産層が消え、庶民だけが増加したと世論は訴えた。非正規労働者が増加し「八十八万ウォン世代」という言葉が流行した。二十代の勤労者の九五パーセントが月平均八十八万ウォンの給料しかもらえない非正規労働者であると分析した、禹晳熏《ウ・ソックン》、朴権一《パク・クォニル》共著の『韓国ワーキングプア八十八万ウォン世代』から取られた言葉だ。しかし政府には、これを解決する対策がなかった。非正規労働者を正規労働者に転換し、福祉政策を強化して基礎生活費、教育費、幼児養育費などを支援し、所得税の基準を調整して富裕税を徴収することによって庶民の負担を減らすというのが適切な対策であったが、税に対する抵抗、野党と企業の反発のため、これらの政策を実行しうる可能性はほとんどなかった。

さらに失業問題も社会問題化した。特に「二太白《イテベク》」[★13]と呼ばれる青年の失業の問題は解決の糸口さえ見つけることができなかった。学生は、卒業した年に就職できなければ永遠に就職する機会がなくなるという理由で、四学年を休学するのが普通になり、「大学五年生」という言葉が流行した。大企業に就職したりすれば「家門の栄光」と大騒ぎをするほどだった。

青年の失業に劣らず、既成世代の失業も深刻であった。定年まで勤める比率は、〇・四パーセント

★12：江南八学群――ソウル市内は十一個の学群（学校区）に分かれている、このうち、八学群に分類される地域は名門大学への進学率が高いため、教育熱心な父兄や有名学習塾が集中し、おのずと地価が上昇した。

★13：二太白――二十代の太半（半分よりはるかに多い部分）が白手、の頭文字をとったもの。白手とは白手乾達（一文無しのごろつき）のこと。二太白と李太白（中国の唐の時代の詩人・李白）とは発音が同じになる。

にも満たなくなっていた。「四五定《サオジョン》」（四十五歳で定年、という意味）という言葉が生まれ、五十六歳の定年まで勤めるのは泥棒だ、という意味で「五六盗《オリュクト》」という言葉が流行した。また教師などの定年は六十二歳だが、六十二歳まで働けば五賊だという意味で「六二五《ユギオ》」という言葉も登場した。★14

こうしたなか、盧武鉉政権は積極的にＦＴＡを推進した。ＦＴＡは新自由主義経済を代表する政策で、進歩勢力から強い批判を受けたが、盧武鉉政権は批判を無視した。二〇〇三年に韓国とチリの間でＦＴＡが締結され、二〇〇四年四月一日に発効した。タイを除くアジア九ヶ国とも二〇〇四年からＦＴＡ交渉を進め、二〇〇六年五月に妥結し、二〇〇七年六月一日に発効した。アメリカとも二〇〇六年六月に交渉をはじめ、二〇〇七年四月二日に妥結した。また二〇〇七年五月から欧州連合（ＥＵ）とも交渉を開始した。

このようにさまざまな国家と同時多発的にＦＴＡ交渉を進め、妥結していくのを目にして、農民は強く反発した。協定のほとんどは、農畜産物を輸入して、自動車や電子製品を輸出するという形態だったためだ。

盧武鉉政権は経済交流の強化策として、経済自由区域庁を新設し、仁川《インチョン》経済自由区域を指定した。そのため仁川空港と松島《ソンド》新都市を結ぶ橋を建設し、首都圏南部地域と永宗島《ヨンジョンド》を結ぶ仁川大橋と第三京仁《キョンイン》高速道路の建設に着手した。

こうした盧武鉉政権の経済政策に対して、保守と進歩の両陣営が不満を表明した。進歩陣営は、新自由主義の政策であると攻撃し、企業寄りで労働者に反する政策であると非難した。また保守陣営は、市場主義に反し、反企業主義であると非難し、投資を萎縮させ景気沈滞を招くものだと批判した。

進歩、保守両陣営の批判にもかかわらず、盧武鉉政権の時代の経済は、巨視的には肯定的な結果を生んだ。株式市場で総合株価指数とコスダック指数が暴騰し、貿易収支は五年連続で黒字となり、経常収支は年平均百三十二億七千ドルの黒字を記録した。輸出実績も歴代政府のなかで最高値に達し、

★14：「四五定」と「沙悟浄」は同じ発音。「五六盗」と「五六島」が同じ発音で、五六島は釜山湾の湾口にある島。釜山の象徴として有名な島だ。ヒット曲「釜山港へ帰れ」の歌詞の中にも登場する。朝鮮戦争が勃発したのが六月二十五日だったので、「六二五」といえば普通は朝鮮戦争のことを意味する。五賊とは、一九〇五年の第二次日韓協約に賛成した五人の重臣のこと。この協約によって大韓帝国は事実上日本の保護国となったので、この五人は国を滅ぼした元凶とみなされている。

ひとりあたり国民所得も史上はじめて二万ドルを超えた。

しかし経済成長率は期待におよばなかった。盧武鉉は年平均七パーセントの成長を公約したが、五年間の平均は四・三パーセントだった。これは同期間の世界平均成長率四・八パーセントにもおよばない数値だ。当時香港とシンガポールは六パーセント台の成長を記録し、台湾は四・五パーセントだった。しかし韓国の経済規模を勘案すれば、それほど悪い成績ではない。それでも批判を受けたのは、朴正熙《パク・チョンヒ》政権以来、経済成長率が五パーセントを切ったことがなかったためだ。盧武鉉政府は五パーセントの成長率を「魔の壁」と表現した。韓国経済の規模が日本のように低成長経済の領域にはじめて入ったことを意味しているのである。

捏造と銃乱射に驚愕する社会

盧武鉉《ノ・ムヒョン》時代には、韓国はもちろん、世界を驚愕させた事件がいくつも発生した。二〇〇五年に発覚した黄禹錫《ファン・ウソク》事件はその代表だ。黄禹錫はソウル大獣医学科の教授で、二〇〇四年と二〇〇五年に、人間の体細胞由来のヒトクローン胚から胎性幹細胞（ＥＳ細胞）の培養に成功したという論文を、科学雑誌『サイエンス』に発表し、世界的な注目を浴びた。ところが二〇〇五年十一月にＭＢＣテレビの時事番組『ＰＤ手帖』（原題）が、実験に使用した卵子の出所について疑問を提起した。実験に使用された卵子が、不法に売買されたものではないか、という疑問だ。これはのちに事実であることが判明した。ところが放送後、多くのネティズンが『ＰＤ手帖』を非難し、そのため『ＰＤ手帖』はコマーシャルのない放送をしなければならない状況にまで追い詰められた。しかしその後、『ＰＤ手帖』は黄禹錫教授の論文が捏造されたものである可能性を疑い、社会全体をひっくり返すような騒ぎになった。盧武鉉大統領までがこの論争に参加し、騒動はさらに拡大した。結局ソウル大の調査委員会が、論文は故意に捏造されたものであると発表し、胎性幹細胞は存在しないことが明らかになった。『サイエンス』も黄禹錫教授の論文を正式に撤回した。また検察は、黄禹錫教授が幹細胞の試料の捏造を認めたと発表し、続いてソウル大が懲戒委員会を開き黄禹錫教授を罷免した。しかし黄禹錫教授は二〇〇八年に中国の獅子型チベット犬のクローンを作るなど、依然としてこの分野で活動している。

黄禹錫事件と共に、もうひとつの捏造事件が社会を騒がせた。申貞娥《シン・ジョンア》事件を契機として続々と暴露された学歴詐称事件である。申貞娥は省谷《ソンゴク》美術館のキュレーターと東国《トングク》大学の助教授を歴任した美術家で、二〇〇八年には光州ビエンナーレの審査委員もつとめた。ところが彼女が外国で得たという博士号が問題になったのである。申貞娥は二〇〇五年にエール大学で美術史の博士号を取得したと主張していたが、裁判では取得の事実を確認できなかった。この事件以後、社会の指導層と芸能界でも学位と学歴についての疑惑が提起され、その大部分が学位を偽造、あるいは捏造したことが明らかになり、社会問題となった。あきれることに国防部でも学歴を偽造した者が大量に摘発されるという事件もあった。このため大学に学歴が偽造されたものかどうかの問い合わせが殺到し、学歴に対する不信が拡大していった。

このふたつの捏造事件と共に、韓国社会に衝撃を与えたもうひとつの事件は、バージニア工科大学の銃乱射事件であった。この事件は、二〇〇七年四月十六日午前七時十五分、アメリカのバージニア工科大学のキャンパスで発生した。犯人は在米韓国人の趙承熙《チョ・スンヒ》であった。趙承熙は家族と共に八歳のときに移民としてアメリカに渡り、当時はバージニア工科大学英文学科四年に在学中だった。この事件ははじめ、痴情による殺人事件であると報じられたが、その後鬱病と発達障害による社会に対する敵愾心の発露であったと発表された。趙承熙の銃撃による死亡者は三十二人、負傷者は二十九人だった。犯人である趙承熙は自分の頭部を撃ち抜いて自殺した。盧武鉉はこの事件に対して深い哀悼と遺憾の意を表し、犠牲者の冥福を祈ると語った。

銃乱射事件はアメリカだけで起こったわけではなかった。二〇〇五年六月十九日、京畿道漣川《キョンギドヨンチョン》郡中面三串里《チュンミョンサムゴッリ》の中部前線非武装地帯でも銃乱射事件が起こった。国軍第二十八師団所属の部隊で、金《キム》某一等兵が、手榴弾一発を投擲し、機関銃弾四十四発を乱射して、八人が死亡し、ふたりが負傷した。この事件について遺族対策委員会は、金某一等兵の犯行によるものではなく、北朝鮮軍の攻撃を受けて兵士が殺害された、と主張した。しかし国防部は、幾度かの検証をへて、金某一等兵の単独による犯行であると発表した。

これ以外にも、金勇澈《キム・ヨンチョル》弁護士による三星《サムソン》秘密資金暴露事件、泰安《テアン》沖の重油流出事故など、大きな事件が相次ぎ、また洛山寺《ナクサンサ》と崇礼門《スンレムン》の火災という衝撃的な事件も記録されている。

アジア映画のメッカとして浮上する韓国、歴史ドラマ輸出の道を開いたチャングム

盧武鉉《ノ・ムヒョン》時代に文化の面でもっとも注目すべき点は、映画産業の成長と、ドラマが世界に輸出されたことだろう。二〇〇三年十二月に封切られた映画『シルミド　SILMIDO』は、韓国映画としてはじめて観客動員数一千万を超えるという大記録を達成した。『シルミド』以前の最高興行記録は、二〇〇一年に八百十八万人を動員した郭暻沢《クァク・キョンテク》監督の『友へ　チング』だった。その他『シュリ』、『JSA—共同警備区域』、『殺人の追憶』、『花嫁はギャングスター』などが五百万人以上の観客を動員した。

『シルミド』は白東虎《ベク・ドンホ》の小説を康祐碩《カン・ウソク》が映画化した作品だ。薛耿求《ソル・ギョング》、安聖基《アン・ソンギ》、許峻豪《ホ・ジュノ》、鄭在詠《チョン・ジェヨン》などの演技派俳優が出演し、映画が興行的に成功すると、実尾島《シルミド》事件も新たに注目を集め、実尾島も観光名所となった。

千百七十万八千人の観客を映画館に呼び込んだ『シルミド』に続き、二〇〇四年二月に封切られた「ブ

ラザーフッド」が記録を更新した。『シュリ』の姜帝圭《カン・ジェギュ》監督がメガホンを取ったこの映画は、朝鮮戦争を素材としたもので、千百七十四万人の観客が押し寄せた。張東健《チャン・ドンゴン》、元斌《ウォンビン》が出演している。二〇〇五年十二月に封切られた李濬益《イ・ジュンイク》監督の『王の男』は、『ブラザーフッド』の記録を更新し、二〇〇六年の奉俊昊《ポン・ジュノ》監督作品『グエムル――漢江の怪物』は千二百三十七万人の観客を動員して『王の男』の記録を更新した。

このように韓国映画は二〇〇三年以後、観客動員数一千万人を越える映画を量産し、世界の映画の新しい市場として浮かび上がった。そのおかげもあり、一九九六年にはじまった釜山《プサン》国際映画祭は、アジアを代表する映画祭に成長し、ハリウッド映画市場でも韓国の俳優に注目するようになり、韓国がアジア映画のメッカとして認識されるようになった。

一方ドラマでは李丙勳《イ・ビョンフン》監督が演出した『宮廷女官チャングムの誓い』によって、韓国の歴史ドラマが注目されるようになった。MBCで二〇〇三年九月から二〇〇四年三月まで放映された『宮廷女官チャングムの誓い』は、朝鮮王朝の中宗《チュンジョン》の時代に実在した医女・長今《チャングム》を素材として作られた大河ドラマで、平均視聴率四一・六パーセントを記録した。その後中国、香港、台湾、日本などに輸出され、イランなどのイスラム国家でも放映され、主人公を演じた李英愛《イ・ヨンエ》は韓流スターとして浮上した。それまでの歴史ドラマは、政治や痴情などを中心として描かれていたが、『宮廷女官チャングムの誓い』は、料理と医学という専門的な素材を興味深く扱った点が高く評価され、こういう要素が歴史ドラマの限界を克服する契機として作用した。

映画とドラマが韓国文化史の新しい地平を開いているなか、二〇〇三年の出版市場では、『蟻』の作家ベルナール・ヴェルベールの『木』(原題)、黄大権《ファン・デグォン》の『野草手紙　独房の小さな窓から』、ティク・ナット・ハンの『怒り(心の炎の静め方)』、ケン・ブランチャードの『シャチのシャムー、人づきあいを教える―ポジティブな人間関係の驚くべきパワー』などが人気を博した。二〇〇四年にはパウロ・コエーリョの『アルケミスト―夢を旅した少年』、ダン・ブラウンの『ダ・ヴィンチ・コード』、税所弘の『百日で「朝方人間」になれる方法』など外国作家の作品が好評を得、金薫《キム・フン》の『孤将』、金恵子《キム・ヘジャ》の『花でも殴るな』（原題）など韓国作家の作品もベストセラーに名を連ねた。しかしこのなかでミリオンセラーになったのは『ダ・ヴィンチ・コード』だけだった。二〇〇五年には覃卓穎《タン・ジュオイン》の『生きているうちに絶対にやらなければならない四十九』（原題）がミリオンセラーになり、ダン・ブラウン、ミヒャエル・エンデ、パウロ・コエーリョ、奥田英朗、村上春樹などの外国作家の本がベストセラーになった。韓国の作家の本としては、韓飛野《ハン・ビヤ》の『地図の外に行軍せよ』（原題）、柳詩華《リュ・シファ》の『愛せ、一度も傷ついたことがないかのように』（原題）などが注目を集めた。特に韓国の小説類はほとんどベストセラーになることはなく、キム・ビョラの『ミシル―新羅後宮秘録』がベストセラー二十位に入るに終わった。

二〇〇六年には主として幸福というテーマを扱った本が売れた。ホアキム・デ・ポサダの『成功する人のシンプルな法則』、孔枝泳《コン・ジヨン》の『私たちの幸せな時間』がベストセラー一、二位を占めた。その他、法頂《ポプチョン》の『生きとし生ける者に幸あれ』なども幸福に関する話だ。さらに李珉圭《イ・ミンギュ》の『好かれる人は一パーセントが違う』、エリザベス・キューブラー・ロスの『ライフ・レッスン』、ハン・サンボクの『配慮』（原題）などが人気を集めた。二〇〇七年にはロンダ・バーンの『ザ・シークレット』に注目が集まった。この本では「自分を無条件に信じろ」というメッセージが語られ、成功だけが評価される社会で、圧迫感に苦しんでいる個人に自信をつけるという点が人気を集めた原動力だったといえよう。一方チョン・チョルチンの『大韓民国の二十代、財テクに狂え』（原題）のような本が現実的な若者の関心を集めた。また潘基文《パン・ギムン》国連事務総長のメッセージが込められた『努力の証―第八代国連事務総長 潘基文物語』などもよい反応を得ていた。

退場する盧武鉉、消えるヨルリンウリ党、色褪せる一〇・四宣言

ヨルリンウリ党が没落するなか、盧武鉉《ノ・ムヒョン》は二〇〇七年一月九日、突然大統領四年再任制への改憲案を提案した。盧武鉉の最後の勝負手であった。しかしハンナラ党は冷淡であった。新党を作るべきだというグループと、党を死守すべきだというグループに分かれて争っていたヨルリンウリ党は混乱のなかにあった。ハンナラ党は盧武鉉の提起を姑息な延命策であると揶揄し、朴槿恵《パク・クネ》ハンナラ党代表は盧武鉉に対して「本当に悪い大統領だ」と非難し、改憲については無視するように指示した。これに対し盧武鉉は改憲を強行する姿勢を見せながらハンナラ党を強く非難した。しかしすでに盧武鉉はレームダック状態に陥っており、世論の関心は次の大統領選挙へ向いていた。世論は盧武鉉より、ハンナラ党の大統領候補が李明博《イ・ミョンバク》になるか朴槿恵になるかに注目していたのだ。

その後ヨルリンウリ党の中心的な人物が次々と脱党していった。脱党した人たちは盧武鉉に対して露骨に不満を吐露し、非難と批判を繰り返した。大統領のせいで改革と民主主義の財産を食いつぶしてしまった、という者もいた。盧武鉉は二月二十八日、ついにヨルリンウリ党を離党した。

その後も盧武鉉は改憲に執着した。三月八日、大統領再任制試案を発表し、改憲推進団を発足させ、公聴会を開いた。しかし改憲に反対する世論はすでに六〇パーセントを超えていた。ヨルリンウリ党を死守すべきだというグループ以外、すべての政党が改憲に反対していた。これに対して盧武鉉は、次の第十八代国会で大統領四年再任制試案だけを変更するワンポイント改憲を各政党が方針として採択しない場合、改憲案を発議するという強力な立場を明らかにした。結局ハンナラ党を含む各党が、第十八代国会で、四年再任制ワンポイント改憲案を推進することに合意し、これによって改憲をめぐる一連の騒動は終息した。

すると鄭東泳《チョン・ドンヨン》と金槿泰《キム・クンテ》が同時に、ヨルリンウリ党の解体を要求して、統合新党に参加する意思を表明し、五月七日に大統合民主新党（統合新党）が公式に発足した。これによって盧武鉉と鄭東泳の対立は深刻なものとなり、八月五日、統合新党の創立大会が開かれた。統合新党には、ヨルリンウリ党を離党した議員八十人と、民主党を離党した議員五人が参加した。五日後の八月十日、統合新党とヨルリンウリ党が合併した。百四十三人の国会議員を擁する巨大新党である。しかしハンナラ党はこの新党を「逆戻りしたヨルリンウリ党」だと非難した。民主党を離党した五人を除く百三十八人はもともとヨルリンウリ党にいたのだから、的はずれな非難ではなかった。そして八日後、ヨルリンウリ党はその看板を下ろし、永遠に姿を消した。

しかし世論は、統合新党の創設や、ヨルリンウリ党の消滅よりも、ハンナラ党の大統領候補選びのほうに注目していた。大統領候補に名乗り出た李明博と朴槿恵の争いが佳境に入ってきていたからだ。国民は、ハンナラ党の大統領候補になった人物が次の大統領になると考えていた。だから統合新党の大統領候補が誰になろうと、あまり関心を持っていなかった。ハンナラ党の大統領候補選挙は李明博の勝利となった。大統領選挙をやるまでもなく次の大統領は李明博だ、という雰囲気だった。

一方統合新党では、孫鶴圭《ソン・ハッキュ》、鄭東泳、李海瓚《イ・ヘチャン》が大統領候補をめぐって争っていた。結果は鄭東泳の勝利だった。しかし鄭東泳と李明博では勝負にならない、というのが一般の見方だった。

こうしたなか、盧武鉉は南北首脳会談を実現し、一〇・四南北首脳宣言を発表するが、時すでに遅し、の感があった。レームダック状態にあった盧武鉉がその宣言の内容を実現するのは難しい状況だった。

大統領選挙の終盤、BBK事件[★15]が発生し、これは李明博に不利に作用したが、形勢を逆転するまでにはいたらなかった。二〇〇七年十二月十九日に実施された第十七代大統領選挙で、李明博は四八・七パーセントの支持を得て当選した。鄭東泳の得票率は二六・一パーセントだった。三位は、

★15：BBK事件——投資顧問会社BBKが株価を不当に操作して莫大な利益をあげたという疑惑。BBKの社主、金景俊（キム・キョンジュン）が、BBKの本当の所有者は李明博だと発言して大問題となった。検察は金景俊を起訴し、李明博に対しては嫌疑なしとしたが、BBKの資金の出所についての疑惑は解消されなかった。

李明博のＢＢＫ問題を攻撃しながら無所属で出馬した李会昌《イ・フェチャン》であった。これによって盧武鉉の時代は幕を下ろした。大統領に当選した李明博は、青瓦台《チョンワデ》で盧武鉉と会見し、この五年間は長かったか、短かったか、と質問した。盧武鉉は、長かった、とこたえた。彼にとっては辛く、苦痛に満ちた五年であった。

翌年二月二十五日、盧武鉉は任期を終え、青瓦台を出て、故郷である慶尚南道《キョンサンナムド》金海《キメ》進永《チニョン》の烽下《ポンハ》村に戻った。

退任後、盧武鉉は烽下村で、環境にやさしい農村、生態系を大切にする事業などに関心を持ち、アヒル農法と花浦《ファポ》川浄化作業、生態森の造成などに参加した。二〇〇七年七月、大統領の記録物を烽下村の書斎に移したことに関連して、前秘書官と行政官が告発されるという事件があった。またこのことによって保守団体が訴訟をした。二〇〇八年十二月、実兄の盧建平《ノ・コンピョン》が世宗《セジョン》証券売却に関する不正に関連して拘束されたとき、盧武鉉はこれについて国民に対して謝罪することを拒否したが、二〇〇九年四月に夫人の権良淑《クォン・ヤンスク》が朴淵次《パク・ヨンチャ》から借金をして使用したということについて謝罪文を発表した。その後、朴淵次事件に関連して姪の夫・延哲浩《ヨン・チョルホ》が逮捕され、夫人の権良淑と息子の盧建昊《ノ・コンホ》が検察に召喚されて取調を受けた。続いて四月三十日、盧武鉉も検察に出頭し、収賄の嫌疑で取調を受けた。また権良淑に対しては、五月十六日にもう一度検察に出頭せよとの通報が来た。そして五月二十三日、盧武鉉は自宅の裏にあるみみずく岩から飛び降りて自殺した。この報せを受けた国民は大きな衝撃を受けた。

盧武鉉は、夫人・権良淑との間に、息子・建昊と娘・静妍《チョンヨン》をもうけた。盧建昊は裵晶旻《ペ・チャンミン》と結婚して一女をもうけ、盧静妍は郭相彦《クァク・サンオン》と結婚した。

平和と和合のために果敢な実験を敢行した盧武鉉時代

盧武鉉《ノ・ムヒョン》時代は、個人の自由を拡大し、朝鮮半島の平和と国民の和合を実現するための、総体的な実験の舞台であった、と言えるだろう。

政治的には、地域感情を克服し、権威主義をなくそうという冒険的なこころみに邁進したが、主導する勢力の限界と、既得権勢力の反発によって対立が深まり、進歩勢力の信頼まで失うという結果を招来してしまった。外交と国防においては、アメリカの影響力を縮小し、自主性を拡大して、朝鮮半島の平和の時代を築こうとしたが、アメリカという巨大な壁と、北朝鮮の限界によって、実質的な結実を得ることはできなかった。

経済的には、自由貿易構造が強化される国際環境の荒波に打ち勝ち、実利中心の政策を進めたが、五パーセント以下の低成長構造に陥った韓国経済の現実を痛感させられることとなった。社会的、文化的には、国家主義と権威主義が弱まり、国民が参加する民主主義が拡大するなか、個人の幸福と出世がもっとも重要な社会的イシューとして浮上した。

3　盧武鉉時代の主要な事件

対北朝鮮送金に関する特別検事制と、太陽政策の退潮

対北朝鮮送金事件は、金大中《キム・デジュン》政府の末期である二〇〇二年九月二十五日、ハンナラ党の厳虎声《オム・ホソン》議員が国政監査で、政府が現代《ヒョンデ》商船を通じて北朝鮮に四千億ウォンを送金した疑惑があると主張したことからはじまった。これに対し、李瑾栄《イ・クニョン》金融監督委員長は、産業《サンオプ》銀行から融資を受けた四千億ウォンは、現代商船の運営資金として使われたと認識している、と主張し、鄭夢憲《チョン・モンホン》現代グループ会長は、北朝鮮に送金するなどありえない、と否認した。

しかし厳洛鎔《オム・ナギョン》前産業銀行総裁が、現代に対する融資は青瓦台《チョンワデ》の韓光玉《ハン・グァンオク》秘書室長の指示であったと発言したため、疑惑はさらに増幅した。二〇〇三年一月にハンナラ党は対北朝鮮送金事件に対し、特別検事および国政調査を要求した。数日後、鄭夢憲は、現代商船が産業銀行から融資を受けたという点については認め、現代商船の資金流動性に問題があったため融資を受けたのであり、全額返済したと語った。

こうした状況のなかで、大統領に当選した盧武鉉《ノ・ムヒョン》は、北朝鮮を支援したという説に対して検察は既定の方針のとおり捜査するように、と注文し、検察は鄭夢憲に対して出国禁止措置をとった。そしてハンナラ党は、対北朝鮮送金特別検事法案を国会に提出した。こうして対北朝鮮送金問題が無視できなくなると、金大中は、対北朝鮮送金に関連して、対国民談話文を発表した。金大中はこの談話文で、平和と国家の利益のためになると判断し、実定法上問題はあるが、現代による対北朝鮮送金を容認し

た、と明らかにし、すべての責任は大統領である自分にある、と表明した。

しかし盧武鉉が大統領に就任した翌日である二月二十六日、対北朝鮮送金特別検事法案が国家を通過し、盧武鉉大統領はこれを受け入れた。金大中側は、特別検事法案に対して盧武鉉が拒否権を行使するよう要求したが、盧武鉉は拒否した。

特別検事法が公布されると、与党と野党は対北朝鮮送金をめぐって激しい論戦を展開した。与党である民主党は、北朝鮮に送金した四億五千万ドルは、南北の和解と平和のために不可避の選択であり、大統領の統治行為に属するため司法処理の対象にはならない、と主張した。これに対してハンナラ党は、反国家団体である北朝鮮に送金するのは不法行為であるという論理で対抗した。

与野党の間で激論が戦わされるなか、宋斗煥《ソン・ドゥファン》の率いる特別検事チームは、対北朝鮮送金の関係者を続々と召喚して取調べた。青瓦台秘書室長であった朴智元《パク・ジウォン》をはじめ、金大中政府の経済首席・李起浩《イ・キホ》、金融監督委員長の李瑾栄が拘束された。そして事件の中心人物として幾度も検察の取調を受けた鄭夢憲現代グループおよび現代峨山《アサン》会長は、現代グループの桂洞《ケドン》（ソウル市鍾路《チョンノ》区）にある社屋から投身自殺をした。

こうして太陽政策は急速に色褪せていき、南北関係は悪化していった。盧武鉉と金大中の関係も悪化し、親盧武鉉勢力と親金大中勢力との関係も悪化した。このため盧武鉉は、親盧武鉉勢力を中心として独自の路線を構築し、新党を結成する計画を進めていくことになる。

イラク戦争とザイトゥーン部隊の派兵

二〇〇一年、アルカイダによる九・一一テロ以後、アメリカのブッシュ大統領はテロに対する報復戦争をはじめ、その最初の目標としてアフガニスタンに注目した。アメリカ政府は、アルカイダの指

イラク北部のアルビルを電撃訪問し、駐留する韓国軍部隊を激励する盧武鉉。〔AFP ＝時事〕

導者、オサマ・ビン・ラディンがアフガニスタンに潜伏していると主張し、アフガニスタンのタリバン政権にビン・ラディンを引き渡すよう要求した。タリバン政権がこれを拒否し、アメリカの攻撃に備えるのを目にしたアメリカは、アラビア海に航空母艦を派遣し、二〇〇一年十月七日からアフガニスタン全域に空爆を開始し、約二ヶ月間の戦闘でタリバン政権を崩壊させた。しかしビン・ラディンの逮捕には失敗し、アフガニスタンは混乱と内戦に苦しむことになった。

その後アメリカは、サダム・フセイン大統領が九・一一テロと密接な関係にあるという憶測のもと、イラクに侵攻した。アメリカ政府とフォックス・ニュースは世論を操作してフセインが九・一一テロの背後にいると国民に信じさせ、その上で名分のないイラク戦争をはじめたのである。

二〇〇三年三月にはじまったこの戦争には、韓国軍も参戦した。アメリカは二〇〇二年十一月に韓国軍のイラク派兵を要請し、翌年の三月十三日、攻撃の一週間前にも再度要請した。これに対して韓国政府は、建設工兵と医療支援団を派兵すると決定し、国会は派兵同意案を可決した。この過程で、国論は二分し、深刻な論戦が展開された。名分のない戦争に参加するのは正しくない、という論理と、アメリカとの同盟を強化する契機となる、という論理が正面からぶつかったのである。激論の末国会は、米韓関係を優先的に考慮し、派兵同意案を通過させ、二〇〇三年四月、工兵部隊である徐熙《ソヒ》部隊と、医療支援団である済馬《チェマ》部隊をイラクに派兵した。★16 このとき盧武鉉《ノ・ムヒョン》は、国益のために派兵すべきであり、イラク派兵は戦略的な選択であると主張した。

しかしアメリカ政府の派兵要求はこれにとどまらなかった。二〇〇三年九月に、アメリカは追加の派兵を要請、盧武鉉政府は承諾した。国会では激論が戦わされたが、二〇〇四年二月、派兵同意案が通過し、イラク平和再建師団ザイトゥーン部隊がイラクに向かった。ザイトゥーンとはオリーブを意味するアラブ語で、平和を象徴する。ザイトゥーン部隊は八千人規模の師団級の部隊で、イラクの多国籍軍の一員として派遣された。その年の十二月に盧武鉉はザイトゥーン部隊を訪問している。その後ザイトゥーン部隊はアルビル地区に駐屯し、二〇〇八年十二月二十日に完全に撤収するまで、イラクの平和再建活動に従事した。

ザイトゥーン部隊の派兵によって韓国に対して敵対的な感情を持つようになったイラクの武装組織・タウヒードとジハードが、韓国軍に物品を納入していたカナ貿易の通訳・金鮮一《キム・ソンイル》を拉致し、殺害するという事件が発生した。韓国人がイラクの武装勢力に殺害される最初の事例である。このため韓国では追加の派兵に反対するデモが行なわれた。

その後も、センムル教会の奉仕団がアフガニスタンで拉致されるという事件が発生した。二〇〇七年七月十九日、アフガニスタンのカブールで、タリバンがセンムル教会の奉仕団二十三人を拉致し、沈聖珉《シム・ソンミン》、裵亨珪《ペ・ヒョンギュ》牧師を殺害した。その後韓国政府とタリバンとの四十二日間におよぶ交渉の末、二十一人が無事解放され帰国した。

★16：徐熙部隊の名は、高麗の文臣、徐熙（ソ・ヒ／九四二～九九八）に由来する。九九三年に契丹が八十万の大軍で侵攻してきたとき、徐熙は国書を手に契丹の将軍と談判し、契丹軍の侵攻を食い止めた。済馬部隊の名は、朝鮮王朝末期の漢医学者、李済馬（イ・チェマ／一八三七～一九〇〇）に由来する。李済馬は疎外された階層の人々を積極的に治療した。著書『東医寿世保元（トンウィスセポウォン）』は広く世に知られている。

ヨルリンウリ党の創設と、盧武鉉大統領弾劾訴追

対北朝鮮送金事件に対する特別検事制を受け入れることによって金大中《キム・デジュン》と対立することになった盧武鉉《ノ・ムヒョン》は、就任六ヶ月めの二〇〇三年九月、新千年民主党（民主党）を離党した。盧武鉉政府はその当初から、対北朝鮮送金問題、検察の改革、イラク派兵、親戚の不正疑惑など大きな事件が発生し、苦難の連続であった。この過程で盧武鉉は「こんなことでは大統領などやっていられない、という危機感が生まれた」という発言をして物議をかもし、結局民主党を離党することになるのである。盧武鉉の民主党離党は、金大中との決別を意味しており、盧武鉉の党の創設へとつながる。親盧武鉉勢力と呼ばれる改革勢力は、政党の改革、政治の改革、そして地域感情の解消を旗幟《きし》に掲げ、同調する勢力を結集していった。

民主党内部の親盧武鉉派に、民主党外部の親盧武鉉派である改革国民党と、ハンナラ党の一部改革派が集まり、二〇〇三年十一月十一日、ヨルリンウリ党が発足した。ヨルリンウリ党に集まったのは、民主党から三十六人、ハンナラ党から六人、改革国民党からふたりの、合計四十四人であった。ヨルリンウリ党は、二〇〇四年一月、臨時政党大会を開き、鄭東泳《チョン・ドンヨン》を党議長に、金権泰《キム・クンテ》を院内代表に選出した。その後ヨルリンウリ党の支持率は、民主党、ハンナラ党を抑え、一位に上昇した。

支持率の上昇を受けて盧武鉉が、四月十五日に予定されている総選挙でヨルリンウリ党が多くの支持を得られればいい、と発言した。これに対し民主党が、盧武鉉大統領が選挙中立義務に違反した、という理由で盧武鉉を中央選挙管理委員会に告発した。中央選挙管理委員会は、盧武鉉の発言が選挙中立義務違反に該当すると判断し、盧武鉉に選挙中立義務を遵守するよう要請した。これを根拠に民主党は盧武鉉に対し、選挙法違反について謝罪するよう要求し、謝罪しない場合は弾劾を発議する、

と警告した。そして盧武鉉が謝罪を拒否すると、民主党、ハンナラ党、自民連が連合して、三月十二日、盧武鉉大統領弾劾訴追案を可決してしまった。これによって盧武鉉の大統領の職務は停止され、高建《コ・ゴン》国務総理が権限代行となった。

しかし世論は盧武鉉に対する弾劾訴追に反対した。全国各地でロウソク集会が開かれ、弾劾無効を叫ぶ声が高まっていった。さらに「弾劾無効、腐敗政治をなくす汎国民行動」が結成され、弾劾の逆風によってヨルリンウリ党の支持率は急上昇した。四月十五日に実施された総選挙で、ヨルリンウリ党は過半数を超える百五十二議席を獲得し、第一党となった。ハンナラ党は百二十一議席で、なんとか惨敗を免れた。民主党は九議席、自民連はやっと四議席を獲得したに過ぎなかった。これに対して民主労働党は十議席を獲得して国会に進出するという快挙を成し遂げた。

総選挙の後、憲法裁判所は盧武鉉大統領に対する弾劾訴追案の可決を棄却した。民心が弾劾を望んでいないと判断したのだ。

これによって盧武鉉は再び大統領の職務を遂行できるようになり、盧武鉉はヨルリンウリ党の首席党員として入党した。

その後ヨルリンウリ党は、国家保安法の廃止、過去史真相究明法、私立学校法、言論改革法の四大改革立法を推進したが、ハンナラ党と保守派の強い反発によって挫折した。

第十章 李明博大統領実録

李明博（イ・ミョンバク）

生年一九四一―
出身地　大阪府中河内郡加美村（現在の大阪市平野区）
　※父の出身地は慶尚北道《キョンサンブクド》浦項《ポハン》市興海邑《フンヘウプ》徳城里《トクソンニ》
在任期間　二〇〇八年二月―二〇一三年二月（五年）

「われわれは『理念の時代』を越え『実用の時代』に向かわなければなりません。変化を無視すれば落後します。変化に逆らえば流されてしまいます。困難で苦痛に満ちていても、より速く変わっていかなければなりません。われわれの時代的課題、大韓民国先進化に向かっての大前進が始まったのです」

――第十七代大統領就任の辞より（二〇〇八年）

1　満月を抱く露天商の少年が神話を撃つ

露天商をしながら大学に進学する

李明博《イ・ミョンバク》は、一九四一年十二月十九日、日本の大阪府中河内郡加美村（現在の大阪市平野区）の朝鮮人部落で、父・李忠雨《イ・チュンウ》と母・蔡太元《チェ・テウォン》の間の四男三女の三男として生まれた。父親の李忠雨は浦項《ポハン》市興海邑徳城里《フンヘウプトクソンニ》の出身で、職業は牧場の労働者だった。母親の蔡太元は大邱《テグ》市半夜月《パンヤウォル》の出身だ。故郷の知人が仲人になってふたりは結婚したが、結婚の直後である一九三五年に日本に渡り牧場に就職した。当時李忠雨が使っていた姓は「月山」だった。

一九四一年に李明博が生まれたとき、相殷《サンウン》、相得《サンドゥク》のふたりの兄と、貴善《クィソン》、貴愛《クィエ》のふたりの姉がいた。李忠雨夫婦の間にはその後、貴芬《クィブン》と相弼《サンピル》が生まれた。戸籍の記録によると、李忠雨のもともとの名は徳剣《トクセ》であり、李明博の本来の名は相定《サンジョン》であった。兄弟はみな「相」の字が使われているのに、李明博の名だけが特異である。これについて李明博は「母が、満月がチマの中に入ってくるという胎夢を見たので、あかるいの明と、ひろいの博の字を使った」とみずから説明したことがあった。政治家になってから、出生地が日本であり、「アキヒロ」という日本の名前のような名なので、「兄たちと母親が違う」という噂が流れた。そのため、李明博は事実を確認するためにＤＮＡ検査を受けたこともある。

一九四五年の解放と同時に、李忠雨は家族をつれて故郷の浦項に帰り、同志《トンジ》商業高校の理事長の牧場で労働者として働いた。一九五〇年に朝鮮戦争が勃発し、戦争中に李明博のすぐ上の姉、貴愛と弟の相弼を失った。

戦乱のなかでふたりの子供を失った蔡太元は、一間だけの家で暮らしながら、プルパン[★1]を売って家計を助けた。李明博も家計を助けるために、小学校のときからマッチ、海苔巻き、小麦粉の餅などの行商をした。中学校に入学してからは母親を手伝ってプルパンを売ったりした。

そうしてなんとか中学校を卒業することはできたが、高校には行けなかった。浦項の秀才といわれた次兄・李相得がソウル大に進学しており、その学費を捻出するために家族全員が働いていたからだ。しかし高校進学をあきらめることができなかった李明博は、学校に入学させてくれたら優秀な成績で三年間奨学金をもらうと約束し、同志商業高校の夜間部に入学した。

高校時代、李明博は早朝に起きだし、授業がはじまる前に、手押し車に野菜を積んで浦項の裏町を歩いて売り歩いた。そして暇を見つけては勉強に集中し、約束どおり三年間奨学金をもらい続けた。

李明博が高校を卒業したころ、彼の家族はソウルに引越した。ソウル大学に通う次兄の面倒を見るためだ。李明博も期末試験が終わると家族と共にソウルに向かった。そして清渓川《チョンゲチョン》の古本屋で本を買って勉強し、一九六一年に高麗《コリョ》大学経営学科に入学し、梨泰院《イテウォン》の市場で夜明けにごみを掃除する仕事をして学費を稼ぎながら大学に通った。

六・三事態の先頭に立ってはじめて新聞に名前が載る

苦学しながら大学に通っていたが、平凡な学生だったわけではなかった。彼が大学に入学した年に、朴正熙《パク・チョンヒ》の五・一六クーデターが起こった。その次の年、彼は生活があまりにも苦しいので軍隊に入隊しようとしたが、訓練所での身体検査で、気管支拡張症と診断されてしまった。時々喉が痛むことがあり、風邪かと思って風邪薬を飲んでごまかしていたが、身体検査を受けるまではそのような深刻

★1：プルパン——鉄板の上で水で溶いた小麦を焼いた食べ物。いろいろなバリエーションがあり、たこ焼きのようなものや、たい焼き、どんどん焼きのようなものもある。

な病気だとは知らなかったという。

気管支拡張症によって兵役を免除された彼は、三年のときに商学部の学生会長になり、一九六四年には高麗《コリョ》大学総学生会長職務代行となって、日韓会談反対デモの先頭に立った。六・三事態の主役だったのだ。このため、指名手配されて逃げ回らなくてはならなくなった。このとき戒厳司令部は、検挙できていない大物学生三十七人の名前を六月二十日付の各新聞紙上で発表したのだが、李明博《イ・ミョンバク》の名前は間違っていて、「高麗大、イ・ミョンベク」となっていた。

新聞を見た李明博は警察に自首し、戒厳司令部で取調を受けたのち、ソウル刑務所に収監された。監獄に面会に来た母は、涙を流すどころか、こんなことを言ったという。

「おまえは大したことないやつだと思っていたけど、なかなかの男だったみたいじゃないか。思ったとおり、好きなことやりな」

李明博は懲役三年、執行猶予五年の宣告を受けた。裁判を受けるまで三ヶ月間ソウル刑務所に収監されて、その年の十月二日に保釈で刑務所を出た。

監獄から出て一ヶ月ほど後、大胆だった母親がこの世を去った。のちに政治家になってから、李明博は六・三同志会の会長となった。

現代建設に入社し、サラリーマンの神話を残す

大学を卒業した李明博《イ・ミョンバク》はいくつかの会社に入社の申込書を提出したが、前科のためになかなか就職することはできなかった。そのため朴正熙《パク・チョンヒ》大統領にあてて、悲痛な心情を手紙に書いて、政府の不当な就職妨害を糾弾したりもした。そして一九六五年に、現代《ヒョンデ》建設に就職する。当時現代建設は従業員が百人にも満たない小さな会社だった。現代建設の社長であった鄭周永《チョン・ジュヨン》は、名門大学の出身者

がこんな目立つこともない中小の建設会社を志願したことを非常に喜んだ。李明博は面接のとき「建設とは何か」という質問に対して「創造です」とこたえたという。

李明博は現代建設に入社してからわずか二年で代理（役職のひとつ）に昇進し、三十歳になった一九七〇年には取締役になった。超高速の昇進であった。彼の高速昇進と共に、現代建設の規模も急成長していった。平社員からわずか五年で取締役に昇進できたのは、何よりも仕事に対して猪突猛進するその執念のせいだった。重機事業所の管理課長だったときのこのエピソードが、彼の仕事のスタイルを端的に語っている。

当時、西氷庫《ソビンゴ》（ソウル市龍山《ヨンサン》区）にあった建設機械修理工場の横に骨材の工場があったが、防塵設備がないまま操業していた。李明博は幾度も、防塵設備を整えるようにに要求したが、青瓦台《チョンワデ》が骨材を早く持ってこいとせかしているのでそんな時間はないと、まったく聞く耳を持たなかった。堪忍袋の緒が切れた李明博は、夜中にブルドーザーを引っ張り出し、骨材工場の入り口に穴を掘ってしまった。青瓦台と警察が現状復帰をするように圧力を加えたが、李明博は、防塵設備の約束がない限り現状復帰はしない、とがんばりとおし、結局その意思を押し通した。この事件以後、李明博には「ブルドーザー」というあだ名が付けられ、鄭周永社長は李明博をよりいっそう信任するようになった。その後現場で何かがあると、鄭周永は「李明博に電話をしろ」と言うようになったという。

現代建設の取締役になった一九七〇年、李明博は金潤玉《キム・ユノク》と結婚する。金潤玉は梨花《イファ》女子大師範学科卒業だったが、ふたりを結びつけたのは李明博の同志《トンジ》商業高校時代の恩師だった。李明博の恩師と金潤玉の長兄が慶北《キョンブク》高校の同窓で、ひとりが弟子自慢をし、もうひとりが妹自慢をしているうちに、ふたりを結びつけることになったのだという。

当時金潤玉の両親は、別の男との結婚を考えていたので、李明博との結婚に反対していたが、金潤玉の長兄が、李明博は平社員から若くして現代建設の取締役になった人材だと言って両親を説得したのだという。結婚式は土曜日だったが、李明博はその日も午前中に仕事をして結婚式場に駆けつけたほど、仕事の鬼だった。

鄭周永の信任を得た李明博は、一九七七年、三十七歳の若さで現代建設の社長になった。その後現代建設は、マレーシアのペナン大橋を建設し、イラクの火力発電所、サウジアラビアのジュベールの港湾建設に従事し、屈指の大企業となった。李明博は四十八歳になった一九八八年、ついに現代建設の会長となった。

会長になったあと、李明博は故郷の友人との会食の席で涙を流したという。彼は超高速昇進の秘訣を、このように語っている。

「休日も休まず一日に十八時間以上働いてきたのだから、普通の人の二倍は働いたことになる。そうしてみればわたしは二十四年で社長になったことになるから、普通の人より早いとは言えない。わたしは経営者の目標よりもずっと高い目標を提示して、それを実現するために最善を尽くしてきた。わたしが鄭周永会長の前で示した目標は、いつも鄭周永会長が考えていたものよりも二、三歩先を行くものだった」

彼は現代建設会長以外にも、現代グループ傘下の十の社長と会長を兼任していた。

こうして李明博はサラリーマンの神話となった。彼の成功譚は一九九〇年に『野望の歳月』というテレビドラマになり、人気を博した。そのおかげで彼は大衆の人気を得、これを契機として政治家の道を歩みはじめるのである。

政治家としての歩みは順調ではなかった

一九九二年、現代《ヒョンデ》グループの総帥、鄭周永《チョン・ジュヨン》は政治の世界に足を踏み入れた。彼は統一国民党を創立し、第十四代国会議員選挙で全国区の議員に当選した。このとき鄭周永は李明博《イ・ミョンバク》にも手を差し伸べた。しかし李明博は鄭周永の誘いを拒み、金泳三《キム・ヨンサム》の提案を受け入れて、民自党全国区の国会議員となった。一九六五年以来二十七年間身を置いてきた現代グループとの公式的な決別であり、政治家・李明博の第一歩であった。

李明博は大衆的な人気をバックに、一九九五年、地方自治体首長の選挙で民自党ソウル市長の候補に名乗り出たが、国務総理をつとめた鄭元植《チョン・ウォンシク》に敗れた。そして鄭元植は民主党の趙淳《チョ・スン》に敗北した。その後、李明博の政治家としての歩みは平坦ではなかった。一九九六年、第十五代総選挙で鍾路《チョンノ》区から出馬し、李鍾賛《イ・ジョンチャン》、盧武鉉《ノ・ムヒョン》と争って勝利したが、選挙費用の申告に抜け落ちた部分があったために告発され、裁判を受けた。裁判中の一九九八年、彼はソウル市長に出馬すると宣言し、国会議員職を辞退した。ところが選挙法違反と責任者を海外に逃避させた罪で七百万ウォンの罰金が確定すると、ソウル市長の候補になることを放棄してアメリカに向かった。

選挙法違反により当分の間政治活動ができなくなったので、李明博は事業に手を出した。二〇〇〇年に韓国に戻ってきた李明博は、BBK代表理事だった金景俊《キム・キョンジュン》と共にLKeバンクを設立した。しかしこれが後日彼に大きな政治的打撃を与えることになる。

清渓川の水流に乗って青瓦台へ

二〇〇〇年の光復節の特赦で復権した李明博《イ・ミョンバク》は政治活動を再開した。二〇〇二年、ソウル市長選に出馬し、民主党の金民錫《キム・ミンソク》候補に勝利して、民選第三期のソウル特別市長に当選した。

ソウル市長として、李明博は清渓川《チョンゲチョン》の復元に着手した。二〇〇三年七月に清渓高速道路を撤去し、二年三ヶ月にわたる復元工事を推進して、二〇〇五年十月一日、長さ五・八四キロメートルの清渓川

ソウル市長時代の李明博が復元した清渓川は、朝鮮王朝時代からの庶民の憩いの場だった。〔AFP ＝時事〕

の清流を復活させるのに成功した。さらに大量交通体系の改編作業を進め、交通カード制度を導入し、バスの中央車線制を確立、バスの番号と色を体系的に整理した。その結果バスの運行速度が速くなり、大量交通の利用客も増加した。

ソウル市長として卓越した行政手腕を発揮すると、李明博に対する大衆の支持率は急上昇し、大統領候補として期待する声も上がってきた。

二〇〇六年六月三十日、ソウル市長の任期が満了した李明博は、本格的に大統領への道を模索しはじめた。当時彼のもっとも強力なライバルは、ハンナラ党の代表・朴槿恵《パク・クネ》だった。「選挙の女王」の異名を持つ朴槿恵は、ハンナラ党内ではもっとも強力な大統領候補であると見られていた。しかし李明博は、清渓川の復元の成功で得た人気を基盤として、支持率で朴槿恵に迫る勢いを見せ、二〇〇七年八月二十日の全党大会で、朴槿恵、元喜龍《ウォン・ヒリョン》、洪準杓《ホン・ジュンピョ》らを抑えてハンナラ党の大統領候補となった。朴槿恵は二位で、票差は二千四百五十二票であった。一般党員、代議員、国民選挙人団の選挙ではすべて朴槿恵に負けたが、電話の一票を五票として計算する世論調査で朴槿恵に勝ち、ぎりぎりで勝利したのである。

大統領選挙では、李明博に関連してさまざまな疑惑が表面化し、苦戦を強いられることとなった。特に一時、李明博の同業者であった金景俊《キム・キョンジュン》が代表となっていたBBKの株価操作事件に関係していたという疑惑は、彼を窮地に追い込んだ。李明博は、もし自分がBBKに関与して二度にわたり株価操作をしたということが事実であるなら候補を辞退する、と表明した。こうした情勢を見て、ハンナラ党の大統領候補となり、ハンナラ党の総裁をつとめたことのある李会昌《イ・フェチャン》が、ハンナラ党を離党して大統領選挙に出馬した。出馬宣言の直後、李会昌の支持率は一気に二〇パーセントを超え、これは李明博の支持率に大きな影響を与えた。さらにBBK代表の金景俊が帰国し、検察の取調を受けたことも、李明博にはマイナスに作用した。

ところが、検察が李明博の株価操作疑惑について嫌疑不十分の処分を下したので、李明博の支持率もしだいに回復していった。そして十二月十九日に実施された第十七代大統領選挙で、李明博は四八・七パーセントの票を獲得して当選した。二位は民主党の鄭東泳《チョン・ドンヨン》で、支持率は二六・一パーセント、三位は無所属の李会昌で、支持率は一五・一パーセントだった。

こうして紆余曲折の末大統領に当選した李明博は、二〇〇八年二月二十五日に就任式を行ない、青瓦台《チョンワデ》に入った。

2　経済至上主義を掲げた李明博のブルドーザー式国家経営

成長中心の価値観と「持てる者」のための政策

李明博《イ・ミョンバク》は自分の政府を実用政府と規定したが、実用という表現が平凡で意味も曖昧だという理由で、「李明博政府」と実名を公式な政権の名前として使用した。李明博政権は国政の目標を「新発展体制の構築」と定め、具体的な方向として、国家と社会間の連携協力による発展、質的成長の追求、法治の確立と憲法の遵守、多元主義の価値観と個性、創意の尊重、人材の養成、グローバルスタンダードとナショナルスタンダードの調和、高信頼社会などを掲げた。これは成長中心の政治を遂行するという意味であり、成長を強調するあまり民主主義、人権、福祉、庶民、民意などについての概念が弱くなってしまった。

このような限界は、まずアメリカとの牛肉輸入交渉で表面化した。国民の健康に直結する牛肉輸入問題を、貿易収支の次元だけで考えたために、李明博は就任二ヶ月にして激しい国民的抵抗に直面することになった。牛肉交渉の結果に憤怒した国民は、ロウソクを手に街に出て、連日デモを展開し、同時に支持率も一瞬のうちに二〇パーセント台に落ちた。

しかし李明博は国政運営の態度を変えようとはしなかった。二〇〇九年のはじめ、撤去に抵抗する庶民に対する警察の強硬鎮圧により、龍山《ヨンサン》惨事が起こり（P４５２参照）、今一度庶民に対する政策の限界を露呈した。彼は、言葉で親庶民政策を叫ぶだけで、法治と成長を強調するあまり、庶民の痛みと民意を理解することができないでいるという批判を受けた。

さらにその年の五月、前大統領の自殺に直面し、政治力の限界があらわになった。政治的に解決しうる問題を、法にだけ依存して過度に追求していったために、「政治的な他殺」を誘発した、という批判の声が上がったのである。李明博はこのような自分のイメージを改善するために、二〇〇九年十一月、五つの国政課題をもう一度提示し、「仕える政府」になると強調した。実践に当たっては零細商人への配慮を強調するなど、変化した姿を見せようと努力した。

しかし政策の基調は変わらなかった。労使の問題を解決しようとするときは、依然として労働者よりは経営者のほうに目を向けており、税金についても庶民よりは富裕層の立場を最初に考慮するという性向が露呈した。教育についても効率性ばかりを強調したため、学校の序列化や、庶民の教育費負担などには背を向ける結果となった。高校多様化プロジェクトを通して自律型私立高校を増やしていき、高校平準化政策を弱めたのがその代表的な事例だ。また英語没入教育を強調し、塾などの私的な教育熱を煽ったという批判も受けた。

対北朝鮮政策においても、成長中心の思考法が露出した。李明博政権の対北朝鮮政策は「非核開放三千構想」と要約することができる。北朝鮮が核を放棄し、開放すれば、対北朝鮮投資によって北朝鮮のひとり当たり国民所得を三千ドルに引き上げる、という内容だ。しかしこれは現実性がまったくない方策であるばかりか、北朝鮮の自尊心を傷つける結果をもたらす。北朝鮮は李明博の対北朝鮮政策に強く反発し、労働新聞で李明博を「逆徒」と表現したほどだった。さらに北朝鮮は海上ミサイルを発射し、開城《ケソン》工業団地から韓国の当局者を追放してしまった。

北朝鮮との関係は悪化の一途をたどった。二〇〇八年七月に起こった金剛山《クムガンサン》観光客銃撃死亡事件以後、冷えきっていた南北関係は、二〇一〇年三月の天安《チョナン》艦事件によって極度に緊張し、ついに北朝鮮の砲撃によって民間人が死亡する延坪島《ヨンピョンド》砲撃事件が発生した（P456参照）。李明博政府は、天安艦事件と延坪島砲撃事件に対して謝罪を要求して、食糧支援を中断し、対話を拒否した。

対米政策では、米韓同盟の強化を強調し、戦時作戦統制権の返還計画を延期するよう請願するなど、低姿勢一辺倒であった。このような対米外交の基調は、二〇一〇年十二月五日に妥結した米韓ＦＴＡ再交渉にも悪影響をおよぼした。米韓同盟に執着するあまり、経済的な不利益をみずから招いてしまったのである。アメリカのマスコミさえ「オバマの勝利」と言うほどであった。再交渉の結果は、アメリカの要求をあまりにもたやすく受け入れてしまったとの批判を受けた。このため世論は急激に悪化し、通商交渉本部長であった金宗壎《キム・ジョンフン》が国会で謝罪しなければならないほどだった。

三百余の市民団体が「米韓ＦＴＡ阻止汎国民本部」を結成して批准反対デモを展開するなど、反発の動きは活発だった。こうした世論を背景に野党も激しく批准に反対し、民主労働党の金先東《キム・ソンドン》議員は国会本会議場に催涙弾を投げつけて抵抗した。しかし批准案の処理は非公開で進められ、野党が不参加のまま百五十一人の議員の賛成でなんとか通過させることはできた。

福祉の部門でも弱者に対する配慮は大きく後退した。障碍児無償保育支援金、保育施設拡充費用、障碍者車両支援費、基礎支給生活者医療費支援金などが大幅に削減され、幼児予防接種予算、長期休暇中の欠食児童支援予算、老人療養施設拡充費用なども全額、あるいは一部削減が行なわれた。このような福祉縮小政策は、深刻化している両極化現象と、低出産、高齢化社会の問題点をより悪化させる結果を招いた。

言論政策でも、政府による統制一辺倒の旧態依然たる姿勢を見せた。任期が残っている報道機関の社長を交代させ、自分の側近を社長に任命するということまで強行した。また政府に批判的な番組は放送を短縮したり延期したりする事例が相次ぎ、担当プロデューサーを交代させるというようなこともあった。こうしたことは、公営放送であるＫＢＳではもちろんのこと、ＭＢＣ、ＹＴＮ、そして放送通信委員会など、広い範囲で行なわれていった。また新聞社と放送局を同時に経営することを可能にする総合編成チャンネルを推進し、保守メディアの影響力を大きく拡大した。その結果、国際人権監視団体フリーダムハウスは、韓国を言論自由国から部分的言論自由国に降格させた。

このような一連の政策に対する世論の反応は冷たかった。その余波で二〇一〇年の六・二地方選挙でハンナラ党は惨敗した。投票率は歴代の地方選挙のなかでもっとも高い五四・五パーセントで、ハンナラ党が勝利したのはは十六の広域自治団体長のうち六ヶ所だけだった。ハンナラ党の牙城であるはずの慶尚南道《キョンサンナムド》と江原道《カンウォンド》の道知事選挙でも敗北し、忠清圏《チュンチョン》の三ヶ所もすべて敗退した。基礎自治体首長も二百二十六のうち八十二を確保したにとどまった。それに対し第一野党の民主党は、二十五のうちやっと四ヶ所を獲得しただけだった。特にソウル区長選挙では、七つの広域自治体首長を確保し、慶尚南道でも民主党系の金斗官《キム・ドゥグァン》が無所属で出馬して勝利した。また教育監[★2]選挙でも、教育の中心地といえるソウルと京畿《キョンギ》で、民主党系の郭魯炫《クァク・ノヒョン》と金相坤《キム・サンゴン》が当選した。ソウル市議会選挙でもハンナラ党は、二〇〇六年の地方選挙では全百六議席のうち九十六議席を獲得したのに、今回はわずか二十七議席に過ぎなかった。京畿道の議会も、四十二対八十二で野党が絶対的な優勢となった。

四大江にのみ執着したMBノミクスの惨めな成績表

李明博《イ・ミョンバク》は経済大統領を自認しており、政策においてももっとも力点を置いたのは経済だった。

李明博の経済政策は「MB[★3]ノミクス」と呼ばれ、その公約は「七四七成長」だ。大統領選挙のときのスローガンは「チュルプセ[★4]に乗って七四七へ」だったが、その意味するところは、税金を減らし、干渉と規制を緩和して、年七パーセントの成長率、ひとり当たりの国民所得四万ドル、世界七位の経済規模を実現する、というものだった。しかしチュルプセは実現したが、七四七は空虚なこだまとして響くばかりだった。

李明博政府はその初年度から、アメリカのサブプライムローン問題という伏兵に襲われ、七四七成長

★2：教育監——全国の十六の広域自治体で教育に関する事務を統括する職位。大統領や国会議員は教育監の政策に干渉することが制限されている。住民の直接選挙による教育監が導入されたのは二〇〇七年から。

★3：MB——李明博のこと。明博 Myung-Bak の頭文字だ。言葉の由来は、一九八〇年代のレーガン政権による、大型減税と規制緩和を二本柱にした経済政策「レーガノミクス」。第二次安倍政権の経済政策「アベノミクス」も、「レーガノミクス」にちなんで名付けられた。

★4：チュルプセ——税金を減らし（チュル－イゴ）規制を緩和し（プ－リゴ）、法秩序を確立する（セ－ウダ）の頭の音を取った新造語。典型的な市場万能主義の政策であり、韓国でこれを適用すると「財閥万能主義」になる、と批判する声もあった。

はおろか、現状維持さえ難しいという状況に直面した。初年度の経済成長率は二・三パーセントにとどまり、二〇〇〇に肉薄していた総合株価指数は九〇〇に急落、国民所得は二万ドル以下に後退した。アメリカ発の金融危機はまたたくまにヨーロッパから全世界へと拡散した。このため二〇〇九年の韓国の経済成長率は〇・三パーセントに落ち込んでしまった。国家の負債は千六百兆ウォンを超え、これは盧武鉉《ノ・ムヒョン》政権末期の二〇〇七年に比べ二〇パーセント以上の急上昇だった。しかし李明博は総合不動産税を緩和するなど、減税政策を続け、そのため税収が減少し、国家財政が悪化、国家の負債はさらに増えていったのである。さらに金融と産業を分離する法規制を緩和したため、銀行が大企業の私的金融機関に転落する事態を招く可能性も濃厚となった。

李明博は金融危機によって悪化した経済の状況を克服するため、四大江事業の推進に執着した。大統領選挙のときの公約であった朝鮮半島大運河事業[★5]が世論の反対に遭って実現不可能となり、その代案として考え出されたのが四大江整備事業だった。李明博は建設の分野に強かったため、建設を基盤として韓国経済を再生させようとした。つまり大運河事業が「新しいニューディール政策[★6]」となると考えたのだが、世論の反対に遭い、それに類似した四大江事業に転換したのである。

四大江整備事業は、朝鮮半島の乳腺ともいえる漢江《ハンガン》、錦江《クムガン》、洛東江《ナクトンガン》、栄山江《ヨンサンガン》を整備し、洪水を防止すると同時に水不足を解決し、さらに土砂の採取によって建設資源を確保するという計画だった。ただしこれは表面的な目標であり、実際の意図は、四大江事業に多くの建設業者を投入して低迷する建設景気を刺激し、同時に雇用を創出して、経済成長の原動力にしようというものだった。

これに対して環境団体は、水質が悪化し、生態系が破壊されると反対の立場を鮮明にし、四大江周辺の農家は川の水位が上がり田畑が水没する危険があると強く反対した。野党もまた四大江事業は大運河事業の一環であると主張し、将来四大江事業が大きな国家的災難を誘発する可能性がある、と反対の声を上げた。

★5：朝鮮半島大運河事業——李明博が大統領選挙の公約に掲げていた一大事業。漢江、錦江、洛東江、栄山江の四大河川をつなぐ全長三千百三十四キロメートルもの運河を建設しようというもの。

★6：ニューディール政策とは、もともとは一九三〇年代にアメリカの大統領フランクリン・ルーズベルトが行なった経済政策。大規模な公共投資と金融緩和によって世界恐慌を乗り切ろうとしたもの。バラク・オバマが大統領就任当初に打ち出した環境政策「グリーン・ニューディール」政策も、ルーズベルトのニューディール政策にちなんで名付けられた。

しかし李明博はブルドーザーの別名のとおりこの事業を強行した。清渓川《チョンゲチョン》復元事業で大成功した彼としては、簡単に引き下がるわけにはいかなかったのだ。李明博は四大江整備事業に二十二兆ウォンという莫大な資金を投入した。

四大江事業が進められた二〇一〇年の経済の成績は良好だった。貿易収支が史上最大である四百十七億ドルの黒字を記録し、経済成長率は六パーセントに急上昇し、総合株価指数も二千を突破した。またひとり当たりの国民所得も二万ドルを回復した。グローバル金融危機以後、世界でもっとも早く回復に成功したと言えるだろう。

しかしそれで終わりだった。二〇一一年に入ると経済指標は悪化しはじめた。物価は急騰し、このため実質賃金はマイナスとなり、貿易収支の黒字幅も減少しはじめた。何よりも失業率が改善されなかったのが問題だった。特に青年の失業は深刻な社会問題となった。二〇一一年二月、大卒の失業者数が三十五万人に迫り、史上最大値を記録した。世界で九番目に貿易総額一兆ドルを達成したのがせめてもの慰めであった。二〇一一年の経済成長率は三・六パーセントで、二〇一二年は二・〇パーセント、在任期間五年間の平均は二・九パーセントだった。また二〇一二年のひとり当たりの国民所得は二万三千六百ドルであった。

アメリカ発の金融危機により全世界が経済的な試練に直面していたという点を勘案すれば、李明博政府の経済の成績はそれほど悪くもなかったと言えないこともないが、「七四七成長」という公約とはあまりにもかけ離れた結果であった。

老人人口とひとり暮らしの増加、そして貧困の影

李明博《イ・ミョンバク》時代の韓国社会のもっとも大きな変化は、老人人口の急増と、ひとり暮らしの増加だとい

えよう。

韓国社会は二〇〇〇年に高齢化社会に突入して以後、急速に高齢化が進んでいる。六十五歳以上の高齢人口が占める割合は、二〇一〇年に一一パーセントを超え、その実数は五百三十万人に迫った。これは一九九〇年の五・一パーセントの二倍であり、二〇〇〇年の七・二パーセントに比べてもかなりの増加である。さらに韓国の出産率は女性ひとり当たり一・三人以下と、世界の最低水準に到達してしまった。幼児と青年層の比率が減少し、中・壮年層の比率が増大することによって、社会を主導する層が変化してきたのである。産業全般にわたって、高齢者を対象とする健康事業、老後金融などのシルバー産業が大きく拡大した。それだけではなく、政治においても高齢者の影響力が拡大し、選挙の公約でも老人に対する福祉が強調されるようになり、また理念的にも保守化傾向が強まった。

低出産、高齢化社会への突入は、社会全般にさまざまな問題を生み出していった。生産人口が減少したため、若年層が負担すべき福祉費用が増加した。また韓国の老人の八〇パーセントが貧困層であるため、老人の貧困問題が社会問題として浮上してきた。認知症やパーキンソン病などの老人病対策も急がれることとなった。そして老人の医療費上昇と、老人福祉基金の増加によって、国家と地方公共団体の財政負担が急増した。

老人人口の増加は、熟年離婚の増加をもたらした。二〇一二年、韓国はOECD国家のなかで離婚率一位となった。離婚の二六・四パーセントが、結婚二十年以上の熟年離婚であった。これは結婚四年未満の新婚離婚の比率二四・六パーセントよりも多い。さらに熟年離婚の二〇パーセントが、六十歳以上の高齢離婚であった。

老人人口の増加と共に、ひとり暮らしの増加も目立つようになった。二〇一二年、全国のひとり暮らしの人口は四百五十万人をはるかに超えた。ひとり暮らしが増加した背景は多様だ。青年の失業率の増加によりひとりで暮らす若者が増加し、離婚後ひとりで暮らす人が増加したのもその原因のひとつだ。また「ゴールドミス」と呼ばれる、能力のある女性が結婚を忌避する風潮も、ひとり暮らしが増加する原因として作用した。八十歳以上の老齢人口の増加により、配偶者と死別してひとりで暮らすようになった老人が増加したという事情もあった。

ひとり暮らしの増加は企業のマーケティング戦略にも変化をもたらした。統計によればひとり暮らしはふたり以上の家族に比べ、ひとり当たりの消費支出額が二〇パーセントほど高い。そのため多くの企業がひとり暮らしを攻略するための製品の開発に乗り出した。自動車、家具、家電製品などの小型化競争が見られたのもそのためだ。不動産史上でも小型オフィステル★7の価格が急騰し、供給される物量も大きく増加した。

ひとり暮らしの背後には貧困がある。二〇一〇年の統計庁の調査によれば、ひとり暮らしの四〇パーセントは毎月家賃を払う形態の住居に住んでおり★8、貧困人口の二三・六パーセントがひとり暮らしであった。またひとり暮らしの三二パーセントが六十歳以上の高齢者であり、その大部分は貧困層だった。ひとり暮らし全体を見ると、その七六・六パーセントが貧困層であるという調査結果もある。つまりひとり暮らしの二〇パーセントを除くそれ以外は、経済的な理由でひとり暮らしをしていると思われる。

韓国社会、スマートフォン中毒になり、オーディションにはまる

李明博《イ・ミョンバク》の時代には韓国社会に大きな変化が訪れた。スマートフォンの登場である。スマートフォンとは、コンピュータの機能が追加された携帯電話のことだ。

スマートフォン時代は、二〇一〇年にアップルのアイフォンと三星《サムソン》ギャラクシーSなどが発売されてはじまった。スマートフォンの登場により、これまでパソコンだけで可能であったインターネット

★7：オフィステル——オフィスとホテルを合体させた韓国式英語。オフィススペースと住居を兼ねたビルで、住居スペースはワンルームや一DKなどが多い。

★8：277ページの訳注にあるように、韓国での賃貸の形態は専貰(チョンセ)が普通だったが、貧困層の増加により月々家賃を支払う形態が増加している。つまり経済的に余裕のある階層は専貰で家を借り、貧困層は月々家賃を払うというかたちになっている。

上のすべての活動が、携帯電話でも可能になった。電子商取引はもちろん、金融取引、文書の作成からゲームまで、ノートブックやデスクトップで行なってきたすべての業務と娯楽が、スマートフォンひとつで解決できるようになったのである。

スマートフォンはコミュニケーションの文化も変えた。ツイッターという新しいコミュニケーションの方法が普及し、カカオトークやカカオストーリーのようなプログラムが登場した。

ツイッターとは、個人用のコンピュータや携帯電話を通して、受信者のグループに短いメッセージを一瞬のうちに配信する、オンラインサービスのことだ。このサービスがスマートフォンと連携し、ツイッターのメッセージが転送されて他の人にも伝達されるリツイートが普通に行なわれるようになり、フォロワーという追従者によってひとつのツイートがどんどんリツイートされ大きく波及していくという現象も生まれた。数十万人のフォロワーがいる有名人も生まれた。このため、多くのフォロワーを擁する人がツイッターで一言つぶやいただけでそれが世論となってしまう珍現象まで生じるようになった。

カカオトークとは、株式会社カカオが二〇一〇年三月十八日にサービスをはじめたグローバル・モバイル配信だ。全地球的なリアルタイムの対話プログラムであり、カカオはこのプログラムをスマートフォンの使用者に無料で配信した。短くして「カトク」とも呼ばれるカカオトークは、対話の機能を越え、写真や動画、音声などを相手に送ることができ、複数の人が同時に討論に参加することも可能だ。カカオトークの加入者は二〇一二年四月に四千万人を突破した。

カカオストーリーもまたカカオトークと連動して使うことのできるプログラムだ。カカオトークではプロフィールの写真を一枚だけアップロードすることができるが、カカオストーリーではミニプロフィールに何枚もの写真をアップロードして、文章と共に共有することができる。また友人関係を結ぶ人数に制限のないカカオトークとは異なり、最大五百人と制限されているのもカカオストーリーの特徴だ。つまり知人中心のコミュニケーショングループ形成プログラムである。

カカオトークとカカオストーリーの登場はインターネット文化にも大きな変化をもたらした。インターネットカフェやブログを通して形成されていたネットワークが、カカオトークやカカオストーリーに大挙して移っていったのである。この結果、インターネットカフェやブログの使用量は急減した。また長い文章を中心とした文化が、短文中心となり、カカオトークをカトクと呼ぶように短く省略した単語が普通に使われるようになった。さらにインターネット上で通用する隠語が日常でも濫用されるようになっていった。

カカオトークと共に、フェイスブックもネットワーク形成の新しいかたちとして定着していった。二〇一二年六月の時点で全世界の使用者が九億五千万人であったフェイスブックは、自分でプロフィールを作り、他のユーザーと友人関係を結んでメッセージを交換できるプログラムだ。ハーバード大学の学生であったマーク・ザッカーバーグが二〇〇三年に作成したこのプログラムは、二〇一二年二月一日に株式公開を申請してナスダックに上場され、五十万ドルの価値があると認められた。このフェイスブックもスマートフォンと連携することによって大きな波及効果を生み出すことになった。

しかしスマートフォンの弊害も大きかった。通信機器の費用と通信費が急上昇し、人間と直接対話するよりも機械を通して間接的に対話することに没入する傾向を生み出した。そしてスマートフォン中毒に陥る人が急増したのである。スマートフォンを常に確認していなければ不安になったり、スマートフォンができてから勉強や仕事に集中できなくなった人が増えてきたのだ。スマートフォンのために鬱病や不眠症に苦しむ人も生じた。いわゆる「スマートフォン廃人」が量産されるようになったのである。トイレに入るときもスマートフォンを手放すことができず、便秘になる人まで続出した。特に子供と青少年のスマートフォン中毒は社会問題となった。

スマートフォンと共にこの時期を代表するもうひとつの文化現象は、オーディションだ。二〇〇九年、ケーブル放送のＭｎｅｔが公開オーディション番組『スーパースターＫ』という歌謡番組を制作した。その後『スーパースターＫ』は国民の人気を博し、ケーブル放送の領域を越え、驚異的な視聴率を記録した。公開オーディションに参加した人が百万人を超え、オーディションを通過した新米歌手が一夜にしてスターとなった。

　Ｍｎｅｔの成功に刺激を受け、ＭＢＣをはじめとする他の放送局もオーディション番組を制作しはじめた。ＭＢＣは二〇一〇年からオーディション歌謡番組『偉大なる誕生』と、公開オーディションによってアナウンサーを選ぶ『アナウンサー公開採用新入社員』を放映しはじめた。続いてケーブル放送のｔｖＮがタレントオーディション番組『ゴット・タレント』を外国から輸入して『コリア・ゴット・タレント』を制作し、ＫＢＳもバンド競演番組『ＴＯＰバンド』と、人間の基礎能力を競う『ヒューマン・サバイバル！　挑戦者』を制作した。これに負けじとＳＢＳも『奇跡のオーディション』と『Ｋ－ＰＯＰ　ＳＴＡＲ』などを制作し、オリーブＴＶなどのケーブル放送も、料理人、デザイナー、モデルなどをオーディションによって選抜する番組を制作した。

　その後『スーパースターＫ』は最高の歌手オーディション番組として定着し、企画、進行を中国に輸出して『スーパースター・チャイナ』が作られた。またＭＢＣの『偉大なる誕生』も毎年新人歌手を輩出しており、Ｍｎｅｔは音楽チャンネルＫＭと共に、ボーカル・オーディション番組を輸入して『ボイス・コリア』を放映し高い視聴率を記録した。また『わたしは歌手だ』をはじめ『ダンシング・ウィズ・ザ・スター』、『不朽の名曲』などタレントが出演して競い合う番組も人気を得た。

　こうしてオーディションによって歌手を発掘する番組が増えると、「大学歌謡祭」★9のようなイベントは消えていった。また、あらゆる分野で、競争を第一と考える一等主義が当然視される風潮が拡散していった、という問題点も指摘されている。

★9：大学歌謡祭――韓国では一九七〇年代後半よりＭＢＣ主催の大学歌謡祭が毎年開催されており、韓国内の各大学からスターの登龍門を目指す参加者が出場していた。しかしオーディション番組の台頭により、ＭＢＣは二〇一四年六月に大学歌謡祭の廃止を発表した。

存在感を失う李明博、浮上する朴槿恵、政界に激震をもたらした安哲秀

李明博《イ・ミョンバク》政権四年目の二〇一一年に入っても、政府に対する世論は依然として冷たいままであり、四・二七補欠選挙で与党は惨敗した。与党の票田だと思われていた京畿道城南《キョンギドソンナム》市盆唐《ブンダン》区で、民主党の孫鶴圭《ソン・ハッキュ》がハンナラ党の姜在渉《カン・ジェソプ》を破って当選し、江原道《カンウォンド》知事選挙でも民主党の崔文洵《チェ・ムンスン》がハンナラ党の厳基永《オム・ギヨン》に勝利した。政局は野党有利に傾いていた。ハンナラ党は敗北を認め、党の指導部が総辞職し、二〇一〇年の地方選挙で敗北して以後もう一度非常対策委員会を構成せざるをえなくなった。ハンナラ党内部で李明博系の影響力は弱まり、朴槿恵《パク・クネ》系の声が大きくなっていった。李明博は完全にレームダック状態に陥っていた。そして青瓦台《チョンワデ》では、大統領秘書室長の任太熙《イム・テヒ》が青瓦台の刷新を要求して辞職した。またハンナラ党の要求によって政府は内閣改造を断行し、企画財政部長官、雇用労働部長官、農林水産食品部長官、環境部長官、国土海洋部長官などが交代した。

しかし一〇・二六補欠選挙でも、ハンナラ党は手痛い敗北を喫した。ハンナラ党所属の呉世勲《オ・セフン》ソウル市長が、無償給食についての住民投票で敗れたためにその責任をとって辞職し、ソウル市長補欠選挙を実施することになったのだが、ハンナラ党候補の羅卿瑗《ナ・ギョンウォン》が民主党と連合した無所属の朴元淳《パク・ウォンスン》に敗れたのである。またこの市長選をめぐって朴元淳に候補を譲った安哲秀《アン・チョルス》[★10]が人気を集め、ハンナラ党の大統領候補として有力視されていた朴槿恵の支持率に迫る勢いを見せた。

二〇一一年十二月、ハンナラ党代表の洪準杓《ホン・ジュンピョ》が退くと、ハンナラ党は朴槿恵を非常対策委員長に選出した。非常対策委員長となった朴槿恵は党名を変更する、と宣言した。党を刷新し、四月の総選挙で勝利して、大統領候補になる、というのが朴槿恵の腹であった。

ハンナラ党は党名を公募し、二〇一二年二月十三日、セヌリ[★11]党と党名を変更して、第十八代総選挙

★10：安哲秀――医師、コンピュータープログラマー、ベンチャー企業経営者などをへて、二〇一二年七月にみずからの政策を述べた著書『安哲秀の考え』（原題）を発表。事実上の大統領選への出馬を表明して無党派層の支持を集めたが、野党候補一本化のため出馬を断念した。現在は最大野党の新政治民主連合に在籍。

★11：セヌリ――セは新しいという意味で、ヌリは国とか世の中という意味の固有語。

に突入した。続いて朴槿恵は中央選挙対策委員長に推戴された。以後李明博の立地はますます狭まっていった。

選挙の女王という別名に恥じず、朴槿恵は四月十一日に実施された第十九代総選挙でセヌリ党を勝利に導いた。セヌリ党は過半数を獲得できないだろうという予想を破り、三百議席のうち百五十二議席を獲得した。民主統合党は全国的により多くの票を獲得したが、首都圏で惜敗したところが多く、百二十七議席にとどまった。

総選挙が終わると、政局は大統領選挙に向けて動きはじめた。セヌリ党の大統領候補は、党内選挙を行なうまでもなく、朴槿恵の独走状態だった。金文洙《キム・ムンス》、金台鎬《キム・テホ》、任太煕、安相洙《アン・サンス》が大統領候補に名乗りを上げたが、勝負にもならなかった。また李明博系の鄭 夢 準《チョン・モンジュン》、李在伍《イ・ジェオ》は選挙そのものに不満を抱き、候補に名乗り出ることすらしなかった。

こうしてハンナラ党は朴槿恵に全幅の信頼を寄せるかたちで彼女を大統領候補に選出したが、安哲秀という伏兵の存在によって、大統領選挙の行方は予断を許さないものがあった。支持率では安哲秀が朴槿恵を上回っていたのである。しかし安哲秀はまだ大統領選挙への出馬を明言していなかった。

安哲秀と共に、新たな伏兵として登場したのが、盧武鉉《ノ・ムヒョン》の秘書室長であり、親友でもあった文在寅《ムン・ジェイン》であった。文在寅と共に民主統合党の大統領候補として名乗りを上げたのは、孫鶴圭、金斗官《キム・ドゥグァン》、丁世均《チョン・セギュン》らであった。この三人のなかで支持率が一番高かったのは孫鶴圭だったが、文在寅は全国のすべての地域で一位となり、過半数以上の票を獲得して民主統合党の大統領候補となった。

その後大統領選挙は、文在寅と朴槿恵、そしてまだ出馬表明をしていない安哲秀の三つ巴選となった。そして九月十九日、安哲秀が出馬を公式に宣言する。すると野党圏の候補を一本化すべきだという世論が高まり、十一月二十五日、安哲秀が候補一本化に合意して候補を辞退し、文在寅を支持すると宣言した。また進歩正義党（正義党）の沈相灯《シム・サンジョン》も候補を辞退して文在寅を支持すると宣言し、統合進歩党の李正姫《イ・ジョンヒ》も同じく文在寅を支持する声明を出して候補を辞退した。

選挙は、セヌリ党の朴槿恵と、民主統合党の文在寅の一騎打ちとなった。選挙戦は接戦となったが、五一・六パーセントを獲得した朴槿恵が、四八パーセントの文在寅を抑え、大統領に当選した。

選挙戦の過程で、国家情報院（国情院）が世論を操作したという疑惑が持ち上がり、さらにこの問題について警察が捜査を縮小したという疑惑も飛び出してきた。またネティズンを中心として、開票についても疑惑が提起された。国家情報院が選挙に介入したという疑惑は、朴槿恵が大統領に就任した以後も解消されず、朴槿恵にとっては重い課題となって残った。★12

一方、李明博は、選挙戦が加熱していた二〇一二年八月、大韓民国大統領としてははじめて独島《トクト》（竹島）を訪問し、騒動を起こした。

李明博は退任するまでセヌリ党を脱退しなかった。盧泰愚《ノ・テウ》大統領以後、次の大統領選挙が行なわれるときに現職大統領が離党するという前轍を踏まなかったわけだが、実兄であり、六選の国会議員でもあり、李明博政権の時代は「兄上大君」とよばれ、「万事亨通《マンサヒョントン》」★13という流行語を生んだ李相得《イ・サンドゥク》が拘束され、親戚が不正に関係するなど、それまでの大統領と同じ結果を残すことになった。

李明博は、二〇一三年二月二十五日に大統領職から退き、ソウル江南区《カンナム》論峴洞《ノンヒョンドン》の私邸に戻った。

李明博は夫人の金潤玉《キム・ユノク》との間に周妍《チュヨン》、承妍《スンヨン》、修妍《スヨン》の三人の娘と、息子の始炯《シヒョン》をもうけた。李周妍はイ・サンジュと結婚し、李承妍はチェ・ウィグンと結婚し、李修妍は趙顕範《チョ・ヒョンボム》と結婚した。

経済至上主義にとらわれ、四大江であがいた李明博時代

李明博《イ・ミョンバク》時代は一言でいうと、経済のみを強調して人間の道を失い、四大江に執着してもがき続け

★12：朴槿恵が大統領に就任して以後も、国家情報院による世論操作の疑惑は大きな社会問題となった。大統領選挙に関わる不正であるため、朴槿恵政権の正当性に直結する問題であり、朴槿恵はそのもみ消しに必死になった。ソウル地方検察庁特別捜査チームは、国家情報院がインターネット上で文在寅を誹謗中傷し朴槿恵を賞賛する文を大量にばら撒いた証拠をつかみ、さらに当時警察がこの事実を知っていながら、投票の三日前に金用判（キム・ヨンパン）ソウル地方警察庁長が事実を確認できなかったと虚偽の発表をしていたことを明らかにした。また国軍サイバー司令部も大統領選挙に介入した証拠があげられた。ところが捜査が進行していた二〇一三年九月、捜査を主導していた蔡東旭（チェ・ドンウク）検察総長が、婚外子がいるという疑惑によって突然辞任し、積極的に捜査を進めていた検事も地方に左遷させられてしまう。当時、朴槿恵の特命により国家情報院が必死になって蔡東旭のスキャンダルを探していた、という報道があった。その後牙を抜かれた検察による捜査は縮小していき、元世勲（ウォン・セフン）国家

情報院長は起訴され有罪判決を受けたが、大統領選挙への介入の問題は曖昧なままだった。またこの捜査が進められている過程で、朴槿恵は世論の目をそらすために、脱北者スパイ事件、統合進歩党内乱陰謀事件などをでっち上げた。脱北者スパイ事件についてはその後、国家情報院が証拠を捏造していた事実が明らかになり、大きな社会問題となった。また、民主主義国家において正当に活動している政党を強制解散することなどありえないという国際的な非難の声が上がるなか、二〇一四年十二月十九日に憲法裁判所は統合進歩党解散の判決を下した。ところが二〇一五年一月二十二日、憲法裁判所が解散判決の論拠とした内乱陰謀罪について大法院が無罪判決を下したため、この問題の結論はまだ出ていない。権力を利用した不正選挙、世論の目をそらすための公安事件のでっち上げと、朴槿恵の政治手法は父親譲りだといえよう。

★13：万事亨通——万事が思いどおりになるという意味だが、「亨」と「兄」が同じ音の「ヒョン」で、何でも大統領の兄に言えばかなう、という意味に引っ掛け、流行語となった。

た時代であると言えよう。政治的には、金泳三《キム・ヨンサム》、金大中《キム・デジュン》、盧武鉉《ノ・ムヒョン》政権がつちかった民主主義の成果を蕩尽するのに余念がなく、外交と国防では平和も失い実利も失うという愚かな選択を繰り返し、経済ではスローガンはあっても発展のない秕《しいな》（米が実らなかった籾）のような状態となり、社会的には貧富と老少の対立と葛藤が続いた。また文化的にはデジタル文明の華麗な発展のなかに人間のにおいが消え、競争中心の一等主義の風潮が蔓延した。

3　李明博時代の主要な事件

アメリカ産牛肉輸入騒動と、街にあふれ出たロウソク

二〇〇八年四月十八日、米韓牛肉交渉が妥結した。ところがＭＢＣの時事告発番組『ＰＤ手帖』が、アメリカ産牛肉が狂牛病に対して安全ではない疑いがある、という内容の番組を放映すると、国民がロウソクを手に大規模なデモを展開した。

アメリカ産牛肉の輸入は、二〇〇三年にアメリカで狂牛病が発生して以後、中断されていた。そして盧武鉉《ノ・ムヒョン》政権の時代である二〇〇六年に「三十ヶ月未満で、骨を除去した肉」に限定して輸入が再開された。ところが李明博《イ・ミョンバク》政権になり、アメリカからの牛肉輸入の圧力が強まると、三十ヶ月以上の牛は骨と内臓を含み、三十ヶ月未満の牛は特定の危険部位まで含んでいい、というように条件を緩和して交渉が妥結した。

これを耳にした多くの国民は激怒し、政府は国民の健康をまったく考慮せずにアメリカと協定を締

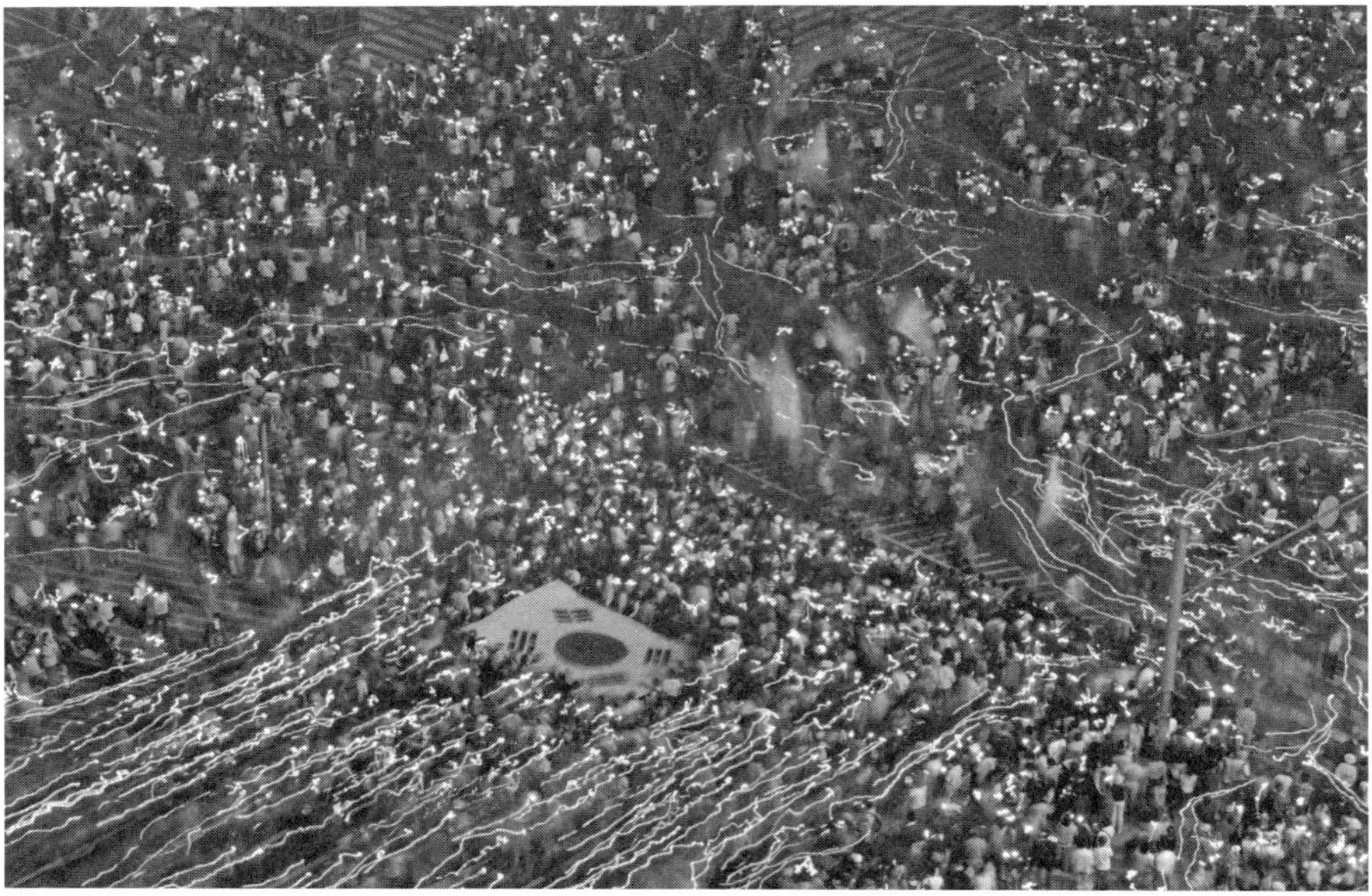

アメリカ産牛肉の輸入再開に抗議するロウソクデモ。新しいかたちの祝祭のような平和的なデモだ。〔AFP ＝時事〕

結した、と批判した。インターネットでは李明博に対する弾劾署名運動が展開され、短期間に署名した人が百万人を突破するという事態にもなった。マスコミの世論調査でも国民の大多数が協定に反対し、交渉のやり直しを要求していることが明らかになった。

しかし政府とハンナラ党は、こうした世論を、反政府勢力の扇動によるものだと一蹴し、一部の保守新聞は、牛肉輸入反対運動を展開する勢力を偽善者であると非難し、ロウソクデモは反米団体の扇動によるものだと主張した。

政府は五月十四日に「アメリカ産牛肉輸入の告示」を延期すると発表し、世論の主張を受け入れるような姿勢を見せた。これに対しアメリカ商務省が、牛肉についての協議のやり直しは必要ない、と対応すると、牛肉輸入反対の声はさらに強いものとなった。こうしたなか、牛肉輸入の告示が強行された。すると民主社会のための弁護士の集いが、百万人の請求人団の名で、アメリカ産牛肉の衛生条件の告示に対して憲法訴願審判を請求した。ロウソク集会でもソウルで十万人が結集して、交渉のやり直しを要求したが、李明博大統領は拒否した。これに対し、六・一〇ロウソク集会にソウルだけで五十万人が集まり、全国各地でも五十万人のデモが行なわれ、合わせて百万人が牛肉輸入緩和反対のデモに参加した。警察はデモ隊の進路を遮断するためにコンテナを積み上げて対峙した。その様子を市民は「明博山城《ミョンバクサンソン》」と揶揄した。

その後「狂牛病の危険があるアメリカ産牛肉の輸入に反対する国民対策会議」（狂牛病国民対策会議）は、李明博大統領が牛肉輸入の交渉をやり直さないのならば、政府退陣運動も辞さない、と宣言し、結局李明博大統領は特別記者会見を開き、対国民謝罪声明を発表した。声明書の骨子は、三十ヶ月以上のアメリカ産牛肉は絶対に輸入しないようにする、というものだった。

そして米韓牛肉追加協議が進められ、金宗壎《キム・ジョンフン》通商交渉本部長は協議の結果を次のように発表した。

①三十ヶ月以上の牛肉に品質システム評価を適用し、韓国の消費者の信頼が改善されるまで輸入を禁止する。

②（輸入業者の要請がない限り）三十ヶ月未満の牛肉のうち、脳、眼球、脊髄、頭蓋骨の輸入を禁止し、搬入された場合は全量返送する。

③疑わしい作業場を特定し、調査することが可能であり、調査の結果重大な意見が発見された場合、アメリカに該当作業場の輸出作業中断を要請できる。アメリカは要請を受けた場合即時に措置をとる。

この協議文が発表されてから、ロウソクデモの参加者は少しずつ減少していったが、多くの国民は疑問の目を向け続けていた。また英語による合意文が公開されなかった点も批判を受け、アメリカ産牛肉に対する不信感は消えなかった。

無分別な都市開発が引き起こした真冬の悲鳴、龍山惨事

二〇〇九年一月二十日、ソウル市龍山《ヨンサン》に位置する南一堂《ナミルタン》の建物で二十九人が死傷するという事故が発生した。龍山惨事である。死亡者六人のうち五人は撤去に反対する龍山の住民で、ひとりは警察特攻隊の隊員だった。

事件の発端は、二〇〇七年十月三十一日に締結された一枚の契約書だった。当時、龍山四区域再開発組合は、撤去下請業者と撤去についての契約を結んだ。契約書には、下請業者は二〇〇八年六月三十日までに撤去を完了しなければならず、この期間内に撤去ができない場合は下請業者が組合に一日当たり五百十万ウォンを支払わなければならない、と記されていた。

しかし撤去に反対する商店と住宅の賃借人が抵抗したため、撤去はなかなか完了せず、これに対する賠償額だけでも十億ウォンを超えてしまった。撤去に反対する住民は、移転保証金があまりにも少ないのでもっと上げるように要求したが、再開発組合側は休業補償費三ヶ月分と移転費用四ヶ月分以上は支払わないという立場を固守した。しかし住民は、組合からもらう保証金では、生計と住居を維持することができないと主張した。組合側が支払うという保証金では、同じ規模の生計を維持し、同じような店舗を賃貸するのは事実上不可能であった。このため住民は現実的な保証金を要求してデモを繰り返した。

龍山四区域の住民八百九十人のうち、七百六十三人は保証金を受け取ってすでに引越しており、撤去も八〇パーセントほどは終了していた。しかし残りの百余人は、非現実的な保証金に反発して抵抗を続けていた。そうしたなか、強制撤去が行なわれ、ついに撤去民対策委員会の会員五十余人が、一月十九日未明、南一堂の屋上を占拠し、望楼を建て、立てこもったのである。

その後警察特攻隊と機動隊約三百人が立てこもった住民の鎮圧に乗り出した。住民は火炎瓶、ゴルフボールを撃つパチンコ、シンナーなどで抵抗し、強制撤去の中止を要求した。住民の激しい抵抗が続くなか、警察は一月二十日午前七時、コンテナに警察特攻隊を乗せて屋上に突入した。このとき望楼から火が出た。この火災により立てこもっていた住民五人と特攻隊員ひとりが死亡し、二十三人が負傷するという惨事となったのである。

警察は火災の原因について、立てこもっていた住民のひとりが望楼の階段に引火性物質を撒いたためだと主張した。この事件を担当した裁判部は、望楼に突入した警察特攻隊に対して住民が火炎瓶を投げつけ、その炎が引火性物質に移って火災が発生したと判断した。しかし火災の原因を云々する前に、ソウル市の無分別な再開発事業、非現実的な保証金、真冬に強制撤去を強行した点、警察の過剰鎮圧などが惨事をもたらした主たる要因であるという指摘がある。

この事件に抗議するため、民主党、民主労働党、進歩新党、創造韓国党などの野党と市民団体二万余人が、二〇〇九年二月一日、清渓《チョンゲ》広場に集まり、ロウソクデモを行なって明洞《ミョンドン》に向かった。そのデモのなかで「暴力政権は退陣せよ」、「明博《ミョンバク》退陣」、「独裁打倒」などのスローガンが叫ばれた。

また龍山惨事の責任をとって辞任せよとの圧力を受けていた金碩基《キム・ソッキ》ソウル地方警察庁長は、警察庁長に内定していたが、批判的な世論に押され、ソウル地方警察庁長を辞職、警察庁長内定を辞退した。龍山惨事の犠牲者五人の葬儀は、死亡してからほぼ一年が経過した二〇一〇年一月九日、龍山惨事汎国民対策委員会の主導で、汎国民葬として執り行なわれた。葬礼は一月五日から九日までの五日葬で行なわれ、埋葬地は京畿道南揚州《キョンギドナミャンジュ》市の牡丹《モラン》公園だった。

盧武鉉の死、そして追慕の熱気

二〇〇九年五月二十三日未明、第十六代大統領であった盧武鉉《ノ・ムヒョン》が、自宅の裏山、烽下山《ポンファサン》のみみずく岩から飛び降りて、みずから命を絶った。包括的収賄罪の嫌疑で検察に召喚され取調を受けてから、二十三日後のことだった。

当時盧武鉉とその家族、親戚は、収賄に関連して検察から厳しい取調を受けていた。二〇〇九年四月七日、検察は盧武鉉の青瓦台《チョンワデ》秘書官をつとめた鄭相文《チョン・サンムン》を逮捕し、盧武鉉は自分のホームページに、夫人の権良淑《クォン・ヤンスク》が泰光《テグァン》実業の会長・朴淵次《パク・ヨンチャ》から金をもらって使用した、という内容の謝罪文を掲載した。これに対して検察は、四月十日、盧武鉉に対して「包括的収賄の共犯」の嫌疑があると主張し、朴淵次の金を受け取ったという嫌疑で盧武鉉の姪の夫・延哲浩《ヨン・チョルホ》を緊急逮捕した。そして四月十一日と十二日の二日間、検察は収賄の嫌疑で夫人の権良淑と息子の盧建昊《ノ・コンホ》を取調べた。権良淑は鄭相文を通して朴淵次から三億ウォンを借りて使ったと陳述したが、検察は権良淑が受け取ったのは三億ウォンだけではない、と判断した。また検察は、朴淵次から金を借りたのは権良淑ではなく盧武鉉であると判断し、朴淵次の政官界ロビー活動の捜査に関連して、盧武鉉に書面質疑書を送付した。盧武鉉は四月二十五日に答弁書を提出し、検察は答弁書を検討した上で、その月の三十日、盧武鉉を出頭させ被疑者として取調べた。

検察の取調の過程で、盧武鉉側が朴淵次から受け取った金は百万ドルであったことが判明した。また二〇〇六年九月、当時大統領であった盧武鉉が朴淵次から一億ウォン相当のピアジェの時計二個を還暦の祝いとして受け取った事実も明らかとなった。しかし朴淵次から受け取った金についての疑惑はそれだけではなかった。盧武鉉の娘・盧静妍《ノ・チョンヨン》がアメリカで四十万ドルのマンションを契約したの

霊柩車に載せられた盧武鉉の遺体が、国民葬の会場である景福宮に到着した。〔AFP ＝時事〕

だが、この四十万ドルの出所について検察は朴淵次から追加で受け取ったのだと主張した。しかし盧武鉉側は、以前に受け取った百万ドルの一部だと主張した。これに関して一部のマスコミは、盧武鉉が受け取ったのは六百万ドルであると主張し、検察は再び権良淑を召喚した。

　こうして検察が盧武鉉とその家族に対して取調を強化していくと、マスコミは無慈悲なほど執拗かつ露骨な表現を用いて盧武鉉を追及しはじめた。進歩的な新聞なども批判的な記事を掲載し続けたという点では同様であり、国民の世論も冷たく、盧武鉉を支持していた人々さえ失望感をあらわにした。民主党まで盧武鉉と距離を置こうとしはじめた。

　盧武鉉はこのような状況に耐えることができず、みずから死を選んだ。死に先立ち、彼は自分のコンピューターに簡単な遺書を残した。彼の死が伝えられると、全国から哀悼の行列が続いた。また、彼が死を選択したことに対して、政府、検察、保守メディアを批判する文があふれた。政府と保守メディアによる政治的な他殺であるとか、未必の故意による殺人だという主張さえあった。徳寿宮《トクスグン》の横に設置された焼香所の脇では、李明博《イ・ミョンバク》弾劾署名運動まで展開された。

盧武鉉を支持していた多くの国民は「庶民大統領」の惜しまれる死を悲しみ、哀悼の列に加わった。野外葬儀場となったソウル市庁前広場には五十万人が集まった。焼香所を訪れた国民は、葬礼の期間である七日間に、全国で五百万人を超えた。民主党は盧武鉉の死に対する責任論を展開し、李明博大統領の謝罪と法務部長官、検察庁長、大検察庁中央捜査部長の罷免を要求した。さらに盧武鉉の精神を受け継ぐ、と宣言した。進歩的なメディアは、葬礼の期間である七日間を「偉大なる七日」と規定し、彼が闇を照らす火となり、義に生きる人の両手を照らすであろう、と語った。しかし、支持者も、民主党も、メディアも、反省の言葉はなかった。

一部ではあるが、盧武鉉を支持する人々の間でも、彼が死を選択したのは正しくなかった、という意見を表明する者もいた。大統領をつとめた国の元老であり指導者である人物が自殺を選択するのは適当ではない、という指摘だ。しかしこのような冷静な意見は、追慕の熱気のなかに埋もれ、広がることはなかった。

一方保守メディアは、死によって違法行為を覆い隠すことはできないと主張し、盧武鉉とその家族に対する収賄事件を捜査し続けるべきだと主張した。しかし検察は「公訴権なし」という処分を下し、捜査を終結した。

天安艦事件と延坪島砲撃事件

二〇一〇年三月二十六日、白翎島《ペンニョンド》近海で海軍の哨戒艦・天安艦《チョナン》が沈没した。当時天安艦に乗り組んでいた百四人のうち救助されたのは五十八人で、四十人が死亡し、行方不明者は六人だった。また捜索の過程で海軍准尉・韓主浩《ハン・ジュホ》が潜水作業中に失神し、護送の途中で殉職した。さらに底引き網漁船・

錦洋《クミャン》九十八号が天安艦の行方不明者の捜索を終えて復帰する途中で沈没し、九人の乗組員のうちふたりが死亡し、七人が行方不明となった。天安艦事件に関連して、合計五十六人が死亡、または行方不明になっている。

沈没の原因についてはいろいろな説が持ち出された。魚雷説、機雷説、内部爆発説、疲労破壊説、座礁説などだが、韓国、アメリカ、オーストラリア、スウェーデン、イギリスの五ヶ国の専門家二十四人によって構成された合同調査団は、北朝鮮のバブルジェット魚雷攻撃を受けて沈没した、という結論に達した。

国内でも天安艦が沈没した原因についてさまざまな議論があった。政府は北朝鮮の魚雷攻撃によって沈没した、と明言したが、一部のマスコミと専門家はいくつかの疑問点を提示した。提出された疑問点を整理すると、まず第一に、北朝鮮の技術力、戦闘能力をもって天安艦を一瞬のうちに爆沈させることが可能なのか、という点であり、第二に、破片から火薬成分が発見できなかった点、第三に、魚雷にインクで一番という文字が書かれてあったという点だ。★14

いずれにせよ公式的には、この事件は北朝鮮の攻撃によるものだとなったので、南北関係は急速に冷却していった。

そして二〇一〇年十一月二十三日に起こった延坪島《ヨンピョンド》砲撃事件は、南北関係をさらに悪化させた。この日の午後二時三十分ごろ、北朝鮮は延坪面《ミョン》の大延坪島《テヨンピョンド》に向かって砲撃を加えた。この砲撃によって、海兵隊員ふたりが死亡し、十六人が負傷した。また民間人ふたりが死亡し、三人が負傷した。この砲撃事件は、朝鮮戦争休戦以後、北朝鮮が韓国の領土を攻撃し民間人の死亡者が出た最初の事件だった。

当時北朝鮮は、韓国軍と駐韓アメリカ軍の陸海空連合防衛訓練に対して神経を尖らせており、この訓練は自分たちに対する先制攻撃のためのものだと主張して訓練の中止を要請する通知文を送付して

★14：天安艦の沈没原因については現在にいたるも疑問の声は消えず、時折新聞報道などに取り上げられている。たとえば二〇一四年十月の『民衆の声』には、アメリカ在住のアン・スミョン博士がアメリカの情報自由法にもとづいて入手した文書によって、アメリカ側天安艦事件調査団長であったトマス・エクルス海軍少将（当時）が、北朝鮮魚雷説の根拠となっていたアルミニウム酸化物について疑問を表明していた事実が明らかになったという報道があった。

きた。そこには訓練中に砲弾が北朝鮮の領海に飛んでくれば黙ってはいない、という内容も記されていた。しかし国防部はこれを無視し、予定どおり訓練を続けた。

当時延坪島の海兵隊が撃った砲弾の一部が北方限界線を越えた、とも言われている。訓練を終えて十分ほど経過したとき、北朝鮮のケモリ海岸の海岸砲基地が砲撃をはじめた。北朝鮮の砲撃に対して韓国軍もすぐに応射したが、北朝鮮の被害規模については確認されていない。一部のメディアは、北朝鮮の消息筋からの情報として、北朝鮮軍の被害は死亡ひとり、重傷ふたりと報じている。

北朝鮮の砲撃により、軍人と民間人合わせて四人が死亡し、十九人が重軽傷を負った。また家屋十九棟が破損し、車両三台と多数のコンテナが破壊された。その後延坪島の住民千七百人のうち、二十余人を除く大部分が仁川《インチョン》に避難した。しばらくの間住民たちは、北朝鮮がいつ砲撃してくるかわからない恐怖におののいていた。

訳者あとがき——朴槿恵は反日か

金重明

本書は朴永圭《パク・ヨンギュ》著『一冊で読む——大韓民国大統領実録』の翻訳だ。著者の朴永圭は、『一冊で読む——朝鮮王朝実録』（日本語版『朝鮮王朝実録【改訂版】』キネマ旬報社刊）がミリオンセラーとなり、専門家の占有物であった歴史を一般大衆に解放した作家として評価されるようになったが、本書でもまたわかりやすい筆致で韓国現代史を描き出している。

本書が韓国でどのような位置を占めるのかを考えるためには、いまの韓国での歴史論争について少し述べる必要がある。

李明博《イ・ミョンバク》政府の時代、ニューライトと呼ばれる比較的若い世代の人々の活動が目立つようになった。彼らはネットに巣食う極端な反共主義者と一緒になり、韓国社会で一定の力を発揮するようになった。「ニュー」と呼ばれているが、彼らの思想は別に目新しいものではない。既得権層に媚びて擦り寄ろうとしていただけなのだが、若い世代が多かったので物珍しがられたのである。

彼らは朴正熙《パク・チョンヒ》の時代の漢江の奇跡を高く評価し、それと同じ文脈で日本の明治維新も絶賛する。ニューライトの勃興に力を得た既得権層は、日本の植民地化を評価し独立運動や民主化闘争を誹謗するとんでもない教科書を作った。

教学社の歴史教科書だ。

『ハンギョレ新聞』、『京郷新聞』などの報道によると、李承晩《イ・スンマン》や朴正熙を極端に美化する内容となっているという。また、朝鮮の近代化を進めたという意味で日本による植民地支配を高く評価するという、日本の歴史修正主義者が泣いて喜ぶような内容も含まれているらしい。

朴槿恵政権がこの教科書を公教育で使用しようと画策し、民衆が必死になってそれを阻止しようとしている構図もまた、日本の現状とよく似ている。

日本の過去を美化しようという動きは昔からあったが、それが日本社会の表面に飛び出してきて目立つようになったのはここ十数年のことだ。しかしそこでの議論のレベルは歴史を学んでいる者にとっては噴飯もので、多くの歴史学者はそのような議論にかかわることすら恥ずかしいとばかり、無視してきた。こんな議論はいずれ消えていくだろうと思っていたようだが、悪貨が良貨を駆逐するとばかり、トンデモ議論の声はさらに大きくなり、見るに見かねた歴史学関係者が二〇一五年五月に「『慰安婦』問題に関する日本の歴史学会・歴史教育団体の声明」を発表するにいたった。この声明に参加した歴史学関係団体は十六で、その個人会員を合計すれば六千人を超えるという。

歴史の専門家の常識が一般市民の常識とは違ってきているのが問題なのだが、この事情は韓国でも似たようなものになりつつある。

ニューライトが目の仇にしているのは、民主政権時代のいわゆる歴史の見直しだ。とりわけ盧武鉉《ノムヒョン》大統領時代に大韓民国政府として決定したいくつもの施策を、自虐史観であると言って非難している。つまり、済州島四・三事件や光州民衆抗争などについての見直しのことだ。

政府が国家の予算を使ってこれらの事件の真相を究明し、さらに大韓民国政府が国民に対してみずからの犯罪を謝罪したのである。政府が国民に謝罪する、というのは世界的に見てもそうあることではない。世界に誇るべき、韓国民主主義の成果とも言える快挙だった。この点、幸徳事件の再審すら実現しえない日本とは対照的である。

政府がこれらの事件について真相を究明し、謝罪するというのは画期的なことではあったが、歴史学上の論争ではすでに決着のついていることでもあった。これらの評価は歴史学界では定説として定着していたのである。

しかしニューライトの諸君はこれが気に入らず、ことあるごとに「共産暴動」だとか「北傀《ほっかい》の使嗾《しそう》」だとかと騒いでいる。

たとえば本書のP80にも触れられている保護検束によって虐殺された人々について、済州島《チェジュド》地域の場合は国家が彼らを四・三事件の犠牲者と認定し、済州四・三平和公園には彼らの位牌が祀られている。さらに済州島の三つの地域の住民が国家を相手に賠償を請求する訴訟を起こし、二〇一五年までに三つとも住民の勝訴が確定した。歴史学の定説どころか、法的にも決着がついた問題なのだ。

これに対してニューライトの勢力は、彼らは軍事法廷で有罪判決を受けた犯罪者であり、済州四・三平和公園にある位牌を撤去せよ、というような行政訴訟を幾度も起こしたりしている。

まあこの程度なら、極右による妄言とみなして放置しておいてもよいと思うかもしれないが、最近朴槿恵政権の高官が済州島を訪問したとき、予備検束によって処刑された人々を四・三の犠牲者と認定したことについて再審査する必要がある、などと発言し、済州島民の猛反発を受けて這々《ほうほう》の体でソウルに逃げ帰った、というような事件も発生した。こうなるとかなり深刻な問題である。

あとでもう一度触れるが、基本的に朴槿恵政権の歴史認識はニューライトのそれと一致する。そしてそれを支持する一定の人々がおり、小数ではあるが声が大きい、というのが問題である。

これに対し、韓洪九《ハン・ホング》のように積極的に発言している歴史学者もいるが、多くの歴史学者はこのような低レベルの議論に関係するのは沽券《こけん》にかかわるとばかり、無視を決め込んでいる。

韓国でもやはり、歴史学者の常識と一般市民の常識には、ずれがあるのだ。

このようななか、でこの『韓国大統領実録』が出版されたのである。

読んでみればわかるが、本書では左翼に偏った議論が展開されているわけでもなく、過激な理論が述べられているわけでもない。韓国歴史学界の定説に則り、オーソドックスな記述に終始している。つまり歴史学者の常識と、一般市民の常識の架橋とでもいいうる書なのだ。

たとえばニューライトが国父として崇拝してやまない李承晩についてはどう描いているのであろうか。

李承晩は初代の大韓民国臨時政府大統領に推戴されるのだが、それは実体のない虚名によるものだということが明らかにされる。実際、独立運動における李承晩の成果はほとんど何もない。李承晩は独立運動においてもほとんど忘れられた存在だったのだが、偶然『日本内幕記』がアメリカでベストセラーになったおかげで、復活することができた事情も包み隠すことなく描写されている。

解放後の李承晩についても、永久執権のためにありとあらゆる悪行をほしいままにしたその行状をあますところなく描き出している。

特に注目すべきは、李承晩が政権を維持するために親日派を復活させた点であろう。韓国の歴史は、一言で図式化すれば、親日派を基盤とした既得権勢力と民衆との戦いの歴史であると言える。二十一世紀になっても韓国の歴史は親日派の清算を巡って動いている。その原因を作ったのが李承晩だ。朴正熙についても、まず、高木正雄として日本に忠誠を誓う血書まで提出して満州軍官学校に入学した事実が語られる。朴槿恵大統領としては決して触れてほしくない事実だろう。漢江の奇跡にしても、韓国の若者の命の代価としてアメリカから資金を獲得し、民族の誇りを捨てて土下座でもするかのようにして日本から資金を得たことが語られる。

筆者は歴史学者ではない。あくまで物語として、韓国現代史を描き出している。それだけに読みやすく、そしてその内容は歴史学界の定説の枠内にある。

韓国現代史にはじめて接する日本の読者にすすめることのできる良書であると言えよう。

二〇一五年八月十二日、日本大使館前で韓国挺身隊問題対策協議会の水曜集会が開かれている現場で、八十歳の老人、チェ・ヒョンヨルさんが焼身自殺を図った。

チェさんは残された遺書に「祖国を取り戻しても、親日派民族反逆者と、日帝に同調した富裕層、英語を学んだ親米主義者たちは、図々しくも大きな顔をしてのさばり、独立に功のあった者の子孫は路頭をさまよっている」と記した。チェさんの父、チェ・ビョンスさんは一九三二年六月の「霊岩永保《ヨンアムヨンボ》農民独立万歳示威」に参加して一年の懲役刑を受けているという。

数日後、韓国のインターネット新聞『民衆の声』に一枚の漫画が掲載された。

その左側には炎の中に立つ人物が描かれ「独立運動をすれば三代が滅び」「八十代独立運動の子孫が焼身自殺」という言葉が書かれてあった。そしてその右側には、額に入った朴正熙の絵の前に朴槿恵が座っていて、「独立軍を討伐すれば二代が……」という言葉があった。

この漫画の元ネタとなった俚諺《りげん》が韓国にある。

「親日をすれば三代興り、独立運動をすれば三代滅ぶ」だ。

祖国が他国の植民地とされたとき、独立のために戦うのは、その民族にとって絶対的な正義であるはずだ。しかし韓国の場合、解放された祖国は、独立運動の闘士をあたたかく迎えはしなかった。

植民地時代、支配者である大日本帝国に媚びへつらった人々が韓国の支配層となり、独立運動に身をささげた人々はあろうことか解放されたはずの祖国で拷問を受け、処刑され、妻子は路頭に迷った。

大韓民国に冷遇され続けている独立運動家のひとりとして、本書でも幾度も登場する金元鳳《キム・ウォンボン》を紹介しよう。二〇一五年に公開され大ヒットした映画『暗殺』（チェ・ドンフン監督／日本未公開）の中に、「金九《キム・グ》の懸賞金は五万円だが、金元鳳の懸賞金は八万円だ」というせりふがある。あの金九よりも高い懸賞金がかけられるほど、熾烈な抗日独立運動を展開した男だ。

一八九八年生まれの金元鳳は、李承晩と違い直接行動を重視し、一九一九年に同志とともに義烈団を結成する。義烈団の公約十条の第一条は「天下に正義となる行動を猛烈に実施する」、第二条は「朝鮮の独立と世界万人の平等のために身命を賭して犠牲となる」であった。

歴史家でもある申采浩《シン・チェホ》が執筆した義烈団の創設宣言である「朝鮮革命宣言」も名高い。わたしの宣伝のようで恐縮だが、岩波新書『物語　朝鮮王朝の滅亡』の中に、この「朝鮮革命宣言」を全文翻訳して掲載してあるので、ぜひ手にとってほしいと思う。国を奪われた民の思いがひしひしと伝わってくる名文だ。申采浩もアナキストであるという理由でニューライトからは罵倒されているが、最近韓国では再評価の動きがある。

その後、金元鳳は大韓民国臨時政府に合流し、一九四四年には臨時政府の軍務部長となる。

解放後は左派の政治家として活躍するが、このとき大日本帝国の悪質警官としてその名を轟かし、解放後は李承晩の忠実な飼い犬として権勢をふるった盧徳述《ノ・ドクスル》（P97参照）によって連行され、想像を絶する拷問を受ける。

そして一九四八年に南北諸政党社会団体代表者連席会議に出席するため金九とともに三十八度線を越え、そのまま北に残る。このときかつての同志に、北の体制も気に入らないが、南の情勢は最悪で、戻れば命も危ない、というような内容の手紙を書き送っている。

一九五八年、金日成によって粛清される。その死の真相はいまだ明らかになっていない。

金元鳳の妻・朴次貞《パク・チャジョン》も独立運動家であったが、一九四四年に死亡しているため、韓国で建国勲章独立章を授与され、釜山の生家は復元され、銃を持つ銅像まで建てられている。

しかし北へ渡った金元鳳は韓国で完全に忘れ去られているのが現実だ。

解放直後、民衆の圧倒的な支持を得て組織された反民族行為特別調査委員会が、李承晩のふるうむきだしの暴力によって無残に踏みにじられていくさまは、本文に描かれているとおりだ。

親日派が新しい韓国の支配層にのし上がっていくようになった第一の責任は米軍政にある。

米軍政は韓国の治安を維持するため、日本の植民地下で警察官や法曹関係者となっていた韓国人を呼び戻した。植民地下、日本の権威を背にして威張り散らしていた彼らは民衆の怨嗟《えんさ》の的であり、解放と共に民衆の復讐を恐れほとんどが姿を隠していた。その親日警察官と法官たちが米軍の要請によって復帰し、今度は米軍の威を借りて権勢をほしいままにするようになるのである。彼らは米軍の意を受けて反共を叫び、そのことによって愛国者に変身した。

反共が、民族の反逆者を愛国者に変身させる魔法となったのである。

彼らは日本の特高警察が「芸術」の域にまで完成させた拷問の技術を受け継ぎ、それにさらに磨きをかけ、韓国の独裁政権を支える柱のひとつとなった。

独裁政権を支えた親日勢力の柱のひとつが警察と法曹関係者だとすれば、もうひとつの柱は帝国陸軍出身の将軍たちだ。

満州軍少尉・高木正雄であった朴正熙は、クーデターによって政権を奪取した直後日本を訪問し、赤坂の料亭で岸信介に対して「自分たちのような若い陸軍軍人が軍事革命に決起したのは救国の一念で燃え上がったためであり、日本の明治維新の志士たちを思い浮かべたのです。あなたの先輩である吉田松陰先生と高杉晋作、そして久坂玄瑞たちのように」と語ったと伝えられている。永久支配を狙う軍事独裁体制を維新体制と命名したとき、彼の頭にあったのは明治維新であった。

そしてそのあとを継いだのは、全斗煥《チョン・ドゥファン》、盧泰愚《ノ・テウ》といった、朴正熙を尊敬してやまない男たちだ。このように、韓国軍の中枢を占めたのは、旧帝国陸軍出身の将校であり、彼らの強い影響を受けた人々だった。

現在でも韓国軍内部では、新兵に対する陰湿な虐待が蔓延し、自殺や自暴自棄による銃器乱射事件などがあとを絶たない。これは旧日本陸軍の悪しき体質を受け継いだものだと言うこともできよう。

独裁政権を支えた大日本帝国の亡霊はもうひとつある。国家保安法である。

法律なければ刑罰なし、という罪刑法定主義は近代法の原則であり、これは刑罰を課すためには刑罰に値する行為を明文化した法律が必要だ、という原則のことだ。ところが大日本帝国の法律家は、この罪刑法定主義を骨抜きにする大発明をしたのである。

目的遂行罪だ。

この目的遂行罪の条文を取り入れた治安維持法によって、行為ではなく思想を裁くことが可能になった。行為を問題にするのではないので物証など必要なく、拷問による自白だけでいくらでも罪を問うことができるようになったのである。

その治安維持法の条文をほとんどそのまま受け継いで作られたのが国家保安法だ。大日本帝国の大発明が、現代の韓国で生き続けているのだ。

金大中《キム・デジュン》、盧武鉉政権の時代に、幾度も国家保安法の廃止がこころみられた。しかし既得権勢力の抵抗は強く、ついに廃止は実現できなかった。国家保安法撤廃反対の運動の先頭に立ったのは、現大統領である朴槿恵であった。

大韓民国憲法第一条には「大韓民国は民主共和国である」と規定されている。人権の尊重を謳う近代国家では、こんなアナクロニズムの権化のような法律などは死文化しているはずだ、と思うかもしれないが、そうではない。とりわけ李明博、朴槿恵が政権を握って以後、国家保安法による立件は急増している。

民族の反逆者が反共を叫ぶことによって愛国者に変身し、韓国の支配層を形成した。彼らは金大中、盧武鉉などの民主政権下にあっても、強固な既得権層として生き延び、民主主義の実現のための改革に頑強に抵抗し続けた。

また北朝鮮では、親日派の断罪は進められたが、独立運動にたずさわった人々の大半は金日成一派によって粛清されてしまった。独立運動をすれば三代滅ぶ、という言葉は北でも生きている。

大統領になった直後、朴槿恵は従軍慰安婦問題を含め、日本に対して厳しい発言をした。そのため日本では朴槿恵が反日的であるという評価を下す場合が多いが、これは表面だけを見た軽薄な判定だと言わざるをえない。

朴槿恵は父親である朴正熙の後光によって大統領になったが、同時に朴正熙の親日的な姿勢について批判されてもいた。特に朴正熙が満州軍の将校であった点や、日韓条約を締結した点が問題となった。日韓条約によって決定された有償無償五億ドルの経済援助について、日本政府は「賠償」と表現することを拒否し、「独立祝賀金」であると説明した。植民地統治が賠償に値する罪であったとは最後まで認めなかったのだ。そもそも併合条約についても「もはや無効」という表現に固執し、現在は無効となったが併合の時点では合法だったという立場を崩していない。被害にあった当事者である韓国の民衆にとっては到底受け入れることのできない内容だった。

朴正熙は全国で広がる民衆の怒りの声を軍事力でもって圧殺し、強引に条約を締結してしまったのである。

さらにその後、従軍慰安婦や強制連行被害者の個人補償の問題が取り沙汰されるようになったが、請求権などについて「完全かつ最終的に解決されたこととなることを確認する」という条文がその解決の道を閉ざすことになってしまっているのだ。

このような批判をかわすために、朴槿恵は日本に対して厳しい発言をしたのだが、本音のところでは、日本の歴史修正主義者の歴史観と正面から対決する意思などまったくない。そのようなことをすれば、朴槿恵の支持基盤である既得権層の力を弱めることになってしまうからだ。

朴槿恵自身は国民の反発を恐れて、自身の歴史認識については慎重に封印しているが、その周囲からは本音が漏れ出している。

たとえば指名した国務総理候補が、さまざまな不正への関係が発覚して次々と失格となるや、二〇一四年六月、朴槿恵は切り札として言論人出身の文昌克《ムン・チャングク》を国務総理に指名した。ところが過去、文昌克が講演で「神様に対して、どうしてこの国を日本の植民地にしてしまったのですか、と抗議することもできるでしょう。しかしそこにこそ、神様の意図があるのです。おまえたちは李朝五百年を無駄に過ごした民族だ。おまえたちには試練が必要だ。そのために神様はわが民族に、日本の植民地支配を受けるようにしたのです」というような発言をしていたことが明らかになった。文昌克はその講演で、韓国大統領が正式に謝罪した済州島四・三事件について、共産暴動であった、とも発言していた。

もちろんこれらの発言は国民の猛反発を受け、文昌克は国務総理を辞退せざるをえなくなる。

また二〇一五年八月に日本のニコニコ動画で放送されたインタビューで、朴槿恵の妹、朴槿令《クンリョン》は「慰安婦問題について、日本を非難するニュースが繰り返されており、申し訳なく思う。過去、慰安婦として被害にあわれた方々は賠償というようなかたちで直接的な保障を受けたわけではないが、日韓基本条約（一九六五）によって韓国の自立経済と自主国防の基礎が築かれ、国全体として豊かに暮らすことができるようになったのだから、これ以上隣人を非難することはやめるべきだ」、「過去の歴史について幾度も話を持ち出すのは、浮気をした夫と一度和解したのに、あとからその話をほじくり返して非難するようなことだ。親の時代にすべて和解したのに、次の世代がまたその話を持ち出すのは、歴史を後退させることだ」というような発言をした。

これが、朴槿恵に代表される韓国の既得権層の本音なのだ。

就任以来相次ぐ失政によって朴槿恵の支持率は下降し続けている。このまま支持率が下降し続けていけば、突然竹島を訪問した李明博のようなパフォーマンスをしでかす可能性もある。

これは国民の目をそらすために歴代独裁政権が行なってきた常套手段なのだが、もしそのようなことが起こっても、朴槿恵を反日的であると判定する必要はない。あくまで国民の目をそらすためのパフォーマンスに過ぎないからだ。

解放七十周年となる二〇一五年を期して、聖公会《ソンゴンフェ》大学民主資料館と平和博物館は『反憲法行為者列伝』（仮称）の編纂作業を開始する、と発表した。反憲法行為者とは、本書でも述べられている反民族行為特別調査委員会襲撃事件、民間人虐殺、進歩党事件、人民革命党事件、学林事件、釜林事件、遺書代筆事件、各種の捏造スパイ事件などの関係者、拷問捜査官、拷問を黙認した検事、判事のことで、そのうち二、三百人を取り上げる予定だという。注目すべきはその中に、金淇春《キム・ギチュン》（前青瓦台秘書室長）、鄭烘原《チョン・ホンウォン》（前国務総理）、李完九《イ・ワング》（前国務総理）、黄教安《ファン・ギョアン》（現国務総理）、黄祐呂《ファン・ウヨ》（現副総理兼教育部長官）といった、朴槿恵政権の実力者たちが多数含まれている点だ。

右記の事件のほとんどは、再審によって次々と無罪が確定している。しかしその捏造にたずさわった法官たちは、罪を問われることもなく、朴槿恵政権下で栄耀栄華を極めている。この事実もまた、朴槿恵政権の性格を如実に示していると言えよう。

韓国の既得権層を代表する朴槿恵の歴史観は、日本のいわゆる歴史修正主義者のそれの相似形だ。つまり朴槿恵を反日的であると規定し、日本と韓国の歴史認識の差を問うというような問題設定はまったく無意味なのだ。というより、歴史を振り返るとき、日本と韓国という対立軸から考える方向は、非科学的であり、不毛であると言わなければならない。

日本による朝鮮の植民地化は、明治日本の膨張主義の結果であったが、その政策を決定したのは日本の民衆ではなかった。そしてその膨張主義は、アジア太平洋地域で二千万人もの死者を出した悲劇を生み出し、日本そのものも滅亡の危機に瀕することとなった。

その根本を問うならば、明治維新とその結果である膨張主義そのものを見直す必要がある。たとえば日清戦争のときに日本の侵略軍に抵抗した東学農民軍を「東学は文明的、十二箇条の軍律たる徳義を守ること厳なり。人民の財を奪わず、婦女を辱かしめず、その兵站部の用は国郡知事、郡《ぐん》衙《か》によりて、兵力を以って権を奪い財を取りその地を修むること公平なり。たまたま軍律を犯すものあれば直ちに銃殺す」と正しく評価した田中正造や、日清戦争を徹底的に批判した勝海舟などを再評価していく必要がある。心ある日本人の多くは、侵略や戦争に反対していたのだ。虐げられた者の視点から歴史を見ていくとき、韓国人と日本人の差は無限小となる。

十九歳のドイツ人学生に、ドイツがホロコーストの加害者であることをどう思うかと質問したところ「八十年前の同胞の蛮行に対してわたしが罪の意識を持つことはできないが、わたしには二度と同じようなことが起こらないようにする責任がある」とこたえたという記事を読んだことがある。若いのによく物事を考えている、と感心したものだ。

朴槿恵は大統領に就任した直後から、国家情報院と国軍サイバー司令部による大統領選挙介入の問題に直面するが、あらゆる権力を駆使して批判の声を封殺してしまった。

進歩党内乱陰謀事件や脱北者スパイ事件を捏造するという父親譲りの卑劣な手法を用いたその経緯は注で述べたので繰り返さないが、進歩党解散という民主主義国家としては想像もできない暴挙について、現在国連人権委員会で問題になっていることを指摘しておく。

ちょうど折り返し点を迎えた朴槿恵時代の最大の問題は、いまだに韓国社会を震撼させているセウォル号事件であろう。

二〇一四年四月十六日、仁川から済州島に向かっていた清海鎮《チョンヘジン》海運の大型旅客船セウォル号が転覆、沈没し、乗客、乗員の死者二百九十五人、行方不明者九人、捜索作業員の死者八人という韓国の海難史上最悪の惨事となった。事故の経緯を振り返ってみれば、全員救助も不可能ではないと思われた。それにもかかわらず、乗員と駆けつけた海洋警察は救助のゴールデンタイムを無為に過ごし、死ななくてもよかった多くの命を水没させてしまったのである。

被害がここまで大きくなった責任の一端が韓国政府にあることは明らかだった。しかし朴槿恵政府は、清海鎮海運とセウォル号の乗員、そして最初に救助に向かった海洋警察の艇長など現場の人間に責任を押し付けることで事件の幕引きを画策した。

突然愛する人を奪われた遺族は徹底的な真相究明を要求した。遺族の要求は正当であり、多くの韓国の民衆がそれに賛意を表した。

事故直後、朴槿恵も徹底的な真相究明を約束したが、実際に真相究明委員会を立ち上げる段階になるとその約束を反故にし、真相究明委員会の権限を骨抜きにする挙に出たのである。

怒った遺族は、聖域のない真相究明を求めてデモをした。そして遺族の正当な要求に賛同する多くの民衆がそのデモに参加した。

韓国のデモといえば、一九六〇年の四月革命をはじめ、光州民衆抗争、六月抗争といった、軍警によるむきだしの暴力に抵抗する熾烈な闘争、というイメージがあった。ところが金大中政権の時代ごろから、韓国のデモの風景がきわめて平和的なものに変わっていった。夕方になるとひとりひとりがロウソクを持って参加する、いわゆるロウソクデモというものが主流となるのである。

李明博が大統領に就任した直後の、米国産牛肉輸入反対のロウソクデモに参加したことがあるが、政治的な示威というよりは市民の祝祭と言った方がふさわしいような、平和で楽しげな雰囲気に驚いた記憶がある。幼子を連れた若い夫婦や、友達と手をつないでやってくる女子中学生の姿も多く見られた。これが韓国民主主義の成熟した姿なのだ、と思いながら、ソウルの中心街を埋め尽くすおびただしい人々の列に、今歴史の中心にいるのだ、という感慨にふけったものだ。

朴槿恵はこの平和的なデモに対して、暴力的な弾圧を加えた。大量の警察車両を動員して槿恵山城《クネサンソン》と揶揄される車列を築き、集まった民衆の行動を規制した上で、放水車による強力な放水で群衆を蹴散らし、さらにはトウガラシの辛味成分であるカプサイシンを混入した水を撒きちらしたのである。

平和的なデモは一瞬にして阿鼻叫喚の修羅場と化した。

さらに遺族を含め、参加した市民を次々と連行し、厳しい取調を行った。取調は、思想や背後関係を問う、違法なものだった。特別な背後関係のない学生などに対しては、こんなデモに参加すれば就職などで不利になり一生を棒に振ることになる、と脅迫した上で釈放するのが常だった。

そして例によって、デモの背後には不純分子がいる、という発言が繰り返された。

二〇一五年七月には、遺族を中心とする四・一六連帯の事務所に家宅捜索が行なわれ、事務長が逮捕された。セウォル号事件の真相究明を朴槿恵がどうしてここまで執拗に妨害するのか、理解に苦しむ。朴槿恵の姿勢を見ると、逆にこれほどまでして守らなければならない秘密があるのではないか、という疑問が沸いてくる。真相究明の行方をきちんと見守っていく必要があろう。

まだ任期の半ばを終えたに過ぎない。しかし国家情報院による盗聴疑惑、MARSへの対処で無能さをさらけ出した政府、朴槿恵への風刺に対する徹底的な弾圧、そして労働関係法の改悪、労働者に対する過酷な弾圧とそれに対する労働者の粘り強い抵抗など、まだまだ書きたいことはいろいろあるが、紙数が尽きてしまった。

民族反逆者を断罪することができなかった、というのが、韓国現代史のボタンの掛け違いのはじまりだった。李承晩政権時代、少しでも進歩的な志向を持った者はすべて殺され、「無菌社会」と呼ばれるほどだった。しかしそのなかから、一九六〇年四月の喊声《かんせい》が生み出され、世界を驚愕させたのである。

韓国の民主主義は、民衆が血を流して戦い取ったものだ。

民族反逆者の後裔《こうえい》によって形成されている韓国の既得権層を代表する朴槿恵は歴史を逆戻りさせようと必死になっているが、韓国の民衆がそれを許容することはない。

青瓦台の組織図
（2015年7月現在）

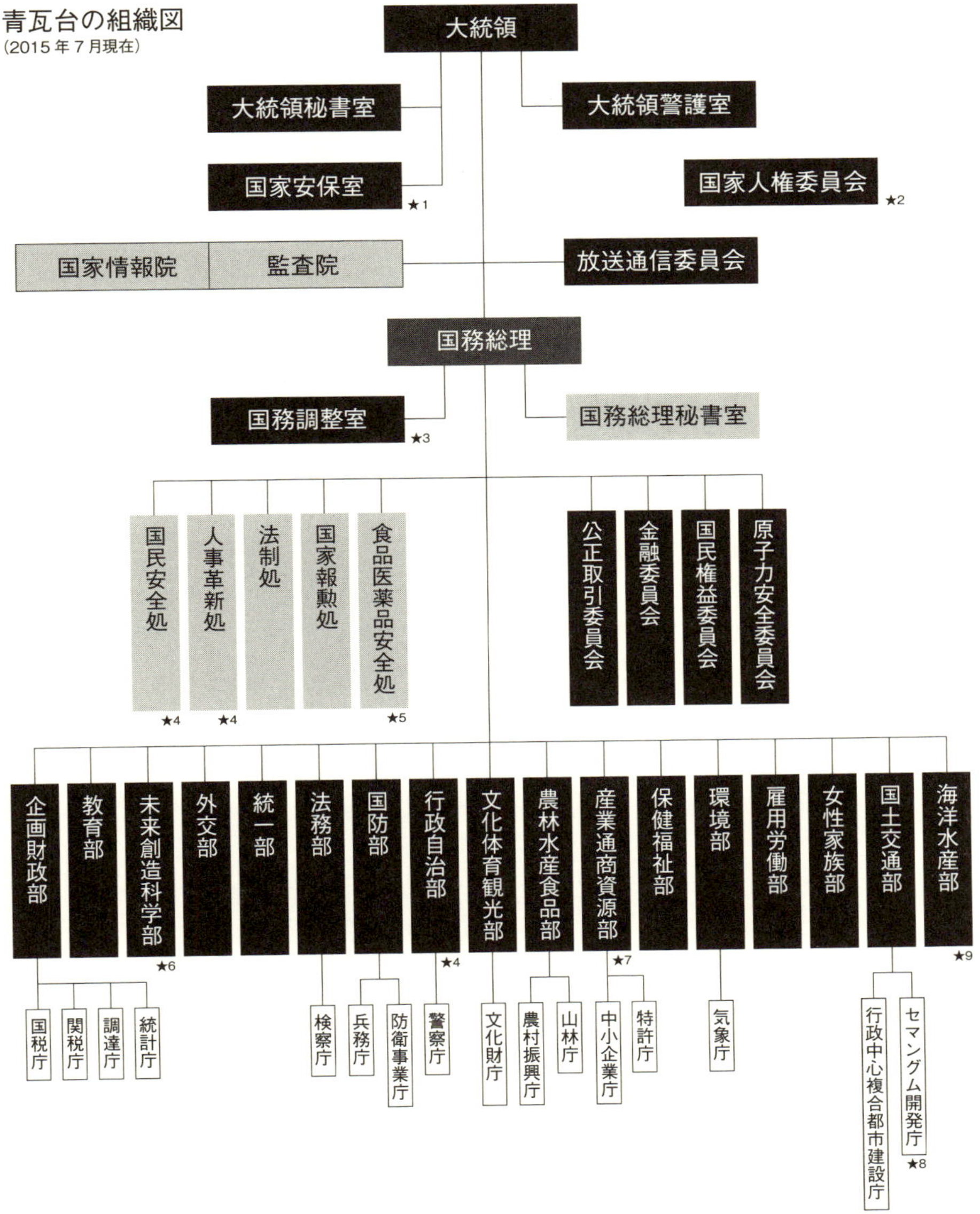

★1：国家安保室——朴槿恵政権の発足により、安全保障に関する大統領の職務を補佐する国家安保室が新設
★2：国家人権委員会——独立的地位を保持する委員会として、立法・司法・行政のいずれにも属さず独自に業務を遂行する
★3：朴槿恵政権の発足により、従来の国務総理室を国務調整室と国務総理秘書室に拡大再編
★4：2014年4月のセウォル号事件を受けて、海洋警察庁と消防防災庁を統合した国民安全処が新設。人事革新処、行政自治部も新設された
★5：朴槿恵政権の発足により、保健福祉部の外局だった食品医薬品安全庁が食品医薬品安全処に格上げ
★6：未来創造科学部——李明博政権時に廃止された科学技術部と情報通信部を統合した大型省庁。朴槿恵政権の発足により新設
★7：産業通商資源部——日本の経済産業省にあたる省庁。朴槿恵政権の発足により、知識経済部に外交通商部の通商部門が移管・再編されて発足した
★8：李明博政権より進めていた扶安（プアン）のセマングム干拓事業推進のため、国土交通部の外庁としてセマングム開発庁が設置
★9：李明博政権により廃止され、所管事務が国土海洋部と農林水産食品部に分散していた海洋水産部が、朴槿恵政権の発足により「復活」

歴代韓国大統領選挙　投開票結果

（1948~1979）

		投票日	選挙方式	主要候補者・得票数（得票率）						総投票者数（投票率）
第一共和国	第一代選挙	1948年7月20日	国会議員の間接選挙 （議員数:198）	**李承晩** 180 （91.8%）	**金九** 13 （6.6%）	**安在鴻** 2 （1.0%）	**徐載弼** 1 （0.5%）			196 （93.9%）
	第二代選挙	1952年8月5日	有権者の直接選挙 （有権者数:8,259,428）	自由党 **李承晩** 5,238,769 （74.61%）	無所属 **曺奉岩** 797,504 （11.35%）	民主国民党 **李始栄** 764,715 （10.89%）	無所属 **申興雨** 219,696 （3.12%）			7,275,883 （88.0%）
	第三代選挙	1956年5月15日	有権者の直接選挙 （有権者数:9,606,870）	自由党 **李承晩** 5,046,437 （69.98%）	無所属 **曺奉岩** 2,163,808 （30.01%）	民主党 **申翼熙** 選挙運動期間中に急死				9,067,063 （94.3%）
第二共和国	第四代選挙	1960年8月12日	国会議員の間接選挙 （議員数:288）	**尹潽善** 208 （82.2%）	**金昌淑** 29 （11.5%）	**白楽濬** 3 （1.2%）	**卞栄泰** 3 （1.2%）	**許政** 2 （0.8%）	**金度演** 2 （0.8%）	253 （87.8%）
第三共和国	第五代選挙	1963年10月15日	有権者の直接選挙 （有権者数:12,985,015）	民主共和党 **朴正煕** 4,702,640 （46.64%）	民政党 **尹潽善** 4,546,614 （45.09%）	秋風会 **呉在泳** 408,664 （4.05%）	正民会 **卞栄泰** 224,443 （2.22%）	進興党 **張利錫** 198,837 （1.97%）		11,036,175 （84.9%）
	第六代選挙	1967年5月3日	有権者の直接選挙 （有権者数:13,935,093）	民主共和党 **朴正煕** 5,688,666 （51.44%）	新民党 **尹潽善** 4,526,541 （40.93%）	統韓党 **呉在泳** 264,533 （2.39%）	民衆党 **金俊淵** 248,369 （2.24%）	韓国独立党 **銭鎮漢** 232,179 （2.09%）		11,645,215 （83.6%）
	第七代選挙	1971年4月27日	有権者の直接選挙 （有権者数:15,510,316）	民主共和党 **朴正煕** 6,342,828 （53.19%）	新民党 **金大中** 5,395,900 （45.25%）	正義党 **陳福基** 122,914 （1.03%）	国民党 **朴己出** 43,753 （0.36%）	自民党 **李鍾潤** 17,823 （0.14%）		12,417,816 （80.0%）
第四共和国	第八代選挙	1972年12月23日	統一主体国民会議在籍議員の間接選挙 （議員数:2,359）	民主共和党 **朴正煕** 2,357 （100%）						2,357 （99.9%）
	第九代選挙	1978年7月6日	統一主体国民会議在籍議員の間接選挙 （議員数:2,578）	民主共和党 **朴正煕** 2,577 （100%）						2,577 （99.9%）
	第十代選挙	1979年12月6日	統一主体国民会議在籍議員の間接選挙 （議員数:2,549）	**崔圭夏** 2,465 （100%）						2,465 （96.7%）

歴代韓国大統領選挙　投開票結果

（1980~2012）

		投票日	選挙方式	主要候補者・得票数（得票率）					総投票者数（投票率）
第五共和国	第十一代選挙	1980年8月27日	統一主体国民会議在籍議員の間接選挙（議員数:2,535）	**全斗煥** 2,525 （100%）					2,525 （99.4%）
第五共和国	第十二代選挙	1981年2月25日	大統領選挙人団の間接選挙（選挙人:5,277）	民正党 **全斗煥** 4,755 （90.2%）	民韓党 **柳致松** 404 （7.7%）	韓民党 **金鐘哲** 86 （1.6%）	民権党 **金義沢** 26 （0.5%）		5,271 （99.8%）
第六共和国	第十三代選挙	1987年12月16日	有権者の直接選挙（有権者数:25,127,158）	民正党 **盧泰愚** 8,282,738 （36.64%）	統一民主党 **金泳三** 6,337,581 （28.03%）	平和民主党 **金大中** 6,113,375 （27.04%）	新民主共和党 **金鐘泌** 1,823,067 （8.06%）	韓主義統一韓国党 **申正一** 46,650 （0.20%）	23,066,419 （91.8%）
第六共和国	第十四代選挙	1992年12月18日	有権者の直接選挙（有権者数:29,422,658）	民自党 **金泳三** 9,977,332 （41.96%）	民主党 **金大中** 8,041,284 （33.82%）	統一国民党 **鄭周泳** 3,880,067 （16.31%）	新政治改革党 **朴燦鐘** 1,516,047 （6.37%）	無所属 **白基玩** 238,648 （1.00%）	24,095,170 （81.9%）
第六共和国	第十五代選挙	1997年12月18日	有権者の直接選挙（有権者数:32,290,416）	新政治国民会議 **金大中** 10,326,275 （40.27%）	ハンナラ党 **李会昌** 9,935,718 （38.15%）	国民新党 **李仁済** 4,925,591 （19.20%）	建設国民勝利21 **権永吉** 306,026 （1.19%）	韓主義統一韓国党 **申正一** 61,056 （0.23%）	26,042,633 （80.5%）
第六共和国	第十六代選挙	2002年12月19日	有権者の直接選挙（有権者数:34,991,529）	新千年民主党 **盧武鉉** 12,014,277 （48.91%）	ハンナラ党 **李会昌** 11,443,297 （46.58%）	民主労働党 **権永吉** 957,148 （3.89%）	ハナロ国民連合 **李漢東** 74,027 （0.30%）	護国党 **金吉洙** 51,104 （0.20%）	24,784,963 （70.8%）
第六共和国	第十七代選挙	2007年12月19日	有権者の直接選挙（有権者数:37,653,518）	ハンナラ党 **李明博** 11,492,389 （48.67%）	大統合民主新党 **鄭東泳** 6,174,681 （26.14%）	無所属 **李会昌** 3,559,963 （15.07%）	創造韓国党 **文国現** 1,375,498 （5.82%）	民主労働党 **権永吉** 712,121 （3.01%）	23,732,854 （63.0%）
第六共和国	第十八代選挙	2012年12月19日	有権者の直接選挙（有権者数:40,507,842）	セヌリ党 **朴槿恵** 15,773,128 （51.55%）	民主統合党 **文在寅** 14,692,632 （48.02%）	無所属 **姜智原** 53,303 （0.17%）	無所属 **金順子** 46,017 （0.15%）	無所属 **金昭延** 16,687 （0.05%）	30,721,459 （75.8%）

※1960年3月15日の選挙（直接選挙）は李承晩が圧勝したが、不正当選により無効。

出典：韓国中央選挙管理委員会ホームページ選挙統計システム
『韓国政治の 50 年』（愼斗範著、ブレーン出版）
『韓国現代史──大統領たちの栄光と蹉跌』（木村幹著、中公新書）

韓国の主要政党の変遷

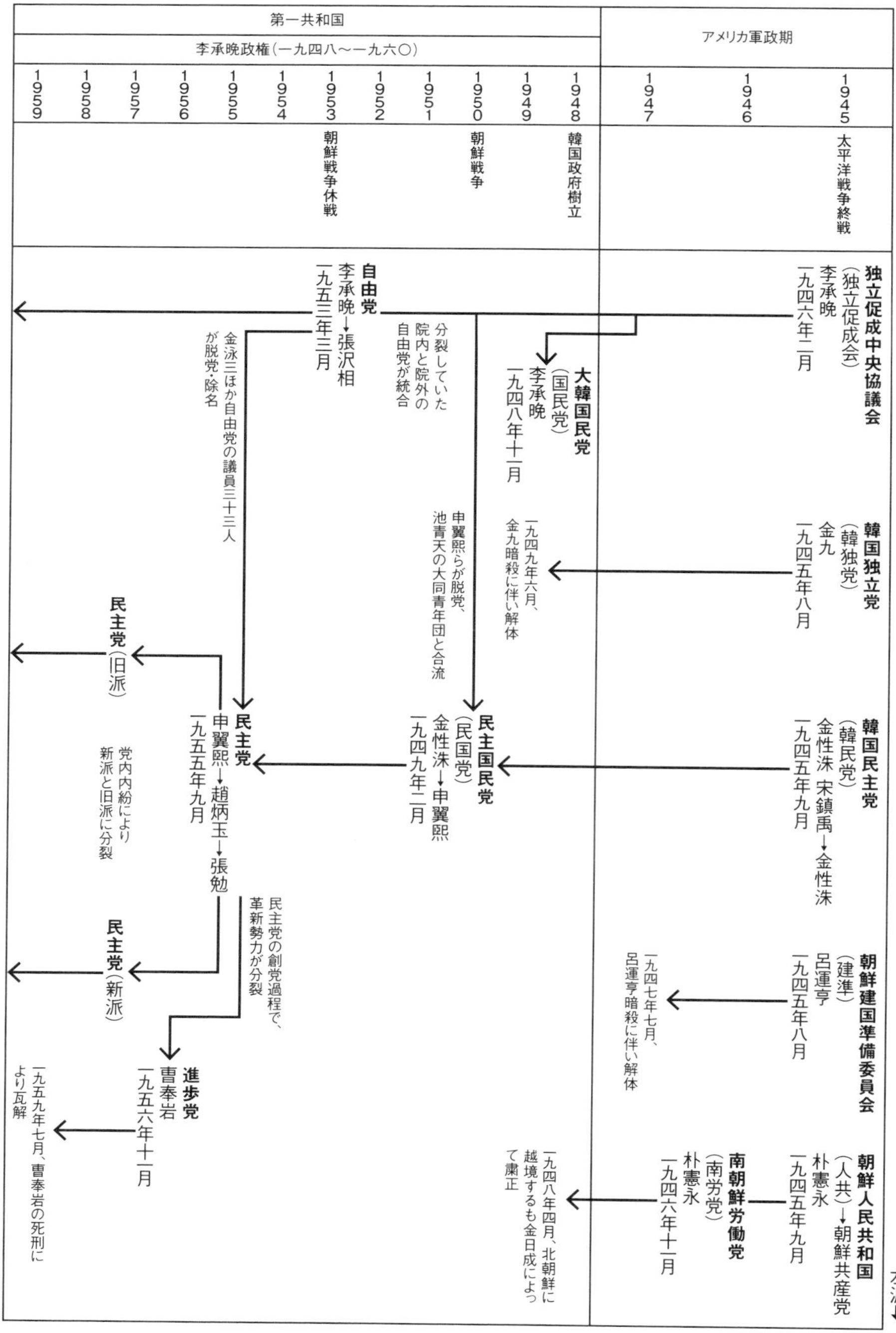

第一共和国
李承晩政権（一九四八〜一九六〇）
アメリカ軍政期
1945
1946
1947
1948
1949
1950
1951
1952
1953
1954
1955
1956
1957
1958
1959
太平洋戦争終戦
韓国政府樹立
朝鮮戦争
朝鮮戦争休戦
右派
左派
独立促成中央協議会（独立促成会）李承晩 一九四六年二月
大韓国民党（国民党）李承晩 一九四八年十一月
分裂していた院内と院外の自由党が統合
自由党 李承晩→張沢相 一九五三年三月
金泳三ほか自由党の議員三十三人が脱党・除名
韓国独立党（韓独党）金九 一九四五年八月
一九四九年六月、金九暗殺に伴い解体
申翼熙らが脱党、池青天の大同青年団と合流
韓国民主党（韓民党）金性洙 宋鎮禹→金性洙 一九四五年九月
民主国民党（民国党）金性洙→申翼熙 一九四九年二月
民主党 申翼熙→趙炳玉→張勉 一九五五年九月
党内内紛により新派と旧派に分裂
民主党（旧派）
民主党（新派）
民主党の創党過程で、革新勢力が分裂
進歩党 曺奉岩 一九五六年十一月
一九五九年七月、曺奉岩の死刑により瓦解
朝鮮建国準備委員会（建準）呂運亨 一九四五年八月
一九四七年七月、呂運亨暗殺に伴い解体
朝鮮人民共和国（人共）→朝鮮共産党 朴憲永 一九四五年九月
南朝鮮労働党（南労党）朴憲永 一九四六年十一月
一九四八年四月、北朝鮮に越境するも金日成によって粛正

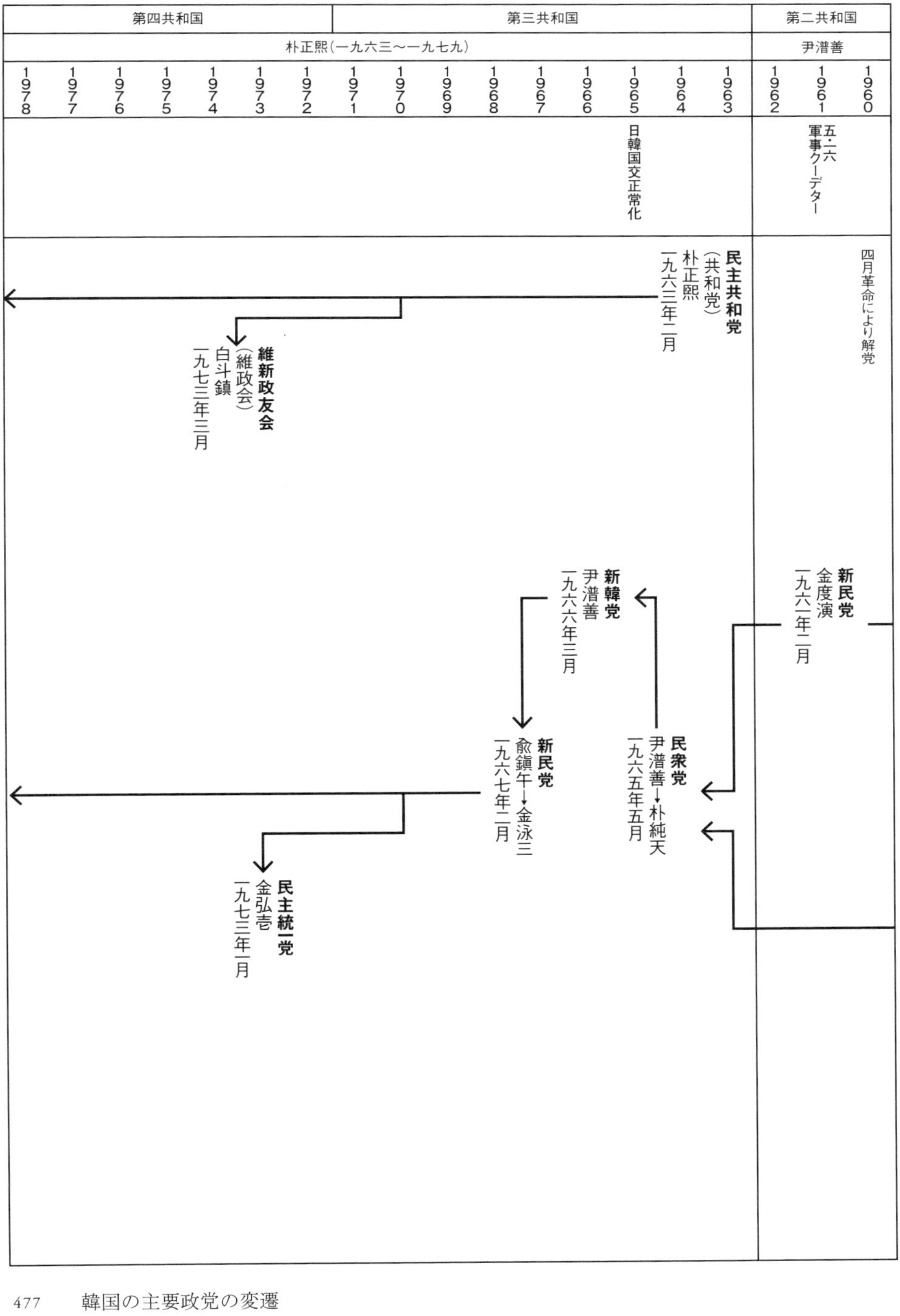
第四共和国
第三共和国
第二共和国
朴正熙(一九六三〜一九七九)
尹潽善
1978
1977
1976
1975
1974
1973
1972
1971
1970
1969
1968
1967
1966
1965
1964
1963
1962
1961
1960
日韓国交正常化
五・一六軍事クーデター
民主共和党(共和党)朴正熙 一九六三年二月
維新政友会(維政会)白斗鎮 一九七三年三月
四月革命により解党
新民党 金度演 一九六一年二月
新韓党 尹潽善 一九六六年三月
民衆党 尹潽善→朴純天 一九六五年五月
新民党 兪鎮午→金泳三 一九六七年二月
民主統一党 金弘壱 一九七三年一月

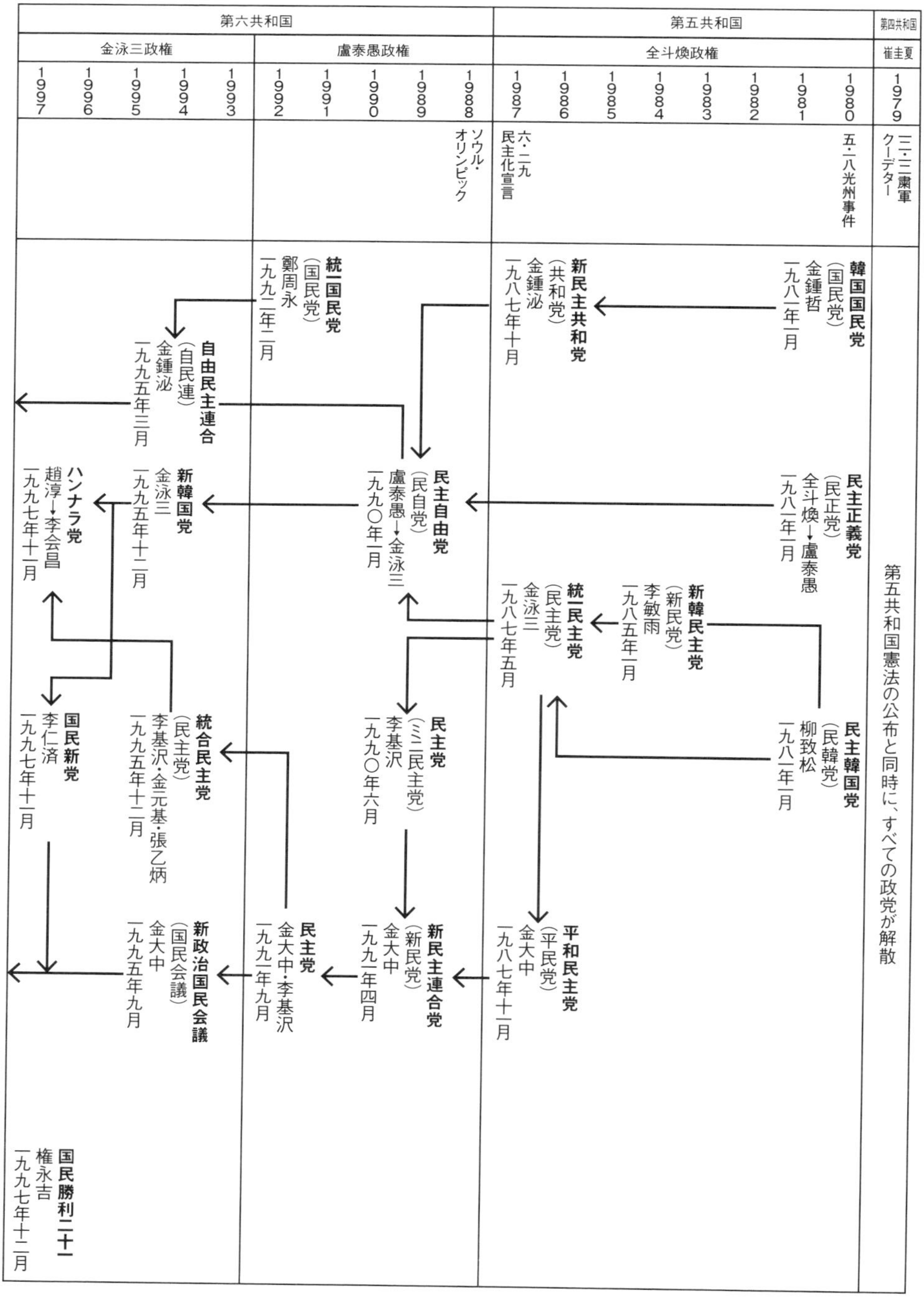

第四共和国
第五共和国
第六共和国
崔圭夏
全斗煥政権
盧泰愚政権
金泳三政権
1979
1980
1981
1982
1983
1984
1985
1986
1987
1988
1989
1990
1991
1992
1993
1994
1995
1996
1997
一二・一二粛軍クーデター
五・一八光州事件
六・二九民主化宣言
ソウル・オリンピック
第五共和国憲法の公布と同時に、すべての政党が解散
韓国国民党（国民党）金鍾哲 一九八一年一月
新民主共和党（共和党）金鍾泌 一九八七年十月
統一国民党（国民党）鄭周永 一九九二年二月
自由民主連合（自民連）金鍾泌 一九九五年三月
民主正義党（民正党）全斗煥→盧泰愚 一九八一年一月
民主自由党（民自党）盧泰愚→金泳三 一九九〇年一月
新韓国党 金泳三 一九九五年十二月
ハンナラ党 趙淳→李会昌 一九九七年十一月
新韓民主党（新民党）李敏雨 一九八五年一月
統一民主党（民主党）金泳三 一九八七年五月
民主韓国党（民韓党）柳致松 一九八一年一月
民主党（ミニ民主党）李基沢 一九九〇年六月
統合民主党（民主党）李基沢・金元基・張乙炳 一九九五年十二月
国民新党 李仁済 一九九七年十一月
平和民主党（平民党）金大中 一九八七年十一月
新民主連合党（新民党）金大中 一九九一年四月
民主党 金大中・李基沢 一九九一年九月
新政治国民会議（国民会議）金大中 一九九五年九月
国民勝利二十一 権永吉 一九九七年十二月

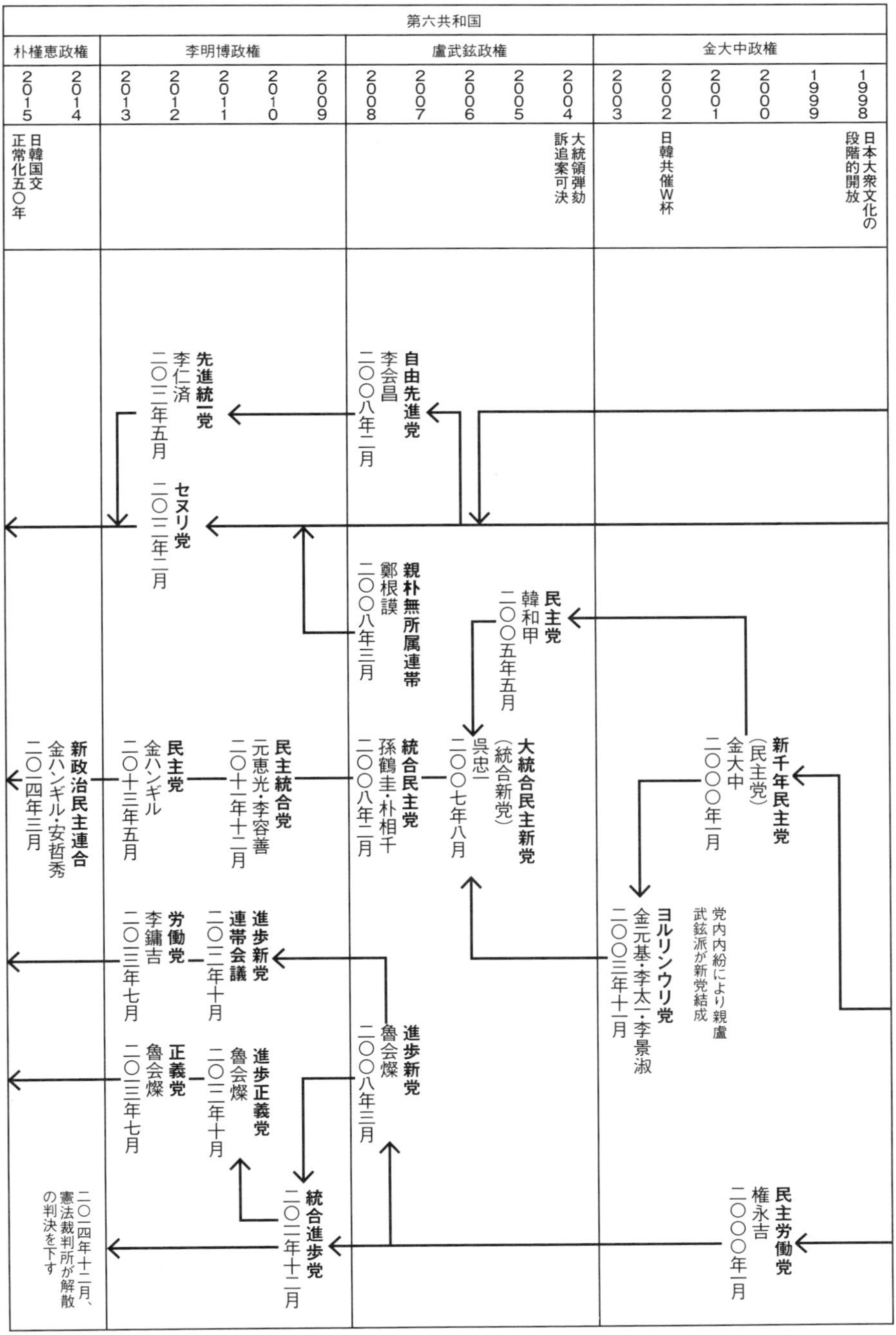

出典：『韓国政治の50年』（愼斗範著、ブレーン出版）、『地域主義に基づく穏健多党制から2大政党制・全国政党化へ』（浅羽祐樹著、山口県立大学）、『韓国現代史―大統領たちの栄光と蹉跌』（木村幹著、中公新書）、『京郷日報』2012年4月11日付『第19代韓国国会議員総選挙特集』、『現代韓国政治分析―地域主義・政党システムを探る』（梅田皓士著、志学館）などをもとに作成

韓国近現代史年表

体制	大統領	年	月・日	出来事
朝鮮王朝／大韓帝国		一八七五	三・二十六	李承晩、黄海道平山にて生まれる
		一八九七	八・二十六	尹潽善、忠清南道牙山にて生まれる
			十・十二	国号を大韓帝国と改める
		一九〇四	二	日露戦争勃発、開戦と同時に日本は事実上韓国を占領下に置く（日本の宣戦布告は二月十日）
			八・二二	第一次日韓協約締結（日本人の財政・外交顧問の設置始まる）
		一九〇五	十一・十七	第二次日韓協約締結（＝乙巳条約。韓国の外交権喪失、朝鮮統監府の設置始まる）
		一九〇九	十・二十六	安重根、旧満州地方のハルビン駅で伊藤博文を射殺
植民地時代		一九一〇	八・二十二	韓国併合条約調印。八月二十九日より朝鮮総督府を設置
		一九一七	十一・十四	朴正熙、慶尚北道善山郡亀尾面にて生まれる
		一九一九	三・一	三・一独立運動始まるも、日本の官憲によって弾圧される
			七・十六	崔圭夏、江原道原州市鳳山洞にて生まれる
		一九二四	一・六	金大中、全羅南道新安郡荷衣面後広里にて生まれる
		一九二七	十二・四（陰暦）	金泳三、慶尚南道統営郡長木面外浦里にて生まれる（戸籍上は十二月二十日）
		一九三一	一・十八	全斗煥、慶尚南道陜川郡栗谷面にて生まれる
		一九三二	十二・四	盧泰愚、慶尚北道達城郡公山面新龍里にて生まれる
		一九三九	九・三	ドイツ軍のポーランド侵入に対し、英仏が宣戦布告（第二次世界大戦勃発）
		一九四一	十二・十九	李明博、大阪府中河内郡加美村（現在の大阪市平野区）にて生まれる
		一九四二	十二・八	日本の真珠湾奇襲攻撃により、太平洋戦争が始まる
		一九四五	八・十五	日本の無条件降伏により、第二次世界大戦が終結
アメリカ軍政			九・七	ホッジ中将指揮下のアメリカ極東軍司令部、朝鮮半島南部に軍政施行を発布
			十二・二十七	モスクワでの米・英・ソ三国外相会議で、朝鮮半島の分割信託統治実施を発表
		一九四六	二・八	大韓独立促進国民会結成。総裁・李承晩、副総裁・金九
			九・一	盧武鉉、慶尚南道金海郡進永邑にて生まれる

共和国	大統領	年	月日	事項
			十・一	大邱にて、アメリカ軍政に反対する市民と警察・軍隊が衝突。公式発表で百三十六人の死者が出る（大邱抗争）
		一九四七	七・十九	呂運亨、十八歳の少年・韓智根によって暗殺される
		一九四八	四・三	済州島四・三事件勃発。数万におよぶ島民が虐殺される
			七・二十	初代大統領選挙（間接選挙）。李承晩が大統領当選
第一共和国	李承晩		八・十五	大韓民国樹立
			九・九	朝鮮民主主義人民共和国（北朝鮮）樹立。首相・金日成、副首相・朴憲永、洪命熹、金策
			十・二十	麗水、順天にて軍隊の反乱が発生するも、鎮圧される（麗順事件）
		一九四九	六・二十六	金九、陸軍少尉・安斗熙によって暗殺される
				在韓アメリカ軍、軍事顧問団を残して撤退する
		一九五〇	六・二十五	北朝鮮軍が南下、朝鮮戦争が勃発する
		一九五二	二・二	朴槿恵、慶尚北道大邱広域市にて生まれる
			八・五	第二代大統領選挙実施（直接選挙）。李承晩が大統領当選
		一九五三	一・六	非公式に来日した李承晩、吉田茂と会談
		一九五三	七・二十七	三十八度線近辺の板門店にて、朝鮮戦争の休戦協定調印
		一九五四	五・二十	尹潽善と金泳三、国会議員選挙で初当選するも、金大中は落選
		一九五六	五・十五	第三代大統領選挙（直接選挙）。李承晩が大差で曺奉岩に勝利
		一九五八	五・二	尹潽善、国会議員選挙で再選するも、金泳三と金大中は落選
		一九六〇	三・十五	第四代大統領選挙（直接選挙）。李承晩が圧勝するが、不正により後に無効
			四・十九	四・一九革命。不正選挙に憤激した市民が立ち上がり、李承晩を追放
			四・二十七	李承晩、ハワイに亡命
第二共和国	尹潽善		七・二十九	尹潽善と金泳三、国会議員選挙で当選するも、金大中はまたも落選
			八・十二	第四代大統領選挙実施（間接選挙）。尹潽善が大統領当選
		一九六一	五・十六	朴正煕、五・一六軍事クーデターで政権を簒奪。国会解散となる
			十一・十二	非公式来日した朴正煕、池田勇人と会談。日韓の早期国交正常化で合意
		一九六二	三・二十二	尹潽善、大統領を辞任して下野。朴正煕が大統領権限を代行

体制	大統領	年	月・日	出来事
第三共和国	朴正熙	一九六三	十・十五	第五代大統領選挙（直接選挙）。朴正熙、僅差で尹潽善に勝利
		一九六五	六・二十二	日韓基本条約、東京にて正式調印される
			七・十九	李承晩、亡命先のハワイで死去。九十歳
		一九六七	五・三	第六代大統領選挙（直接選挙）。朴正熙、尹潽善に圧勝
		一九六八	一・二十一	北朝鮮軍第一二四特殊部隊ゲリラ三十一人が青瓦台襲撃を図る事件発生
		一九七一	四・二十七	第七代大統領選挙（直接選挙）。朴正熙、金大中を僅差で下す
		一九七二	七・四	南北共同声明発表
第四共和国			十・十七	朴正熙、特別宣言発表。国会解散、非常戒厳令を発布（十月維新）
			十二・二十三	第八代大統領選挙（間接選挙）。統一主体国民会議、朴正熙を選出
		一九七三	八・八	金大中拉致事件発生
		一九七四	八・十五	朴正熙暗殺未遂事件発生、夫人の陸英修が流れ弾に当たり死亡（文世光事件）
		一九七八	七・六	第九代大統領選挙（間接選挙）。統一主体国民会議、朴正熙を選出
		一九七九	十・二十六	朴正熙、中央情報部（ＫＣＩＡ）部長・金載圭に暗殺される。六十一歳
	崔圭夏		十二・六	第十代大統領選挙（間接選挙）。統一主体国民会議、崔圭夏を選出
			十二・十二	全斗煥、粛軍クーデターによって軍の実権を簒奪
		一九八〇	五・十八	非常戒厳令の全土拡大と金大中の逮捕に反発した光州市民と軍隊が衝突。市民が多数虐殺される（光州事件）
			八・十六	崔圭夏、大統領を辞任
第五共和国	全斗煥		八・二十七	第十一代大統領選挙（間接選挙）。統一主体国民会議、全斗煥を選出
		一九八一	一・二十三	金大中、内乱陰謀罪関与により死刑判決が下されるも、無期に減刑。その後、アメリカに亡命する
			二・二十五	第十二代大統領選挙（間接選挙）。大統領選挙人団、全斗煥を選出
			九・三十	ＩＯＣ（国際オリンピック委員会）、第二十四回オリンピック開催地をソウルに決定
		一九八二	三・十八	釜山アメリカ文化院放火占拠事件発生。盧武鉉、弁護人として事件に関与
		一九八三	九・一	アラスカ発ソウル行きの大韓航空旅客機がソ連の戦闘機に撃墜され、乗員・乗客二百六十九名全員が死亡（大韓航空機撃墜事件）

共和国	大統領	年	月日	事項
			十・九	ビルマ（現ミャンマー）外遊中の全斗煥を狙った、北朝鮮による爆弾テロ事件発生（アウンサン廟爆破事件）。閣僚四人を含む十七人が死亡
		一九八四	九・六	全斗煥、戦後の韓国元首で初の国賓として公式来日。中曽根康弘との日韓首脳会談、昭和天皇との晩餐会に出席
		一九八五	二・八	金大中、国会議員選挙に合わせてアメリカから強行帰国
		一九八七	六・二十九	盧泰愚、六・二九民主化宣言を発表
			十一・二十九	バグダッド発ソウル行きの大韓航空旅客機が爆破され、乗客・乗員百十五名全員が死亡（大韓航空機爆破事件）
			十二・十六	第十三代大統領選挙（直接選挙）。金大中、金泳三ら野党勢力の共倒れにより、盧泰愚が辛勝
第六共和国	盧泰愚	一九八八	四・二十六	盧武鉉、国会議員選挙で初当選
			九・十六	ソウル・オリンピック開幕
			十一・二十三	全斗煥、みずからの不正と親族の不正を国民に謝罪し、財産を国に返納。江原道の百潭寺に蟄居
		一九九〇	五・二十四	盧泰愚、国賓として公式来日。竹下登との日韓首脳会談、昭和天皇との晩餐会に出席
			七・十八	尹潽善死去、九十二歳
			九・三十	韓ソ共同声明により、韓国とソ連が国交正常化
		一九九二	三・二十四	李明博、国会議員選挙で初当選するも、盧武鉉は落選
			八・二十四	韓国、中国との国交を樹立
	金泳三		十二・十八	第十四代大統領選挙（直接選挙）。金泳三、金大中を破って当選
		一九九四	三・二十四	金泳三、国賓として公式来日。細川護熙との日韓首脳会談、昭和天皇との晩餐会に出席
			七・八	金日成が死去。八十二歳
		一九九五	四・二十八	大邱の地下鉄工事現場で爆発事故発生、死者百十人を出す惨事に
			六・二十九	ソウルの繁華街にあった三豊百貨店が崩落。死者五百二人、負傷者九百三十七人、行方不明者六人を出す大惨事に
		一九九六	五・三十一	ＦＩＦＡ（国際サッカー連盟）、二〇〇二年の日韓ワールドカップ共同開催を決定
			八・二十六	逮捕された全斗煥に死刑判決、盧泰愚に懲役二十二年の判決が下されるも、減刑された後に特赦で釈放される
		一九九七	二・十二	北朝鮮の黄長燁朝鮮労働党書記が韓国に亡命申請（韓国には四月二十日に入国）
			十二・二十一	韓国政府、ウォンの暴落で経済危機に陥り、ＩＭＦ（国際通貨基金）へ緊急支援要請（融資完済は二〇〇一年八月二十三日）

体制	大統領	年	月・日	出来事
第六共和国	金大中		十二・十八	第十五代大統領選挙（直接選挙）。金大中、李会昌を僅差で下して当選
		一九九八	六・十六	現代グループ創業者の鄭周泳、五百頭の牛をしたがえて訪朝
			十・七	金大中、国賓として公式来日。日韓パートナーシップを謳う日韓共同宣言を小渕恵三首相と発表
			十・二十	申楽均文化観光相、日本大衆文化の段階的開放を公式発表
			十一・十八	現代グループによる、北朝鮮の金剛山観光ツアー始まる
		一九九九	六・十五	黄海の北方限界線付近で南北の艦船が交戦（第一延坪海戦）。韓国側は負傷者九人、北朝鮮側は死者・負傷者百人以上を出す
		二〇〇〇	六・十三	金大中が訪朝、史上初の南北首脳会談開催
			五・十七	盧武鉉を愛する会（ノサモ）公式ホームページ開設される
			十二・十	金大中、ノーベル平和賞を受賞
		二〇〇二	五・三十一	日韓共催ワールドカップ開幕。韓国代表チームは史上初の四位入賞
			六・十三	李明博、全国道・市地方選挙でソウル市長に当選
			六・二十九	黄海の北方限界線付近で南北の艦船が交戦（第二延坪海戦）。韓国側の死者五人、北朝鮮側も三十人以上が負傷
	盧武鉉		十二・十九	第十六代大統領選挙（直接選挙）。盧武鉉、李会昌を接戦の末に下して当選
		二〇〇三	六・六	盧武鉉、国賓として公式来日。小泉純一郎との日韓首脳会談、筑紫哲也司会のTBSの特別番組で日本国民と対話
			七・一	李明博、清渓川復元工事に着工
		二〇〇四	三・十二	韓国国会、大統領弾劾訴追案を可決。盧武鉉が大統領職務を停止される（五月十四日に職務復帰）
			三・二十三	朴槿恵、ハンナラ党の党首に就任する
		二〇〇六	十・十三	潘基文、韓国人として史上初の国連事務総長に選出される
			十二・二十二	崔圭夏死去。八十七歳
		二〇〇七	十・二	盧武鉉が訪朝、二度目の南北首脳会談開催
			十二・十九	第十七代大統領選挙（直接選挙）。李明博、乱立候補を大差で下して当選
		二〇〇八	四・二十	李明博が来日、福田赳夫と日韓首脳会談
			七・十一	金剛山ツアーに参加した韓国の女性旅行客が、北朝鮮兵士に銃撃されて死亡。金剛山観光事業が中断される

李明博		十一・二十三	李明博、四大河川事業の起工式に出席
	二〇〇九	一・二十	龍山（ヨンサン）の再開発地区で強制立ち退きに反対する市民と警察が衝突、死者五人を出す（龍山事件）
		五・二十三	盧武鉉、自宅裏のミミズク岩から投身自殺。六十二歳
		八・十八	金大中死去。八十三歳
	二〇一〇	三・二十六	黄海海域にて哨戒艇・天安が沈没、四十六人の死者・行方不明者を出す（天安艦沈没事件）
		十一・二十三	北朝鮮の砲撃により、延坪島に駐留していた韓国軍兵士二人・民間人二人が死亡（延坪島砲撃事件）
	二〇一一	六・十	日韓図書協定の発効により、日本の宮内庁が所蔵する『朝鮮王室儀軌』を含む朝鮮王朝時代の文化財千二百冊の引き渡しが決定
		十二・十七	金正日が死去。七十歳
	二〇一二	四・十一	金正日の三男の金正恩、北朝鮮の朝鮮労働党第一書記に就任する
		八・十	李明博、韓国大統領として史上はじめて竹島に上陸。八月十四日には天皇の訪韓に関連して謝罪を要求
朴槿恵		十二・十九	第十八代大統領選挙（直接選挙）。朴槿恵、文在寅を僅差で抑えて当選
	二〇一四	三・二十六	朴槿恵、バラク・オバマの仲介でオランダ・ハーグにて安倍晋三と初会談
		四・十六	済州島に向かっていた旅客船セウォル号が転覆、修学旅行中の高校生ら死者二百九十五人、行方不明者九人を出す惨事に
		十・八	セウォル号事件発生時の朴槿恵の動静に関する記事をめぐり、産経新聞ソウル支局長が在宅起訴される（二〇一五年四月十四日、出国禁止が解除）
		十二・十九	統合進歩党に対し、憲法裁判所が強制解散を命じる決定を下す

出典：『韓国現代史――大統領たちの栄光と蹉跌』（木村幹著、中公新書）、
『朝鮮韓国近現代史事典 第4版』（韓国史事典編纂会著、金容権訳、日本評論社）、
『世界年鑑』2008～2015（共同通信社）

ヤ

梁起鐸(ヤン・ギタク)…24-25
梁性佑(ヤン・ソンウ)…179
梁鉉錫(ヤン・ヒョンソク)…317
梁弘黙(ヤン・ホンムク)…19-20
梁明山(ヤン・ミョンサン/梁利渉)…117-118
柳一韓(ユ・イルハン)…26
柳麟錫(ユ・インソク)…32
柳寅泰(ユ・インテ)…208
兪億兼(ユ・オクキョム)…54
陸英修(ユク・ヨンス/朴正煕の二度目の妻)…146,180-181
兪鎮午(ユ・ジノ)…79-80,168
柳鍾根(ユ・ジョングン)…393
柳珍山(ユ・チンサン)…132,299,301
柳東説(ユ・ドンヨル)…24-25,33
兪学聖(ユ・ハクソン)…229,242,260,331
ユ・ヒョンソク …387
兪弘濬(ユ・ホンジュン)…316
柳永錫(ユ・ヨンソク)…20
尹応相(ユン・ウンサン)…183
尹箕炳(ユン・ギビョン)…97
尹世復(ユン・セボク)…28
尹錫亀(ユン・ソック)…80
尹致昭(ユン・チソ/尹敬善の父)…128-129
尹致旲(ユン・チホ)…24-25
尹致暎(ユン・チヨン/尹敬善の叔父)…52,63,80,130,197
尹顕振(ユン・ヒョンジン)…33
尹必鏞(ユン・ピルヨン)…225-227,266
尹興吉(ユン・フンギル)…179
尹奉吉(ユン・ボンギル)…39,99
尹永夏(ユン・ヨンハ)…381
呂運亨(ヨ・ウニョン)…29,42-44,51,69-71,75-76,98,129,342
ヨシフ・スターリン …46-48,69
呂正男(ヨ・ジョンナム)…209
廉応沢(ヨム・ウンテク/廉東振)…66,76
廉想渉(ヨム・サンソプ)…77
延周欽(ヨン・ジュフム)…198
延貞姫(ヨン・ジョンヒ)…376-377
延哲浩(ヨン・チョルホ)…417,454

ラ

リチャード・ジョンストン …63
柳詩華(リュ・シファ)…368,414
ロバート・ケネディ …188

ワ

W.A.ノーブル …18

韓相国（ハン・サングク）…381
韓智根（ハン・ジグン）…76
韓鎮教（ハン・ジンギョ）…28
韓勝源（ハン・スンウォン）…179
韓石圭（ハン・ソッキュ）…365
韓悳洙（ハン・ドクス）…408
韓飛野（ハン・ビヤ）…414
韓賢宇（ハン・ヒョヌ）…61
韓和甲（ハン・ファガプ）…393
韓龍雲（ハン・ヨンウン）…30-31
玄勝鍾（ヒョン・スンジョン）…280
卞栄泰（ピョン・ヨンテ）…121,214
ビル・クリントン …314,328,356-357,372,377
ビル・ゲイツ …368
黄仁喆（ファン・インチョル）…387
黄禹錫（ファン・ウソク）…410-411
黄長燁（ファン・ジャンヨプ）…314
黄晳暎（ファン・ソギョン）…179,271,284-286,289
黄秉泰（ファン・ビョンテ）…320
黄永時（ファン・ヨンシ）…229,331
フース・ヒディング …367
フランクリン・ルーズベルト …45-46,48
フランチェスカ・ドナー（李承晩の二度目の妻）…40,92
白寛洙（ペク・グァンス）…30,51
白善燁（ペク・ソニョプ）…145
白東虎（ペク・ドンホ）…412
白南義（ペク・ナムウィ／朴正熙の母）…141
白南薫（ペク・ナムフン）…52,113
白南雲（ペク・ナムン）…81
白南檍（ペク・ナモク）…170
白民泰（ペク・ミンテ）…97
白龍城（ペク・ヨンソン）…30
裵貞淑（ペ・ジョンスク）…376
裵煕範（ペ・ヒボム）…76
裵亨珪（ペ・ヒョンギュ）…422
裵勇浚（ペ・ヨンジュン）…366
ヘンリー・アペンゼラー …18-19
許三守（ホ・サムス）…228,240,242,259-260,331,390
許峻豪（ホ・ジュノ）…412
許政（ホ・ジョン）…52,121,125-126,128,135,215
許貞淑（ホ・ジョンスク）…81
許成沢（ホ・ソンテク）…81
許和平（ホ・ファピョン）…240,242,259-260,284,331
許憲（ホ・ホン）…69
許文道（ホ・ムンド）…240
法頂（ポプチョン）和尚 …368,414
洪仁吉（ホン・インギル）…320
洪基（ホン・ギ／崔圭夏の妻）…213,219
洪思徳（ホン・サドク）…391
洪準杓（ホン・ジュンピョ）…320,433,446
洪性宇（ホン・ソンウ）…387
洪範図（ホン・ボムド）…38
洪命熹（ホン・ミョンヒ）…76,81
洪明甫（ホン・ミョンボ）…367

マ

マーシャル・グリーン …133,149,158
マーチン・クーパー …363
マイケル・ハウベン …362
ミハイル・ゴルバチョフ …271,291
閔賛鎬（ミン・チャンホ）…29
閔煕植（ミン・ヒシク）…80
閔丙梪（ミン・ビョンドゥ）…386
閔復基（ミン・ボッキ）…195-196
閔泳煥（ミン・ヨンファン）…23
村上春樹 …369,414
文益煥（ムン・イクァン）…271,285-286,289,349,351
文奎鉉（ムン・ギュヒョン）…286
文在寅（ムン・ジェイン）…387-389,391-392,447-448
文在駿（ムン・ジェジュン）…151-152,154,163
文貞姫（ムン・ジョンヒ）…179
文昌範（ムン・チャンボム）…33-34
文喜相（ムン・ヒサン）…401
文富軾（ムン・ブシク）…256,387
孟亨奎（メン・ヒョンギュ）…320
毛沢東 …101

鄭魯湜(チョン・ノシク)…69
鄭翰景(チョン・ハンギョン)…26,29
鄭喜成(チョン・ヒソン)…179
全亨山(チョン・ヒョンサン)…343
鄭柄宙(チョン・ビョンジュ)…228-229
鄭華岩(チョン・ファアム)…114
鄭栢(チョン・ペク)…43
鄭浩承(チョン・ホスン)…179
鄭鎬溶(チョン・ホヨン)…264,270,331
鄭夢準(チョン・モンジュン)…394-395,447
鄭夢憲(チョン・モンホン)…419-420
鄭良弼(チョン・ヤンピル)…26
田麗玉(チョン・ヨオク)…316
陳承鉉(チン・スンヒョン)…370
土田譲亮 …98
ディーン・ラスク …188
寺内正毅 …25
都礼鍾(ト・イェジョン)…209
都寅権(ト・イングォン)…24
ドワイト・D・アイゼンハワー …85

ナ

南宮檍(ナムグン・オク)…20
南亨祐(ナム・ヒョンウ)…33-34,38
盧鎰煥(ノ・イルファン)…97
盧建昊(ノ・コンホ／盧武鉉の長男)…386,417,454
盧載鉉(ノ・ジェヒョン)…228-229
盧在鳳(ノ・ジェボン)…273
盧信永(ノ・シニョン)…269
盧徳述(ノ・ドクスル)…97
盧判石(ノ・パンソク／盧武鉉の父)…385
盧秉寿(ノ・ビョンス／盧泰愚の父)…263
盧伯麟(ノ・ペンニン)…24,33,38

ハ

朴忠勳(パク・チュンフン)…195
朴元淳(パク・ウォンスン)…446
朴恩玉(パク・ウノク)…279
朴殷植(パク・ウンシク)…38
朴己出(パク・キチュル)…114,116,136
朴慶植(パク・ギョンシク)…321
朴景利(パク・キョンニ)…179
朴槿恵(パク・クネ／朴正熙の次女／第18代韓国大統領)…181,399,402,415-416,433,446-448
朴光玉(パク・グァンオク)…76
朴相熙(パク・サンヒ／朴正熙の三兄)…141,143-144,174
朴鐘圭(パク・ジョンギュ)…331
朴鍾哲(パク・ジョンチョル)…250,351,389
朴勝熙(パク・スンヒ)…273
朴成彬(パク・ソンビン／朴正熙の父)…141
朴智星(パク・チソン)…366
朴致玉(パク・チオク)…147,151-154,163
朴燦鍾(パク・チャンジョン)…319
朴春植(パク・チュンシク)…152,154
朴哲彦(パク・チョロン)…259,266,269,271,274,287-288,307,310
朴珍景(パク・チンギョン)…79
朴泰俊(パク・テジュン)…271,308,352
朴東宣(パク・ドンソン)…175
朴炯圭(パク・ヒョンギュ)…208
朴興植(パク・フンシク)…188
朴憲永(パク・ホニョン)…41,51,57-58,62-64,68-70,81,116
朴弘(パク・ホン)…273,329
朴瑪利亞(パク・マリア／李起鵬の妻)…122
朴文奎(パク・ムンギュ)…81
朴淵次(パク・ヨンチャ)…417,454-455
朴栄漢(パク・ヨンハン)…179
朴泳孝(パク・ヨンヒョ)…22,25,30,33
朴容万(パク・ヨンマン)…25-28,33,35,38,51
朴婉緒(パク・ワンソ)…179,369
河在完(ハ・ジェワン)…209
咸錫憲(ハム・ソクホン)…41,135-136,349,351
バラク・オバマ …437
ハリー・トルーマン …46,72-73
韓圭卨(ハン・ギュソル)…30
方光凡(パン・グァンボム)…232

崔謹愚(チェ・グヌ)…30,43
崔光玉(チェ・グァンオク)…24
崔志宇(チェ・ジウ)…366
崔在亨(チェ・ジェヒョン)…33
崔淳永(チェ・スンヨン)…375,377
崔世昌(チェ・セチャン)…228,331
崔昌益(チェ・チャンイク)…81
崔斗善(チェ・ドゥソン)…188
崔東旿(チェ・ドンオ)…69
崔南善(チェ・ナムソン)…30
崔炯宇(チェ・ヒョンウ)…290,307,310
崔炳模(チェ・ビョンモ)…376
崔明植(チェ・ミョンシク)…24
蔡命新(チェ・ミョンシン)…152,154
崔文洵(チェ・ムンスン)…446
崔養吾(チェ・ヤンオ/崔圭夏の父)…213
崔允植(チェ・ユンシク)…112
崔麟(チェ・リン)…30
池昌洙(チ・チャンス)…93
池青天(チ・チョンチョン)…80,105,127
車圭憲(チャ・ギュホン)…229,331
車龍愛(チャ・ヨンエ/金大中の最初の妻)…341-343,372
張基梧(チャン・ギオ)…228
張基栄(チャン・ギヨン)…195
張建相(チャン・コンサン)…71,114
張時雨(チャン・シウ)…81
張俊河(チャン・ジュンハ)…135,171,196
張沢相(チャン・テクサン)…54,80,84,134,297-298,302
張泰玩(チャン・テワン)…228
張徳秀(チャン・ドクス)…29,52,71,76,98
張都暎(チャン・ドヨン)…133-134,145,148-150,152,155-158,160-163
張東健(チャン・ドンゴン)…365,413
チャン・ヘウ…81
張勉(チャン・ミョン)…84,113-115,119-120,125,127-128,131-132,147-150,158,160-161,343
張玲子(チャン・ヨンジャ)…242,258-260
朱鎮洙(チュ・ジンス)…24
朱寧夏(チュ・ヨンハ)…81
周永福(チュ・ヨンボク)…331
趙廷来(チョ・ジョンネ)…179
趙淳(チョ・スン)…352,392
趙承熙(チョ・スンヒ)…411
趙世熙(チョ・セヒ)…179
趙素昂(チョ・ソアン)…58
曺成煥(チョ・ソンファン)…24
趙東祜(チョ・ドンホ)…43
趙炳玉(チョ・ビョンオク)…54,79,92,113,115,119,131,299
曺興万(チョ・フンマン)…198
曺奉岩(チョ・ボンアム)…80,87,91,107,110,114-119
趙憲植(チョ・ホンシク)…114
曺晩植(チョ・マンシク)…65
丁一権(チョン・イルクォン)…188,195
鄭一亨(チョン・イルヒョン)…54,346,349
鄭元植(チョン・ウォンシク)…273,432
全基煥(チョン・ギファン/全斗煥の兄)…223-224,270,283
全敬煥(チョン・ギョンファン/全斗煥の弟)…223,269-270,283
鄭求瑛(チョン・グヨン)…136,171
全相禹(チョン・サンウ/全斗煥の父)…223
鄭在詠(チョン・ジェヨン)…412
鄭周永(チョン・ジュヨン/現代グループの創業者)…89,280,284,308,373-374,429-432
鄭準沢(チョン・ジュンテク)…81
鄭芝溶(チョン・ジヨン)…77
千正培(チョン・ジョンベ)…403
鄭昇和(チョン・スンファ)…215-216,227-229,266
鄭淳万(チョン・スンマン)…26
丁世均(チョン・セギュン)…402,447
千世容(チョン・セヨン)…273
鄭智元(チョン・ジウォン)…183
銭鎮漢(チョン・ジンハン)…80
全泰壱(チョン・テイル)…176,200-203
鄭泰春(チョン・テチュン)…279
鄭大哲(チョン・デチョル)…403
全徳基(チョン・ドッキ)…24
鄭東泳(チョン・ドンヨン)…393,403,416,423,434

金潤鎬(キム・ユンホ)…229
金容沃(キム・ヨンオク)…368,396
キム・ヨンギュン …273
金勇澈(キム・ヨンチョル)…412
金瑢泰(キム・ヨンテ)…197-198
金用茂(キム・ヨンム)…54
吉在号(キル・ジェホ)…152-154,170
郭暻澤(クァク・キョンテク)…412
郭尚勳(クァク・サンフン)…113,131
郭魯炫(クァク・ノヒョン)…438
具仁会(ク・インフェ/LGグループの創業者)…89
具永淑(ク・ヨンスク)…80
権翊鉉(クォン・イクヒョン)…269
権正達(クォン・ジョンダル)…260,269
權泰錫(クォン・テソク)…43
権東鎮(クォン・ドンジン)…30
権魯甲(クォン・ノガプ)…320,370
権良淑(クォン・ヤンスク/盧武鉉の妻)…386,417,454
琴震鎬(クム・ジンホ/盧泰愚の相婿)…330
クレファー …150
高建(コ・ゴン)…424
孔枝泳(コン・ジヨン)…317,414
孔徳貴(コン・ドックィ/尹潽善の二度目の妻)…137-138
孔洪植(コン・ホンシク)…22

サ

サダム・フセイン …421
塩野七生 …316
ジミー・カーター …175-176,314,328-329
沈聖珉(シム・ソンミン)…422
昭和天皇・裕仁 …43
蒋介石 …45,73
ジョージ・W・ブッシュ …276,356-358,372,380,404,420
ジョージアナ・ホワイティング …18
ジョージ・マーシャル …74
ジョン・F・ケネディ …164,190
ジョン・ウィッカム …233,256
ジョン・R・ホッジ …49-50,53,56,61,64
申翼熙(シン・イッキ)…58,66,76,79,91,105,113-115,119
辛基南(シン・ギナム)…399
申圭植(シン・ギュシク)…28,33,38,128-129,138
申貞娥(シン・ジョンア)…411
申錫雨(シン・ソグ)…28
申采浩(シン・チェホ)…24,28,38
申允熙(シン・ユニ)…331
セオドア・ルーズベルト…23
徐敬元(ソ・ギョンウォン)…271,286-287,289
徐京錫(ソ・ギョンソク)…401
石昌熙(ソク・チャンヒ)…154
徐相日(ソ・サンイル)…114
徐載軾(ソ・ジェシク) …183
徐載弼(ソ・ジェピル)…19,75
ソ・ジンギュ …368
徐錫俊(ソ・ソクチュン)…246
ソ・テジ …317
徐道源(ソ・ドウォン)…209
鮮于宗源(ソヌ・チョンウォン)…150
鮮于爀(ソヌ・ヒョク)…29
薛耿求(ソル・ギョング)…412
宋堯讃(ソン・ヨチャン)…121,126,154
成元慶(ソン・ウォンギョン)…113
宋継白(ソン・ケベク)…30
宋相振(ソン・サンジン)…209
宋鎮禹(ソン・ジヌ)…30,42-43,51,60-61,76,98
宋斗煥(ソン・ドゥファン)…420
成楽絃(ソン・ナクヒョン)…198
孫鶴圭(ソン・ハッキュ)…416,446-447
孫秉熙(ソン・ビョンヒ)…30,33
宋憲斌(ソン・ホンビン)…20
孫命順(ソン・ミョンスン/金泳三の妻)…298,322

タ

ダグラス・マッカーサー …49-50,73
崔雲霞(チェ・ウンハ)…97
崔基植(チェ・ギシク)…242
崔圭善(チェ・ギュソン)…370,372

金源一(キム・ウォニル)…179
金元鳳(キム・ウォンボン)…52,58-59,69,81
金佑錫(キム・ウソク)…320
金雲植(キム・ウンシク／金大中の父)…339
金銀星(キム・ウンソン)…370
金玉淑(キム・オクスク／盧泰愚の妻)…264-266,281
金嘉鎮(キム・カジン)…20
金基卨(キム・ギソル) …273
金淇春(キム・ギチュン)…284
金奎植(キム・ギュシク)…29,33,38,51,57,69,71,76-77,99
金景俊(キム・キョンジュン)…432,434
金敬淑(キム・ギョンスク)…303
金起林(キム・キリム)…77
金光圭(キム・グァンギュ)…179
金槿泰(キム・クンテ)…393,403,416,423
金九(キム・グ)…24,39,55,57-61,66,68-69,73-74,76-77,80,83-84,94,98-100
金相坤(キム・サンゴン)…438
金相賢(キム・サンヒョン)…290
金載圭(キム・ジェギュ)…137,180,215,304,349
金在春(キム・ジェチュン)…152
金芝河(キム・ジハ)…179,273
金智会(キム・ジフェ)…93
金佐鎮(キム・ジャジン)…38
金重権(キム・ジュングォン)…393
金正日(キム・ジョンイル)…329,357,374,378-379,405
金鍾仁(キム・ジョンイン)…330
金鏞元(キム・ジョンウォン)…209
金正吉(キム・ジョンギル)…391
キム・ジョンジュ…81
金宗漢(キム・ジョンハン)…20
金鍾泌(キム・ジョンピル)…151-154,162-163,165,167-169,183,185-186,188,197-198,230-231,253,271,287-289,306-307,318-319,321,352,357
金鍾和(キム・ジョンファ)…22
金貞烈(キム・ジョンヨル)…146
金振晩(キム・ジンマン)…170
金辰明(キム・ジンミョン)…316
金鮮一(キム・ソニル)…422
金成坤(キム・ソンゴン)…170
金性洙(キム・ソンス)…71,76,80,84,106,114,127
金達三(キム・ダルサム)…78
金策(キム・チェク)…81
金燦国(キム・チャングク)…208
金昌淑(キム・チャンスク)…76,114,131
金朱烈(キム・チュヨル)…90,120
金澈(キム・チョル)…29
金大植(キム・デシク)…151
金泰善(キム・テソン)…97
金台鎬(キム・テホ)…447
金斗官(キム・ドゥグァン)…438,447
金斗漢(キム・ドゥハン)…132,195-196
金枓奉(キム・ドゥボン)…77,99,342
金度演(キム・ドヨン)…30,52,80,104,127,131-132,134
金東吉(キム・ドンギル)…208
金東成(キム・ドンソン)…80,109
金東河(キム・ドンハ)…147,151-152,154,165
金東煥(キム・ドンファン)…153
金孝錫(キム・ヒョソク)…401
キム・ビョラ…414
金炯旭(キム・ヒョンウク)…152-154,198,208
金炳三(キム・ビョンサム)…345
金賢哲(キム・ヒョンチョル／金泳三の二男)…321,335
金炳魯(キム・ビョンノ)…51,76
金炳淵(キム・ビョンヨン)…80
金復東(キム・ボクドン)…264-265
金範洙(キム・ボムス／NHNの共同創業者)…362
金弘一(キム・ホンイル／金大中の長男)…370,372
金弘業(キム・ホンオプ／金大中の次男)…370-372
金弘傑(キム・ホンゴル／金大中の三男)…370-372
金弘植(キム・ホンシク)…114
金洪祚(キム・ホンジョ／金泳三の父)…295-296
金鴻亮(キム・ホンリャン)…24
金鴻陸(キム・ホンリュク)…22
金文洙(キム・ムンス)…320,447
金若水(キム・ヤクス)…97,117
金潤玉(キム・ユノク／李明博の妻)…430,448
金潤根(キム・ユングン)…151-152,154

李馨子(イ・ヒョンジャ)…375-377
李秉喆(イ・ビョンチョル／三星の創業者)…89,194-196
李炳南(イ・ビョンナム)…81
李丙勳(イ・ビョンフン)…413
李会昌(イ・フェチャン)…319,321,333,352-353,371,393,395,417,434
李会栄(イ・フェヨン)…24
李富栄(イ・ブヨン)…329,391-392,397
李厚洛(イ・フラク)…170,206-207
李海瓚(イ・ヘチャン)…390,402,416
李現蘭(イ・ヒョンラン)…144-145
李範錫(イ・ボムソク)…259
李範奭(イ・ボムソク)…80,94,108,134
李奉昌(イ・ボンチャン)…39,99
李敏雨(イ・ミヌ)…244,250,305
李文求(イ・ムング)…179
李文烈(イ・ムンヨル)…179
李孟熙(イ・メンヒ／三星の創業者の息子)…194,196
李允栄(イ・ユニョン)…80
李潤基(イ・ユンギ)…369
李鏞(イ・ヨン)…81
李英愛(イ・ヨンエ)…413
李永根(イ・ヨングン)…183
李泳禧(イ・ヨンヒ)…285
李容湖(イ・ヨンホ)…370
李龍文(イ・ヨンムン)…147,150
李完用(イ・ワニョン)…20,66
芮春浩(イェ・チェンホ)…171
林權沢(イム・グォンテク)…316
イム・ジョンス …256
任鍾晳(イム・ジョンソク)…285
林琇卿(イム・スギョン)…271,285-286
林蚩正(イム・チジョン)…24
任太熙(イム・テヒ)…446
林亥圭(イム・ヘギュ)…402
任永信(イム・ヨンシン)…80
ウイリアム・タフト …23
ウィルトン・H・ウォーカー …184
ウィンストン・チャーチル …45-46
ウォルター・マッカナギー …121
元世勳(ウォン・セフン)…51,69
元喜龍(ウォン・ヒリョン)…433
元斌(ウォンビン)…413
禹慶允(ウ・ギョンユン)…228
禹範坤(ウ・ボムゴン)…242
禹洪善(ウ・ホンソン)…209
ウッドロー・ウィルソン …29,36-37
遠藤柳作 …43
大平正芳 …186-188
玉昌鎬(オク・チャンホ)…153-154
呉貞姫(オ・ジョンヒ)…179
呉世昌(オ・セチャン)…30
呉世勳(オ・セフン)…446
呉致成(オ・チソン)…152-153,170,225
厳基永(オム・ギヨン)…446
厳三鐸(オム・サンテク)…310

カ

カーター・マグルーダー …133,149
桂太郎 …23
康仁徳(カン・インドク)…376
康祐碩(カン・ウソク)…412
姜恩喬(カン・ウンギョ)…179
姜基勳(カン・ギフン)…273
姜慶大(カン・ギョンデ)…273
姜求鉄(カン・グチョル)…208
姜帝圭(カン・ジェギュ)…413
姜信玉(カン・シノク)…208
姜昌成(カン・チャンソン)…226-227
姜英勳(カン・ヨンフン)…225
金益善(キム・イクソン)…81
金翼鎮(キム・イクチン)…100
金日成(キム・イルソン)…62,64-66,69,77,81,101,247,285,314,327-329
金益烈(キム・インニョル)…78-79
キム・インホ …376
キム・ウィギ …234

人名索引　人名　ページ数

ア

阿部信行 …42
安駉寿（アン・ギョンス）…20
安相洙（アン・サンス）…447
安在鴻（アン・ジェホン）…43-44
安重根（アン・ジュングン）…24-25,99
安貞桓（アン・ジョンファン）…366
安聖基（アン・ソンギ）…412
安昌浩（アン・チャンホ）…24,33,35,39
安哲秀（アン・チョルス）…446-447
安泰国（アン・テグク）…24-25
安斗熙（アン・ドゥヒ）…98-100
安浩相（アン・ホサン）…80
安明根（アン・ミョングン）…23-24,99
李益采（イ・イクチェ）…20
李仁（イ・イン）…54,80
李仁済（イ・インジェ）…353,393-395
李仁秀（イ・インス）…92
李仁模（イ・インモ）…327-328
李外秀（イ・ウェス）…368
李源喆（イ・ウォンチョル）…112
李佑宰（イ・ウジェ）…320
李甲（イ・ガプ）…24
李剛（イ・ガン）…24
李康旭（イ・ガンウク／李起鵬の次男）…122
李康国（イ・ガングク）…69
李康石（イ・ガンソク／李起鵬の長男）…122
李基沢（イ・ギテク）…290,319,391
李起鵬（イ・ギブン）…91-92,114-115,119-122,299
李奎甲（イ・ギュガプ）…43
李圭光（イ・ギュグァン／全斗煥の妻のいとこ）…242,258-260
李圭東（イ・ギュドン／全斗煥の義父）…224,249
李敬善（イ・ギョンソン／李承晩の父）…17
李瑾栄（イ・クニョン）…419-420
李光洙（イ・グァンス）…30
李克魯（イ・グンノ）…81
池田勇人 …164,186
李相圭（イ・サンギュ）…228
李商在（イ・サンジェ）…20,24
李相洙（イ・サンス）…389-390
李相卨（イ・サンソル）…26,28-29,32-33
李相得（イ・サンドゥク／李明博の兄）…427-428,448
李在伍（イ・ジェオ）…320,447
李周一（イ・ジュイル）…151,154
李濬益（イ・ジュンイク）…413
李始栄（イ・シヨン）…24,33,38-39,57,80,107,129
李丁載（イ・ジョンジェ）…162
李鍾贊（イ・ジョンチャン）…308,391,432
李正姫（イ・ジョンヒ）…448
李鍾浩（イ・ジョンホ）…24
イ・ジュノ …317
李銖秉（イ・スビョン）…209
李順子（イ・スンジャ／全斗煥の妻）…224,242,249,253,258,
283
李順鐸（イ・スンタク）…80
李昇薫（イ・スンフン）…24-25,30
李承燁（イ・スンヨプ）…81
李石淵（イ・ソギョン）…400-401
李昌錫（イ・チャンソク／全斗煥の義弟）…270,283
李忠雨（イ・チュンウ／李明博の父）…427
李哲（イ・チョル）…208,391
李哲承（イ・チョルスン）…74,168,180,204,301,303,346
李哲熙（イ・チョルヒ）…242,258-259
李泰馥（イ・テボク）…386
伊藤博文 …25,99
李東寧（イ・ドンニョン）…24,26,33-35,37-39,129
李東華（イ・ドンファ）…114
李東輝（イ・ドンフィ）…24,32-37
李敦明（イ・ドンミョン）…387
李鶴捧（イ・ハクボン）…259,331
李韓烈（イ・ハンヨル）…250,306
李翰林（イ・ハンリム）…160
李姫鎬（イ・ヒホ／金大中の二度目の妻）…343-344,372,375,
377
李孝祥（イ・ヒョサン）…198

参考資料

■事典

斗山（トゥサン）百科事典／ブリタニカ百科事典／ウィキ百科事典（ウィキペディア）／韓国民族文化大百科事典

■新聞・放送・雑誌

京郷（キョンヒャン）ドットコム／京郷新聞／国民日報／東亜ドットコム／東亜日報／文化放送『いまは話すことができる』／文化放送『第三共和国』／文化放送『第四共和国』／文化放送『第五共和国』／文化日報／ソウル放送『三金時代』／ソウル放送『それが知りたい』／ソウル新聞／世界日報／新東亜／シネ21／聯合ニュース／オマイニュース／月刊マル／月刊中央／日曜新聞／朝鮮ドットコム／朝鮮日報／中央日報／プレシアン／ハンギョレ21／ハンギョレ新聞／韓国経済新聞／韓国放送『人物現代史』／韓国日報

■単行本

五・一八光州民衆抗争遺族会『光州民衆抗争備忘録』、南風、一九八九

康俊晩（カン・ジュンマン）『金大中殺し』、蓋馬高原、一九九五

康俊晩『韓国現代史散策――一九四〇年代編一、二』、人物と思想社、二〇〇四

康俊晩『韓国現代史散策――一九五〇年代編一、二、三』、人物と思想社、二〇〇四

康俊晩『韓国現代史散策――一九六〇年代編一、二、三』、人物と思想社、二〇〇四

康俊晩『韓国現代史散策――一九七〇年代編一、二、三』、人物と思想社、二〇〇二

康俊晩『韓国現代史散策――一九八〇年代編一、二、三、四』、人物と思想社、二〇〇三

康俊晩『韓国現代史散策――一九九〇年代編一、二、三』、人物と思想社、二〇〇六

康俊晩『韓国現代史散策――二〇〇〇年代編一、二、三、四、五』、人物と思想社、二〇一一

京郷新聞・参与連帯『金大中政府五年の評価と、盧武鉉政府改革の課題』、ハンウル、二〇〇三

権寧民（クォン・ヨンミン）『おまえ、出世したな』、現文メディア、二〇〇八

クォン・テオク他『近現代韓国探査』、歴史批評社、一九九四

金三雄（キム・サムン）『盧武鉉評伝』、本で見る世界、二〇一二

金三雄『後広・金大中評伝』、時代の窓、二〇一〇

金聖鎮（キム・ソンジン）『朴正煕時代』、朝鮮日報社、一九九四

金栄圭（キム・ヨンギュ）『李明博政策批判』、朴鍾哲出版社、二〇〇八

金泳三『金泳三大統領回顧録』、朝鮮日報社、二〇〇一（邦訳『金泳三回顧録：民主主義のための私の闘い』〈上・下〉、尹今連監訳、金本貞美ほか訳、九州通訳ガイド協会、二〇〇一）

金正濂（キム・ジョンニョム）『ああ、朴正煕』、中央M&B、一九九七

キム・チョルミン『第五共和国』、シア出版社、二〇〇五

金忠男（キム・チュンナム）『大統領と国家経営』、ソウル大出版部、二〇〇六

金忠植（キム・チュンシク）『南山の部長たち』、東亜日報社、一九九三

キム・テックン『金大中評伝――夜明け』、四季節、二〇一二

キム・ヒョンア『朴正煕の両刃の選択』、一潮閣、二〇〇五

金炯旭（キム・ヒョンウク）他一人『金炯旭回顧録』、アチム、一九八五（邦訳『権力と陰謀：元KCIA部長金炯旭』、合同出版、一九八〇）

キム・ヒゴン『大韓民国臨時政府研究』、知識産業社、二〇〇四

盧武鉉『成功と挫折』学古斎、二〇〇九

毎日経済政治部『李明博時代のパワーエリート』、毎日経済新聞社、二〇〇八

文在寅（ムン・ジェイン）『運命』、架橋出版、二〇一一

パク・ボンヒョン『朴正煕十九年を解剖する』、高麗出版社、一九九一

パク・サンハ『そのとき、その人々――全斗煥の第五共和国』、ハギョンサ、二〇〇五

朴哲彦（パク・チョロン）『正しい歴史のための証言一、二』、ランダムハウスコリア、二〇〇五

朴玄埰（パク・ヒョンチェ）他『解放前後史の認識一、二、三』、ハンギル社、一九八七

ペク・スンリョル『わが時代の宮闕、青瓦台』、ディオネ、二〇〇六

卞良均（ピョン・ヤンギュン）『盧武鉉のあたたかい経済学』、パダ出版社、二〇一二

ブルース・カミングス『ブルース・カミングスの韓国現代史』、創作と批評社、二〇〇一（邦訳『現代朝鮮の歴史――世界のなかの朝鮮』横田安司、小林知子訳、明石書店、二〇〇三）

徐仲錫（ソ・ジュンソク）『写真と絵で見る韓国現代史』、熊津（ウンジン）知識ハウス、二〇一三

梁東安（ヤン・ドンアン）『大韓民国建国史』、玄音社、二〇〇一

イ・ドンヒョン『金大中VS金泳三』、王の書斎、二〇一三

李明博『神話はない』、キムヨン社、一九九五（邦訳『李明博自伝』李明博、チョン・ジョン共著、平井久志訳、新潮文庫、二〇〇八）

李明博『全身でぶつかれ』、ランダムハウスコリア、二〇〇七

李明博『清渓川は未来へ流れる』、ランダムハウスコリア、二〇〇七

イ・ヨンフン『派閥で見る韓国野党史』、エディター、二〇〇〇

李元淳（イ・ウォンスン）『人間李承晩』、新太陽社、二〇〇五

イ・ジョング『建国大統領李承晩』、クルボッ社、二〇〇五

イ・ハヌ『雩南李承晩、大韓民国を建てる』、ヘネム、二〇〇八

イ・フンファン『口述韓国現代史』、未完（ミワン）、一九八六

イム・ヨンテ『大韓民国五十年史』、トゥルニョク、一九九八

イム・ヨンテ『北韓五十年史』、トゥルニョク、一九九九

チョン・ジェホ『反動的近代主義者朴正煕』、チェックセサン、二〇〇〇

チョン・ユンジェ（韓国精神文化研究院編）『張勉、尹潽善、朴正煕』、ペクサン書堂、二〇〇一

趙甲済（チョ・ガプチェ）『わが墓に唾を吐け、一～八』、朝鮮日報社、一九九八

趙甲済『李承晩、朴正煕を思い出す』、月刊朝鮮編集部、二〇〇四

曺喜昖（チョ・ヒヨン）『朴正煕と開発独裁時代』、歴史批評社、二〇〇七

陳重権（チン・ジュングォン）『おまえの墓に唾を吐いてやる一、二』、蓋馬高原、二〇〇〇

ハム・ソンドゥク『金泳三政府の成功と失敗』、ナナム、二〇〇一

著者略歴

朴永圭　パク・ヨンギュ

韓国・慶尚南道山清出身。韓国外国語大学独文学哲学科卒業。ミリオンセラー『一冊で読む朝鮮王朝実録』（邦訳書『朝鮮王朝実録【改訂版】』小社刊）を出版した後、『一冊で読む高麗王朝実録』、『一冊で読む高句麗王朝実録』、『一冊で読む百済王朝実録』、『一冊で読む新羅王朝実録』など、「一冊で読む韓国通史シリーズ」を完成させ、歴史ブームを巻き起こした。その他の著書として『一冊で読む世宗大王実録』、『一冊で読む朝鮮王室系譜』、『宦官と宮女』、『教養として読む中国史』（いずれも原題／未訳）などの歴史書がある。また歴史文化エッセイ『特別な韓国人』や、『考えの博物館』、『道徳経を読む楽しみ』などの思想書、『教科書に出てくる朝鮮王朝実録』（全62巻）をはじめとする児童書も多数執筆（いずれも原題／未訳）。１９９８年に中編小説『植物図鑑をつくる時間』で文芸中央新人賞を受賞して小説家としてデビュー。『策略』（全５巻）と『途上の皇帝』『その男の魚』（いずれも原題／未訳）などの作品がある。１９９９年から教育運動に身を投じ、歴史文化教育院「李祘書堂（イサンソダン）」を設立して運営、２００６年には李祘書堂を拡大した新概念のマスタースクール「茶山（タサン）学校」を設立。現在、校長として全人教育に携わる。

訳者略歴

金重明　キム・チュンミョン

１９５６年、東京都生まれ。小説家・翻訳家。１９９７年に『算学武芸帳』（朝日新聞社）で第８回朝日新人文学賞を受賞、２００５年に『抗蒙の丘―三別抄耽羅戦記』（新人物往来社）で第30回歴史文学賞を受賞、２０１４年に『13歳の娘に語るガロアの数学』（岩波書店）で日本数学者出版賞を受賞。著書に『物語 朝鮮王朝の滅亡』（岩波新書）、『北天の巨星』（講談社）、『皐の民』（講談社）、『戊辰算学戦記』（朝日新聞社）、『叛と義と』（新人物往来社）、『悪党の戦』（講談社）など。訳書に、『シュリ―ソウル潜入爆破指令』、『ＪＳＡ―共同警備区域』、『友へ―チング』（以上、文春文庫）、『宮廷女官 チャングム』（ＰＨＰ研究所）、『トンイ』『王女の男』『ラブレイン』（以上、小社刊）など多数。

韓国大統領実録《かんこくだいとうりょうじつろく》

2015年10月15日　初版第1刷刊行

著　　者　朴永圭《パク・ヨンギュ》
訳　　者　金重明《キム・チュンミョン》

D　T　P　株式会社RUHIA
地図作成　有限会社ジェイ・マップ
図表作成　泉栄一郎＋フェイク・グラフィックス
写真協力　共同通信イメージズ　時事通信フォト　聯合ニュースエージェンシー

発 行 人　清水勝之
編　　集　松本志代里
編集協力　水科哲哉（INFINI JAPAN PROJECT LTD.）
　　　　　崔盛旭　呉美智　董素賢
校　　閲　竹田賢一（Dark Design Institute）

発 行 所　株式会社キネマ旬報社
〒107-8563 東京都港区赤坂4-9-17 赤坂第一ビル
TEL 03-6439-6487（編集本部）
TEL 03-3439-6462（販売営業部）
FAX 03-6439-6489
URL http://www.kinejun.com/

印刷・製本　株式会社光邦
ISBN　ISBN 978-4-87376-435-1